KB021210

가서 살든지, 아니면 머무르다가 죽든지 하련다.

세익스피어

세상의 용도

세상의 용도

지은이 | 니콜라 부비에
그림 | 티에리 베르네
옮긴이 | 이재형

초판 펴낸날 | 2016년 7월 31일
개정판 펴낸날 | 2021년 2월 2일

펴낸이 | 김남기
표지·본문 디자인 | 소나무와 민들레

펴낸곳 | 소동
등록 | 2002년 1월 14일(제19-0170)
주소 | 경기도 파주시 돌곶이길 178-23
전화 | 031·955·6202 070·7796·6202
팩스 | 031·955·6206
홈페이지 | http://www.sodongbook.com
전자우편 | sodongbook@naver.com

ISBN 978-89-94750-18-7 (03900)

세상의 용도

L'usage Du Monde

니콜라 부비에 글 | 티에리 베르네 그림 | 이재형 옮김

소동

일러두기

이 책의 저자들은 1950년대에 스위스를 출발하여 인도 여행길에 올랐습니다. 지금과 국경선, 국제정세 등이 많이 다르기에 한국어판은 각주와 여행 경로 지도를 첨가했습니다.

글쓴이 주와 옮긴이 주는 본문 중에 나오며(괄호 처리), 각주는 편집자 주입니다. 각주에서 출처가 따로 표시되지 않은 것은 위키백과를 참고했습니다.

여행 경로 지도의 각 도시 이름 옆에는 숫자가 표시되어 있습니다. 본문의 도시 이름에도 같은 숫자가 표시되어 있어 책을 읽다가 도시의 위치를 확인하기 편리합니다.

여행은 동기를 필요로 하지 않는다

서장

1953년 6월, 제네바[1] ~ 1954년 12월, 카이바르고개[64]•

사흘 전에 제네바를 떠나 느긋하게 자그레브[2]•에 도착해 보니, 티에리가 보낸 편지가 우체국 유치우편으로 와있었다.

7월 4일, 보스니아, 트라브니크[3]•

"오늘 아침에는 해가 쨍쨍 내리쬐면서 무더위가 시작되었어. 그림을 그리러 언덕으로 올라갔지. 데이지꽃이 흐드러지게 피고, 밀은 싱그럽게 자라나고, 무성한 나뭇가지와 잎사귀가 적요한 그늘을 드리우고 있었어. 돌아오는 길에는 조랑말을 탄 농부를 만났지. 그가 말에서 내리더니 담배 한 개비를 말아주기에 길옆에 쪼그리고 앉아 피웠어. 사실 난 세르비아 말을 겨우 몇 마디밖에 알지 못하지만 그래도 빵을 사가지고 집에 돌아가는 길이며, 팔이 굵고 젖가슴이 풍만한 신붓감을 구하는 데 1,000디나르를 썼고, 아이가 세 명, 암소가 세 마리 있으며, 작년에 모두 일곱이나 되는 목숨을 앗아간 벼락을 조심해야 한다는 그의 말을 알아들을 수는 있었지.

그러고 나서 시장에 갔어. 마침 장날이었지. 염소 한 마리를 통째로 벗겨서 만든 가죽가방과, 넓은 밭에 심어놓은 호밀을 모조리 다 베고 싶은 욕구를 절로 불러일으키는 낫, 여우가죽, 파프리카, 호루라기, 구두, 치즈, 양철로 만든 장신구, 수염을 기른 남자들의 푸릇푸릇한 기운이 아직도 감도는 골풀을 엮어 만든 체, 그리고 무엇보다도 외다리와 외팔이, 결막염 환자, 계속해서 몸을 떠는 사람, 목발을 짚은 사람이 눈에 들어왔어.

밤에는 아카시나무 밑에서 한잔 마시면서 집시들의 이야기에 귀 기울였지. 돌아오는 길에는 아몬드를 넣어 만든 커다란 페이스트를 샀는데, 분홍빛이 돌면서 기름기가 배어있는 것

카이바르 고개 아프가니스탄과 파키스탄을 연결하는 고개. 힌두쿠시 산맥을 가로지른다. 유럽 쪽에서 인도를 침략할 때 꼭 거쳐야 하는 관문이자 주요 교역로였기에, 19세기 아프간전쟁 때 영국은 카이바르 고개로 이어지는 도로를 건설한 후, 파키스탄 쪽에서 아프가니스탄을 공격했다. 카이바르는 '강을 건너는'이라는 뜻이다.
자그레브 크로아티아의 수도.
트라브니크 보스니아 중부에 있는 도시. 이 책에서 여행이 본격 시작되는 곳은 발칸 반도의 옛 유고슬라비아공화국 지역이다. 유고슬라비아는 저자들이 여행했던 1953년에는 티토 치하의 통일 공산주의 국가였는데, 2016년 현재 7개 국가(세르비아, 몬테네그로, 크로아티아, 보스니아-헤르체고비나, 슬로베니아, 마케도니아공화국, 코소보공화국)로 분리된 상태다.

이…… 이거야말로 동양이 아니면 맛볼 수 없는 게 아닐까?"

　지도를 찬찬히 들여다보았다. 트라브니크는 보스니아 한가운데의 산으로 둘러싸인 작은 도시였다. 티에리는 거기서 출발해, 베오그라드를 향해 올라가 세르비아화가협회 초청으로 전시회를 열 예정이었다. 나는 새로 수리한 고물 피아트 자동차에 짐을 싣고 베오그라드에서 7월 말에 티에리와 만나, 터키와 이란, 인도, 그리고 어쩌면 그보다 더 먼 곳까지 가기로 되어있었다……. 우리에게는 2년의 시간이, 그리고 넉 달을 버틸 수 있는 돈이 있었다. 계획 자체는 확실치 않았지만, 이런 종류의 일에서 가장 중요한 건 우선 떠나고 보는 것이다.

　열 살에서 열세 살 사이에 나는 양탄자 위에 큰댓자로 누워서 세계지도를 찬찬히 들여다보곤 했다. 그러다 보면 여행하고 싶은 욕구가 절로 솟아났다. 바나트나 카스피 해, 카슈미르 같은 지역과 그곳의 음악, 거기서 마주치게 될 눈길, 거기서 나를 기다리고 있는 생각들을 꿈꾸었다……. 그같은 욕망은 무엇보다도 상식에 어긋나지만, 그런데도 욕망이 계속해서 상식에 저항하면 우리는 이런저런 이유들을 찾는다. 그리고 그 이유들이 아무 소용도 없다는 사실을 알게 된다. 이 억누르기 힘든 욕망, 그걸 뭐라 불러야할지, 사실 우리는 모른다. 무엇인가가 점점 더 커지다가 어느 날인가 닻줄이 풀리면, 반드시 자신감이 넘치는 건 아니지만 그래도 일단은 떠나고 보는 것이다.

여행은 동기를 필요로 하지 않는다. 여행은 그냥 그 자체로서 충분하다는 것을 곧 증명해 주리라. 여행자는 자기가 여행을 하고 있다고 믿지만, 얼마 지나지 않아서부터는 여행이 여행자를 만들고 여행자를 해체한다.

……봉투 겉면에는 "나의 아코디언, 나의 아코디언, 나의 아코디언!"이라고 쓰여 있었다.

시작치고는 좋다. 나 역시 그렇다. 나는 백포도주가 담긴 길쭉한 잔을 앞에 놓아두고 자그레브 교외의 한 카페에 앉아있었다. 어둠이 내리고, 사람들이 공장을 빠져나가고, 장례식 행렬(맨발과 상복, 십자가)이 지나가는 것을 바라보았다. 어치 두 마리가 보리수나무 잎사귀 속에서 다투고 있었다. 먼지를 온몸에 뒤집어 쓴 나는, 벌레들이 반쯤 갉아먹은 고추 하나를 오른손에 들고 가슴속에서 그날 하루가 우르르 무너지는 소리에 귀를 기울였다. 나는 기지개를 켜면서 공기를 몇 리터씩 들이켰다. 고양이가 아홉 번 산다는 속담이 생각났다. 나도 내 두 번째 삶 속으로 들어가는 것일까.

우리에게는 9주일을 살 수 있을 만큼의 돈이 있었다. 돈의 액수는 얼마되지 않았지만 시간은 넘쳐났다. 우리는 일체의 사치를 거부하고 오직 느림이라는 가장 소중한 사치만을 누리기로 작정했다.

새로운 세계에서 빈둥거리며
나태를 부리는 것만큼
신나는 일이 또 있을까

첫 번째 이야기 발칸 반도

베오그라드[4]

마제스틱 카페 앞에 자동차를 세우는 순간, 자정을 알리는 종이 울렸다. 아직 무더운 길거리는 푸근한 침묵에 잠겨 있었다. 레이스 달린 커튼을 통해 카페 안에 앉아있는 티에리를 관찰했다. 식탁보에 호박을 실물 크기로 그려놓고 거기에 자그마한 호박씨를 채워넣으며 무료한 시간을 보내는 중이었다. 트라브니크에서 미용사를 자주 찾지 않았음에 틀림없다. 귀가 꼭 상어 지느러

베오그라드 9세기부터 시작된 세르비아 왕국과, 유고슬라비아공화국 시절의 수도. 현재는 세르비아공화국의 수도. '하얀 도시'라는 뜻이다. 전통적으로 정치·경제의 중심 지역은 사바 강이 도나우 강과 만나는 오른쪽이며, 이 책의 저자들이 여행할 무렵에는 사바 강 서쪽의 제면 지역에 노비베오그라드라는 신도시를 건설 중이었다.

미처럼 삼각형꼴로 생긴 데다가 눈이 작고 푸른색이라서 그런지, 티에리는 영락없이 실컷 장난치며 놀다가 기진맥진한 어린 돌고래처럼 보였다.

나는 창문을 통해 오랫동안 지켜보다가 티에리가 앉아있는 탁자로 다가갔다. 건배를 했다. 나는 이 오래된 계획이 형태를 갖춰가는 걸 보니 기분이 좋았고, 티에리는 다시 나를 만난 것을 반가워했다. 티에리는 모든 걸 다 정리하고 떠나느라 어려움을 겪었다. 게다가 적응도 안된 상태에서 너무 오랫동안 걷다 보니 피로가 쌓일 대로 쌓여 기분까지 우울해졌다. 아픈 두 발을 질질 끌고 이마에 땀을 뻘뻘 흘리며, 도대체 무슨 얘기를 하는지 도저히 알아들을 수가 없는 농민들이 사는 그 시골 마을들을 통과해오다 보니, 모든 게 다 의문스러워졌다. 티에리가 생각할 때 우리의 계획은 도저히 실현 불가능해 보였다. 터무니없는 공상의 산물에 불과하다는 것이다. 슬로베니아에서 그의 초췌한 안색과 엄청나게 무거운 배낭을 눈여겨 본 한 여관 주인은 친절하게도 이렇게 말하면서 한술 더 떴다.

"난 바보가 아니랍니다, 손님. 그래서 집을 떠나지 않지요."

그러고 나서 한 달 동안 보스니아에서 그림을 그리다 보니 건강이 회복되었다고 한다. 그가 그림을 들고 베오그라드에 나타나자 ULUS(세르비아화가협회)의 화가들은 형제처럼 반갑게 맞으며 근교에 우리 두 사람이 묵을 빈 아틀리에를 마련해 주었다는 것이다.

다시 자동차에 올라탔다. 아틀리에는 도시 외곽에 있었다. 다리로 사바 강을 건너고 나서 강둑을 따라 나있는 두 개의 바퀴 자국을 따라 엉겅퀴가 뒤덮인 좁은 땅까지 가야만 했다. 바로 그곳에 다 허물어져가는 작은 건물 몇 채가 서있었다. 티에리가 그 중 가장 큰 건물 앞에 차를 세우라고 말했다.

우리는 아무 말 없이 어두운 계단 위에 짐을 날라다 놓았다. 테레빈유와 먼지 냄새 때문에 목이 갑갑했다. 숨이 턱턱 막힐 만큼 더운 날씨였다. 살짝 열린 방문에서 코 고는 소리가 귀청이 떨어져나갈 정도로 요란하게 흘러나와 층계참을 울렸다. 티에리는 꼭 정연한 논리에 따라 체계적으로 행동하는 부랑자처럼, 부서진 타일바닥에서 꽤 떨어진, 가구 한 점 없이 덩그렇기만 한 방 한가운데의 깨끗이 빗질된 마룻바닥에 익숙하게 자리잡았다. 녹슨 침대 밑판, 그가 그림 그릴 때 쓰는 도구들, 석유등, 그리고 휴대용 석유난로 옆에 있는 캐나다 표장標章 위의 수박 한 개와 염소치즈 하나. 그날 치 빨래가 팽팽하게 당겨진 빨랫줄에서 말라가고 있었다. 소박하지만 너무나 자연스러운 풍경이어서 나는 그가 몇 년 전부터 거기서 날 기다리고 있었다는 느낌을 받았다.

배낭을 바닥에 내려놓고 옷을 입은 채 그대로 누웠다. 산형

화서로 꽃이 핀 독당근이 여름 하늘을 향해 열린 십자형 창틀의 유리창문까지 올라와있었다. 그리고 별들이 눈부시게 반짝이고 있었다.

새로운 세계에서 빈둥거리며 나태를 부리는 것만큼 신나는 일이 또 있을까.

여름의 타는 듯한 열기로 가득 찬 사바교의 거대한 아치와 도나우 강 지류 사이의 교외지대에서 구름처럼 먼지가 일었다. 이곳은 나치가 집단수용소로 바꾼 농업전시회장의 잔해 때문에 '사이미크테', 즉 장場이라고 불렸다. 4년 동안 유대인과 레지스탕스 활동가, 집시들이 여기서 수백 명씩 죽어나갔다. 다시 평화가 찾아오자 시 당국에서는 이 음산한 '건물들'을 대충 손봐서 국가에서 보조금을 받는 예술가들에게 제공했다.

우리 건물(흔들거리는 문과 깨진 창문, 툭하면 고장 나는 화장실 수도장치)에는 일체 아무 장식이 없는 것에서부터 화려한 보헤미안 스타일까지 모두 다섯 곳의 아틀리에가 있었다. 이곳에 세든 사람들 가운데 특히 가난한 사람들, 굳이 말하자면 2층 세입자들은 매일 아침 손에 면도솔을 들고 건물 관리인(죽으나 사나 챙 달린 모자를 쓰고 다니는 상이용사)과 함께 층계참의 세면대 앞에 섰다. 이 관리인이 한 손으로 면도기를 들고 신중하게 턱을 미는 동안 그의 피부를 잡아당겨 펴줘야만 했기 때문이다. 건물 관리인은 몸이 허약하고 수달보다 더 의심이 많은 인물로서, 하루 종일 하는 일이라곤 오직 남자들 꾐에 쉽게 넘어갈 나이가 된 딸을 감시하고, 주의가 산만한 세입자들이 화장실(쭈그려 앉기 전에 호주머니를 다 비워야 하는 터키식 변소)에 잊어버리고 놓아둔 손수건과 라이터, 만년필 등 자질구레한 물건들을 주워 모으는 것뿐이었다. 문학평론가 밀로반, 도예가 아나스타세, 그리고 농부 화가인 블라다가 1층 아틀리에를 쓰고 있었다. 그들은 우리를 도와주고, 우리를 위해 통역 노릇을 하고, 타자기와 조각난 거울, 굵은 소금 한 줌을 우리에게 빌려주었다. 그리고 수채화 한 점이나 글 한 편이 팔리면, 같은 건물에 사는 사람들을 모두 다 초대해서 고래고래 소리를 지르며 축하 파티(백포도주와 고추, 치즈가 등장하는)를 벌이고 햇볕 잘 드는 마룻바닥에서 낮잠을 즐길 준비가 항상 되어있었다. 그들이 가난하게 사는 건 틀림없는 사실이었지만, 점령과 전쟁으로 점철된 암울한 시대는 살면서 평온한 즐거움을 누리는 게 얼마나 힘든 것인가를 그들에게 가르쳐주었고, 그리하여 사이미크테는 비록 이것저것 없는 게 많아 불편하기는 하지만 그 대신 오직 그 자체만의 쾌활한 분위기를 간직하게 되었다. 이곳은 양귀비와 수레국화, 잡초가 무성하게 자라나 다 무너져가는 건물을 공략하고, 주변에 우후죽순으로 생겨난 누추한 집과 임시 숙소를 푸르른 침묵 속에 파묻어버린 정글이었다.

조각가 한 사람이 우리 옆 건물에 살고 있었다. 턱수염이 지저분하게 난 그는 꼭 무슨 자동권총이라도 되는 양 망치를 허리띠에 꽂고 다녔고, 잠을 잘 때는 거의 다 완성된 동상(웃통을 벗어붙이고, 꼭 움켜쥔 주먹을 경기관총에 갖다대고 있는 빨치산) 발밑에서 짚을 넣은 매트를 깔고 잤다. 그는 이 일대에서 최고로 부자였다. 시대를 잘 만난 것이다. 위령비, 화강암으로 만든 붉은 별, 시속 200킬로미터로 부는 바람과 싸우는 항독유격대원들의 동상 등 주문이 최소한 4년 치는 밀려있었다. 이상할 건 없었다. 혁명은 원래 비밀위원회의 일이었으나 이제는 확고한 기반을 굳히고 화석화되어 그를 비롯한 조각가들의 일이 된 것이다. 세르비아처럼 끊임없이 봉기하여 싸우는 나라에서는 영웅들의 레퍼토리(뒷발로 일어선 말, 빼어든 검, 게릴라)가 무궁무진해서 필요할 때마다 하나씩 끄집어내어 쓰면 된다. 하지만 이번에는 좀 힘들었다. 해방자들이 스타일을 바꾼 것이다. 그들은 걷는 자세를 취했고, 머리를 짧게 깎았으며, 잔뜩 심각한 표정에 무뚝뚝했다. 이 조각가가 세르비아 풍습에 따라 한 숟갈 가득 떠서 우리에게 먹으라고 준 잼은 덜 호전적이고 더 온화한 세계를 암시하는 듯하였다.

공터 반대쪽으로 술집에 붙어있는 얼음창고는 이곳, 하늘과 가시덤불 사이에서 닭을 키우고 냄비에 음식을 해먹으며 살아가는 사람들의 사서함이나 약속장소로 쓰였다. 사람들은 여기서 흙이 섞이고 표면이 우툴두툴한 무거운 얼음덩어리와, 시큼한 맛이 저녁까지도 입안에 남아있는 염소젖을 넣은 셔벗(과즙에 물, 우유, 설탕 등을 넣어 만든 얼음과자 – 옮긴이 주)을 사서 손에 들고 집으로 돌아오곤 했다. 술집에는 탁자가 두 개뿐이었다. 하루 중 최고로 무더운 시간이 되면 이 지역 넝마주이들(빨간 눈을 이리저리 굴리는 노인들로서, 함께 코를 킁킁거리며 쓰레기 냄새를 맡는 모습이 꼭 흰 족제비들이랑 한 굴에서 사는 것처럼 보이는)이 탁자 주위에 자리를 잡고 잠을 자거나, 아니면 주워온 걸 분류하곤 했다.

얼음창고 뒤로는 귀 덮개가 달린 챙 있는 모자를 쓰고 다니는 우크라이나 출신 고물장수의 땅이 펼쳐졌다. 몸집이 엄청나게 큰 이 사내는 까마득하게 쌓인 헌 신발과 퓨즈가 나가거나 터진 전구를 보물처럼 생각했는데, 그 땅 한가운데 아주 깨끗한 꿀벌통 같은 곳에서 먹고 자며 물건들을 도매로 사고팔았다. 산더미를 이룬 구멍 뚫린 양철통과 타이어 튜브 역시 그의 장사 밑천이었다. 놀라운 건 '산 물건'을 들고 그의 창고를 떠나는 고객들의 숫자였다. 결핍의 정도가 심해지면 뭐든지 다 팔아치울 수 있는 법이다. 사이미크테에서는 신발 한 켤레(비록 구멍이 났다 하더라도)를 가지고도 장사를 할 수가 있었는데, 사람들이 맨발로 이 우크라이나인의 산에 기어올라 눈을 반짝이며 이것저것 뒤적거리는 모습을 심심찮게 볼 수 있었다.

정부는 지질학자들의 의견을 무시하고 서쪽의 제면으로 이어지는 도로를 따라 위성도시 노비베오그라드의 토대를 마련했는데, 땅은 넓지만 엉겅퀴가 우거지고 배수가 잘 안되는 곳이었다. 아무리 존엄한 관청이라도 스펀지처럼 물렁물렁한 토질에까지 권위를 내세울 수는 없는 법, 노비베오그라드는 땅에서 빠져나오기는커녕 계속 밑으로 가라앉고 있었다. 2년 전에 버려진 이 도시에 남아있는 가짜 창문과 비틀어진 들보에는 이제 부엉이들이 앉았으며, 그것들이 드넓은 들판과 우리 사이의 경계가 되었다.

아침 다섯시, 8월의 태양이 눈꺼풀을 간지럽히기에 우리는 다리를 건너 사이미크테 반대편의 사바 강으로 먹을 감으러 갔다. 발에 부드럽게 와닿는 모래, 오리나무 숲속의 암소 몇 마리, 숄을 쓰고 새끼거위들을 지키며 서있는 어린 소녀, 포격으로 생긴 구덩이 속에서 신문지를 덮고 잠자는 거지. 날이 밝으면 거룻배 선원들과 마을사람들이 이곳에 와서 빨래를 하곤 했다. 우리도 그들과 함께 흙빛 물속에 쭈그리고 앉아 셔츠를 문질렀다. 거대한 거품층이 마치 빙산처럼 물길을 따라 불가리아 쪽으로 떠내려가는 동안, 아직 잠들어있는 도시를 바라보는 강둑에서는 물기 짜내는 소리, 양치질하는 소리, 속삭이는 듯한 노랫소리만 들려왔다.

여름의 베오그라드는 아침 도시다. 여섯시가 되면 시청 살수차가 채소 수레를 끌고 온 짐승들이 싸고 간 똥을 쓸어내고, 가게에서는 나무로 만든 덧문들이 쾅 소리를 내며 닫힌다. 일곱시면 카페란 카페는 모두 다 미어터진다. 전시장은 여덟시에 문을 열었다. 티에리가 그의 말을 아예 들으려고 하지도 않는 사람들의 집을 이틀에 한 번씩 찾아가서 그림을 사라고 조르거나 시내에서 그림을 그리는 동안, 나는 전시장을 지켰다. 입장료는 20디나르였다. 돈이 있는 사람들에게는 그렇게 받았다는 말이다. 금고 속에 들어있는 건 지난번에 전시한 화가가 깜빡 놔두고 간 책《바리에테 V》와 동전 한 줌뿐이었다. 프랑스의 시인 폴 발레리가 쓴 이 책의 만연체가 이곳에서는 이국적으로 느껴지면서 책 읽는 즐거움을 배가시켰다. 책상 밑에는 반 통짜리 수박과 포도주병이 세르비아화가협회 친구들을 기다리고 있었다. 화가 친구들은 해질 무렵에 들러서 사바 강으로 다이빙을 가자고 제안하거나 그날 치 석간에 실린 짧은 전시회 기사를 번역해 주곤했다.

　"베르르르네트트 씨는…… 우리 시골마을을 직접 두 눈으로 보았고 그의 크로키는 흥미롭다. 그러나 그는 지나치게 풍자적이며, 게다가…… 게다가…… (참, 이걸 도대체 어떻게 번역해야 하나? 번역자가 손가락을 딱딱 마주치며 이렇게 말한다) 아, 그렇지! 진지함이 부족하다!"

사실 진지함이란 인민민주주의가 가장 좋아하는 양식이다. 아침 이른 시각에 기사를 쓰려고 찾아왔던 공산주의 언론의 기자들은 그걸 남아돌 만큼 많이 가지고 있었다. 삐걱삐걱 소리가 나는 구두를 신은 이 젊은 공무원들은 대부분 티토를 추종하는 항독유격대 출신이었는데, 중요한 자리에 오르자 무척 만족스러워했지만(당연히 그럴 만하기는 하다) 바로 그것 때문에 좀 거만하고 우유부단해졌다. 그들은 깐깐한 검열자처럼 이마를 찌푸리며 이 그림 저 그림으로 옮겨 다녔는데, 실제로는 아이러니가 반동적인지 아니면 진보적인지 알아낼 도리가 없어서 몹시 난감해했다.

　　열한시부터 정오까지의 시간에는 문에 붙여놓은 포스터(푸른색 배경에 노란색 태양이 그려진)가 학교에서 돌아온 테라지에 거리의 모든 어린아이들을 끌어모았다. 버터 바른 빵 전시회라도 그 이상 성공을 거두지는 못했으리라. 이 빠진 얼굴에 웃음을 가득 머금은 어린 소녀들이 자신들의 팔꿈치 높이에 둘러쳐진 전시장 경계선의 받침대 위쪽에 한쪽 발을 올려놓고 그림을 구경했다. 온몸이 먼지투성이인 집시 소년들은 얼굴을 한번 찡그리는 것으로 입장료를 갈음한 다음, 소리를 꽥꽥 질러대고 이 방

요시프 브로즈 티토(1892~1980)　유고슬라비아의 민족주의 운동가이자 초대 대통령(1945 부임). 소련에 예속되지 않은 독자적인 사회주의 노선, 경제건설을 강력하게 추진했다. 1974년 종신 대통령으로 추대되었고 1980년 사망. 그의 사후 유고슬라비아는 분리주의 운동과 내전의 소용돌이에 끊임없이 휩쓸렸고, 현재의 일곱 개 공화국으로 나뉘었다.

저 방으로 뛰어다니며 자그마한 맨발자국을 왁스로 닦은 마룻바닥 여기저기에 남겼다.

가장 한산한 시간인 오후 다섯시에서 여섯시 사이에는 고급 주택가의 유령들이 우리에게 모습을 보여주었다. 어쩐지 애처로워 보이는 이 온순하고 시대에 뒤떨어진 사람들이 유창한 프랑스어를 구사하고 공손한 태도를 취하며 주저주저하는 모습은, 부르주아 출신이라는 걸 한눈에 알 수 있게 하였다. 엄청나게 큰 장바구니를 들고 턱수염이 떨리는 게 보일 정도로 몸을 바들바들 떠는 노인들과, 테니스화를 신고 시골여자처럼 얼굴이 새까맣게 탄 중년 부인들은 의자를 카운터까지 끌고 와서 마른 손을 내밀며 신중하게 우리 의중을 살폈다. 자기들이 침울한 표정으로 옛 기억을 더듬으면 우리가 어떤 반응을 보일지 알아보기 위해서였다. 사면辭免이 이루어진 1951년 10월 이후에 귀국한 그들 중 많은 수는 옛날에는 자기 소유였던 집의 방들 중에서도 가장 작은 방을 겨우 얻어 한치 앞도 보이지 않는 삶을 살아가고 있었다. 한 음악광은 옛날에는 변호사로 잘 나갔으나 이제는 재즈 악단을 위해 악보를 베껴 쓰는 일을 했으며, 왕년에 살롱에서 뭇 남성 시인들에게 영감을 제공했다는 한 여인은 음악 기초나 영어를 가르치기 위해 동이 틀 무렵이면 일어나 멀리 떨어진 군대 막사를 향해 죽어라고 자전거 페달을 밟았다. 그들은 멍한 눈길로 벽만 바라보았다. 하지만, 그냥 곧장 가버리기에는 너무나 외롭고, 그렇다고 해서 외롭다는 말을 하기에는 자존심이 너무 강했으므로 '그나마 말귀를 알아들을 수 있는' 우리에게 반드시 봐야만 하는 알렉산드로스 왕의 무덤이나 다른 용도로 쓰이는 마케도니아 수도원에 관한 장광설을 전시회장 문이 닫힐 때까지 쉴 새 없이 늘어놓아 듣는 사람을 피곤하게 만들곤 했다. 그들은 거기 머무르면서 간절한 표정을 짓기도 하고, 지겨워하기도 하고, 깊은 속이야기를 털어놓기도 하고, 이런저런 충고를 하기도 했다. 하지만 그들의 마음은 더 이상 거기 있지 않았다. 그들은 용기를 내려고 애를 쓰지만, 그들에게서는 이미 오래 전에 활기가 사라져버린 것이다.

해질 무렵이면 이 길거리에 사는 사람들이 모두 전시장에 들렀다. 베오그라드 사람들은 기분전환거리가 거의 없었기 때문에 혹시라도 그런 게 생기면 절대 놓치지 않는다. 삶 자체가 정말 너무나 소박한 까닭에 사람들은 모든 것에 굶주렸으며, 이 같은 욕구가 온갖 종류의 발견으로 이어졌다. 신학생들은 오토바이 경주를 지켜보고, 낮에 '티토 원수' 거리에서 장을 보고 온 농부들은 우리 전시회장에서 수채화라는 것도 있다는 사실을 비로소 안다. 그들은 날카로운 눈으로 입장권을 곁눈질하다가 비료부대와 새로 산 고삐, 날에 기름을 친 낫도끼를 문에 기대어놓고, 허리띠나 군모軍帽에서 주섬주섬 돈을 꺼낸다. 그러고 나서 본전은 뽑아야겠다고 굳은 결심을 한 듯 뒷짐을 지고 이 그림

저 그림으로 성큼성큼 옮겨 다니면서 아무 말 없이 감상에 몰두하는 것이다.《모스타르 데일리》나《체티네의 메아리》신문에 실리는 무겁고 답답한 사진을 보면서 형성된 그들의 심미안은 이 선화線畵를 쉽게 이해하지 못했다. 그러다가 눈에 익은 세세한 부분(칠면조, 첨탑, 자전거 핸들)에서 주제를 찾아내면 느닷없이 웃음을 짓거나 혼자서 뭐라고 중얼거리면서 자신들의 역과 자신들의 꼽추, 자신들의 강이 있나 보려고 목을 내밀곤 했다. 옷차림이 단정치 못한 남자를 그려놓은 그림 앞에 서면 혹시 자기가 입고 있는 바지의 단추가 열렸는지 그것부터 확인했다. 나는 뭐든지 다 자신과 연관시키면서 천천히 끈기 있게 작품을 감상하고 평가하는 그같은 방식이 마음에 들었다. 농부들은 보통 헐렁한 바지차림으로 시골 냄새를 풍기며 편안하게 마지막 순간까지 전시회장에 머무르다가, 정중하게 계산대로 다가와 화가와 악수를 하거나 아니면 침을 듬뿍듬뿍 발라가며 담배를 말아 건넸다.

일곱시가 되면 세르비아화가협회의 매니저인 프르반이 정보를 가지고 나타났다. 아니다, 그의 주고객인 정부의 구매자들은 아직 결정을 내리지 않았다.

그가 말했다.

"으음, 우리 내일 그 사람들을 찾아가서 설득해 보자구요."

이렇게 말하고 난 그는 우리를 자기 어머니 집에 데리고 가서 시금치 파이를 대접해 주었다.

고객은 없었지만 친구는 얼마든지 있었다. 세르비아에는 인간적 관대함이라는 소중한 보물이 있고, 여전히 모든 게 부족하지만 그래도 분위기는 훈훈하다. 세르비아인들이 우리들에게 되풀이해서 말했던 것처럼 프랑스는 유럽의 중추가 될 수 있을 것이다. 그러나 지금 현재 유럽의 심장(별로 사용하지 않는)은 발칸제국이다.

우리는 어두운 부엌과 좁은 응접실에 초대되어 가지, 꼬치에 꿴 고기, 주머니칼로 자르면 슈우 소리를 내며 갈라지는 멜론을 배가 터지도록 먹었다. 여자 조카들, 무릎에서 우두둑 소리가 나는 노인들(최소한 3대가 이 집에서 함께 살고 있었다)이 이미 흥분 속에서 식탁을 차려놓았었다. 소개, 인사, 더 이상 쓰이지 않지만 매혹적인 불어로 이루어진 환영 인사말, 발자크나 졸라의 작품을 읽으며 시간을 죽이고 〈나는 고발한다〉야말로 파리 문

모스타르 보스니아-헤르체고비나에 있는 도시. 오스만 시대의 이슬람 건축물이 많은데, 특히 오래된 다리들이 유명하다. 모스타르는 '오래된 다리'라는 뜻에서 왔다. 부록 지도 참고.
체티네 알바니아와의 국경 근처에 있는 몬테네그로의 도시. 몬테네그로 왕국 시절에는 수도였다. 부록 지도 참고.
오노레 드 발자크(1799~1850) 《인간희극》을 쓴 프랑스의 소설가.
에밀 졸라(1840~1902) 1898년 1월 13일 《여명L'AURORE》지에 〈나는 고발한다〉를 발표해 독일 간첩 누명을 쓰고 투옥된 드레퓌스 대위의 무죄를 주장했다.

학계의 마지막 스캔들이라고 생각하는 이 두 나이든 문학광 부르조아들과의 대화, 스파, '만국박람회'……. 그들이 기억의 끝에 도달하고 천사들이 지나가자(대화 도중 이야기가 끊어져 멋쩍어 할 때 하는 말 - 옮긴이 주) 우리 화가 친구는 블라맹크 혹은 마티스에 관해 쓴 책을 한 권 가져와서 읽었고, 그동안 온 가족은 마치 그들은 참석하지 않는 엄숙한 예배가 이제 막 시작되기라도 한 것처럼 침묵만을 지키고 있었다. 이처럼 진지한 분위기가 나를 감동시켰다.

공부하는 동안 나는 '교양'을 화분에 심고, 지적知的 원예와 분석, 해석 작업을 했으며, 꺾꽂이도 했었다. 나는 여러 예술작품을 해부했지만 그것들의 역동적 가치를 깨닫지는 못했다. 내가 살던 곳에서는 삶의 옷감이 반듯하게 재단되고 명확히 분류되며, 습관과 제도에 맞추어 맵시롭게 꿰매지기 때문에 창의력을 위한 공간이 전혀 없다. 곧 창의력은 장식적 기능으로 제한되어, 오직 뭔가 '유쾌한 것'으로만, 말하자면 있어도 그만 없어도 그만인 것으로만 간주되었다. 하지만 세르비아에서는 전혀 다르다. 꼭 필요한 것을 못 가졌기 때문에 어느 정도까지는 본질적인 것에 대한 욕구가 자극을 받았다. 아직까지는 보잘것없는 수준에 머물러있는 삶은, 형식을 간절히 필요로 하고 있었으며 그래서 예술가(나는 이 범주에 피리를 불 줄 알거나, 색깔을 뒤섞어서 서투르게나마 자신의 쟁기를 그릴 줄 아는 농부까지도 포함시킨다)는 중재인이나 접골사에 못지않은 존경과 대우를 받았다.

티에리는 아직 그림을 단 한 점도 팔지 못했다. 나 역시 글한 줄 못 썼다. 검약한 생활을 하는데도 우리가 가진 디나르는 눈에 띄게 줄어들었다. 나는 신문사 쪽에 일거리가 없는지 찾아다니다가 사이미크테의 이웃들 덕분에 겨우 몇 건 건졌다. 각 신문사 편집국에서 주는 돈은 몇 푼 안되었지만, 대신 가는 곳마다 마음에서 우러나는 후한 대접을 받았다. 거의 모든 편집국마다 그랜드피아노가 건반이 열린 채 놓여있거나(여기서는 음악을 향한 욕구가 생리적인 욕구만큼이나 절실하다는 듯 말이다), 아니면 구내식당에서 터키식 커피의 자극적인 향기를 맡으며 자유롭게 얘기를 나눌 수가 있어서 곧 마음이 편해졌다. 사전검열은 없었고 비정통적인 견해도 원칙적으로는 대부분 보도될 수 있었으나, 곧 제재가 뒤따랐다. 편집국장이 수상쩍은 냄새를 풍기는 건 뭐든지 다 만약의 경우에 대비해서 빼버리는 바람에 원고의 절반 이상이 쓰레기통 속으로 들어갔다. 책임자들은 우리에게 좋은 인상을 주기 위해 이따금씩 자신들에게 허용된 자유를 무의식적으로 과대평가해서 말했다.

"부비에 씨네 나라 여성들에게는 투표권이 없지요. 그걸 주

부비에 씨네 나라 여성들에게는 투표권이 없지요. 스위스는 1971년에 여성이 남성과 동등한 투표권을 행사할 수 있었다.

제로로 해서 한 꼭지만 써주세요. 부비에 씨의 느낌을 써주시면 됩니다. 견해를 분명하게 밝혀서요."

나는 그것에 관한 확고한 견해를 갖고 있지 않았다. 그럼에도 작금의 상황은 바람직한 것이라고 썼다. 그건 아마도 유고슬라비아에서 몇 주일을 보내다 보니, 여성들이 투쟁정신을 좀 덜 발휘하고, 대신 남을 즐겁게 하는 데 좀 더 신경쓰는 걸 보고 싶어서였던 것 같다. 나는 심지어 라 퐁텐에게 도움을 청하기까지 했다. 제목은 〈우아優雅, 그것은 미美보다도 더 아름답다네〉였다. 숙녀들(그건 한 여성잡지에 싣기 위해 쓴 글이었다)은 물론 즐거워했다. 그들 모두가 아름답지는 않았다. 하지만, 누구나 할 것 없이 다들 우아했다. 그러나 그들에게 필요한 건 문학이 아니었다.

여성 편집장이 다소 난처한 표정으로 말했다.

"우린 실컷 웃었어요. 하지만 노선으로 말하자면…… 뭐랄까…… 경박하다고 해야 하나…… 문제가 생길 소지가 있어요."

그래서 나는 콩트 한 편을 써보겠노라고 제안했다.

"좋은 생각이에요. 왕자가 등장하지 않는 콩트를 써주세요."

"대신 악마를 등장시킬까요?"

"꼭 원하신다면…… 하지만 성인聖人은 안돼요. 저도 일자리를 잃고 싶지는 않거든요."

그녀는 검은색 머리칼이 출렁거릴 만큼 큰 소리로 웃었다.

베오그라드는 시골풍의 투박한 마력으로 유지된다. 물론

베오그라드가 시골이라는 이야기는 전혀 아니다. 다만 시골사람들이 물밀듯 밀려들어 도시를 통과하면서 신비롭게 만들어놓을 뿐이다. 이 도시에서는 부유한 말장수나 닳아서 해어진 조끼를 입은 웨이터 모습을 하고 나타난 악마가 계략을 부리거나 음모를 꾸미다가 놀랍도록 순진한 유고슬라비아 사람들에게 좌절해 지겨워하는 모습을 쉽게 상상할 수 있다. 오후 내내 나는 사바 강가를 어슬렁거리며 이런 주제로 이야기를 한 편 써보려고 애썼으나 성공하지 못했다. 원고마감 시간에 급히 맞추어야만 했기 때문에 나는 저녁 내내 악마는 등장하지 않는 짧은 우화를 타이프로 쳐서, 벽에 여기저기 금이 간 건물 7층에서 일하는 여성 편집장에게 곧바로 넘겨주러 갔다. 늦은 시각이었지만 그녀는 나를 들여보냈다. 그녀와 무슨 얘기를 나누었는지는 기억이 나지 않는다. 그녀가 굽 있는 슬리퍼를 신고 아주 예쁜 빨간색 실내복을 입고 있었다는 사실만 강한 인상으로 남아있다. 베오그라드에서는 이런 옷차림이 눈길을 끈다. 나는 그처럼 멋진 옷차림을 하고 있는 그녀에게 감사했다. 왜냐하면 내가 볼 때 결핍의 모든 양상 가운데서 가장 비참한 것인 인공 보철구만큼이나, 크고 값싼 구두, 튼 손, 색이 바래서 뿌옇게 변한 꽃무늬 옷감 등은 여성들을 추하게 만들기 때문이다. 이같은 맥락에서 볼 때 그

장 드 라 퐁텐(1621 ~ 1695) 프랑스의 시인이자 우화작가. 살롱과 문예 애호가들의 집을 드나들며 자유로이 살았다고 전해진다.

실내복은 가히 하나의 예외적인 승리라고 말할 수 있었다. 그 옷은 마치 휘날리는 깃발처럼 우리의 용기를 북돋아주었다. 나는 그처럼 멋진 옷을 입고 있는 그녀에게 축하의 말을 건네며 축배를 들고 싶었다. 우리는 거듭거듭 감사해하며 그녀와 헤어졌고, 그녀는 우리가 그러는 걸 보며 좀 놀라워하는 듯 보였다.

4000디나르. 베오그라드를 떠나기 전에 이 액수의 열 배는 더 벌어야만 한다. 하지만, 이 정도 돈만 있어도 우리는 원하던 대로 마케도니아에서 며칠 지낼 수 있다. 우리를 압도하기 시작하는 베오그라드에서 도망쳐 그곳에서 일을 할 수가 있는 것이다.

사바 강의 둑길, 작은 공장들, 가게 진열창에 이마를 갖다 붙이고 새로 산 큰 낫을 물끄러미 바라보고 있는 농부, 당黨을 상징하는 붉은 별이 다닥다닥 붙어있는 도시 북부의 흰색 빌딩들, 대형 회중시계가 달려있는 종탑, 멍한 눈길의 노동자들로 발 디딜 틈이 없는 저녁 전차에서 풍기는 진한 석유 냄새, 선술집 안쪽에서 흘러나오는 노랫소리……

영원히 안녕, 내 사랑하는 여인이여,
시간이 쏜살같이 흘러가누나……

먼지에 뒤덮인 베오그라드는 우리가 거기 익숙해지면 익숙해질수록 점점 더 우리 마음을 사로잡았다.

역사에 너무 짓눌리다 보니 겉모습에 신경을 쓰려야 쓸 수가 없었던 도시들이 있다. 요새화된 이 큰 마을은 유고슬라비아의 수도로 승격되면서 졸지에 모든 거리가 확장되어 오래된 것처럼 보이지도 않고 그렇다고 해서 현대적이지도 않은 행정 스타일로 바뀌어버렸다. 중앙우체국, 의회, 아카시나무가 죽 늘어서 있는 가로수 길, 그리고 뇌물을 듬뿍 뿌린 땅 위에 처음으로 의회의원이 된 사람들의 호화저택이 우후죽순 솟아난 주택가. 모든 게 다 눈이 횗횗 돌아갈 정도로 너무나 다급하게 추진되는 바람에 베오그라드는 도시생활을 쾌적하게 만들어주는 그 세세하고 다양한 면모를 갖출 수가 없었다. 길거리는 사람들이 산다기보다는 사람들에게 점유된 것처럼 보였다. 사소한 사건도 좀처럼 일어나지 않았고, 한담을 나누는 소리도 잘 들려오지 않았으며, 우연한 만남도 거의 이뤄지지 않았다. 진정한 의미의 도시들이 사랑이나 명상을 위해 마련해놓는 그늘지고 은밀하고 후미진 장소도 찾아보기가 힘들었다. 소박하고 풍치 있는 물건들도 부르주아지 고객들과 함께 자취를 감추었다. 가게 진열창에는 꼭 장작더미를 부려놓은 것처럼 쏟아부어놓은 신발과 검은 비눗덩어리, 무게를 달아서 파는 못, 혹은 꼭 비료처럼 포장된 화장분 등 대충대충 만든 상품들이 진열되어 있을 뿐이었다.

전시회에 들렀다가 우리를 저녁식사에 초대한 외교관 덕분에 우리는 이 도시에서는 좀처럼 찾아보기 힘들게 된 고색古色을 드물게나마 재발견할 수 있었다. 일곱시경, 우리는 그날 치 먼지를 사바 강에 털어버리고 층계참에 걸린 거울 앞에 서서 서둘러 면도를 했다. 그리고 색 바랜 정장을 차려입고 즐거운 기분으로 크롬 도금된 수도꼭지와 작은 세숫비누가 있고 뜨거운 물이 나오는 고급주택가를 향해 어슬렁어슬렁 걸어가서 잠시 실례하겠다고 양해를 구한 다음 그동안 빨랫감으로 쌓인 손수건과 양말을 빨았다. 우리가 이 힘든 일을 끝내고 드디어 이마에 땀을 뻘뻘 흘리며 다시 나타나자 그 집 안주인이 어머니처럼 다정하게 물었다.

"왜, 속이 안 좋으세요? 아, 세르비아 음식이 원래……. 그걸 먹고 멀쩡한 사람은 본 적이 없답니다. 심지어는 우리도 말예요. 그래서 최근에……."

그러자 외교관께서 두 손을 저으며 덧붙였다.

"나도 그래서 고생했지요."

우리는 상태가 좋지 않은 도로라든지 무능한 정부 부처 등 간단히 말해서 우리와는 별로 상관없는 태만과 결핍을 질타하는 대화는 들은 척 만 척하고, 감미로운 향을 가진 코냑이라든지 무늬를 넣어 짠 식탁보, 안주인이 뿌리고 나온 향수에 전적인 관심을 기울였다.

여행자의 사회적 유동성은 그로 하여금 더 수월하게 객관적인 태도를 취할 수 있게 만든다. 우리가 머물던 교외를 벗어나 이렇게 다니다 보니 우리는 이 사회에 관해 처음으로 공정한 판단을 내릴 수가 있었다. 이 사회의 윤곽을, 즉 그것의 언어습관과 기벽奇癖, 그것의 유머, 그것의 즐거움, 그리고 (일단 시련을 견디고 난 뒤에는) 그것의 본성(그 어떤 토양에서도 피어날 수 있는 아주 희귀한 꽃이랄 수 있는)을 파악하기 위해서는 거기서 멀리 떨어져야만 한다. 이 사회는 활기를 잃어버렸다. 그리고 호기심도 부족하다. 더 탐욕스럽고 더 창의적이었던 앞 세대는 이 사회에 필요한 것을 이미 구석구석에 갖추어놓았다. 이 사회는 수준 높은 취향을 갖추고 있을 뿐 아니라 대개는 호의적이기까지 하다. 하지만 기본적으로 이 사회는 소비적이다. 그리고, 미덕이 분명히 유지되기는 한다. 하지만, 그 미덕은 꼭 가족들끼리 식사할 때만 사용되는 은그릇처럼, 오직 특별한 기회에만 발휘된다.

돌아와보니 우리가 살고 있는 건물이 그날 하루 종일 내리쬔 햇볕에 뜨겁게 달구어져 있었다. 문을 밀고 들어가는 순간 우리는 다시 현실로 돌아갔다. 침묵, 공간, 몇 가지 안되지만 우리에게는 매우 소중한 물건들. 여행의 미덕, 그것은 삶을 말끔히 비웠다가 다시 채워넣는 것이다.

새 이웃. 세르비아 출신 프랑스인인 아나스타세는 프랑스 몽파르나스에서의 삶이 너무 힘들게 느껴져 유고슬라비아로 돌아오는 쪽을 선택했다. 그는 이 건물에 사는 모든 사람들이 좀 유순한 성격이었으면 좋겠다고 마음속으로 바랐는데, 현실은 그렇지 않은 파리 출신의 애교 넘치는 아내와 함께 얼마 전에 이곳으로 이사를 왔다. 아나스타세는 세르비아어를 잘 할 줄 몰랐다. 사이미크테와 그 풍습에도 쉽게 적응하지 못했다. 그러자 그는 아무렇지 않다는 기색으로 일부러 강한 파리 억양을 쓰고 한층 더 건방지게 행동했다. 부르주아지로 보일까 봐 두려웠던 그는 꾀죄죄한 수영팬티를 절대 벗지 않았고, 게다가 그의 아내는 자기가 직접 짠 거친 삼베로 간소한 옷을 해입고 다녀서 이곳의 많은 사람들을 깜짝 놀라게 했다. 하지만 오래 가지는 못했다. 일주일 만에 파파다치(뇌염모기)에게 물리는 바람에 지금은 눈에 띄게 여윈 모습으로 침대에 누워있다. 그녀는, 무뚝뚝하지만 인정 많은 이웃들이 찾아가서 빙 둘러싸고 위로의 말을 건네자 펑펑 눈물을 쏟았다.

요컨대 아나스타세는 전혀 생각지도 못했던 좌절을 연이어 겪고 있었다. 심지어는 여자들까지도 그를 실의에 빠트렸다. 자기는 프랑스 사람이니까 웬만큼 잘못해도 별일 없으리라 확신한 그는 대담하게도 샤워 중인 건물관리인의 딸을 유혹하려 했다가 그녀에게 흠씬 두들겨 맞았다. 아나스타세는 원통하다는 듯 말했다.

"내가 그년 가랑이 사이에 손만 집어넣을 수 있었어
도······."

그러자 비평가 밀로반이 그를 비웃으며 말했다.

"자넨 너무 서둘러대는 바람에 실패한 거야, 아나스타세. 불
쌍한 사람 같으니····· 프랑스인, 프랑스인이라····· 그 애는 틀
림없이 뭔가 경이로운 것, 짧은 구애, 달콤한 고백, 끈질긴 유혹,
뭐 이런 걸 기대하고 있었을 거야. 그런데 자네는 다른 남자들이
랑 다를 바 없이 그 자리에서 당장 그 짓거리를 하자며 덤벼든
거지 뭐!"

처음 몇 주일 동안 아나스타세는 발아래의 땅이 꺼져들어
가는 것 같은 기분을 느꼈다. 모든 게 너무나 달랐다. 심지어는
정치까지도 말이다! 처음에 그는 바티칸을 맹렬하게 비난했다.
사람들에게 자기가 어떤 사람이라는 걸 보여주고 자신이 호의
적이라는 걸 증명해 보이기 위해서였다. 하지만 아무런 반응도
불러일으키지 못했다. 왜 바티칸인가? 그 정도까지 그에게 요구
한 건 아니었으므로 이 주제는 사이미크테에서 아무런 관심도
끌지 못했다. 베오그라드의 극좌파 언론계에는 이미 이런 종류
의 글을 쓰고 돈을 받는 기자들이 있는데, 도대체 왜 그들이 할
일을 공짜로 대신 해준단 말인가? 그의 말을 듣고 있던 사람들
이 놀랍다는 표정으로 쳐다보자 아나스타세는 열변을 중단하

더니 얌전하게 입을 다물고 술잔을 집어들었다. 세르비아인들은 큰 혼란에 빠진 사람과 외로운 사람을 단번에 알아본다. 그리고 그 즉시 술병과 멍이 든 작은 배 몇 개를 들고 다정하게 다가온다.

아나스타세 역시 우리처럼 이 관대한 성향의 혜택을 입었다. 밀로반, 화가 블라다, 그리고 세르비아화가협회 사람들은 그가 물에 빠지지 않도록 형제처럼 붙잡아주었다. 자기가 어떤 부류의 사람을 만났는지 깨닫자 그는 미친 듯이 감사하며 그들 품에 덥석 안겼다. 지금은 프랑스에서 가져온 커피를 무슨 수를 써서라도 나눠주고 싶어한다. 김이 모락모락 나는 쟁반을 들고 복도를 지나가는 그의 모습이 눈에 띄곤 했다. 사람들이랑 잘 지내보고 싶은 것이었다. 결국 그의 생각은 딱 들어맞았다. 커피는 귀했고, 아나스타세는 커피를 기가 막히게 잘 끓였다. 사람들은 그를 좋아하게 되었다. 삶은 이처럼 단순하다.

우체국 뒤에 숨어있는 자그마한 동방정교회에서 금요 미사를 올렸다. 해바라기 몇 그루가 벌레 먹은 말뚝울타리에 몸을 의지하고 있었고, 밀짚을 속에 집어넣은 토끼 가죽이 성기실聖器室 벽에 걸려있었다. 교회 안에서는 먼지투성이 샌들을 신은 할머니 십여 명이 칸막이 뒤에서 성가를 부르고 있었다. 모래가 담긴 양동이에 꽂아놓은 초 두 개가 제단을 희미하게 밝혀주었다. 은

은하면서도 고풍스러웠다. 어두운 데다가 할머니들이 가냘픈 목소리로 흥흥 거려서 그런지 미사의례는 가슴 저릴 만큼 비현실적인 분위기를 풍겼다. 별로 꼼꼼하지 않는 어떤 연출가가 방금 전에 의례를 재연출한 것 같은 느낌이었다. 교회는 꼭 죽어가는 사람처럼 보였다. 적응 못하고 고통 속에서 임종을 맞이하는 모습이었다. 교회는 세르비아 왕국을 구성한 일부였지만, 레지스탕스 활동가들을 지원한 덕분에 박해는 당하지 않았다. 하지만, 공산당으로 말하자면, 교회를 폐쇄하지는 않았지만 그렇다고 해서 도움을 주지도 않았다. 그리고 열심히 미사만 올린다고 해서 교회가 발전하는 것은 아니었다.

어쨌든 죽은 사람들에게는 교회가 해를 끼칠지도 모른다는 두려움을 불러일으키지 않았고, 그래서 그들 사이에서는 번영할 수가 있었다. 가족들은 베오그라드 공동묘지를 찾아와서 붉은 별이 달린 빨치산의 무덤 위에 자주색 구슬로 만든 작은 십자가를 올려놓거나, 아니면 일요일에는, 쓰러져도 꺼지지 않는 작은 초에 불을 붙였다. 표장標章들 간의 경쟁은 이곳에서까지 소리 없이 계속되었다. 당黨의 표장은 어디를 가나 붙어있지 않는 곳이 없어서 말뚝울타리와 가게 입구는 물론이고 향료가 든 빵에 도장처럼 찍혀 있기도 했으며, 심지어는 인근 당 지부에서 보스니의 벽촌까지 찾아와서 이슬람 사원 맞은편에 '동지의 개선문'을 세우기도 했다. 두꺼운 마분지로 만든 이 거대한 모조품은 처음에는 빛깔도 선명하여 그럴듯해 보였지만 금세 얼룩이 지면서 볼품없이 변했다. 일주일가량 지나자 농부들은 짐수레를 이 개선문의 받침대에 갖다댄 다음 그걸 조심스럽게 잘라내어 집으로 가져갔다. 그리고 집안의 부서진 타일을 들어내고 대신 그 마분지를 끼워넣었다. 이글거리는 태양 아래서 거기 칠해놓은 니스가 녹아내리면 이 꼴사나운 토템은 마치 제대로 접붙여지지 않은 나무처럼 시들시들해졌다.

인민들을 잘 알고 있다고 공언하는 혁명 세력이 인민들의 감수성은 싹 무시하고 혁명 이전보다 훨씬 더 단순한 슬로건과 상징을 동원해서 선전활동을 벌이다니, 참으로 이해 못할 일이었다. 하기야, 탁월했던 인물들이 불을 붙인 프랑스 혁명도 얼마 지나지 않아 '비달(雨月)'과 '10일째 휴일' '이성의 여신'(샹드마르스에서 치러진 의식에서 한 창녀가 이 여신을 의인화하기 위해 뽑혔다 – 글쓴이 주)이 등장하는 로마공화국의 어리석은 모방으로 변질되고 말았다. 밀로반의 따뜻하고 사려 깊은 사회주의가 스피커와 허리띠, 무법자를 가득 태우고 파헤쳐진 포장도로 위에서 튀어오르는 메르세데스 자동차 같은 당의 기계들(이미 이상할 정도로 유행에 뒤졌으며, 연극의 마지막 장에서 죽은 신이나 진짜처럼 그려진 구름을 천장에서 무대 안으로 끌어내리는 데 쓰는 육중한 무대 장치만큼이나 제멋대로 움직이는)로 넘어갈 때도 똑같은 전락轉落이 이루어진 것이다.

사이미크테에서는 그 누구도 옛날 얘기를 하지 않았다. 어디서 살았던지 간에 다들 힘든 시간을 보냈으리라는 건 분명했다. 마치 기억력이 흐릿한 늙은 말처럼, 이 구역의 몇 명 되지 않는 주민들은 이같은 망각으로부터 다시 살아나갈 용기를 끄집어냈다.

베오그라드의 영향력 있는 인물들은 과거에 관해 침묵을 지켰다. 마치 그게 너무나 많은 사람을 법정으로 끌어낸 수상쩍은 노인이라도 된다는 듯 말이다. 그렇지만 베오그라드에는 영광스런 세르비아 역사, 크로아티아와 몬테네그로의 연대기, 권모술수를 쓰는 주교와 제후들이 시도때도없이 등장하는 마케도니아의 서사적 이야기, 음모를 꾸미는 문헌학자, 흙으로 뒤덮인 나팔총을 든 빨치산들이 존재했다. 감탄할 만하기는 하지만 왠지 뒤가 구린 일(터키나 오스트리아의 적들이 잠깐 휴식을 취하는 틈을 이용하여 공격하는 등의)을 했기 때문에, 마치 오랫동안 삶아서 쓴

비달 프랑스 혁명력의 5월. 혁명력은 프랑스 혁명기인 1793년부터 1805년까지 사용되었다. 평등정신에 입각하여 각 달은 30일로 구성하고 십진법에 따라 10일째마다 휴일을 넣었다. 하루도 10시간으로 재구성했다. 한 해의 시작을 추분(9월 22일)으로 잡아서 이때부터 1월이 시작되었는데, 1월은 포도달, 2월은 안개달, 3월은 서리달, 4월은 눈달, 5월은 비달(1월 21일~2월 19일), 6월은 바람달, 7월은 싹달, 8월은 꽃달, 9월은 풀달, 10월은 수확달, 11월은 열^熱달, 12월은 열매달이었다.

이성의 여신 프랑스 혁명 당시 국민공회는 기독교 폐지를 선언하고 '이성 숭배'를 도입하여 창녀 중에서 이성의 여신을 뽑는 의식을 치렀다. 샹드마르스 거리는 혁명 동안 대대적인 집회가 벌어졌던 곳이다.

밀로반 질라스(1911~1995) 티토와 함께 반나치스 운동, 공산주의 운동을 주도했다. 티토와 가장 가까웠던 동료였고 부통령에까지 올랐으나, 나중에 공산주의를 비판하며 반체제 인사가 된다.

맛을 제거해야만 하는 고기처럼 아직은 사람들 앞에 나설 수 없는 인물도 있다. 아직 봉인되어 있는 이 유산을 되찾으려고 기다리는 동안, 공식적인 역사가 나치 침공과 함께 시작되었다. 2만 명에 달하는 사망자를 낸 베오그라드 폭격, 빨치산, 티토의 봉기, 내전, 혁명, 코민포름과의 불화, 그리고 민족주의의 발흥이 8년이 채 안되는 기간에 차례차례 일어났다. 짧은 시간에 일어난 이 일련의 격렬한 사건들로부터 민족주의 감정에 불을 붙이는 데 필요한 모든 전설과 단어, 신화가 만들어졌다. 이 시기의 영웅과 희생자의 수는 이 나라의 모든 길거리에 그들의 이름을 붙일 수 있을 만큼 많았다. 하지만, 빨치산만큼 서로 비슷해 보이는 사람들은 없었으므로 레지스탕스운동을 이처럼 빈번하게 언급하자, 세르비아 사람들은 참다못해 결국 구역질을 일으키고 말았다. 우리를 깊이 매혹시키는 자질들을 세르비아인들은 1941년이 채 되기도 전에 이미 다 갖추고 있었으므로 더더욱 그러했다.

잘려나간 이 과거가 그리워질 때는 《프랑스어-세르비아어 회화집》만 펼치면 지나간 세계 속으로 곧장 되돌아갈 수가 있다.

이번 기회에 이 여행자용 개설서를 헐뜯어보기로 하겠다. 나는 한결같이 아무 도움도 못 주는 책을 여러 권 갖고 여행했지만 그래도 어느 것이든 마그나스코 교수가 1907년 제노바에서 펴낸 이《프랑스어-세르비아어 회화집》보다는 나았던 것 같다. 이것은 기가 턱 하고 막힐 만큼 시대착오적인 데다가, 호텔 생활을 꿈꾸는 저자가 자기 집 부엌에서 단 한 발자국도 움직이지 않고 상상해낸 우스꽝스런 대화로 가득 찬 책이다. 목이 긴 장화와 눈곱만큼 주는 팁, 승마 코트, 그리고 불필요한 소견의 연속에 불과한 것이다. 한번 써먹어야겠다 생각해서(작업복을 입은 노동자들과 빡빡머리들이 모인 사바 강변의 한 이발소에서였다) 처음으로 이 책을 펼쳤더니 이런 문장이 튀어나왔다.

"수염에 밀랍을 입혀야 하나요?"

그 책에는 이 질문에 곧바로 이렇게 대답해야 한다고 쓰여 있었다.

"아이고, 무슨 소릴! 그런 유행은 멋쟁이 도련님들이나 즐기라고 해요."

과거의 흔적을 더듬으려면 이 책 정도로도 썩 괜찮지만, 베오그라드 박물관에 전시된 놀라운 유물들은 역사 연구를 위한 또 다른 자료를 풍부하게 보여주었다. 사실대로 말하자면, 우선

코민포름 공산당의 국제 연대를 강화하기 위해 창설된 국제공산주의 기구. 유고슬라비아 공산당은 코민포름을 가장 열렬히 지지하여 한때 수도 베오그라드는 코민포름 본부의 소재지였다. 그러나 티토의 민족주의로 소련과의 긴장이 고조되자 유고슬라비아 공산당은 코민포름에서 제명되었다.
1941년 독일의 침공으로 항독일 레지스탕스운동이 본격 시작된 해.

은 늙은 조각가 메슈트로비치의 작품이 전시된 방을 가로질러 가면서 즐거움의 대가를 치러야 했다. 주제로 보나, 포즈로 보나 모두가 영웅을 묘사한 작품들이었다. 고뇌, 희망, 감정 폭발. 이 겹살과 양배추만 먹어서 미켈란젤로의 작품처럼 근육이 잘 발달된 조각상들은 관자놀이까지 팽팽하게 긴장되어 있었다. 이 장사들이 사고라는 걸 못하게 가로막는 그 작은 핵을 배출시키려는 듯 그렇게.

하지만 그곳을 지나자 깜짝 놀랄 만한 작품들을 볼 수가 있었다. 로마제국 하드리아누스 황제 시대의 흉상들(집정관, 메시아나 일리리아의 장관)이 경이로운 존재를 드러낸 것이다. 과장되고 무표정한 고전주의풍의 조각상들이 이렇게까지 격정적일 수 있다니. 로마인의 까다로운 엄밀함과 신랄함, 견유적 태도가 이미지와 생명력을 추구하는 과정에서 경탄스러운 작품을 만들어냈다. 늙고 교활하며 꼭 수고양이처럼 기운이 팔팔한 행정관 열두어 명은 꿀색깔의 빛에 잠겨 침묵 속에서 서로의 얼굴을 뚫어지게 응시하고 있었다. 고집스러워 보이는 이마, 빈정거리는 듯한 눈가의 잔주름, 방탕아 특유의 앞으로 내민 두꺼운 아랫입술. 그들은, 마치 외국의 언덕에 머무르다 보니 겉치레의 무거운 짐으로부터 영원히 해방되기라도 한 듯, 병과 교활함, 탐욕을 터무니없을 만큼 뻔뻔하게 과시하고 있었다. 그렇지만 도나우 강의 국경에서 얻은 상처자국과 칼자국에도 불구하고 그들의 얼굴은 전체적으로 평온해 보였다. 틀림없이 탐욕스럽게 매달려야 했을 삶의 굴곡과 타협한 것일까. 또한 남부 세르비아에서 발견된 미트라교의 제단들은 그들이 이 싸움에서 초자연적인 것을 자기편으로 끌어들이기 위해서 어느 것 하나도 간과하지 않았다는 것을 보여주었다.

박물관을 나와서 우리는 햇빛 비치는 길거리와 수박 향기, 말을 어린아이의 이름으로 부르는 큰 시장을 거쳐, 두 개의 넓은 강 사이에 집들이 여기저기 무질서하게 흩어져 있는 마을로, 지금은 베오그라드라고 불리는, 아주 오래된 야영지로 되돌아갔다.

밤이 되면 나는 내게 절실히 필요한 고독의 순간을 비축하기 위해 혼자서 여기저기 배회했다. 수첩을 겨드랑이에 끼고 강을 건너서 어두컴컴하고 인적 없는 네만지나Nemanjina 거리를 거슬러 모스타르까지 걸어갔는데, 꼭 기선처럼 환히 밝혀진 평화로운 분위기의 카페에서는 보스니아 출신들이 모두 한데 모여 그들의 멋진 아코디언 음악을 듣고 있었다. 내가 자리에 앉자마자 주인이 보라색 잉크가 든 잉크병과 녹슨 펜을 가져다주었다. 그리고 이따금씩 내게 다가와 작업이 잘 진행되어가고 있는지

하드리아누스 황제(재위 117~138) 로마의 13대 황제. 그의 재위 동안 로마제국은 파르티아로부터 아르메니아, 메소포타미아, 페르시아 만까지 진출하여 역사상 가장 넓은 영토를 가졌다.

어깨 너머로 들여다보았다. 앉은 자리에서 한 페이지를 채울 수 있다는 게 감탄스럽게 느껴지는 모양이었다. 나 역시 그랬다. 삶이 너무나 유쾌해진 이후로는 정신을 집중시키기가 힘들어졌다. 몇 가지 메모를 하고, 기억할 수 있는 건 기억하고, 주위를 둘러보았다.

농사를 짓는 이슬람교도 아낙이 양파 바구니 사이에 있는 긴 의자에서 코를 골며 자고 있었다. 얼굴이 얽은 트럭 운전수, 잔을 앞에 두고 꼿꼿한 자세로 이쑤시개를 만지작거리거나 펄쩍 뛰어 일어나서 담뱃불을 붙여주며 대화를 하려고 애쓰는 장교도 있었다. 그리고 매일 밤, 문 옆 탁자에서는 젊은 매춘부 네 명이 수박씨를 잘근잘근 씹으며 열정적인 아르페지오로 아코디언 주자가 새로 산 악기를 어르는 소리에 귀를 기울였다. 근처 둑에서 영업을 하고 온 날이면 그들의 매끈하고 예쁜 구릿빛 무릎에 흙이 살짝 묻어있기도 했고, 툭 튀어나온 광대뼈에서는 피가 빠르게 맥박쳤다. 그들은 순식간에 잠에 곯아떨어졌고, 잠이 들면 놀라울 정도로 어려 보였다. 그들이 이따금씩 규칙적으로 숨을 내쉴 때마다 자주색이나 초록색 면직 옷에 덮인 옆구리가 들어올려지곤 했다. 몸을 부르르 떨거나 듣기 거북한 소리로 마른기침을 하다가 갑자기 톱밥 속에 침을 뱉는 그들의 거칠고 요란한 매너가 오히려 아름다워 보였다.

돌아오는 길에는 다리를 지키는 보초가 가끔씩 시비를 걸어왔다. 그는 우리가 누군지 뻔히 알고 있었다. 그러면서도 우리가 긴장하지 않는 걸 보고 기분이 상해서 자신이 쓸 수 있는 유일한 방법으로 복수를 했다. 그게 뭔가 하면, 지나가는 사람을 붙잡고 시간을 지체시키는 것이었다. 그는 박박 깎은 머리를 좌우로 흔들고 마늘과 라키(아니스 향을 지닌 터키 전통주 – 옮긴이 주) 냄새를 풍기며 상상 속에서만 존재하는 통행증을 보여달라고 요구했다. 우리는 외국인 여권을 가지고 있어서 별다른 어려움 없이 다리를 건널 수 있었지만, 그의 화는 여전히 가라앉지 않아서, 얼큰히 취해 우리보다 훨씬 나중에 다리를 건너는 블라다가 거의 항상 그 후유증을 감당해야만 했다. 자기가 블라다가 아니라면, 여기서 태어나지 않았다면 걸작을 그릴 수도 있을 텐데, 라고 생각하며 어린 소년처럼 이쪽 버팀목에서 저쪽 버팀목으로 건너뛰던 블라다는…… 보초의 목소리에 느닷없이 냉철한 현실로 돌아오곤 했다. 그들 두 사람 다 화가 나 있었고, 이따금씩 그들이 싸우는 소리가 아틀리에까지 메아리쳐 들려왔다.

"벌금 500디나르!"

병사가 째지는 목소리로 이렇게 소리치면 블라다도 고집스런 목소리로 벌금을 내느니 차라리 어머니 뱃속으로 다시 돌아가겠다고 즉각 맞받아쳤다. 거기서 보초가 물러나기에는 세상이 너무 험악한 곳이었다. 그가 더 크게 소리쳤다.

"5000디나르!"

깊은 침묵이 이어졌고, 술이 깬 블라다는 높이 자란 풀을 헤치고 발을 질질 끌면서 집으로 돌아와 우리 아틀리에 문을 살며시 두드렸다. 그는 자신의 급한 성격을 저주했다. 매달 버는 돈으로 5000디나르나 되는 벌금을 도저히 낼 수가 없었다. 그러니 다음 날 초소로 찾아가서 사과를 하고, 바보처럼 굴고, 농부 특유의 약은 꾀를 발휘하고, 주머니 속에 든 자두술 한 병을 선물해서 일을 해결해야만 하리라.

우리는 겨우 그를 위로했지만, 그런 날 밤이면 도시가 우리를 무겁게 짓눌렀다. 할 수만 있다면 그 지역의 다 낡아빠진 집들과 민병대원들이 내뿜는 악취, 일부의 비극적인 적빈赤貧과 또 다른 일부의 지나친 우유부단함을 손등으로 모조리 쓸어버리고 싶었다. 우리는 행복에 가득 찬 눈길과 깨끗한 손톱, 품위, 그리고 질 좋은 내의가 불현듯 필요했다. 티에리는 에나멜 머그잔에 스텐실 기법으로 왕관을 두 개 그렸고, 우리는 그걸로 건배를 했다. 우리가 반역을 도모할 수 있는 방법은 그것밖에 없었다. 그렇게 해서 우리는 왕이 되었다.

바치카[5]

전시회가 막을 내렸다. 이제 우리 수중에는 이 나라 북쪽으로의 여행을 계획할 수 있을 만큼 충분한 돈이 있다. 세르비아화가협회의 젊은 화가이자 친구인 밀레타가 통역 노릇을 자청하며 우리를 부추겼다. 만일 집시들의 음악을 녹음하고 싶다면 반드시 이 지역을 찾아가야 한다는 것이었다.

오늘날 유고슬라비아의 시골에는 약 10만 명의 집시들이 살고 있다. 옛날보다는 줄어든 숫자다. 많은 집시들이 전쟁 당시 독일군에게 학살당하거나 강제 송환되었다. 또 많은 집시들은 말과 곰, 솥을 끌고 니스나 수보티차 교외의 빈민가로 가서 도시인이 되었다. 그렇기는 하지만 헝가리 국경을 따라 이어지는 고장 깊숙한 곳에는 아직도 집시 마을이 드문드문 숨어있다. 진흙과 짚으로 지은 이 마을의 집들은 꼭 무슨 마술을 부리듯 나타났다가 사라지기를 되풀이한다. 주민들은 문득 살고 있던 마을이 싫증나면 그곳을 버리고 더 황량한 다른 곳으로 가서 정착했다. 하지만 베오그라드 사람들은 그 누구도 그게 어디라고 당신에게 정확히 얘기해줄 수가 없다.

8월의 어느 날 오후, 베오그라드에서 부다페스트로 이어지는 대로에 있는 술집 주인이 이 유령 마을 중 한 곳의 이름을 우리에게 가르쳐주었다. 바치카 지방의 보고이에보라는 마을인데, 헝가리와의 국경의 남쪽이며 우리가 백포도주를 홀짝거리고 있는 나무그늘에서 수백 킬로미터 떨어진 곳이었다. 우리는 잔을 마저 비운 다음 보고이에보로 이어지는 도로로 접어들었

다. 여름이 끝나가고 서서히 가을이 다가오고 있었으며, 마지막까지 남아있는 황새들이 들판 위를 빙빙 날아다녔다.

바치카로 이어지는 길은 흰족제비와 거위를 치는 여자들, 먼지를 뒤집어쓴 짐수레들의 것이었고, 발칸 반도에서 가장 상태가 나빴다. 그건 곧 전쟁이 그곳을 할퀴고 지나가지 않았다는 뜻일 테니 되레 잘된 일이었고, 이런 풍경에서 벗어나고 싶지 않았던 우리들로서도 역시 잘된 일이랄 수 있었다. 말들이 풀밭에서 풀을 뜯고 목초지가 끝없이 펼쳐진 지평선 여기저기에는 마치 구멍이 뚫린 듯 호두나무가 한 그루씩 외롭게 서있거나, 아니면 추가 달린 수직갱도의 안테나가 눈에 띄었다. 이 지역에서는 헝가리어를 쓴다. 이곳의 아름다운 여성들은 일요일이면 화려하면서도 왠지 우수가 풍기는 의상을 착용한다. 키가 작고 말이 많고 호의적인 남자들은 덮개가 달린 얇은 파이프 담배를 피우며, 아직까지도 은으로 만든 버클이 달린 구두를 신고 미사에 나간다. 분위기는 변덕스럽고 구슬프다. 겨우 한나절을 보냈는데 벌써 마술에 걸린 것 같다.

우리가 보고이에보에 도착했을 때는 이미 밤이었다. 침묵에 잠겨 있는 이 부유한 마을은 최근에 석회를 바른 거대한 성당 주변에 펼쳐져 있었다. 당구 경기가 다 끝나간다는 시끌벅적한 소리가 흘러나오는 술집 말고는 불이 한 군데도 켜져 있지 않았다. 술집 안에서는 검은색 정장을 입은 농부 세 사람이 아무 말

없이 당구 경기에 열중하고 있었으며, 그들의 그림자가 흰 벽 위에 확대되어 춤을 추듯 흔들거렸다. 십자가와 마주하고 있는 벽의 카운터 위에는 레닌의 옛날 초상화(큰 나비넥타이를 맨)가 매달려 있었다. 안에 털을 댄 외투 차림의 목동 한 사람만 식탁에 앉아 수프에 빵을 적시는 중이었다. 전체적으로 매우 독특한 분위기였으나, 집시들의 흔적은 찾아볼 수가 없었다. 우리는 보고이에보를 착각한 것이었다. 농민들이 사는 보고이에보와 집시들이 사는 보고이에보가 있었다. 한쪽은 라뮈, 또 한쪽은 스트라빈스키라고 할 수 있는 이 두 마을은 사이가 그다지 좋지 않았다. 우리가 문턱에서 물어보자 당구를 치던 세 사람이, 총을 쏘면 맞힐 수도 있을 만큼 가까운 곳에서 반짝거리고 있는 도나우 강 굽이를 대충 가리켰다. 그들은 우리가 마을을 혼동하는 걸 보고 모욕감을 느꼈을지도 몰랐다. 우리는 만약의 경우에 대비해서, 방을 하나 예약해놓고 다시 길을 떠났다.

    강둑 뒤에 자리잡은 집시들의 보고이에보는 이미 잠들었지

바치카 도나우 강과 티서 강으로 둘러싸인 헝가리 남쪽과 세르비아 북쪽의 평원지대를 이른다. 세르비아 쪽 바치카는 현재 '보이보디나'라고 불린다.
오늘날 여행하던 당시.
수보티차 헝가리와 국경을 접하는 세르비아 북쪽 끝의 도시. 베오그라드에서 부다페스트로 가는 기차의 중간 지점이기도 하다.
샤를 페르디낭 라뮈(1878~1947) 농민들의 감정을 잘 묘사한 스위스 작가. 스트라빈스키의 발레 음악 〈병사의 이야기〉의 대본을 썼다.
이고르 스트라빈스키(1882~1971) 발레곡 〈불새〉 〈봄의 제전〉 〈페트류슈카〉 등의 작곡가.

만, 이 야영지에서 몇 킬로미터 떨어져 있는 부서진 다리 주변, 메꽃으로 뒤덮인 오두막집에서 우리는 뜻밖에도 밤새도록 술 마시고 노래 부르는 사람들을 몇 명 만나게 되었다. 석유등을 켜 놓은 부엌 쪽에서 야하면서도 경쾌한 분위기의 음악이 흘러나오고 있었다. 우리는 타일 바닥에서 서로 몸을 밀쳐대며 안을 들여다보았다. 낚시꾼은 석유등 근처에서 장어의 배를 따는 중이었고, 병사는 신발을 신지 않은 뚱뚱한 시골 여자를 품에 안고 빙빙 돌고 있었다. 절반가량 비운 1리터짜리 술병들이 빼곡하게 놓인 식탁 뒤에서는 40대로 보이는 집시 남자 다섯 명과, 더럽고 교활해 보이는 누더기 차림의 집시 여자 다섯 명이 여기저기 수선한 악기를 연주하며 노래를 부르고 있었다. 광대뼈가 툭 튀어나온 얼굴, 목까지 내려올 만큼 길고 곧은 머리칼. 아시아인처럼 생겼지만, 그 얼굴에는 유럽에 있는 모든 샛길의 흔적이 조금씩 배어있었으며, 그들이 쓰고 있는 좀먹은 펠트모자 속에는 행운의 클로버 에이스와 자유의 열쇠가 감추어져 있었다. 집에서 집시를 만난다는 건 정말 드문 일이다. 이번에는 대만족이다. 제대로 찾아온 것이다.

우리가 문 앞에 나타나자 음악이 뚝 그쳤다. 악기를 내려놓고 우리를 뚫어지게 응시하는 표정은 한편으로는 놀라고 또 한편으로는 경계하는 모습이었다. 우리는 늘 같은 생활의 연속인 이 시골에 느닷없이 나타난 이방인들이었다. 그러므로 우리가 어떤 사람들인가를 밝혀야만 했다. 우리가 식탁에 앉자마자 포도주와 훈제 생선, 담배가 새로이 나왔다. 병사가 여자를 데리고 사라지자 사람들은 우리가 여기저기 떠돌아다니는 사람들이라는 걸 눈치채고 긴장을 풀며 다시 우아한 동작으로 음식을 먹기 시작하였다. 우리는 술잔이 도는 사이사이 말을 했다. 밀레타에게 프랑스어로 말을 하면, 밀레타는 술집 주인에게 세르비아어로 말하고, 술집 주인은 그걸 다시 헝가리어로 집시들에게 통역하는 식이었다. 그 반대도 마찬가지였다. 분위기가 다시 화기애애해졌다. 내가 녹음기를 작동시키자 음악이 다시 시작되었다.

대체로 집시들은 헝가리에서는 차르다시, 마케도니아에서는 오로스, 세르비아에서는 콜로, 하는 식으로 자기들이 사는 지역의 민요를 연주한다. 이들은 자기가 사는 지역 사람들에게서 이것저것 빌려 쓰는데, 그들이 빌렸다가 다시 돌려주는 건 아마 음악밖에 없을 것이다. 물론 진짜 집시음악이 존재한다. 하지만 집시들이 웬만해서는 부르지 않기 때문에 그걸 듣기란 결코 쉬운 일이 아니다. 그렇지만 그곳은 집시들의 소굴이었고, 그들은 악기도 자신들이 직접 만든 걸 가지고 있었다. 그곳에서 집시들은 자기들만의 음악을 연주했다. 도시에 사는 그들의 사촌이 벌써 잊어버린 오래된 애가哀歌를. 좀도둑과 작은 행운과 겨울의 달과 푹 꺼진 배 …… 일상생활의 우여곡절을 루마니아어로 이야기하는 거칠고 격앙되고 울부짖는 듯한 노래들을.

갈색 더벅머리 유대인 사내가
붉은 수탉도 훔치고 오리도 훔치네
머리를 살짝 말아올린 유대인이
모퉁이에서 오리를 훔치네

그대는 오리 다리털을 뽑네
어머니 잡수시라고
붉은 장미의 심장보다 더 부드러운 다리털을
올라 야노스! 올라……

Jido helku peru rošu

Fure racca šiku košu

Jido helku peru kreč

Fure racca denkučec

Jano ule! Jano ule!

Supileču pupi šore...

우리는 노래를 듣고 있었다. 야노스가 다리털이 뽑힌 오리
를 들고 모습을 감추고 바이올린을 요란하게 연주하며 도망치
는 이 유대인 사내의 동작에 집시들이 박자를 맞추는 동안, 어느
오래된 세계가 어둠 속에서 모습을 드러냈다. 어둠에 잠긴 시골.

붉은색과 푸른색. 맛 좋고 교활한 동물들이 득실거리는 세계. 모피로 안을 댄 외투 차림의 랍비, 넝마를 걸친 집시 남자, 수염이 두 갈래로 갈라진 그리스정교회 사제가 사모바르 주전자를 가운데 놓고 돌아가면서 각자 자기 이야기를 하는 오두막집과 개자리(콩과의 두해살이풀 – 옮긴이 주), 그리고 눈(雪)으로 이루어진 세상. 크게 티 내지 않고 자연스럽게 자신들의 관점을 교환하고, 방랑자들의 명랑함에서 날아가는 활쏘기로 아무 예고 없이 씨익 소리를 내며 옮겨갈 수 있는 그런 세상……

하지만 모두들 내게 말했다네. 옆집 사는 처녀한테 장가가라고…….

새색시가 다른 남자랑 도망쳤던 것일까? 그녀가 기대와는 달리 처녀가 아니었던 것일까? 스토리는 별로 중요하지 않다. 그들은 문득 슬퍼지고 싶었던 것뿐이다. 주제야 뭘 택하든 상관없는 것이다. 그들은 담배를 몇 대 피우고 나서 영혼을 혼란에 빠트리는 단순한 즐거움을 위해 구슬픈 바이올린 소리를 냈다.

하지만 우울한 분위기는 잠시뿐이었다. 잠시 후, 우리가 (녹음을 하려는 목적에서) 동료들 뒤편에서 기다리고 있으라고 시켰던 더욱 열정적인 집시 두 명이 느닷없이 맹렬한 속도로 연주를 시작했던 것이다. 우리는 그들이 다시 밝고 명랑한 스타일의 음악을 연주할까 봐 우려했었는데, 우리가 떠나려는 순간, 정말 그런 일이 벌어진 것이다. 두 명의 집시는, 주먹을 눈에 갖다대고 한쪽 구석에서 연신 하품을 해대던 낚시꾼과 술집 주인이야 뭐라고 하든 말든 상관하지 않았다.

대미사를 알리는 종소리가 울려퍼져 우리를 깨웠을 때는 이미 늦은 시간이었다. 비둘기들이 여관 마당에서 모이를 쪼고 있었고, 해는 중천에 떠있었다. 깃발을 온몸에 두르고 광장에서 교회로 향하는 여인들을 바라보며, 황금색 테두리가 그려진 큼지막한 흰색 주발에 카페오레를 마셨다. 그들은 굽이 편평한 구두, 긴 흰색 양말, 속에 입은 레이스 페티코트 때문에 꽃부리 모양으로 부풀어오른 수놓인 치마, 끈으로 졸라맨 코르셋 차림이었으며, 틀어올린 머리 꼭대기에서 물결치는 듯한 리본들을 작은 모자로 고정시켰다. 다들 아름답고 날씬하고 호리호리했다.

여관 주인이 속삭이듯 말했다.

"허리를 어찌나 단단히 졸라매는지 일요일만 되면 거양성체 의식을 올리기도 전에 두세 명씩 기절한다니까요, 글쎄!"

그가 목소리를 낮추어 말했다. 정말이지, 여자에 관해 이렇게 은밀한 어조로 말하기 위해서는 시골의 문명이 꽃을 피워야만 한다. 볕에 피부가 탄 처녀들과 막 풀을 먹인 리넨 제품, 풀을 뜯고 있는 말들. 밀가루 반죽에서 누룩 역할을 하는 집시들이 근처에 사는 농민들의 보고이에보에는 즐길 만한 게 많았다.

정오경 다리 주변의 오두막집으로 돌아가 보니 그 전날 밤의 대가大家 중 두 명이 우리를 집시들이 사는 야영지로 데려가기 위해 기다리고 있었다. 그들은 탁자에 앉아서, 마치 모래무지처럼 기운차게 늙은 헝가리 출신 농부에게 말을 팔려고 애쓰고 있었다. 녹음기를 틀어 그들이 전날 밤에 녹음했던 노래를 들려주었다. 훌륭했다. 처음에는 머뭇거리던 목소리가 금방 목청이 트이면서 도저히 저항할 수 없을 만큼 쾌활하고 투박한 노호怒號로 바뀌었다. 그들은 가늘고 뾰족한 얼굴에 미소를 띠고 만족스러운 듯 두 눈을 감고 귀를 기울였다. 탁자 끝에 앉아있던 헝가리 출신 노인의 얼굴이 환하게 빛나기 시작했다. 녹음기, 그리고 우리의 존재가 그에게 친숙한 이 음악을 새로운 마음으로 재발견하게 만든 것이었다. 녹음기가 다 돌아가자 그는 자리에서 일어나더니 주변에 있던 모든 사람에게 여유있는 태도로 자기소개를 했다. 그도 헝가리 노래를 부르고 싶어했다. 경쟁을 한번 해보시겠다는 듯이 장갑을 집어들었다. 테이프를 다 쓰지 않았나? 그건 전혀 문제가 되지 않았다. 그가 원하는 건 그냥 노래를 부르는 것뿐이었다. 그는 목 단추를 풀더니 두 손을 모자 위에 올리고 큰 소리로 한 곡조 뽑기 시작했다. 어떻게 전개될지 전혀 예측할 수 없었던 노래는 일단 귀를 기울여 보았더니 완전히 분명해졌다. 첫 번째 곡은 전쟁이 끝나고 돌아와서 '그의 셔츠만큼이나 하얀' 케이크를 굽는 병사에 관한 것이고, 두 번째 곡의 가사는 이랬다.

수탉이 울고 동이 트면
꼭 교회 안에 들어가고 싶어
양초는 벌써 오래 전부터 타오르고 있건만
어머니도, 여동생도 거기 없네
누가 내 결혼반지를 훔쳐가버렸어…….

노인이 애통한 표정을 지으며 노래에 열중하는 동안 집시들은 꼭 자기들이 반지를 훔쳐가기라도 한 것처럼 히죽히죽 웃으며 몸을 좌우로 흔들어대고 있었다.

집시들이 사는 보고이에보는 개울이 흘러서 늘 푸르른 둑 아래쪽의 풀밭에 자리잡고 있었다. 마을 주변에는 매어놓은 망아지들이 버드나무 숲이나 해바라기 밭에서 풀을 뜯고 있었다. 두 줄로 늘어선 초가집들 사이로 먼지에 뒤덮인 길이 넓게 나있었고, 거기서는 한 배에서 난 검은 새끼돼지들이 사방으로 뛰어다니기도 하고 배를 햇볕에 드러내고 몸부림치며 뒹굴기도 했다. 방금 돼지를 잡았다. 집집마다 현관 계단 앞에 놓인 도기 항아리에서, 푸른색 내장 꾸러미에서 핀 김이 모락모락 올라오고 있었다. 마을은 침묵에 잠겨 있었지만, 인적이 끊긴 길거리 한가운데에는 우리를 위한 의자 세 개가 삐걱거리는 탁자 주위에 준비되고, 탁자에는 붉은색 손수건이 꼭 선명한 피처럼 깔려있었다. 녹음장비를 설치하고 고개를 드는 순간 우리는 호기심에 가득 찬 눈 백여 개와 마주쳤다. 마을 주민들이 모두 다 나와 우리들 주변에서 발꿈치를 들어올리고 있었다. 흙 묻은 얼굴, 벌거벗은 아이들, 파이프 담배를 피우는 할머니, 더럽고 해진 옷에 어울리는 번쩍번쩍 빛나는 푸른색 구슬을 몸에 주렁주렁 걸친 처녀들.

그들은 남편과 형제의 목소리를, 촌장의 바이올린 소리를 알아듣는 순간 놀라워하며 웅성거렸다. 몇 사람이 자부심에 가득 찬 함성을 내질렀으나 노파들로부터 따귀를 몇 대씩 얻어맞고 곧바로 잠잠해졌다. 보고이에보 사람들은 자신들의 음악이 기계에서 흘러나오는 것을 단 한 번도 들어본 적이 없었다. 집시 야영지의 예술가들은 영광의 시간을 만끽하며 그윽한 감동에 휩싸였다. 물론 이 모든 사람의 사진을 찍어야만 했다. 특히 처녀들을 말이다. 다들 한결같이 독사진을 찍고 싶어했다. 그들은 서로 밀치고 꼬집어댔다. 한바탕 소란(손톱, 저주, 따귀, 갈라진 입술)이 일었다가 야단법석과 유혈 속에서 끝이 났다.

서투르게 바이올린을 켜는 촌장과 얼굴이 가늘고 뾰족한 젊은 조수가 우리를 둑까지 배웅해 주었다. 그들은 달리아꽃을 귀에 꽂고는 자기네들의 깜짝 콘서트에 완전히 마음을 빼앗긴

채 천천히 걸었다. 그들은 세르비아어로 우리들에게 또 놀러오라고 말했다.

농부들이 사는 보고이에보에서는 모든 사람들이 푸른색 덧문 뒤에서 저녁식사를 하든지 아니면 잠을 자는 게 분명했다. 광장에는 세차게 휘돌며 치솟았다가 결국은 교회 정면에 부딪쳐 흔적도 없이 흩어지는 붉은 먼지뿐, 인적이 끊겨 있었다. 우리는 시속 15킬로미터로 바치카와 팔란카를 왕복하는 페리가 정박된 곳으로 천천히 접어들었다. 침묵에 잠긴 작은 마을은 늦여름의 무겁고 생과일향 나는 빛 속에서 꾸벅꾸벅 졸고 있는 듯 보였다.

언젠가는 이곳으로 돌아오리라. 필요하다면 빗자루를 타고서라도.

바치카팔란카[7]

도나우 강 건너편의 페리 선착장에서부터는 다시 산이 많아졌다. 양쪽에 옥수수밭이 펼쳐져 있는 가파른 언덕길을 올라가는데 한 남자가 옥수수 이삭 사이에서 불쑥 나타나더니 길을 가로막고 나섰다. 꼭 정육점 주인처럼 혈색이 좋은 그 남자는 크로아티아어로 뭐라고 고함을 질러댔다. 우리는 차에 타라고 손짓했다. 그는 몸을 앞좌석과 뒷좌석 사이에 억지로 끼워넣더니 가방과 이불, 비옷 등을 닥치는 대로 집어서 덮었고, 잠시 후 그의 모습은 시야에서 완전히 사라져버렸다.

밀레타가 말했다.

"경찰서로 태워다달라는 거예요. 어떤 처녀를 덮쳤는데 유부남이기 때문에 벌써 2주일 전부터 처녀네 가족들에게 쫓기고 있어요. 처녀네 가족은 몬테네그로 사람들인데, 여기 많이들 모여 살죠. 정부에서 그 사람들한테 땅을 줬거든요. 이 사람, 해가 뜨자마자 달리기 시작해서 지금까지 줄곧 달린 겁니다."

마을이 가까워지면서 과연 우리는 얼굴이 구릿빛으로 그을리고 콧수염이 났으며 비쩍 마른 몬테네그로 남자들과 마주쳤다. 이들은 기병총을 어깨에서 허리로 비스듬히 매고 벌판을 유심히 살펴보면서 자전거 페달을 열심히 밟고 있었다. 우리가 그들과 정중하게 인사를 나누는 동안 우리의 보호를 받는 그 사내는 아마 속이 바작바작 탔을 것이다.

우리가 경찰서 앞에 도착했을 때, 그는 밀레타를 밀치며 자동차 밖으로 뛰어내리더니 서둘러 그 안으로 모습을 감추었다. 이 사내가 안전한 곳에서 보호를 받게 되자 이제는 몬테네그로인들에게 호감이 느껴지기 시작했다. 자기네 동족의 일이라면 만사 제쳐놓고 나서서 온 나라를 이 잡듯 뒤져서라도 해결하고 말겠다는 그 연대감. 인사를 할 때도 공손하면서도 약간 거리를 유지하는 그런 태도가 마음에 들었다. 꼭 한번 남쪽으로 내려가 보고 싶었다.

밤에 사이미크테로 돌아온 우리는 지도를 한참 동안 들여다보았다. 듣기만 해도 가슴 설레는 이름을 가진 햇빛 찬란한 마을들이 니슈의 남서쪽에서 코소보와 마케도니아로 이어지는 도로 양쪽에 늘어서있었다. 우리는 이 길을 이용하기로 했다.

베오그라드로 돌아가다

도시에서 사바 강으로 이어지는 길은 나무로 지은 집들과 벌레 먹은 말뚝 울타리, 마가목, 라일락 덤불로 뒤덮인 언덕 중턱을 통과했다. 줄에 매놓은 염소와 칠면조, 앞치마를 두르고 조용히 돌차기 놀이를 하거나 아니면 잘 나오지 않는 목탄으로 꼭 나이 든 사람들이 그리는 것처럼 많이 해본 솜씨로 도로에 낙서를 하는 어린아이들이 사는 평화로운 시골이었다. 나는 해질 무렵 맑은 머리와 가벼운 마음으로 이곳을 자주 찾아와서 발로 옥수수 줄기를 밀기도 하고, 내일 당장 죽을 사람처럼 도시의 냄새를 깊이 들이마시기도 하고, 물고기자리로 태어난 사람들에게는 극도로 치명적인 그 소산消散의 힘에 굴복하기도 했다. 언덕 기슭의 작은 카페에서는 탁자 세 개를 강가에 내놓았다. 여기서는 향기 좋은 자두술을 팔았다. 수레가 지나갈 때마다 술이 흔들렸다.

사바 강이 술을 마시며 밤을 기다리는 사람들의 코 아래로 갈색을 띤 강물을 흘려보내고 있었다. 강물 반대편의 먼지투성이 가시덤불과 사이미크테의 오두막집들이 또렷하게 눈에 들어왔고, 이따금씩 북쪽에서 바람이 불어올 때면 티에리가 아코디언으로 연주하는 〈일이 잘되어가나?〉라든지 〈말을 잘 안 듣는 여자〉, 그리고 또 다른 세상의 것이어서 그런지 이곳과는 그다지 어울리지 않는 경박하고 슬픈 분위기의 노랫소리까지 들려왔다.

나는 마지막 날 밤에 그곳으로 돌아갔다. 강둑에서 두 남자가 유황과 각종 찌꺼기가 지독한 악취를 풍기는 거대한 통을 청소하고 있었다. 물론, 멜론 향기가 베오그라드에서 맡을 수 있는 유일한 냄새는 아니었다. 중유 냄새라든지 검정비누 냄새, 양배추 냄새, 똥 냄새 등 멜론향만큼이나 강한 다른 냄새들도 존재한다. 어쩔 수 없는 노릇이다. 도시란 피가 흐르고 고약한 냄새를 풍겨야만 치료되는 상처와도 같으며, 그 진한 피는 어떤 상처라도 아물게 할 수 있다. 이 강이 이미 주었던 것은 이 강에 아직 부족한 것보다 더 중요하다. 내가 아직 좋은 글을 쓰지 못하고 있는 것은, 행복이라는 것이 내 시간을 온통 빼앗아 가버렸기 때문이다. 게다가 우리는 우리가 과연 시간을 잃어버렸는지 아닌지조차 판단할 수가 없다.

마케도니아 가는 길[*]

마케도니아로 가는 길이 있는 슈마디야 지방의 크라구예바츠[8]에서는 우리 친구인 아코디언 연주자 코스타가 자기 부모네 집에서 우리를 기다리고 있었다. 슈마디야는 세르비아의 낙원이다. 옥수수와 유채를 심어놓은 언덕이 넓은 바다처럼 끝도 없이 펼쳐져 있었다. 밀밭, 새빨갛게 달아오른 자두가 마른 풀밭에 툭툭 소리를 내며 떨어지는 과수원. 그곳은 돈을 잘 쓰는 고집스럽고 부유한 농부들이 사는 지방이었다. 짐마차 뒤쪽에 금색 페인트로 "스보곰(아듀!)"이라고 써넣는 이 마을사람들은 세르비아에서 가장 품질이 좋은 자두 증류주를 만들어냈다. 키 큰 호두나무들이 마을 한가운데 높이 솟아있었고, 심지어는 크라구예바츠의 고등학교에 다니는 부르주아의 자식들까지도 거기 젖어들 정도로 목가적인 분위기를 물씬 풍겼다. 그러고 보면 코스타도 시골 출신들 특유의 고집을 부리기도 했고 목이나 어깨를 움직이며 촌스럽게 곤혹스러움을 표현하기도 했다. 그의 침묵 역시 시골풍이었다. 우리는 그의 가족에 관해서 별로 아는 게 없었다. 아버지는 그 지역 병원에서 일하는 의사고(말이 좀 많으신 편이야, 그는 이렇게 한마디 던지고 나더니 곧 다시 침묵을 지켰다), 어머니는 뚱뚱하고 명랑하며 앞을 거의 못 본다는 정도뿐이었다.

크라구예바츠에서는 코스타가 우리를 기다리고 있다는 사실을 모르는 사람이 없는 것 같았다. 한 무리의 소년들이 자동차에 걸터앉으며 우리를 문까지 안내해 주었던 것이다. 그들이 짙푸른색 눈으로 바라보며 악수를 청하고 침을 튀겨가며 환영의 환호를 내지르는 속에서 우리는 넓지만 오래된 아파트 안으로 거의 떼밀려 들어가다시피 했다. 가발, 검은색 피아노, 푸시킨의 초상화, 상다리가 부러지게 음식을 차려놓은 식탁, 그리고 햇볕을 쬐며 자리에 앉아 계시다가 강철같이 단단한 손으로 우리와 악수를 나눈 허리가 휜 할머니. 잠시 후, 의사께서 허겁지겁 뛰어들어왔다. 다정하고 감상적인 이 의사는 물망초처럼 푸른 눈과 순진한 분위기를 풍기는 수염을 가지고 있었다. 그는 제네바를 알고 있었으며, 큰 목소리로 프랑스어를 구사했고, 장 자크 루소에 대해 우리에게 감사해했다. 꼭 우리가 이 작가를 낳아 기르기라도 한 것처럼 말이다.

입맛을 돋우기 위한 맥주, 살라미 소시지,
시큼한 크림을 듬뿍 얹은 치즈케이크

우리가 식탁에 앉고 채 한 시간이 지나지 않아 코스타가 자기 악기를 어깨에 멨고 그의 아버지도 바이올린으로 음을 맞추었다. 식기대 옆에서 접시를 쌓아올리던 하녀가 춤을 추기 시작

마케도니아 마케도니아어를 쓰며 마케도니아정교를 믿지만, 이슬람교를 믿는 사람도 꽤 있다. 주변의 여러 인종이 섞여 있으며 대다수는 마케도니아인이다.

했는데 처음에는 상체를 전혀 움직이지 않아 어색했으나 속도
가 점점 더 빨라졌다. 코스타가 짧고 굵은 손가락으로 건반을 누
르며 식탁 주위를 천천히 돌았다. 꼭 샘물이 흐르는 소리에 귀를
기울이듯이 고개를 숙이고 건반 소리에 귀를 기울였다. 그러다
가 걷기를 멈추더니 오직 왼발로만 박자를 또박또박 맞추었다.
평온해 보이는 그의 얼굴은 리듬에는 별로 관심이 없는 듯 보였
다. 진짜 춤꾼들을 만들어내는 건 바로 이와 같은 자제력이다.
춤을 출 줄 모르는 우리는, 음악이 우리 얼굴 위로 스멀스멀 기
어오르다가 경련을 일으키며 헛되이 스러지는 걸 느꼈다. 의사
도 자신의 바이올린이 한껏 노래하게 만들었다. 바이올린의 활
이 현 위에서 기껏해야 2센티미터밖에 안 움직였는데도 그동안
그는 한숨 쉬고 땀 흘리고 꼭 소낙비 맞는 버섯처럼 음악으로 부
풀어올랐다. 심지어는 온몸이 완전히 마비된 할머니까지도 한
쪽 팔은 구부려 목 뒤에 갖다대고 다른 팔은 쭉 펼쳐서는 (춤추는
사람의 자세!) 잇몸을 환히 드러내고 웃으며 머리를 박자에 맞추
어 끄덕거렸다.

　　빵가루를 입혀 구운 갈비, 고기만두, 백포도주

　'콜로'란 마케도니아에서 헝가리 국경지역까지의 모든 유
고슬라비아 사람들이 둥그렇게 원을 그리며 추는 춤이다. 지역

마다 그 나름의 스타일이 있고, 수백 가지 주제와 변종이 존재하며, 간선도로를 벗어나기만 하면 어디를 가나 사람들이 이 춤을 추는 걸 볼 수가 있다. 슬픈 곡조의 콜로는 어머니가 군대 가는 아들을 위해 역 플랫폼에서 가금류家禽類와 양파 바구니를 옆에 내려두고 즉석에서 추는 춤이다. 일요일에 나들이옷을 입고 호두나무 아래서 추는 콜로에 관해서 말해 보자. 이 국민예술에 큰 관심을 가진 티토의 선전자들은 연이어 사진기 셔터를 누르며 이 춤을 찍는다. 뿐만 아니라 '전문가'들을 깊은 산골까지 파견하여 경쾌한 당김음syncopation과 기발한 불협화음이 가미된 농민들의 재치 있는 리듬을 9분의 4박자나 7분의 2박자로 기록하도록 했다. 정부당국이 이처럼 민속음악에 열광하는 것은 음악가들로서야 당연히 쌍수를 들어 환영할 만한 일이고, 그래서 여기서는 멋진 스타일로 플루트나 아코디언을 연주하는 것이야말로 돈을 벌 수 있는 든든한 밑천이랄 수 있다.

베이컨, 잼을 넣은 팬케이크, 두 번 증류한 자두술

새벽 네시가 되었는데도 우리는 여전히 식탁에 앉아있었다. 바이올린을 내려놓은 의사는 목청껏 노래를 부르며 미친 듯이 술을 퍼마셨다. 그는 왁자지껄하게 손님을 환대하면서 자기 자신의 목소리에 도취되었다가 결국은 거기에 완벽하게 속아 넘어가는 그런 사람 중 하나였다. 실제로는 이제 앞을 거의 볼수가 없는 코스타의 어머니로 말하자면, 우리가 아직 거기 있는지 확인하려고 손가락 끝으로 우리 얼굴을 어루만지며 꼭 금방이라도 날아오를 것처럼 웃으셨다. 우리가 아니라 그녀가 초대를 받은 것 같았다. 잠시 휴식을 취하는데, 차게 해서 먹으려고 포도주병과 수박을 가득 담가둔 욕조 안으로 물이 똑똑 떨어지는 소리가 복도 끝에서 들려왔다. 소변을 보러 가면서 계산해 봤더니, 우리를 접대하느라 최소한 월급의 4분의 1은 썼을 것 같았다.

세르비아인들은 손님들에게 놀라울 정도로 관대하고 또 오래전부터 전해 내려온 연회 감각을 아직도 간직하고 있는데, 이들이 합쳐진 풍습이 뭔가 하면 액막이를 겸한 축제다. 사는 게 즐거울 때도 연회를 벌이고 삶이 힘들 때도 연회를 벌이는 것이다.《성경》이 우리에게 권고하듯이 "노인을 떨쳐내기(나쁜 습관을 버린다는 뜻 - 옮긴이 주)"보다는 맛있는 술을 권해가며 그를 따뜻이 맞아 위안하고 온정을 베풀며, 그에게 멋진 음악을 실컷 들려주는 것이다.

치즈와 파이를 먹고 나서 우리는 이제 오랜 고통이 끝났다고 생각했으나, 어스레한 빛을 받아 얼굴이 불그스름해 보이는 의사는 큼직큼직하게 썬 수박을 이미 우리 접시에 올려놓았다.

그가 우리를 격려하려는 듯 큰 소리로 외쳤다.

"수박이야 아무리 먹어도 소변 한번 보고 나면 그만이지 뭐."

우리는 혹시라도 그가 실망할까 봐 감히 거절할 수가 없었다. 정신이 몽롱한 상태에서 그의 어머니가 "슬로보드노…… 슬로보드노!(먹어요! 먹으라니까!)"라고 중얼거리는 걸 들으며 나는 의자에 반듯이 앉아 그대로 잠이 들었다.

아침 여섯시, 우리는 니슈로 가는 길로 접어들었다. 이곳에는 해지기 전에 도착할 계획이었다. 공기가 상쾌했다. 우리는 시즌이 끝나서 호주머니는 빳빳한 새 지폐로, 머릿속은 새로운 우정으로 가득한 날품팔이 노동자들처럼 그렇게 세르비아를 떠났다.

우리에게는 9주일을 살 수 있을 만큼의 돈이 있었다. 돈의 액수는 얼마되지 않았지만 시간은 넘쳐났다. 우리는 일체의 사치를 거부하고 오직 느림이라는 가장 소중한 사치만을 누리기로 작정했다. 차 지붕을 열고 액셀러레이터를 살짝 당겨놓았으며 좌석 등받이에 걸터앉아 한쪽 발을 핸들 위에 올려놓은 채 시속 20킬로로 느릿느릿 길을 갔다.

경치는 한결같이 빼어났고, 그곳에 떠있는 보름달은 휘영청 밝고 아름다웠다. 반딧불, 터키식 가죽신발을 신고 도로를 보수하는 인부들, 세 그루의 포플러나무 아래서 벌어지는 소박한 동네 무도회, 뱃사공이 몸을 일으킬 필요조차 없이 고요히 흐르는 강, 자기가 클랙슨을 울려놓고 화들짝 놀랄 만큼 깊고 깊은 침묵. 그러다가 날이 밝아오면서 시간이 천천히 흘러갔다. 담배를 너무 피워댄 데다가 배도 고팠다. 식품점 문이 아직 잠겨 있기에 트렁크의 연장상자 밑바닥에서 찾아낸 빵 조각을 씹으며 그곳을 지나쳐갔다. 여덟시쯤 되면 햇빛이 치명적일 만큼 쨍쨍 내리쬐기 시작하는데, 작은 마을을 지나갈 때는 경찰모를 쓰고 자동차 바로 앞에서 서툴게 껑충껑충 뛰며 도로를 횡단하려는 노인들 때문에 눈을 크게 뜨고 사방을 잘 살펴야만 했다. 정오쯤 되면 브레이크와 엔진, 그리고 우리의 두개골이 열을 받아 뜨끈뜨끈해진다. 풍경이 아무리 황량해도 항상 작은 버드나무 숲이 있고, 그래서 우리는 그 아래서 깍지 낀 두 손을 베개 삼아 잠을 잘 수가 있다.

혹은 여관이 있다. 부풀어오른 벽지, 찢어진 커튼, 지하실에 저장해놓은 것처럼 차갑고 독한 양파 냄새 속에서 파리들이 윙윙거리는 방을 상상해보라. 하루가 여기서 그 중심을 발견한다. 팔꿈치를 탁자 위에 괴고 우리는 각자 따로 체험하기라도 한 듯 오전에 있었던 일에 관해 서로 이야기하며 대충 정리를 한다. 넓은 시골땅에 분산되었던 그날의 기분이 포도주 몇 잔과 연필로 그리는 종이 식탁보, 입 밖에 내는 단어 속에 응축된다. 감정의 분비에 수반하여 식욕이 느껴지는 걸 보면, 여행생활에서 몸을 위한 양식과 정신을 위한 양식이 어느 정도까지 밀접하게 연관

되는지 알 수 있다. 이런저런 계획과 구운 양고기, 터키식 커피, 그리고 추억.

침묵 속에서 하루가 끝나간다. 우리는 저녁을 먹으면서 실컷 얘기를 나누었다. 여행은 엔진 소리와 스쳐가는 풍경에 실려와서 당신의 몸을 관통하고 당신의 머리를 환하게 밝혀준다. 아무 이유 없이 받아들인 생각은 당신을 떠난다. 반대로 다른 생각이 새로 정리되어 강 밑바닥의 조약돌처럼 당신 가슴속에 자리를 잡는다. 개입할 필요는 전혀 없다. 도로가 당신을 위해 일을 한다. 도로가 제 할일을 다 하여 이번 여행의 최종 목적지인 인도 끝까지, 아니, 그보다 훨씬 더 멀리까지, 죽음까지 그렇게 뻗어나갔으면 좋겠다.

내가 고향에 돌아갔을 때, 한 번도 떠나본 적이 없는 많은 사람들이 약간의 상상력과 집중력만 발휘하면 의자에서 엉덩이를 떼지 않고도 여행을 잘 할 수 있다고 말했었다. 나는 그들이 하는 말을 기꺼이 믿는다. 그들은 강한 사람들이다. 그런데 나는 그렇지가 못하다. 구체적으로 공간 속을 옮겨 다니며 움직이기까지 해야 하는 것이다. 다행스럽게도 세계는 약한 사람들을 위해 넓게 펼쳐져 그들을 받쳐준다. 어느 날 밤 마케도니아로 가는 도로에서 그랬던 것처럼, 왼쪽에 떠있는 달과 오른쪽에서 은빛으로 반짝거리는 모라바 강으로 세계가 이루어지고, 앞으로 3주

일 동안 살 마을을 지평선 뒤쪽으로 찾으러 갈 계획을 세울 때, 나는 내가 그런 것들 없이는 살 수 없다는 사실이 몹시 만족스럽게 느껴진다.

프릴레프,[10] 마케도니아

프릴레프에는 호텔이 두 곳밖에 없었다. 당원들을 위한 자드란 호텔과 있을 법 하지 않는 여행자들을 위한 마케도니아 호텔이 었는데, 우리는 이 두 번째 호텔에서 방값을 흥정하며 첫날 저녁 시간을 다 보냈다. 나는 이같은 관행이 무척 마음에 든다(급하지 만 않다면 말이다). '흥정'은 어쨌든 '정가'를 깎는 것보다는 덜 탐욕 스러우며 상상력을 발동시키기 때문이다. 중요한 것은 어떻게 설명을 하느냐. 흥정을 하는 두 사람은, 그 이후로는 어느 누구도 재론하고 싶어하지 않을 해결책에 도달하기 위해서 이런 저런 요구사항들을 대조해야 한다. 마케도니아 호텔은 거의 항상 비어있었기 때문에 이 일이 더욱 수월하게 이루어졌다. 하지만 그날은 토요일 밤이었고, 그래서 관리인은 이것저것 할일이 많았다.

안뜰의 식당에는 갖가지 색깔의 전구가 매달려있었고, 낙엽이 깔린 그곳 한가운데서는 턱시도 차림의 마술사가 몇 명 안되는 주의산만하고 피곤해 보이는 농부들을 앞에 놓고 공연을 하는 중이었다. 마술 주문은 밤바람 때문에 그의 입가에서 맴돌 기만 할 뿐이었고, 그의 오페라 모자에서 비둘기들이 날아올랐 지만 관객들의 얼굴에는 웃음이 떠오르지 않았다. 마치 이 보잘 것없는 기적 정도는 그들의 근심걱정에 필적하지 못한다는 듯 말이다. 우리는 그가 마술을 끝낼 때까지 기다렸다가 짐을 가지 고 올라갔다. 쇠침대 두 개, 꽃무늬 벽지, 작은 탁자 한 개, 푸른 색 에나멜 세면기……. 먼 산에서, 등뼈를 곤두세워 검은 하늘에 기대고 있는 바위가 풍기는 냄새가 열린 창문을 통해 흘러들어 왔다.

이 도시에는 기술공들이 유난히 많이 살고 있었기에 우리 자동차에 필요한 짐받이 정도 만들어내는 건 당연히 식은 죽 먹 기가 되어야 했다. 하지만 웬걸, 그렇지가 않았다. 우선은 세르 비아어를 못 알아듣는 철물공에게 우리가 뭘 원하는지를 이해 시켜야만 했다. 그림을 그려가면서 해야 하는데, 나는 연필을 가져오는 걸 깜빡했고 철물공은 그걸 갖고 있지 않았다. 벌써 자동차 주변에 몰려든 수많은 사람들이 자기 주머니를 뒤져보 았지만……. 그들에게도 연필이 없기는 마찬가지였다. 연필이 란 그렇게 습관적으로 갖고 다니는 물건이 아니었던 것이다. 구 경꾼 한 사람과 함께 근처 카페로 연필을 빌리러 갔다온 사이에 더 늘어난 사람들이 이러니저러니 한마디씩 거들었다. 그림을 그리려나 보네…… 한 스물세 살은 되었을 것 같은데……. 앞 유리창을 조심스레 만져보는 사람도 있었고, 아무 것도 아닌 일로 킬킬대는 사람도 있었다. 내가 최대한 정확하게 스케치를 해주자 철물공의 얼굴이 일순 환해졌으나 용접용 버너가 없다는 사실을 깨닫고 다시 침울해졌다. 그는 내 종이에 용접용 버너를 그린 다음 그 위에 가위표를 긋고 나를 쳐다보았다. 실망스런 웅성거림이 구경꾼들 사이에서 일었다.

그때 한 노인이 다른 사람들을 밀치고 맨 앞줄로 나섰다. 작은 트럭을 몰고 어제 독일에서 돌아온 사내를 알고 있는데, 그가 용접용 버너를 갖고 있다는 것이었다. 나는 노인의 안내를 받아 도시 반대편에 있는 그 사내의 집으로 출발했다. 머리가 완전히 벗겨졌고 미친 사람의 눈, 매부리코를 한 이 노인은 누덕누덕한 검은색 양복을 입고 맨발로 종종걸음쳤다. 꼭 성직을 박탈당한 가련한 목사님처럼 그렇게 말이다. 그는 영어를 유창하게 구사했으며 자신을 매트 조던이라고 소개했다. 30년 동안 캘리포니아에서 살았다고 했다. 찰리 채플린이 학교 친구였다고 한다. 그는 절뚝절뚝 힘들게 걸으며 자신의 말을 뒷받침하기 위해, 너무 오래된 데다 땀에 절어 더러워진 미국 엽서를 보여주었다. 그렇지만 나는 그가 계속해서 거짓말을 하고 있다고 느꼈고, 15미터가량 뒤에서 그를 놀려대며 따라오는 아이들을 보는 순간 그가 협상에 아무 도움이 안 될 거라는 염려가 들었다. 다행스럽게도 이 용접봉 사내는 알아들을 만한 독일어를 구사해서 중개자는 필요없게 되었다. 그는 전쟁포로로서 바바리아 지방에서 결혼했으며, 아내와 자식들을 데리고 얼마 전에 고향으로 돌아왔다. 그 전날 밤에 귀향 파티를 워낙 요란하게 벌이는 바람에 관자놀이를 두 손으로 감싼 채 계속해서 끙끙거렸다. 그런데 본인 말에 따르면, 과음 때문에 그러는 게 아니라는 것이었다. 아무튼, 그의 용접용 버너는 완전히 새것이었고, 그는 그것을 꼭 무슨 성상聖像이라도 되는 양 신중하게 다루면서 만일 내가 자신의 화물 자동차에 고급 휘발유를 넣어준다면 자기도 그걸 빌려주는 데 동의하겠다고 했다. 그렇게 하기로 합의가 이루어졌다. 다시 철물공을 찾아갔더니 그도 동의하는 듯 했다.

여전히 빽빽이 들어찬 구경꾼들이 격려의 환호성을 몇 차례 내질렀다. 일이 잘되는 걸 보자 다들 무척이나 신이 나는 모양이었다. 하지만 값을 정해야하는 순간이 되자 그들은 낙심했다. 철물공은 5만 디나르를 요구했는데, 이건 그가 하는 일과는 전혀 아무 상관없는 터무니없는 액수였다. 그 역시 그 사실을 알고 있었으나, 이곳에는 고철이 드문 데다가 나라에서 자기가 받는 돈의 절반 이상을 떼어가리라는 것이었다. 그는 애석해하며 가게로 돌아갔고, 구경꾼들도 뿔뿔이 흩어졌다. 나도 오전 한나절을 허비했고 그건 그도 마찬가지였다. 하지만 그렇다고 해도 도대체 어떻게 내가 그를 원망할 수 있단 말인가? 모든 게 다 부족한 판에 도대체 뭘 어찌한단 말인가? 검약은 삶을 북돋지만, 이처럼 계속되는 결핍은 삶을 지루하게 만든다. 하지만 우리의 삶은 그렇지 않았다. 철물공 문제가 해결되지 않아도…… 짐받이 없이 지낼 수도 있고, 자동차와 우리의 계획 일체를 포기하고 기둥 꼭대기에 올라가서 명상을 할 수도 있는 것이다.

프릴레프는 마케도니아의 소도시로서 바르다르 계곡 서쪽의 다갈색 산들로 둘러싸인 분지 한가운데에 자리잡고 있다. 벨레스에서 시작된 비포장도로는 이 도시를 가로지른 다음 남쪽으로 40여 킬로미터 떨어진 모나스티르라는 도시의 메꽃이 만발한 나무 울타리 앞에서 끝이 난다. 그것은 그리스와의 국경이었는데, 전쟁이 끝난 뒤에 폐쇄되었다. 그리고 상태가 안 좋은 도로를 따라 서쪽으로 가다 보면 알바니아와의 국경이 나타나는데, 그다지 안전하지가 않으며 완전히 폐쇄되었다.

경작된 밭이 띠 모양으로 프릴레프를 둘러싸고 있는데, 도시 안에 포장도로를 새로 깔고 흰색으로 '표백'된 두 개의 흰색 뾰족탑(정면에는 녹청색 녹이 슨 발코니가 불룩하니 나와있으며, 8월이 되면 나무로 만든 긴 회랑에서 전세계에서 품질이 가장 우수한 담뱃잎을 말렸다)을 세웠다. 흰색과 황금색 항아리가 진열된 중앙 광장의 약국과 담배가게 사이의 '자유' 상점 앞에서는 한 민병대원이 총을 발밑에 내려놓은 채 꾸벅꾸벅 졸고 있다. 자드란 호텔의 스피커가 하루에 세 차례씩 〈빨치산 찬가〉와 뉴스를 떠들썩하게 들려주는 가운데(아무리 그래도 짐수레 위에 누워 잠을 자는 농부들은 미동조차 하지 않았다) 라이벌 관계인 두 호텔이 서로 마주하고 있었다.

이 도시에서 하룻밤 자신의 머리를 마케도니아 호텔의 베개에 맡기는 이방인은 (익숙해진 벼룩 외에도) 당나귀들이 어슬렁거리고 시든 담뱃잎 냄새와 푹 익어버린 멜론향이 배어있는, 평화로운 도시의 이미지를 간직하게 될 것이다. 그렇지만 만일 이 도시를 떠나지 않고 남아있을 경우 그는 모든 게 실제로는 훨씬 더 복잡하다는 사실을 깨닫게 된다. 왜냐하면 2000년에 걸쳐 마케도니아 역사가 계속되는 동안, 수많은 민족과 인간들이 줄곧 서로 다투며 이 도시에서 살아왔기 때문이다. 오스만 제국은 과중한 세금 때문에 힘들어하는 주민들을 통치하기 위해 여러 대에 걸쳐서 그들을 서로 대립시켰다. 터키제국의 세력이 기울자 이번에는 '열강들'이 그 뒤를 이어받았다. 불에 탄 이 나라는 유용했고, 분쟁은 제3자가 조정할 수 있었다. 테러리스트나 반反테러리스트, 성직자를 지지하는 사람들이나 무정부주의자를 모두 무장시켰으니 마케도니아인들이 더 이상 숨쉴 공간을 갖지 못한 건 당연한 일이었다.

프릴레프에서는 술레이만 시대(1520~1566) 이후로 정착한 터키 사람들을 볼 수가 있는데, 자기네 사원이나 밭에 매달려 자기네들끼리 모여사는 이들은 오직 스미르나 이스탄불만을 꿈꾼다. 제2차대전 중에 독일군에게 강제 징집되었던 불가리아 사람들은 꿈꿀 거리를 더 이상 가지고 있지 않다. 알바니아에서 피난온 사람들도 이 도시에 산다. 마르코스군軍의 그리스인들은 지위가 불안정해서 카페에서 그날 치 기부 물품이 나오기를 기다린다. 당 간부들은 자드란 호텔의 파리잡이용 끈끈이 아래 자리를 잡고 앉아서 술을 퍼마시고, 과묵하고 억센 마케도니아의 농부들은 허리를 구부린 채 자기네들은 항상 뒤치다꺼리만 해왔다는 나름 일리 있는 생각을 한다. 이 축소된 바벨탑을 완성시키기 위해서는 도시 입구에 자리잡은 군대 막사를 덧붙여야 한다. 북쪽 지방에서 온 신병들은 이 지역 사투리는 단 한마디도 이해하지 못한 채 약혼녀나 시골에 사는 부모님의 사진을 남몰래 훔쳐본다.

15분가량 걷다 보면 햇빛 비치는 비탈에 옛 도시국가의 터가 남아있다. 이 도시국가는 마르코프 그라드라고 불렸다. 이 도시국가에 물을 공급하던 샘이 마르자 주민들은 이곳을 버리고 프릴레프를 세웠다. 여기서는 아직도 세례당과 14세기와 15세기의 수도원 몇 군데를 볼 수가 있다. 거의 대부분은 자물쇠가 단단히 채워져 있거나 밖에서 빨래를 널어 말리는 값싼 숙소로 바뀌었지만, 프릴레프에서는 그 어느 누구도 이곳을 분명하게 설명해 주지 않을 것이다. 이 도시국가의 시대는 이미 지나가버렸다.

매트 조던 노인은 그 뒤로도 줄곧 우리 뒤를 쫓아다녔다. 어두컴컴한 현관에 몰래 숨어있다가 앞을 가로막고 나선다든지, 아니면 우리를 카페에 붙잡아두고 전혀 사실처럼 들리지 않는 추억들을 우수 어린 속어로 털어놓곤 했다.

"언젠가는 내 진짜 비밀을 말해줌세……. 아무도 모르는 비밀을 말일세……. 쉿!"

그것은 이 나라를 통째로 뒤흔들어놓을 만한 정치적 비밀처럼 보였다. 이렇게 말하고 난 그는 자기네들의 터무니없는 허풍에 사람들이 깜박 속아 넘어가는 걸 보아야만 직성이 풀리는 허언증 환자들 특유의 간절한 표정을 지으며 우리 소매를 잡아 끌었다. 나는 호텔 주인을 통해서 체제에 반대하는 내용의 발언을 했다는 이유로 얼마 전에 그를 일주일 동안 이곳 감옥에 가둔 것도 경찰이고, 그의 머리를 그렇게 박박 깎아놓은 것도 경찰이라는 사실을 알게 되었다. 여러 가지 점에서 볼 때 그가 얼

<hr>

술레이만 1세(1494~1566) 오스만투르크 제국의 제10대 술탄으로 아시아, 유럽, 북아프리카에 걸쳐 영토를 확장하여, 터키의 최대 황금시대를 이룩했다.
스미르나 터키 서부에 있는 오래된 항구도시. 호메로스의 출생지이며, 이즈미르라고도 불린다. 부록 지도 참고.

마나 씁쓸해했을 것인지 충분히 이해가 간다. 하지만, 그는 체제보다는 오히려 자신의 삶에 관해 그런 감정을 느꼈으리라. 머리는 설탕덩어리처럼 생기고 얼굴빛은 부석돌을 연상시키며 눈은 푹 들어간 그는, 말 그대로 불운의 화신처럼 보였다. 어쩌면 그는 이 도시에서 모든 형태의 불운을 자신에게 집중시킴으로써 어떤 성스러운 직무를 수행하는지도 몰랐다. 그렇지만 그는 낮에는 자신의 몸뚱이를 햇빛에 데우는 것 말고는 할 일이 없었다. 그는 비록 작기는 하지만 정원과 집을 가지고 있었고, 끈기와 애원으로 결국 우리를 그 안으로 끌어들이고 말았다.

아카시나무로 둘러싸이고 공짜로 이를 치료할 때 나는 냄새가 풍기는 음산한 집. 매트 조던은 현관 앞 층계에서 기다리고 있다가 우리와 악수를 나누고, 우리가 현관을 지나자 이곳 관습에 따라 다시 한번 악수를 청했다. 앉자마자 나는 여기 온 걸 후회했다. 블라인드는 내려져 있었고, 석유등을 밝힌 방과 연결된 어두컴컴한 부엌에서는 뭔가를 씹으며 속닥거리는 소리가 들려왔다. 정원 쪽에서 나타난 이웃들이 부엌으로 우르르 몰려들어 왔다가 입 속에 뭘 잔뜩 집어넣고는 곧바로 거기서 다시 나와 매트 앞을 지나갔고, 그럴 때마다 매트는 허리를 숙여 절을 하곤 했다. 매트는 자기가 이 숨막힐 것처럼 답답한 작은 세계의 중심이라는 사실을 몹시 기뻐했다. 그의 아버지를 기리는 장례 연회가 벌써 이틀 전부터 계속되고 있었다. 우리가 줄지어 왔다갔다

하는 이 행렬을 보며 깊은 인상을 받았다고 판단한 그가 손뼉을 치자, 허약해 보이는 소년 두 명이 어둠 속에서 나와 우리 손에 입을 맞추었다. 그의 아들들이었다. 그는 그들이 영어 단어를 몇 개 떠듬거릴 때까지 옆구리를 쿡쿡 찔러댔다. 아버지가 몹시 무서운지, 얼굴을 똑바로 못 쳐다볼 정도로 주눅이 잔뜩 들어있었다. 동생은 식사 준비를 해야 한다는 핑계로 슬그머니 꽁무니를 뺐지만, 그 정도 요령도 없어 보이는 형은 마냥 그러고 서있었다. 아버지가 학교에 보내주지 않는 바람에 그는 열세 살이 넘었는데도 집에서 하루 종일 재봉일을 해야만 했고, 바느질하는 모습을 즉석에서 우리들에게 보여주어야만 했다. 커다란 세르비아 국기에 펠트 천으로 '폐하 사랑…… 조국 사랑'이라고 쓰여 있었다. 서투르기는 하지만 공을 들인 털실 자수가 이 좌우명을 둘러싸고 있었다. 매트는 의기양양해하면서, 아들이 여자들이나 하는 일을 했다는 게 창피해서 눈물이 그렁그렁해서, 바느질감을 겨드랑이에 끼고 도망치듯 방을 빠져나갈 때까지 머리를 쓰다듬어주었다.

식사가 시작되었다. 시큼한 양배추, 빵가루를 넣은 수프, 저주를 받아 땅속에서 꽁꽁 얼어붙었음에 틀림없는 덩어리진 감자가 나왔다. 나는 한 입을 겨우겨우 삼킬 수 있었다. 음식 접시마다 죽음의 냄새가 강하게 풍겼다. 하지만 거기 익숙해져야만 했다. 검은색 머릿수건 밖으로 헝클어지고 타래진 머리칼이 삐져나온 수다스런 노파들 대여섯 명이 최소 두 시간 전부터 식탁에 착 달라붙어서 스튜 요리를 먹으며 농담을 하고 있었다. 곡을 하는 여인들이었다. 시신이 아직도 집안에 있는지 아닌지 알 수가 없었지만, 나는 혹시라도 불이 켜질까 봐 내심 조마조마했다. 매트는 투명한 액체를 우리 잔에 가득 따라주며 건배하자고 제안했다.

"집에서 만든 위스키라네."

그가 잇몸을 드러내고 웃으며 이렇게 말했다. 온기도 느껴지지 않고, 색깔도 안 좋으며, 게다가 입 안을 침으로 가득 메우는 달짝지근한 악취까지 풍기는 싸구려 독주였다. 아마도 영혼은 이 술을 본능적으로 불운과 연관시킬 수밖에 없을 것이다. 나는 행여라도 그 늙은 마녀 중 한 명이 빗자루에 걸터앉은 모습을 보게 될까 봐 부엌 쪽으로 감히 눈길을 돌릴 수가 없었다.

그의 집 문턱을 지났고 그가 내온 음식을 먹었으니 최소한 한 시간은 그에게 붙잡혀 있게 되리라. 그는 몇 가지 '비밀' 문서와, 최초의 고층건물 아래를 지나가는 전차, 벨일 섬에서의 가든 파티, 반장화를 신고 오렌지나무 아래 서있는 여인들 등의 풍경이 그려진 20세기 초의 그림엽서들을 보여주었다. 그러고 나서 사진도 한 장 보여주었다. 유니폼을 입은 한 청년이 짙은 어둠을 배경으로 서있었다.

"웨스트 포인트에서 찍은 내 사진일세."

하지만 좀 더 가까이 들여다보니 유니폼의 계급줄은 구세군의 그것과 혼동될 만큼 흡사했다. 그는 이제 다시 마술사 클럽의 연례 연회에서 챙이 없고 끝이 뾰족한 모자를 쓴 남자들과 함께 서 있었다. 두 번째 줄의 얼굴이 창백하고 뺨에 그늘이 진 남자가 찰리 채플린이라고 했다.

우리가 '다 눈치 챘다는' 걸 알게 되자, 그는 더 이상 그럴듯하게 보이려고 애쓰지 않았다. 이야기가 계속해서 이어졌고, 점점 더 황당해졌다. 자기가 음모를 꾸미고 있기 때문에 경찰이 자기를 밤낮으로 감시하고 있으며, 진짜 티토는 이미 오래전에 죽었다는 식이었다. 게다가 그에게는 증거까지 있었다. 예를 들면, 낡은 비스킷 상자 안에 크리스마스 카드를 감춰놓았는데, 거기 "1922년 크리스마스, 보쉬맨 부부로부터"라고 영어로 쓰여 있었다.

조문객이 찾아와준 덕분에 이 고통의 시간은 막을 내렸다. 감리교 목사가 고인에 대한 자신의 의무를 다하기 위해 온 것이다. 그는 한눈에 상황을 파악했다.

그가 독일어로 말했다.

"우리 친구 매트가 또 다시 광기에 휩쓸렸군요."

벨일 섬 프랑스 브르타뉴 남쪽에 있는 섬. 모네가 머무르며 〈폭풍우 치는 벨일 연안〉을 그린 것으로 유명하며, 다른 여러 화가들도 이 섬에서 작업하는 것을 좋아해서 '화가들의 섬'으로 불린다.
웨스트포인트 미국 육군사관학교가 있는 곳 혹은 육군사관학교.

취리히에서 공부를 했다는 목사는 아직 빈틈이 없거나 거의 없어 보였지만, 나이도 들고 외롭기도 하고 사소한 실수조차도 용서되지 않는 성직을 이곳에서 수행하다 보니 바퀴벌레보다도 더 소심해진 것 같았다. 감리교 신자는 프릴레프에 몇 가족이 있고 나머지 대여섯 가족은 코소보 여기저기에 흩어져 있다고 한다. 우리는 하나의 지방보다 더 넓다는 그의 교구에 관해 물었으나 소돔과 고모라에 대한 심드렁한 암시밖에는 들을 수가 없었다.

설교 내용을 신중하고 세심하게 다듬으며 공산당에 찬조금을 내는 그리스정교회 사제, 매일 밤 신자들의 집 문턱에서 신자들과 함께 코담배를 피우며 유배로 인해 약화된 믿음을 북돋우는 이슬람교 이맘, 그리고 합창단과 청년단, 새로 지은 수영장을 이용하여 별다른 어려움 없이 신입 당원을 모집하는 마르크스주의자 등 이 지역에 있는 그의 경쟁자들이 과연 영혼들을 끌어안는 데 그보다 더 나은 성과를 거두었을지, 궁금했다. 각자는 자신이 가지고 있는 수단을 동원해서 다른 사람의 지론에 맞선다. 그렇지만 모두가 동의하는 감정이 있으니, 그건 '보그'(세르비아-크로아티아어로 신을 가리킨다 – 글쓴이 주)가 이 도시를 떠났다는 것이다.

목사가 덧붙여 말했다.

"프릴레프에 관해 알고 싶으시다니, 내가 이 지역 속담을 하나 들려드리리다. '모두가 모두를 의심하지만, 그 누구도 신이 누구인지는 모른다네.'"

그리고 두 늙은이는 손수건을 입에 갖다대고 숨이 막힐 정도로 웃었다.

호텔 지배인이 내게 말했다.

"정교회 사제는 만나지 말아요. 머리가 좋은 사람이 아니니까요."

내가 관심을 갖는 건 그가 어떤 일을 하느냐 하는 것이지 그의 머리가 좋은지 안 좋은지가 아니었다. 그는 성스러운 것을 대리하며, 자유가 그렇듯 성스러운 것도 그것이 위협을 받는다고 느끼기 전에는 관심을 가지기가 어렵다. 게다가 정교회 사제는 그 깜박거리는 불꽃이 우리가 바라는 모든 것과 쉽게 조화를 이루는 양초 장사를 하고 있었으며, 오직 희미한 빛과 어둠뿐인 목조 교회의 열쇠까지 가지고 있었다. 그는 가마만큼이나 큰 자물통을 한참 동안 만지작거린 끝에 교회 문을 열더니 잔돈 몇 푼을 받고나서는 우리를 푸른색과 짙은 금색, 은색 속에 남겨놓고 사라져버렸다. 어둠에 익숙해지고 나니 베드로 성인의 배신을 알리기 위해 득의만만하고 비장한 표정으로 제단 위에서 날개를 활짝 펼치고 부리를 내민, 나무로 만든 수탉 한 마리가 눈에 들어왔다. 가슴을 따뜻하게 만들어주는 뭔가를 느끼기도 했지만,

또 한편으로는 왠지 모르게 좌절감 같은 게 느껴지기도 했다. 인간의 어린시절과 허약함, 그리고 원죄가 무슨 장사밑천(용서를 통해 신의 돈을 불리는)으로 쓰이는 게 아닌가 하는 생각이 들어서 말이다.

터키인들의 사원에서는 평온한 숭배의 분위기가 풍긴다. 낮고 폭이 넓은 건물인데, 양쪽에 황새들이 사는 뾰족탑이 하나씩 서있었다. 내부는 석회로 초벽을 했고, 바닥은 붉은색 양탄자를 깔고, 벽은 《쿠란》 구절을 써넣은 조각종이들을 장식했다.

푸근한 냉기와 엄숙함의 부재. 그렇지만 크고 화려하다. 우리 교회와는 달리, 비극이나 결핍을 연상시키는 건 전혀 없이 모든 게 다 신과 인간이 자연스럽게 결합해 있음을 을 보여주는 듯했다. 그런데 이같은 결합이야말로 진지한 신자들이 영원토록 향유하는 순결함의 원천이다. 맨발을 거친 양털 위에 올려놓고 잠시 한숨을 돌리고 있노라니 꼭 강물에서 멱을 감는 것 같은 기분이 들었다.

이곳의 터키 사람들은 숫자는 적지만 서로 간에 매우 돈독한 관계를 유지하고 있다. 우리가 그들 사회에 발을 디딜 수 있게 된 것은 이발사 아이웁 덕분이었다. 우리와 동갑인 그는 독일어를 몇 마디 알고 있었다. 우리는 친구가 되었다. 그의 고향인 스미르나를 좋아한다고 우리가 말한 뒤로 그는 괜찮다는데도 군이 우리 면도를 공짜로 해주었다. 그래서 우리는 이틀에 한 번씩 이발소에 가서 얼굴에 비누거품을 칠하고 여기저기 구멍이 난 가죽 의자에 길게 드러누워, 거울을 둘러싸고 있는 이스탄불 흑백사진을 올려다보곤 했다. 우리는 서서히 받아들여졌고, 어느 날 아이웁과 그의 친구들은 일요일에 야외에 같이 나가자고 우리를 초대했다.

"술도 있고, 음악도 있고, 개암도 있고…… 짐마차를 타고 갈걸세……. 방앗간 주인이 샤무아(영양류 동물 - 옮긴이 주)를 밀렵해놓았을지도 몰라……."

그는 손짓발짓해가며 이렇게 말했다. 그의 짧은 독일어 실력으로는 그 정도로 복잡한 것을 설명할 수가 없었던 것이다.

동틀 무렵, 우리는 이 도시 입구로 나갔다. 우리는 잘 모르지만 저쪽에서는 이미 우리를 아는(이방인이라서 그런 거겠지!) 사람들이 많이 모여있었다. 목이 쉰 살람, 푸른색 정장, 엄청나게 큰 물방울무늬 넥타이, 아침에 면도를 하다 베는 바람에 아직까지도 핏자국이 남아있는 잘 생긴 얼굴들, 그리고 먹을 것이 잔뜩 실려있고 그 사이사이에 바이올린과 류트를 끼워놓은 짐마차. 한쪽에서는 아이웁이 우리들 타라고 빌려온 초록색과 보라색 자전거 두 대를 한 소년이 붙잡고 있었다. 오기로 했던 사람

살람 이마에 오른손을 대고 인사하는 이슬람식 인사법으로 '평화'라는 의미를 담고 있다.

들이 다 모이자 각자가 가져온 비둘기를 놓아주었고(일요일에 비둘기를 날려 보내는 것이 이곳 풍습이었다), 우리는 짐수레에 탄 사람들이 흥청거리며 뒤따라오는 가운데 알록달록한 색깔의 자전거를 타고 그라드스코로[11] 이어지는 도로로 접어들었다.

이곳에는 자전거가 드물었다. 자전거를 탄다는 것은 오직 부유한 사람들만이 누릴 수 있는 사치이자 그들만의 무궁무진한 화젯거리였다. 카페에서는 사람들이 상표와 안장의 부드러운 정도, 혹은 페달의 견고성에 관해 입에 침을 튀겨가며 격론을 벌이는 걸 볼 수가 있었다. 자전거를 가지고 있는 운 좋은 사람들은 곰곰이 연구해서 자전거에 여러 가지 색깔을 칠하기도 하고, 몇 시간 동안 윤이 반질반질 나게 닦기도 하고, 방의 침대 옆에 모셔놓고 바라보며 꿈을 꾸기도 했다.

몇 킬로미터쯤 가서 노란색 자두나무들이 꼭 무슨 통로처럼 양쪽으로 길게 늘어선 곳을 지나니 포플러나무로 둘러싸인 풀밭이 나타났고 풀밭이 끝나는 곳에 방앗간이 있었다. 그 앞에서는 방앗간 주인이 책상다리를 하고 앉아 절구를 갈고 있었다. 그는 300킬로그램은 족히 나갈 돌을 다시 절구에 올려놓기 위해 우리가 도착하기만을 기다리고 있었다. 우리들 중에서 여섯 명이 나서서 그걸 구멍에 끼우고 방앗간 주인이 떨어지는 물의 양을 조절하고 나서 곡식을 붓자, 찧어진 곡식이 들보를 하얗게 뒤덮기 시작했다. 그러자 방앗간 주인은 가죽을 토마토와 양파 바구니 주변의 풀밭 위에 넓게 펼치고 푸른색 에나멜 커피포트에 증류주를 가득 따랐다. 우리는 무릎을 꿇고 앉아 신나게 먹어댔고, 그동안 아이웁은 류트를 넓적다리 사이에 끼우고선 목의 동맥이 부풀어오를 정도로 온 힘을 다해 찢어질 듯한 흐느낌으로 우리 마음을 달래주었다. 화창한 날씨였다. 휴식을 취하고 있는데 웬 한숨소리 같은 게 방앗간 한가운데서 들려왔다. 솥 밑바닥에 가지를 겹쳐 깔고 그 위에 샤무아 한 마리를 올려놓고 삶고 있었는데, 수증기가 훅훅 가을하늘을 향해 솟아오르는 소리였다.

고함소리, 합창소리, 그라드스코에서도 들을 수 있을 만큼 날카로운 이발사의 〈아마네〉('아만, 아만'이라는 말로 끝이 나는 터키 합창곡 – 글쓴이 주) 소리가 여기저기 흩어져 있는 사냥꾼들을 우리가 있는 풀밭으로 불러모았다. 이슬람교도들은 우리가 앉아 있는 자리로 오자마자 고추를 입 속에 꾸역꾸역 집어넣고는 만족스럽다는 표시로 노루 사냥용 총을 몇 발 공중을 향해 발사했다. 환영을 덜 받은 마케도니아인들은 몇 걸음 떨어진 곳에 있는 그루터기 위에 자리잡더니 사냥총을 무릎 위에 올려놓고 방앗간 주인이 던져주는 담배를 공중에서 받았다. 그리고 멀찌감치 떨어져서 총을 한두 발씩 쏘아올렸는데, 그것은 말하자면 함께 어울리고 싶다는 그들 나름대로의 소심한 의사표시랄 수 있었다. 증류주가 계속 돌았다. 터키인을 위해서 건배하고, 우리를 위해서 건배하고, 말을 위해서 건배하고, 그리스인과 알바니아 인들과 불가리아인들과 민병대원들과 군인들과 기타 신을 믿지 않는 사람들의 통합을 위해 건배해야 했던 것이다. 마케도니아의 언덕 사이를 어슬렁거리던 모든 심술궂은 자들은 여기저기 흩어져서 실컷 음란패설을 즐겼다.

보람찬 일요일이었다. 잔뜩 취한 방앗간 주인은 여러 개의 탄약통에 총알을 장전하더니 자기가 키우는 닭 중 절반이나 되는 숫자를 쏘아 죽이고는 비틀거리면서 방앗간 안으로 털을 뽑으러 갔고, 그동안 그의 친구들은 선택된 자의 자랑스런 미소를 입술에 띠고 서로 총을 돌려가며 사방에 대고 빵빵 쏘아댔다.

샤무아의 뼈에 붙어있는 살점까지 다 뜯어먹고 난 우리는 낮잠을 즐기기 위해 다들 토끼풀 위에 길게 드러누웠다. 그러고 있노라니 땅이 등을 밀어올리는 것처럼 느껴졌다. 여섯시가 다 되어가는데도 어느 한 사람 일어날 기미를 보이지 않기에 우리는 그냥 프릴레프로 돌아왔다. 우리가 탄 자전거에서 불꽃이 튀었다. 다리는 끊어질 듯 아팠지만 꼭 일을 하고 싶었다. 머리가 호수처럼 맑았다. 꽉 찬 위는 소박한 만족감으로 부풀어올랐다. 행복한 광경만큼 사람을 기분 좋게 만드는 건 없다.

터키 사람들은 일요일과 야외를 요령껏 최대한 잘 이용한다. 시내로 돌아가면 프릴레프 주민들 때문에 사는 게 고달파지

기 때문이다. 베오그라드가 자기들을 착취한다고 생각하는 마케도니아인들은 옛날에 자신들을 엄청 괴롭혔던 이 터키 이슬람교도들에게 화풀이를 해댔다. 물론 그건 잘못이다. 도시에 사는 일부 터키인들은 가족들끼리 굳게 뭉쳐 정직하게 잘 살고 있었으며, 이들의 영혼은 마케도니아인들의 영혼보다 고통을 덜 받았다.

터키 사람들은 뾰족탑과 구원을 베푸는 정원 사이의 목가적인 섬(악몽을 잘 막아주는)에서 산다. 참외 재배와 터번, 은종이로 접은 꽃, 턱수염, 곤봉, 효심孝心, 산사나무, 골파(백합과의 여러해살이 풀 – 옮긴이 주), 방귀, 그리고 풋과일 냄새에 매혹당한 곰이 이따금씩 밤에 나타나서 귀찮게 만드는 자두 과수원에 대한 그들의 강한 애착.

프릴레프 출신들은 터키인들의 도움을 안 받고 그들과 거리를 유지하면서 그들을 교활하게 들볶는 쪽을 택했다(너무나 큰 고통을 겪은 나머지 세월이 한참 흘렀는데도 이해관계는 따져보지도 않고 뜬금없이 복수를 하려고 하는 그 모든 민족들처럼).

마케도니아 방언은 그리스와 불가리아, 세르비아, 터키 단어들은 물론 지방 특유의 말투까지 뒤섞여있다. 마케도니아인들은 세르비아인들보다 더 빨리 말하고, 대화하는 사람들은 참을성이 부족하다. 말하자면, 베오그라드에서 주워들은 문장은 여기서는 통하지 않는다는 얘기다. 관棺 짜는 사람들이 티에리에게 시간을 물어볼 때마다 항상 같은 일이 벌어졌다. 즉 한쪽은 자기는 그걸 말할 수 없다고 손짓하며 시계의 글자판을 가리켜 보이고, 또 한쪽은 자기는 그걸 읽을 수 없다고 손짓하는 것이다. 최소한 우리는 무엇이 불가능한가에 대한 이해에는 항상 도달할 수가 있었다.

관을 짜는 사람은 오리목을 대패로 다듬으면서 이웃에서 총포 가게를 하는 친구와 잡담을 나누는데, 이거야말로 기가 막힌 우연의 일치가 아니겠는가. 그들의 대화에는 갑작스럽게 터져나오는 웃음소리와, 자꾸 보다 보면 결국에는 그 뜻을 알게 되는 공중변소의 낙서에 나오는 것 같은 그런 단어들만 계속 등장할 뿐 죽음은 결코 등장하지 않는다. 관으로 말하자면 합판이나, 심지어는 아주 아름답게 장식된 종이를 씌운 나무판자들을 얼기설기 엮어놓은 것에 불과하였다. 주황색도 있고 검은색도 있고 푸른색도 있었는데, 그 위에 금색을 더덕더덕 칠하고 끝에 은색 페인트로 세 잎 장식이 붙은 십자가를 그려놓았다. 그건 사실 겉만 번지르르하지 사실은 어린아이가 발로 툭 한 번 차면 부서져버릴 수도 있는 형편없는 모조품이었다. 하지만 나무가 드문 이곳에서 도대체 왜 좋은 목재를 땅 속에 파묻는단 말인가?

목수는 죽음을 위해 일을 하다 보니 결국은 행동도 죽음을 닮게 되었다. 낮잠 자는 시간이 되면 그는 턱을 들어올리고 솥

뚜껑만 한 두 손을 배 위에 올려놓은 채 두 개의 버팀 다리가 받쳐주는 널 위에 드러누워 잠을 잔다. 그가 쉬는 숨도 잘 보이지 않는다. 심지어는 파리들까지도 속아 넘어갈 정도다. 널이 좁기 때문에 움직였다가는 떨어질 것이다. 그리고 떨어지면 죽을 것이다.

축제일이 되면 목수는 꽃집 주인이나 과자점 주인처럼 자신의 상품을 가격별로, 그리고 나이별로 나누어 길거리에 진열해놓았다. 진열품은 좀 섬뜩했지만, 이 도시에서 이것만큼 색깔이 아름다운 건 없었다. 한번은 검은 옷을 입은 시골 여인이 그 앞에서 걸음을 멈추더니 열심히 흥정을 한 끝에 작은 관 하나를 겨드랑이에 끼고 단호한 걸음걸이로 사라졌다. 그렇게 인상적인 장면은 아니었다. 왜냐하면 이곳에서는 삶과 죽음이 마치 두 악녀처럼 누구 말려주는 사람조차 없이 매일같이 대결을 펼치기 때문이다. 잃어버린 시간을 되찾느라 살기가 무척 고달픈 나라에서는 싸움을 말려줄 정도의 배려조차 이루어질 수가 없다. 여기서 미소 짓지 않는 얼굴은, 졸고 있거나 아니면 이를 갈고 있는 얼굴뿐이다. 피로나 근심걱정이 차지하지 않는 순간들은 마치 먼 곳에서도 들려야 하는 폭죽처럼 만족감으로 가득 채워진다. 살아가는 데 도움이 되는 것은 그 어느 것 하나 허투루 취급되지 않는다. 그렇기 때문에 그들의 음악은 강렬하며 유고슬라비아에서 최고로 진한 감동을 불러일으키는 것이다. 긴장하고 불안해하던 목소리들이 문득 밝고 쾌활해지자 꼭 무슨 절박하고 긴급한 일이 일어난 것처럼 음악가들이 악기를 향해 덤벼드는 걸 보라. 요컨대 단 한순간의 방심도 없이 경계하고 있는 것이다……. 그것은 시간을 허비해서도 안되고 잠을 자서도 안되는 전쟁이다…….

나는 밤이면 충분한 시간을 갖고 벼룩들과 싸우며 거기에 관해 생각해 보았다. 벼룩이란 놈들은 나를 악마처럼 괴롭혔다. 나는 도시 어디에서나 그놈들을 볼 수 있었다. 식품점 주인이 치즈를 자르기 위해 허리를 숙였는데…… 벼룩 한 마리가 그의 셔츠 속에서 기어 나오더니 턱을 지나(그런데도 그는 눈썹 하나 까딱하지 않았다) 목울대로 내려가서 플란넬 내복 속으로 사라졌다. 설령 내가 그놈을 순간적으로 시야에서 놓쳤다 하더라도 그냥 포기해버리면 될 일이었다. 그놈이 나랑 아무 상관없다면 말이다. 하지만 그게 아니었다. 그 벼룩은 나의 철천지원수였다. 밤이 되어 시트를 제치면 꼭 빨간 먼지처럼 내 얼굴을 덮치곤 했고, 그럴 때마다 DDT나 물을 왕창 뿌려봤지만 아무 효과가 없었다. 그렇지만 티에리는 방의 반대편 끝에서 벼룩에게는 단 한 번도 안 물리고 두 손으로 머리를 괸 채 열 시간 동안 잠만 푹 잘 잤다.

이 곤충들, 내 몸을 마비시키려고 애쓰며 마셨던 높은 도수의 포도주, 혹은 떠나왔다는 데서 느껴지는 행복감은 동이 트기도 전에 나를 잠에서 깨우곤 했다. 방은 어둠 속에, 그리고 테레빈유와 붓 냄새 속에 잠겨 있었다. 침낭을 뒤집어쓴 티에리가 큰 소리로 잠꼬대를 해댔다.

"내 그림에다가 오줌 싸지 마…… 어, 파리다!"

그는 얄미울 만큼 차분한 자세로 다시 그림을 그리기 시작했다. 나는 초고를 앞에 둔 채 여전히 글을 쓰는 척하면서 꼭 경찰 앞에 선 소년처럼 벌벌 떨었다. 신발을 손에 들고 계단을 내려갔다. 가슴이 메어오고 정신은 극도로 예민해졌다. 바위에서 풍기는 향기가 이따금씩 산에서 내려와 길거리를 쓸고 지나갔다. 나는 그 거리의 차가운 먼지를 발로 밟았다. 아직 날이 밝지 않았지만, 몸을 꾸부린 희끄무레한 형체들이 이미 담배밭에서 일을 하고 있었다. 태양이 맨처음 산꼭대기에 닿자 도시 주위에서 당나귀들이 히잉 우는 소리, 길가에서 수탉들이 꼬꼬댁거리는 소리, 그리고 이어서 뾰족탑 꼭대기에서 비둘기들이 구구거리는 소리가 들려왔다. 그러자 9월 동틀 무렵의 안갯속 도시가 뜻밖에도 거듭 용기를 낸 듯 상쾌하고 청정하게 미끄러지듯 움직였다. 그 순간, 이 도시의 벼룩이, 그리고 이 도시의 무관심과 이중성이 너그러이 용서되었다. 그리고 나는 이 도시가 더 나은 미래를 맞기를 간구하였다.

호텔 안마당을 통해 내 방으로 들어가던 나는 분뇨 수거를 맡은 하녀와 우연히 마주치게 되었다. 아무 것도 신지 않은 큼지막한 발로 굳건하게 서있는 이 건장하고 혈색 좋고 다부진 아가씨는 혼잣말로 뭐라고 중얼거리면서 똥을 나르다가 복도에서 나와 마주치면 허스키한 목소리로 인사를 하곤 했다. 어느 날 실수로 독일어로 대답하자 그녀는 문득 걸음을 멈추더니 금방이라도 넘쳐흐를 것처럼 위태위태해 보이는 양동이를 내려놓고 깨진 이빨이 다 드러나 보이도록 환하게 미소 지었다. 사실 나는 그녀가 양동이를 조금 더 멀리 떨어진 곳에 내려놓았으면 했다. 그 순간, 암퇘지처럼 뚱뚱한 그녀에게서는 기대하기 힘들 만큼 여성적이고 명랑한 느낌이 그녀의 상큼한 미소에서 풍겨나왔다.

그녀가 눈썹을 치켜 올리며 독일어로 물었다.

"저기…… 독일 분이에요?"

"아닌데요."

그녀가 앞치마 위에 포개어 올려놓은 두 손에는 손톱이 없었으며, 발톱 역시 보기 흉하게 으깨어져 있었다.

그녀가 계속 독일어로 말했다.

"전 유대인이면서 마케도니아 사람이에요. 그래서 독일어를 좀 하지요. 전쟁이 일어났을 때…… 3년 동안…… 라벤스부르크 수용소에 있었어요……. 정말 유감스럽게도…… 친구들이 다 죽었어요. 이해하시죠……?"

그러고 난 그녀가 만족스러운 표정을 지으며 말을 끝맺었다.

"그래서 독일어를 아주 잘한답니다."

그 뒤로 나를 만날 때마다 그녀는 내게 손짓을 해보이거나 아니면 의미있는 윙크를 했다. 독일에 가보았다는 것(물론 전혀 다른 상황에서), 그것은 그녀와 내가 갖고 있는 최소한의 공통점이었다. 나는 이 여성을 잊을 수가 없다. 그리고 추억과 타협하는 그녀 특유의 방법 역시 잊을 수가 없다. 삶이란 어느 정도의 고초나 불행을 극복하고 나면 이따금 다시 각성하여 모든 걸 치유해 주기도 한다. 시간이 지나면 강제수용은 여행의 한 형태가, 아무 부담없이 다시 이야기할 수 있는 여행이 되기도 한다. 두려움을 용기로 바꾸어놓는 무시무시한 기억 능력 덕분이다. 세상을 보는 모든 방식은 다 좋다. 나중에 그것에 관해 다시 이야기할 수만 있다면 말이다. 이것은 옛날에 그녀를 괴롭혔던 자들에게는 부끄러운 역설이다. 즉 독일에서 보낸 시절이 그녀의 자존심을 세우는 중요한 화제가, 자기네 나라에서 고통받는 걸로 만족했던 모든 불행한 프릴레프 사람들이 부러워할 수도 있는 하나의 모험이 된 것이다.

정오가 되었다. 양파 하나, 고추 하나, 흑빵, 염소 치즈, 백포도주 한 잔, 거품 나는 쓰름한 터키식 커피. 꼬치에 꿰서 구운 양고기를 먹고, 남등나무 아래 앉아 자두술을 좀 마셨더니 식사비가 약간 더 들었다. 마지막으로 이 지역에서 생산되는 아주 맛좋은 담배를 피우고 우편물을 부쳤다. 우리 두 사람이 하루에 700디나르(3000원 정도 - 옮긴이 주)면 살 수가 있다.

목이 마르면, 귀를 갖다대고 손으로 두드려봐서 톡톡 소리가 나는 수박을 먹는 게 최고다. 물은 안 마시는 게 낫다. 프릴레프 주민들은 자신들의 물을 그다지 자랑스럽게 생각하지 않는다. 맛이 좀 약하다 못해 밍밍하다는 것이다. 나는 그런 걸 전혀 못 느꼈다. 하기야 스위스 같은 나라의 기후에서 도대체 누가 물맛에 신경을 쓴단 말인가? 이곳에서는 좋은 물을 찾는 것이 일종의 습관이 되어있다. 설령 샘까지 10킬로미터가 떨어져 있다 할지라도 물맛만 좋다면 거기까지 걸어가라고 권하는 것이다. 이곳 사람들은 보스니아를 좋아하지 않는다. 하지만 다들 정직하기 때문에, 보스니아의 물이 다른 곳과는 비교가 안 될 정도로 맛이 좋고 원기를 회복시켜 준다는 사실을 어쩔 수 없이 인정한다……. 그들은 그런 말을 하고 난 뒤에는 꼭 뭔가를 생각하며 침묵을 지키다가 혀를 끌끌 차곤 했다.

다른 것도 조심해야 한다. 파리들이 떼로 몰려들어 앉아있다 간 흠 있는 과일은 먹지 말아야 하고, 얼마만큼의 비곗조각은 본능적으로 접시에 그냥 남겨두어야 하며(식사예절에 어긋나지 않는 한), 과립성 결막염에 걸리고 싶지 않으면 악수를 하고 난 뒤에는 눈을 비비지 말아야 한다. 이건 경고일 뿐 반드시 지켜야 하는 법은 아니다. 이미 오래 전에 사라졌던 몸의 음악을 조금씩 되찾아 그것과 자신을 일치시키기만 하면 된다. 이 지역의 먹거리는 해독제(차와 마늘, 요구르트, 양파 등등)를 많이 포함하고 있으며, 건강이란 견뎌내기가 쉬울 수도 있고 어려울 수도 있는 일련의 감염으로 이루어진 동적動的 균형상태라는 사실 역시 기억해야 한다. 그러다가 견뎌내지 못하면 상한 무나 오염된 물을 마시고 지독한 설사병을 며칠 동안 앓으며, 이마에 땀이 흥건한 채 터키식 화장실로 쏜살같이 달려가서 만사 포기하고 누가 주먹으로 문을 쾅쾅 두드리든지 말든지 아예 거기 퍼질러 앉을 수밖에 없다. 왜냐하면 설사병은 숨돌릴 시간을 거의 주지 않기 때문이다.

이렇게 몸이 쇠약해져 있을 때는 도시가 나를 공격한다. 공격은 돌연히 이루어진다. 날씨가 찌푸리고 비가 조금만 내렸다 하면 길거리는 수렁으로 변한다. 그러면 땅거미가 지고, 조금 전까지만 해도 너무나 아름다웠던 프릴레프는 꼭 값싼 종이처럼 구겨져버린다. 도시가 가질 수 있는 온갖 보기 흉하고 구역질나고 해로운 것들이 악몽처럼 그 모습을 분명하게 드러낸다. 상처입은 당나귀 옆구리, 열이 있어 보이는 눈과 기워놓은 웃옷, 카리에스에 걸린 턱, 500년간 계속된 점령과 음모로 형성된 새되고 신중한 목소리들. 마치 고기가 두 번 죽을 수도 있다는 듯 도움을 요청하는 것 같은, 정육점의 엷은 자주색 내장까지도 그렇다. 처음에는 증오로써 나 자신을 방어한다. 그게 논리적이기 때문이다. 나는 마음속으로 길거리에 산(酸)을 쏟아 붓고 상처를 불에 태운다. 그러고 나서 질서를 무질서와 대립시킨다. 내 방으로 돌아가서 마룻바닥을 비로 쓸고, 얼굴을 박박 문지르고, 간단하게 편지를 쓴 다음, 미사여구도 동원하지 않고 억지로 뜯어 맞추지도 않고 속임수도 안 쓰려고 애쓰면서 내 일을 한다. 그것은 아마도 오랜 역사를 가지고 있을, 그렇지만 내가 현재 가지고 있는 것으로 치를 수 있는 아주 겸허한 의식이다.

기운을 회복하면 나는, 소나기가 그치자 김이 모락모락 피어오르는 흰 집들과 깨끗이 씻겨진 하늘을 배경으로 길게 뻗어 있는 산맥, 보는 사람에게 안도감을 불러일으킬 만큼 억센 잎사귀로 도시를 둘러싸고 있는 수많은 담배 모종들이 황혼에 물들어가는 것을 창문을 통해 바라본다. 나는 다시 견고한 세계 속에, 커다란 은빛 성상(聖像) 한가운데 자리잡는다. 도시는 다시 소생하였다. 꿈을 꾸었나 보다. 앞으로 열흘은 이 도시를 사랑하게 되리라. 다음에 또 발작할 때까지. 말하자면 도시는 그런 식으로 예방주사를 놓아준다.

여행은 몸을 털고 일어나 기운을 차릴 기회를 제공한다. 그렇지만 사람들이 생각하는 것과 달리 자유를 주지는 않는다. 오히려 일종의 축소를 경험하게 해줄 뿐이다. 일상적인 주변 환경에서 벗어나 자신의 습성을 박탈당한 여행자는 마치 포장지가 벗겨지듯 자기 자신이 보잘 것 없는 크기로 줄어든 것을 보게 된다. 하지만 그는 좀 더 왕성한 호기심과 날카로운 직관을 발휘하게 되고, 첫인상을 보다 더 중요하게 생각하게 된다.

그리하여 어느 날 아침, 우리는 농부가 강으로 끌고 나와 이제 막 다 씻긴 암망아지의 뒤를 아무 이유도 없이 따라갔다. 발을 높이 올리며 걷는 이 암망아지의 눈은 반쯤 뜬 눈꺼풀 아래에서 밤색을 띠고 있었으며, 흠 하나 없이 깨끗한 털로 뒤덮인 근육은 우아하면서도 당당하게 출렁거렸다. 이 암망아지야말로 내가 유고슬라비아에서 본 것들 중에서 가장 여성적이었다. 길거리의 가게주인들이 고개를 돌려 이 암망아지를 바라보았다. 우리는 꼭 노령의 호색한들처럼 먼지 속에서 갓 만들어지는 암망아지의 발자국을 아무 말 없이 따라갔다. 우리는 말 그대로 우리 눈을 씻어낸 것이다. 왜냐하면 눈은 예를 들면, 솟아오른 담배움이라든지 비단처럼 부드러운 당나귀 귀, 어린 거북이의 등딱지 등 우리가 오직 자연 속에서만 발견할 수 있는 그런 새롭고 온전한 것들을 필요로 하기 때문이다.

여기서는 자연이 엄청난 활력을 발휘하며 쇄신되기 때문에 거기 비교해볼 때 인간은 이미 늙어서 태어난 것처럼 보일 정도다. 얼굴은 꼭 기차 선로 위에서 평평해진 동전처럼 곧바로 단단해지고 변색된다. 햇볕에 타고, 흉터가 생기고, 수염과 천연두, 피로나 근심걱정으로 인해 여기저기 주름이 진다. 가장 인상적인 얼굴, 가장 잘생긴 얼굴, 심지어는 소년들의 얼굴조차도 군화를 신은 병사들이 밟고 지나간 것처럼 보일 정도였다. 우리나라에서와는 달리 이곳에서는 매끈하고 사색적이고 건강하기 때문에, 아직은 완전한 형체를 이루지 않아서 앞으로 모든 걸 새겨나가야 할 얼굴을 결코 볼 수가 없다.

오직 나이든 사람들만이 삶으로부터 짜낸 신선함을, 제2등급의 신선함을 가지고 있다.

도시를 빙 둘러싸고 있는 작은 정원에 가면 수염을 정성스레 다듬은 이슬람교도들이 콩밭에 모포를 깔고 그 위에 앉아 침묵 속에서 흙 냄새를 들이마시며 이제 막 비치기 시작한 햇빛을 온몸 가득히 받아들이는 모습을 볼 수가 있다. 그런 자세를 취하고 있는 사람들에게서는 자신의 내면으로 침잠하여 명상 속에서 행복을 느끼는 재능이 느껴졌는데, 그같은 재능은 시골에 살고 이슬람을 믿음으로써 얻게 된 것이었다. 그들은 우리를 보자 소리쳐 부르더니 앉으라고 권한 다음 바지에서 주머니칼을 꺼내어 수박을 잘라주었다. 수박을 먹고 나자 입에서 귀까지 끈적끈적한 연분홍색 자국이 남았다.

이렇게 해서 우리는 독일어를 몇 마디 알고 있는 이슬람 사원의 뮐러(이슬람 국가에서 율법학자를 존대하여 부르는 말 - 옮긴이 주)를 우연히 만났다. 그는 담배를 말아서 우리들에게 건네더니 뾰족탑을 가리키며 자기 소개를 했다. 그런데 당신들은?

"한 사람은 화가이고, 또 한 사람은 저널리스트입니다만……."

"그럼 편히들 쉬시오."

이런 직업에 관해서 전혀 아무런 가치도 부여하지 않는 이 뮐러는 독일어로 이렇게 정중하게 대답하고 나서 명상을 계속했다.

어느 날 아침, 쭈그리고 앉아 한쪽 눈은 감고 또 한쪽 눈은 파인더에 갖다대고 이슬람 사원 사진을 찍고 있는데 뜨겁고 거칠고 외양간 냄새를 풍기는 무언가가 내 머리에 와 부딪쳤다. 나는 당나귀(이곳에는 당나귀가 많고 또 사람들이랑 친해서 종종 주둥이를 겨드랑이 밑으로 밀어넣곤 했다)가 그러는 줄 알고 아무 일 없는 듯 계속 사진을 찍었다. 하지만 그건 나이든 농부로서, 적게는 일흔 살, 많게는 여든 살이나 된 자기 친구들을 웃기려고 살금살금 다가와서 뺨을 내 뺨에 갖다댄 것이었다. 그는 허리가 휘어질 정도로 웃어대며 돌아갔다. 아마도 그는 유쾌한 하루를 보냈으리라.

바로 그날, 나는 자드란 카페 창문을 통해 모피로 안을 댄 챙 없는 모자를 쓰고 튀긴 해바라기 씨를 몇 개를 수염에 묻힌 채 넋 나간 표정으로 나무로 만든 작은 바람개비를 불고 있는 노인을 보았다. 아직도 저렇게 젊게 살다니, 하나님께 감사할 일 아닌가!

이 나이든 사람들이야말로 이 도시에서 가장 유쾌한 사람들이다. 머리칼이 점점 더 하얘지고 허리가 조금씩 더 굽으면 굽을수록 이들은 더 대범하고 더 초연해지면서 아이들이 담벼락에 그려놓는 그 영감님들을 점점 닮아간다. 이지적인 것이 감성적인 것을 희생시키며 발달해온 우리나라에는 이런 호인이 드물다. 하지만 이곳에서는 짓궂고, 장난치기 좋아하며, 거짓 없이 참된 이런 존재들을 매일같이 만날 수가 있다. 나는 건초를 나르거나 구두를 수선하는 이런 사람들을 보면, 있는 힘껏 부둥켜안은 채 엉엉 울고 싶어진다.

토요일 밤 춤추는 사람들을 위해 마케도니아 호텔 정원에서 반주를 한 아코디언 연주자는 실력은 괜찮았으나 아코디언 풀무에 구멍이 나 얼굴로 차가운 공기가 분출되는 바람에 두 눈을 거의 다 감고 연주를 해야만 했다. 티에리가 그에게 아코디언을 빌려주었는데, 그건 죽은 사람이라도 벌떡 일어나게 할 만큼 파워풀한 '120 베이스'였다. 그 때문에 아코디언 연주자는 죽어라고 연주하고 죽어라고 퍼마셨고 우리는 그가 악기를 메고 길게 드러누워버리기 전에 웃음을 터뜨리며 함께 덤벼들어 그걸 빼앗아야만 했다.

세르비아도 그렇고 여기도 그렇고, 음악은 하나의 열정이다. 또한 이방인들에게는 음악이 '열려라, 참깨!'이기도 하다. 음악을 사랑하면 친구가 생기기 때문이다. 만일 녹음을 한다고 하면, 너나 할 것 없이, 심지어는 경찰까지 나서서 음악가들을 붙여주려고 애쓸 것이다.

그리하여 우리가 출발하기 며칠 전, 아침 댓바람에 한 성악 교사가 찾아오더니 전국에서 백파이프를 제일 잘 부는 학생이 자기 반에 있다고 우리 방 창문 아래서 큰 소리로 외쳤다. 그를 따라가기는 했지만, 왠지 불편했다. 우리가 그 정도까지 원한 건 아니었는데, 막상 보니 그가 말한 백파이프 연주자는 대단한 실력을 갖춘 나이가 지긋한 인물이었다. 애꾸눈에 머리가 홀라당 벗겨지고 눈에 장난기가 가득한 이 노인은 백파이프를 무릎 사이에 끼워넣고 흑판 아래서 꾸벅꾸벅 졸고 있었다. 그의 이름은 레프테리아(대충 '자유'를 뜻하는)인데, 30년 동안 마케도니아로 이어지는 길마다 돌아다니면서 결혼식과 세례식에서 연주를 해왔다고 하였다. 그는 교사 때문에 이렇게 궁지에 몰리자 기분이 상한 듯하였다. 그래서 우리는 그를 자드란으로 초대하여 술을 넉 잔이나 사야만 했고, 그때서야 그는 연주를 하기로 마음을 굳혔다. 그 사이에 그의 연주를 듣기 위해 관 짜는 사람과 우체국 직원, 당 비서, 그를 존경하는 30대 남자들이 주위에 구름떼처럼 몰려들었다.

　태양은 중천에 떠있었고 날씨는 지독하게 더웠다. 백파이프에서는 고약한 기름 냄새가 풍기고 가죽은 무두질이 제대로 되지 않은 탓에, 땀이 구슬처럼 맺힌 그의 대머리 위에서 엄청나게 많은 파리 떼가 몰려들어 윙윙거리며 일종의 후광을 만들어냈다. 백파이프는 순 양가죽으로 만들어졌으며, 윗부분에는 주둥이가, 아랫부분에는 저음관低音管과 구멍이 다섯 개 뚫린 파이프가 붙어있었다. 그는 이 파이프 위에 손가락을 갖다대고 주머니에서 세차게 분출되는 일진一陣의 시큼한 공기를 능숙하게 다루었다. 그는 신부가 신혼집 문턱을 지나며 신랑을 향해 부르는 혼가婚歌를 연주했다.

　　당신은 나를 우리 아버지 우리 형제들이랑 떼어놓았어요
　　당신은 나를 우리 어머니랑 떼어놓았어요
　　오! 도대체 내가 왜 당신을 사랑한 거죠?

　보통 마케도니아의 곡조에는 교회음악을 연상시키는 뭔가 난해하고 화려한 게 느껴진다. 심지어는 가장 활기찬 곡조에도 좀 기독교적인 우울한 분위기가 감돌 정도다. 잡초만 무성하게 자라나고 있던 시절에도 비잔틴 수도원의 수도사들이 찬송가와 성가를 똑같이 거칠고 날카롭고 피맺힌 목소리로 불렀으리

라. 하지만 백파이프는 예외였다. 그것의 사용법은 아트레우스 왕조 이래로 바뀌지 않았던 게 틀림없다. 백파이프는 어치 울음소리라든지 억수처럼 내리는 빗소리, 쫓기는 소녀의 공포 등 태고의 것들을 표현하기 위해 고대에 만들어진 악기다. 그리고 이것은 정말로 팬(송풍기)의 악기다. 왜냐하면 풀무와 가죽부대, 그리고 부는 구멍 모두가 이 팬이 지배하고 있기 때문이다. 노인의 연주 속도가 점점 더 빨라졌다. 우리는 넋을 잃었다. 그가 마지막 춤곡을 연주하자 절박한 꼬꼬댁 소리가 태고의 저 깊고 깊은 곳으로부터 솟아났다. 방은 사람들이 너무 많이 모여드는 바람에 어두컴컴해졌다. 카페를 꽉 채운 사람들의 엉덩이와 발가락이 들썩거렸다.

자기 입맛대로 프로그램을 편성하는 프릴레프 라디오방송국 담당자는 그날부터 우리를 즐겁게 해주기 위해서 광장에 설치된 스피커를 통해 프랑스 음악을 몇 곡씩 들려주었다. 태양이 찌는 듯 더운 길거리를 버려둔 채 떠나고 도시가 반쯤 감긴 눈으로 우리를 바라보는 시간이 되면, 전율하는 듯한 라벨 4중주곡이 손수레와 지붕 위로 날아올랐고, 우리는 확신에 찬 마르크스주의자가 친절하게도 우리에게 제공하는 이 즐거운 방송을 15분 동안 청취했다.

프릴레프에는 투사들이 많이 살고 있었다. 운이 가장 좋은 사람들은 동상이 되어 공산주의 신조가 쓰인 책 위에 한손을 올려놓고 먼지 자욱한 광장에 서있든지, 아니면 스코플레에 자리한 마케도니아 정부에서 한 자리씩 차지하고 있었다. 다른 이들로 말하자면, 사람들이 작은 소리로 이름을 소곤대는 민병대의 몇몇 영향력 있는 인물과 수많은 이 지역 출신들이 용감하게 레지스탕스에 뛰어들었고, 이따금은 자기네들이 혁명을 완수했다는 사실에 오히려 어리둥절해하는 것 같았다.

그렇기는 하지만 그게 그들이 처음으로 이룩한 혁명은 아니다. 프릴레프는 항상 코뮌이나 지역 차원에서 정부와 맞섰던 저항의 도시였다. 최소한 10세기 이후로 남자들은 깊은 숲속으로 들어가 명예롭게 산을 지켜냈고, 그래서 때로는 산에 그들의 이름이 붙어있기도 했다. 불만을 가진 사람들은 항상 유격대 신분에 의지하였다. 하지만 이제는 끝났다. 항독 유격대가 권력을 잡은 이후로 이 지하단체는 더 이상 필요없게 된 것이다. 그것은 과거의 일이었고, 이 도시의 공산주의자들은 더 이상 거기 매달리지 않았다.

그들은 무엇보다도 젊은이들에게, 그리고 매우 적극적인 홍보에 관심을 가지고 있었다. 합창단을 만든 것도 그들이었다. 축구팀을 창단해서, 공격적인 선수들을 버스에 가득 태워 일요

아트레우스 그리스 신화에 나오는 영웅이자 아르고스의 왕. 형제간의 피비린내는 골육상쟁을 겪었으며 자신도 비극적인 죽음을 맞이해서 많은 비극작품의 소재가 되었다.

일마다 시합을 벌이게 하는 것도 그들이었다. 불에 타듯 뜨겁고 건조한 이 지역에서 인기를 끌 수 있는 수영장을 새로 지은 것도 바로 그들이었다. 젊은이들은 아침 여섯시부터 이곳으로 밀려들었다. 처음에 그들은 뺨에도 근육이 있을 정도로 체격이 좋은 젊은이들을 보며 즐거워했다. 그러다가 그들은 한결같이 때묻지 않고 순수한 이 젊은이들 중 많은 숫자가 장차 경찰이 될 수 있다는 생각을 해냈다. 그러면서 그들은 나지막한 목소리로 "국가 기구"라고 말했다. 이 진부한 표현은 우리의 마음을 약간 진정시켜주었다……. 그러다가 우리는 이 단어가 아직 국가도, 기구도 갖지 못했던 젊은이들이 상당히 매력을 느끼겠다는 사실을 깨달았다.

우리가 그리스로 출발하기 전날, 터키 출신 이발사 아이웁이 우리를 집으로 초대했다. 라디오를 보여주기 위해서였다. 그는 몇 년에 걸쳐 한푼 두푼 모은 끝에 이 멋진 라디오를 살로니카에 주문했는데, 맘만 같았으면 순금을 사다가 이 라디오를 도금하고 싶었지만 그럴 형편이 되지 않았으므로 그냥 유리함 속에 집어넣어 보관했다. 아이웁은 우리를 위해서 아무 어려움 없이 스위스 로망드 방송을 찾아주었다……. 떠난 지 겨우 6주일밖에 되지 않았는데도 아나운서들의 계몽적이며 점잔 빼는 목소리를 듣는 순간 우리는 소스라치게 놀랐다. 흑판을 두드리는 듯한 그 목소리야말로 우리나라 특유의 목소리였다. 나는 나 자신의 목소리도 그렇게 들릴까 봐 겁이 나서 감히 입을 열 수가 없었다. 나는 얼마나 오랫동안 여행을 하고 얼마나 많은 비열한 행위를 저질러야 그 목가적인 말투를 잃어버리게 될까 생각했다.

아이웁은 우리가 관심을 가져주자 몹시 기뻐했다. 그는 핵심을 찔렀고, 그의 라디오는 그를 배신하지 않았다. 그의 집에서는 모든 게 다 놀랄 만큼 잘 돌아갔다. 커피가 끓고 있었고, 마당의 당나귀는 글겅이로 빗질이 잘 되어있었다. 또 자기 아내가 완벽한 여자라고 자신 있게 말했다. 우리는 그의 말을 믿지 않으려야 믿지 않을 수가 없었다. 왜냐하면 독실한 이슬람교도인 그녀는 우리 앞에 나타나기를 거부했던 것이다.

"그럼 장인어른께서는?"

"앉아서 담배를 피우고 계시지요."

그는 이렇게 대답함으로써 우리가 그의 가족에게 가지고 있던 목가적인 이미지를 완성시켰다.

호텔로 돌아왔다. 달이 우리 등뒤에 떠있었다. 아이웁은 우리를 배웅해 주었고, 잘 손질된 그의 웨이브 진 머리칼은 어둠 속에서 좀 메스꺼운 값싼 향수 냄새를 확 풍겼다. 우리가 서부

살로니카 그리스에서 아테네 다음으로 큰 도시다. 마케도니아 왕국 시절 종교·문화의 중심지였고, 테살로니키, 테살로니카라고도 한다.

영화가 상영되는 야외극장이 있는 시립공원에 도착하는 순간, 발전실의 퓨즈가 튀면서 꼭 양초가 꺼지듯 도시 전체가 정전되고 화면도 사라져버렸다. 낙심한 관객들의 웅성거림이 점점 더 커졌다.

아이웁이 한숨을 내쉬며 말했다.

"정말 가지가지 하는군……."

물론, 우리는 낄낄대며 웃었다. 짐을 다 싸놓고 그 다음 날 출발하기로 되어있었기 때문이다.

시간은 끓고 있는 차가 되어, 드문드문 이어지는 말이 되어, 담배가 되어 지나간다. 그러다 보면 동이 튼다. 점점 더 밝아지는 빛이 메추라기와 자고새의 깃털을 비춘다……. 그러면 나는 언젠가는 되찾으러 갈 기세로 이 경이로운 순간을 내 기억의 밑바닥에 서둘러 파묻는다. 기지개를 켜고 몇 걸음 걸으면 '행복'이란 단어가 내게 일어난 일을 묘사하기에는 너무나 빈약하게 느껴진다.

이 광활한 땅, 이 진한 냄새,
사랑을 하면
그렇게 되듯이

두 번째 이야기 **아나톨리아 가는 길**

그리스 – 유고슬라비아 국경

유고슬라비아를 떠나 그리스로 가다 보면 푸른색(발칸 사람들의 색깔)이 계속 여행자를 따라온다. 하지만 그것의 본질은 바뀐다. 어슴푸레한 어둠을 연상시키는 푸른색에서 환하고 짙은 푸른색으로 바뀌면서 꼭 카페인처럼 신경을 자극하는 것이다. 그리고 다행이다. 왜냐하면 대화와 교환의 리듬이 훨씬 더 빨라지기 때문이다. 유고에서 우리는 상대방이 알아들을 때까지 한 단어 한 단어 뜸을 들여가며 천천히 설명하는 습관을 들였다. 하지만 일단 국경을 넘어서는 순간부터 그런 습관은 더 이상 필요없게 되었다. 상대방은 당신이 한참 얘기를 하고 있는 도중에 황급히(그는 당신이 무슨 말을 하려는지 알고 있다) 말을 자르고 나선다. 그리고 당신이 여전히 말을 하고 있는데도 일종의 무언극을 시작한다. 그의 대답은 이 무언극 속에 들어가있다.

때로 그리스인들은 당신이 기대하는 것 이상의 이해력을 발휘하기도 한다. 국경 초소에서 나는 소심한 사람들이나 받을 법한 유별나게 관대한 취급을 받았다. 평상시보다 조금 더 단호한 어조로 말을 했기 때문이었다.

처음 이틀 동안은 이같은 민활함에 번번이 허를 찔렸다. 그래서 처음에는 한 박자 늦게 대꾸하거나 동작을 취했으나, 이윽고 감각을 그들의 그것에 맞추자 적응이 되면서 재미있어졌다.

알렉산드루폴리스

꼭 무슨 화덕 안에 들어앉아있는 것처럼 푹푹 찌는 살로니카에[12]서 알렉산드루폴리스[13]까지의 도로를 지나 반들반들하고 동그란 포석이 깔린 작은 강둑에서 흰색 식탁보를 앞에 두고 앉자 문득 찔끔 눈물이 날 만큼 행복해졌다. 튀긴 생선들이 접시 위에서 꼭 금괴처럼 눈부시게 반짝이는 순간, 태양이 이 세상의 색깔이란 색깔은 있는 대로 다 제 몸속에 담아 보라색 바다 뒤편으로 사라져버렸다.

나는 원시문명에서 매일 밤 빛이 사라질 때마다 터져나왔을 그 아쉬운 탄성을 생각했다. 그리고 원시인들의 그런 행동이

너무나 당연한 거라는 생각이 문득 들어 내 등뒤에서 들려올 도시 사람들의 울음소리에 귀 기울일 준비를 하였다. 하지만 아니었다. 아무 소리도 들려오지 않았다. 그들은 분명히 거기 익숙해졌을 것이다.

콘스탄티노플[14]

도착한 날 아침, 차를 배에 싣고 아시아 쪽 해안으로 건너가서 숙소를 찾아 모다 지역의 골목길을 여기저기 돌아다니고 있는데, 희미하기는 하지만 절박한 목소리가 우리를 프랑스어로 부르기에 뒤를 돌아보았다. 우아한 상복에 큼지막한 자수정 브로치를 달고 있는 백발의 뚱보 할머니였다. 그녀는 낮은 층계 위에서 우리 짐을 유심히 살펴보며 뭔가가 떠오른다는 듯 뭘 찾느냐고 물었다. 우리는 설명을 했다.

"지난주에 한철이 끝나긴 했지만 일할 사람도 아직 있고 게다가 난 여행자들을 꽤 좋아한다우. 그러니 우리 집에 묵어도 돼요."

그녀는 금색 글자로 모다-팔라스Moda-Palas라고 쓰여 있는 출입문 위의 간판을 물부리로 가리켰다.

빅토리아풍의 어두운 식당을 지나 침묵 속에서 우리 짐이 운반되었다. 짙은 황색 고양이 한 마리가 찬장 위의 화려한 크리스토플 찻주전자들 사이에서 잠자고 있었다. 꽃도, 나무도 다 시들어버린 정원 쪽에 면한 방에서는 밀랍과 곰팡이 냄새가 살짝 났다. 객실 담당 메이드와 웨이터, 그리고 주인인 완다 부인을 제외하면 호텔에는 아무도 없는 데다가 셔터까지 완전히 내려져 있어서 무덤 속보다 더 으시시했다. 우리는 자신도 모르게 목소리를 낮추고 있는 걸 깨닫고 화들짝 놀랐지만, 모다-팔라스를 통해 여행이 계속되어야 했기 때문에 이제는 묵묵히 따르는 수밖에 달리 도리가 없었다. 호텔 한쪽은 옛날에 왕위 계승권을 요구하며 소란을 피우던 왕자들을 유배 보냈던 '마르마라 바다'와 '왕자들의 섬' 쪽으로 면해 있었다. 다른 쪽은 언덕에 등을 맞대고 있었으며, 이 언덕에 올라가면 자주색 하늘 아래 펼쳐져 있는 유럽 해안과 페라탑, 그리고 활짝 핀 등나무 꽃, 정면이 물이 밴 나무 색깔을 띠고 다 허물어져가는 구시가의 대형건물을 볼 수가 있었다.

"근데 여기서 도대체 뭘 팔려는 거유?"

노파가 녹음기와 화판틀을 보며 다시 한번 물었다.

"그림도 팔고 글도 팔고…… 어쩌면 강연 같은 것도 할 수 있고……."

"그동안 살아오면서 운이 좋았수?"

콘스탄티노플 이스탄불의 옛 이름. 비잔틴 제국, 오스만투르크 제국의 수도였다.
크리스토플 프랑스 은식기 전문회사.

"지금까지는 그런 편입니다."

"하지만 여기선 그런 행운이 잘 안 찾아올 거유. 나, 완다 부인, 자신 있게 말할 수 있어요."

그녀의 목소리에는 연민의 흔적이 담겨 있었다.

일주일 동안 도시를 답사하였다. 티에리는 그림을 전시할 만한 공간을 찾았다. 나는 뭔가 일거리가 없나 해서 신문사 편집국과 라디오 방송국, 문화단체를 돌아다녔다. 혹시 열등생을 찾아내어 가르칠 수 있을까 하여 우스퀴다르 프랑스어 학교까지 찾아갔다. 아무 소득도 없었다. 우리는 따가운 햇볕이 양쪽 어깨에 내리쬐는 가운데, 계획을 성공시키는 데 필수적이라고 판단해서 차려 입은 땀투성이 플란넬 정장 차림으로 하루 종일 돌아다녔다. 하지만 아무 성과도 얻지 못하고 기진맥진해서 저녁에 다시 만나 멋쩍은 표정만 지어야 했다. 필레미뇽Fileminyon이라든지 아그노 알로베르지네Agnoalobergine, 쿠데페르와 미센플리 Kudefer & Misenpli 등 식당 메뉴판이나 미용실 진열장에서 힐끗 눈동냥한 프랑스어 스펠링만이 유일한 위안거리였다.

더구나 그 당시 이스탄불에서 한창 유행하던 카페콩세르의 성공이 우리의 보잘것없는 계획에 조종弔鐘을 울린 듯 하였다. 이 노래의 제목은 〈니켈 모빌리알라르Nikel Mobilialar〉, 즉 뻔한 결말이었다. 과연 이스탄불의 부르주아들은 현대회화라든지 외국인에 관한 르포 따위에는 도대체 아무 관심이 없었다. 그렇다. 그들은 니켈로 도금된 가구라든지 뛰어난 가창력을 갖춘 갈색 머리 여가수, 플라타너스 나무 아래서 어중이떠중이 돌아가며 한 번씩 훈수를 늘어놓는 서양주사위놀이 등 일상적인 걸 원하였다. 약간의 시적인 정취와 넉넉한 음식물, 미국산 자동차, 그리고 커피 찌꺼기를 가지고 읽어내는 미래. 예술로 말하자면, 이스탄불 사람들은 자기네들에게 할당된 몫보다 더 많은 걸 이미 만들어냈다는 확신을 갖고 있었다. 그들은 어마어마한 이슬람 사원들(알리 사원은 푸른색, 술레이만 사원은 담배색, 오르타쾨이 사원은 백색과 금색이었다)을 바라보기만 하면 그 사실을 확신할 수 있었다. 아니면 '옛 술탄 궁'에 가서 중국의 황제들이 선물한 화려한 도자기들을 보기만 해도 자기네 나라가 지구 반대쪽에 있는 나라에서 얼마나 높게 평가받았는지 짐작할 수 있었다. 그들은 이제는 실용을 추구해야 하는 시대라고 생각하며 기꺼이 거기 몰두했다. 물론 그렇게 하건 안 하건, 그건 그들의 권리였다. 하지만, 우리는 그들의 자기만족으로 인해 엄청난 손해를 봐야만 했다. 이 도시에서 생활하려면 돈이 많이 들어갔다. 하지만 열흘 동안 우리는 단 한 푼도 벌지 못했다.

필레미뇽 소고기의 안심을 스테이크용으로 토막 내서 베이컨을 감은 프랑스 요리 이름.
카페콩세르 18세기 중반 이후 파리에서 생겨나 20세기 초까지 번창한 일종의 음악다방. 본래 커피 파는 집을 가리키는 말이었으나 상송을 들려주다가 가수나 연주자까지 출연하게 되었다. 파리의 명물 물랭루주도 카페콩세르였다.

그 바람에 옥수수 이삭을 꼬챙이에 꿰서 볶은 것을 먹거나, 아니면 형편없는 싸구려 식당에서 끼니를 해결해야만 하는 지경이 되었다. 아시아 쪽 해안에는 그런 식당들이 즐비했고, 그래서 치명적인 병에 걸릴 가능성이 높았다. 우선은 머리가 지끈지끈 아프다가 오줌 냄새가 나는 황달기가 간에서 눈까지 올라오고, 이어서 구토와 고열이 쉴 새 없이 되풀이된다. 그 다음 날 약속을 취소하고 침대로 가서 일주일 동안 자신을 그렇게 만든 요리를 기억에서 끄집어내려고 애쓰다 보면 벽지에 꽃이 몇 개나 그려져 있나 세어볼 힘밖에 안 남는다. 어찌 보면 차라리 이곳 콘스탄티노플에서 병이 나는 게 내게는 더 나을지도 몰랐다. 일단 아나톨리아를 향해 길을 떠나면 최소한 한 달은 병을 앓는 게 불가능해질 테니.

그림을 그리지 않는 날 티에리는 고장 나서 더 이상 멈추지 않는 장난감처럼 도시 안을 쉬지 않고 씩씩하게 돌아다녔다. 나는 매일 아침 그가 채 마르지도 않은 정성스레 빤 와이셔츠를 입고, 조심성 없는 사람들이 남기는 손자국으로 조금씩 뒤덮이게 될 그림을 겨드랑이에 끼고 집을 나서는 걸 보았다. 그림을 보여주어도 가치를 인정받지 못하는 상황이 되풀이되자 결국 그는 분통이 터지고 말았다. 그는 버럭버럭 화를 내며 집으로 돌아와 대야에 물을 받아놓고 그 속에 서서 대충 몸을 씻으며 그날 있었던 일을 이야기하곤 했다. 그는 한 화랑의 여주인을 겨우겨우 만나는 데 성공했다. 그는 그녀에게 큰 기대를 걸었다. 그런데 이 화랑 여주인은 무슨 이유로, 그리고 어떻게 해서 이스탄불의 화가들이 끼니조차 해결하지 못한 채 죽어가고 있는지 침을 튀겨가며 설명해 주었다고 한다. 수집가로 알려진 사업가들은 그의 그림을 쳐다보지도 않은 채 10리레트를 내밀었다가도, 굴욕감을 느낀 티에리가 돈에 대한 대가로 그림을 한 장 주면 문득 얼굴이 환해지면서 안경을 꺼내 쓴다는 것이다. 그리고 탁월한 통찰력을 발휘하여 티에리가 그린 그림들을 한 장 한장 꼼꼼히 살펴본 다음 그중에서 가장 잘 그려지고 가장 값나가는 그림을 귀신같이 골라낸다는 것이다. 티에리는 스위스 출신 사업가들의 주소를 구해서 일종의 방문 판매도 했는데, 이 경우는 그래도 좀 나았다. 그는 꼭 행상인처럼 응접실에서 사업가를 기다리며 여자 요리사(백러시아나 우크라이나에서 이민 온)와 함께 차를 마셨는데, 그녀는 그가 그린 스케치를 눈을 동그랗게 뜨고 바라보면서 깜짝 놀랄 만한 이야기를 해주기도 했다. 그는 이런 식으로 해서 시간도 보내고 온종일 걷느라 지친 발을 쉬게 해줄 수도 있었다. 안주인은 아예 코빼기도 안 비치다가(베른에서 5000킬로미터나 떨어진 곳에서 같은 나라 사람이 그림 한 점 팔아달라고 찾아왔는데 말이다) 결국은 여자 요리사를 통해 잔돈푼을 쥐어준 다음 쫓아내다시피 그를 내보냈고, 우리는 그날 밤 그 돈을 코르네유의 비극이 연상될 만큼 도발적인 편지와 함께 되돌려

보냈다. 하지만 그 친절한 아줌마는 그게 무슨 뜻인지 한 마디도 이해 못할 것이다.

　우리가 실패를 거듭하는 걸 보고도 놀라워하지 않는 사람이 한 명 있었으니 그건 모다–팔라스 호텔의 객실 담당 메이드였다. 여주인과 같은 나라(폴란드) 출신인 그녀는 모지락스런 성격에 비쩍 마른 체격의 소유자로서, 아직도 몽트뢰의 최고급 호텔에나 가야 볼 수 있을 풀 먹인 두건을 회색 머리에 쓰고 입에 담배를 물고 일했다. 그녀는 매일 아침 찻잔을 들고 와서 침대 끝에 앉아 우리가 미주알고주알 늘어놓는 그 전날의 실패담에 귀를 기울였다. 방은 아직 회색빛에 잠겨 있었으며, 보스포루스 해협에서 배들이 울리는 고동 소리가 들려왔다. 그녀는 눈을 내리깔고 담뱃재를 찻잔 받침접시에 톡톡 두드려 털거나 머리를 위아래로 힘차게 끄덕여가며 내 비통한 이야기의 세세한 부분에 반응하였다. 즐겨 부르던 노래를 다시 들을 때처럼, 그녀는 누군가가 자신에게 어려움을 털어놓는 것이 즐거운 모양이었다. 그녀가 어떤 인생을 살아왔는지 그건 잘 모르겠으나 우리들의 문제가 그녀에게는 너무나 평범하고 대수롭잖게 느껴지는 듯하였다. 이따금씩 그녀는 우리들 쪽으로 돌아서서 "그렇고말고요"라고 말하는 듯한 손동작을 취했다. 그것은 우리를 격려하는 그녀만의 방법이었다.

　그녀는 하루 종일 호텔 지배인인 오스만과 함께 사무실에

서 손잡이 없는 컵과 사모바르 주전자, 찻주전자를 닦고 또 닦았다. 밤이 되면 두 사람은 아무 말 없이 혼자서 밥을 먹는 완다 부인의 식사 시중을 들었다. 설거지가 끝나면 그들은 다시 그녀와 함께 이른 새벽까지 카드놀이를 계속했다. 우리가 아무리 늦게 호텔로 돌아가도 그들은 노란색 비단을 씌운 등 아래에 앉아 카드놀이에 열중하다가 고개를 들고, 우리를 위해 꿀을 넣고 만든 케이크를 손으로 가리켜보였다.

나는 병이 나았지만 우리 일은 그다지 나아지지 않았다. 설탕 조각만큼이나 큰 글자로 라플란드(유럽 최북부 지역 - 옮긴이 주)에 관한 긴 글을 정성들여 쓴 다음 사진까지 붙여서 근시안적인 관점을 가진 한 번역가에게 넘겨주었지만 받은 돈은 겨우 16리레트에 불과했다. 식사 두 끼를 하고 나니 이 돈도 다 떨어졌다. 완다 부인 말이 옳았다. 이스탄불은 너무 단단해서 깨물어먹을 수가 없는 호두 같았다.

그리고 또 한철이 지나가고 있었다. 사냥꾼들이 쏴대는 총소리가 서풍에 실려왔다. 에디르네로 이어지는 도로를 따라 길게 이어져 있는 드넓은 갈색 황무지에 사냥총과 사냥 주머니, 무리로 사냥당한 맷도요 새끼들을 주렁주렁 매단 진한 색깔의 택시들이 꼭 색칠된 조약돌처럼 여기저기 흩어져 있었다. 청록색으로 반짝이는 황새치들이 무리를 지어 해협을 지나 소리없이 남쪽으로 향했다. 이 도시의 부유한 부르주아들도 캐딜락에 사탕을 가득 싣고 부르사나 스미르나에 있는 별장을 향해 내달렸다. 아시아 쪽 해변에서는 찌르레기들이 잎이 우거진 마가목 잔가지 위에서 히죽거리는 듯한 소리를 내고 있었다. 모다-팔라스 호텔로 올라가는 좁은 길을 따라 가스등을 밝히고 늘어서있는 선술집 안에서는 짐꾼과 운전사들이 엉겨서 굳은 우유를 앞에 놓고 앉아 신문을 천천히 넘기며 한 글자씩 더듬거리며 읽고 있었는데, 그들의 목소리는 놀랍도록 슬픈 주문이 되어 동네 전체에 울려퍼졌다. 이 도시를 뒤덮어버린 무르익은 금빛 가을이 우리 마음을 뒤흔들어놓았다. 떠돌아다니며 살다 보면 계절에 민감해진다. 계절에 의지하고, 계절 그 자체가 된다. 그리고 계절이 바뀔 때마다, 살아가는 법을 배웠던 장소에서 자신을 억지로 떼어놓아야 할 것 같은 기분이 든다.

그날 밤, 신문사에서 돌아오던 나는 하이다르파샤 역 앞에서 걸음을 멈춘 채 선로 위에 잠들어있는 열차들을 바라보았다. 열차마다 '바그다드'라든지 '베이루트' '코냐-아나돌루'라고 쓰여

피에르 코르네유(1606~1684) 극작가로 프랑스 고전비극의 아버지로 불린다. 인간의 의지를 찬미하는 작품을 많이 남겼다.
몽트뢰 스위스의 레만 호 동쪽 연안에 있는 휴양지.
에디르네 터키 북서쪽의 상업도시로 유럽과 아시아를 잇는 요충지이자 이슬람의 성지.
부르사 고대 터키 북서부의 도시로 역사적 건축물과 온천 휴양지가 유명하다. 부록 지도 참고.

있었다. 이곳은 가을이지만 바그다드는 여름이고 아나톨리아는 아마 겨울이리라. 그날 밤 바로 떠나기로 결심했다.

모다-팔라스 호텔에 가보니 종업원들이 웬일로 다들 누워 있었다. 우리는 아무 말 없이 짐을 꾸렸다. 주인 방에는 아직 불이 켜져 있었다. 살짝 열린 문틈으로 고개를 디밀고 그동안 고마웠다고 말하고 작별인사를 했다. 완다 부인은 처음에는 우리를 알아보지 못했다. 그녀는 옆에 머리맡 등을 켜놓고 다리가 넷인 침대 위에 꼼짝 않고 앉아있었다. 앞에 책을 한 권(메리메의 작품이었던 것 같다) 펼쳐놓았으나 더 이상 페이지를 넘기지는 않았다. 그녀가 그렇게 잠에서 완전히 깨어나 정신을 바짝 차리고 있는 건 그때 처음 보았다. 그전에는 항상 다른 곳에서 들려오는 목소리에 정신이 팔려있는 것처럼 보였던 것이다. 그래서 처음에는 잘 알아보지 못했다. 우리는 그녀가 놀랄까 봐 작은 소리로 불렀다. 그녀는 우리를 보고, 이어서 우리의 여행 복장을 보더니 말했다.

"신께서 당신들을 축복할 거유, 내 어린 비둘기들…… 성모 마리아께서 보호해 주실 테니 아무 걱정 말아요, 내 양들……."

말을 마치고 난 그녀가 이번에는 폴란드어로 뭐라고 얘기하기 시작했다. 그녀가 계속해서 눈물이 날 만큼 쓸쓸한 어조로 소곤소곤 말했고, 잠시 후 우리는 그녀가 우리에게 말을 하는 게 아니라는 사실을 깨달았다. 그녀는 유배지까지 노인들을 따라

와서 그들 삶의 깊은 곳에 머무는 옛 유령들 중 한 명을 쳐다보며 말하고 있었다. 문을 닫았다…….

우리는 새벽 두시경에 이스탄불을 떠났다. 비가 내리지 않는 한 날이 어두워지기 전에 앙카라에 닿을 수 있을 것이다.

앙카라[15]가는 길

10월

길은 앙카라의 북동쪽에서 살풍경한 드넓은 고원을 통과한다. 경작지를 보려면 저 아래를 내려다보아야 한다. 경작지는 강 때문에 넓어진 깊은 단층 아래쪽에 박혀 있었다. 푸르른 원곡 밑바닥에서는 버드나무와 포도나무가 반짝반짝 빛나고, 산더미처럼 쌓인 거름 사이에서 물소와 양들이 움직이고 있었다. 나무로 지은 사원 근처에 집 몇 채가 서있고, 고원까지 똑바로 올라온 연기가 바람에 붙잡혀 쓸려갔다. 벗긴 지 얼마 되지 않는 곰가죽이 못으로 헛간 문에 박혀 있는 게 이따금 눈에 띄기도 했다.

몇 시간씩 운전을 한 뒤 아르카디아(그리스 산속의 이상향 - 옮

앙카라 이스탄불에 이어 두 번째로 큰 도시. 1923년 터키공화국이 수립될 때 수도로 정해졌다. 아나톨리아 고원 중앙에 있다.
아르카디아 그리스 산속의 이상향. 그리스 펠로폰네소스 반도에 있는, 주변이 거대한 산으로 둘러싸인 양들의 방목지를 말하는데, 역사학자 헤로도토스는 이곳에서는 목동들이 천혜의 자연을 누리고 산다고 전했다. 헤르메스가 태어난 곳이기도 하다. 르네상스 시대 이후 미술에서 자연의 풍요로움이 가득한 유토피아를 표현할 때 많이 인용되었다.

긴이 주)를 연상하게 하는 골짜기에 가서 낮잠을 자고 나니 '목가적'이라는 단어의 의미가 비로소 이해되었다. 벌들이 윙윙대는 풀밭에 드러누워 하늘을 올려다보면 더 이상 아무 생각도 나지 않았다. 엄청나게 빠르게 흘러가는 구름이, 오전 내내 우리 귀를 멍멍하게 만들었던 가을 돌풍을 떠올리게 하는 것을 제외하고는 말이다.

협곡 안에 자리잡은 마을들은 풍요했고 농작물도 잘 재배되어 있었다. 하지만 정말이지 거기서 호두를 도둑질하고 싶은 생각은 눈곱만큼도 들지 않았고, 그걸 공짜로 주는 사람도 없었다. 모르긴 몰라도 나무 하나에 호두가 몇 개씩 달려있는지 세어놓았을 것이다. 그건 너무나 당연한 일이다. 이런 식의 '고립' 농업 혹은 소규모 경작은 쩨쩨하고 의심 많은 농부를 만들어낸다. 늘 이런 식이었으리라. 이 근처, 하투사스의 고대 유적지 보가즈쾨이에서 발굴된 3000년이 넘은 히타이트 명판에서는 감동적일 만큼 세세한 재산목록이 발견되었는데, 심지어는 홉 묘목이나 갓 태어난 새끼돼지의 주인이 누군가까지 나와있을 정도다.

숭구를루 가는 길

진흙길과 그것을 둘러싸고 끝없이 펼쳐져 있는 황토흙을 구분 지어주는 건 오직 사물의 미세한 차이와 트럭들이 남겨놓은 자

국뿐이었다. 장화 속의 발이 따뜻하였다. 한 손을 핸들에 올려놓고 대지를 눈에 가득 담아 그 거대한 풍경 속으로 여행하면서 우리는 생각했다. 이제 세상이 스케일을 바꾸었어. 정말로 아시아가 시작된 거야!

연한 베이지색 얼룩처럼 보이는 언덕 중턱의 양떼와 꼭 연기처럼 도로와 초록색 하늘 사이로 날아오르는 자고새들이 이따금 눈에 띌 뿐 전혀 아무 것도 보이지 않았다……. 하지만 뭐라고 설명하기 힘든 느릿한 신음소리는 들려왔다(아나톨리아의 소리를 테이프에 녹음해야 할 것이다). 처음에 날카로운 음색으로 시작된 이 소리는 4도 낮아졌다가 아주 힘들게 다시 커지더니 계속되었다. 가죽 색깔을 띤 광활한 공간을 가로질러가는 데 딱 맞는 그 끈질긴 소리는 닭살이 돋을 만큼 구슬펐다. 그러다가 엔진이 돌아가는 소리를 들으면 좀 안심이 되었다. 하지만, 웬걸, 그 소리는 어느 새 가슴속으로 비집고 들어와있는 것이었다. 눈을 크게 떠보기도 하고 살을 꼬집어보기도 했다. 하지만 아무것도 보이지 않았다! 그러던 우리 눈에 검은 점 하나가 들어왔고, 음악처럼 들리는 이 소리는 귀가 멍멍할 정도로 커졌다. 한참 있다가 우리는 황소 두 마리를 따라잡았고, 황소를 모는 사내는 견고해 보이는 바퀴가 굴리는 짐수레 위에 앉아 모자를 코 위에 올려놓은 채 잠을 자고 있었다. 굴대가 무리하게 힘을 쓰면서 한 번씩 돌아갈 때마다 삐걱거리는 소리가 났다. 우리는 같은 속도로 차를 몰다가는 고통받는 영혼의 저주 같은 그 노래가 밤늦게까지 계속해서 우리를 뒤따라올 것임을 직감하고 수레를 추월하였다. 트럭은, 처음 헤드라이트 불빛을 본 뒤로 최소한 한 시간이 지나야 마주쳐 지나갔다. 그것들은 잃어버렸다가, 다시 만났다가, 잊어버리는 것이었다. 그랬다가 별안간 트럭이 나타났다. 우리 차의 헤드라이트가, 분홍색 혹은 밝은 황록색 바탕에 작은 꽃무늬가 장식된 거대한 차체를 환하게 밝히는가 하는 순간, 그것은 꼭 엄청나게 큰 꽃다발처럼 헐벗은 땅 위를 뒤뚱거리며 멀어져갔다.

또 우리는 켜졌다가, 꺼졌다가, 깜박거렸다가, 우리들 앞에서 뒷걸음질치는 것 같은 두 개의 작은 황금색 빛을 보며 의아심을 품기도 했다. 우리는 그것이 여행하는 사람의 소형차라고 생각했지만(그 두 빛 사이의 거리 때문에), 그 밑으로 지나가면서 보니 도로변에 세워진 다리 기둥 위에서 잠을 자고 있는 부엉이었다. 자동차가 바람을 일으키며 지나가자 부엉이는 소리를 내지르며 무거운 눈송이처럼 몸을 일으켰다.

튼튼한 바퀴를 가진 그 짐수레는 바빌로니아의 묘지 안에

하투샤스 옛 히타이트 제국의 수도. 현재 보가즈쾨이에 있다. 히타이트는 기원전 18세기경 뛰어난 제철기술을 기반으로 주변 청동기 국가들을 정복해 나갔다. 전쟁에서 말이 끄는 전차를 사용했다. 기원전 1200년경에 멸망.
정말로 아시아가 시작된 거야! 유럽 대륙이 끝나고 아시아 대륙의 서쪽 끝인 아나톨리아 반도(소아시아)가 시작되었다는 뜻이다. 터키 영토의 유럽 쪽은 트레이스 반도, 아시아쪽은 아나톨리아 반도다.

서 발견된 수레와 너무나 흡사해 보였다. 그렇다면 그 짐수레의 굴대는 4000년 전부터 아나톨리아의 침묵을 깨뜨려온 셈이다. 이것도 나쁘지는 않지만, 보가즈쾨이와 숭구를루를 잇는 도로에서 우리는 훨씬 더 오래된 것과 마주쳤다. 오후가 거의 다 되어가고 있었고 하늘은 맑았다. 우리는 정말 아무것도 없이 황량하기만 한 평원을 가로지르고 있었다. 대기가 너무나 투명해서 30킬로미터가량 떨어진 곳에 홀로 서있는 나무 한 그루가 보일 정도였다. 그런데 갑자기…… 톡…… 톡톡…… 탁…… 또렷하고 자극적이며 가벼운 충격음이 비오듯 쏟아져 내리더니 우리가 달려나가면 나갈수록 점점 더 크게 들려왔다. 마른 장작이 탁탁거리며 타는 소리 같기도 하고, 아니면 하얗게 달구어진 쇠가 팽창과 수축을 되풀이하며 내는 소리 같기도 했다. 티에리가 얼굴이 새하얗게 질려서 자동차를 세웠다. 나 역시 불안했다. 기름을 흘린 데다가 가열이 되면서 차동장치의 톱니바퀴가 닳은 게 틀림없었다. 하지만 그건 잘못된 생각이었다. 차를 세워도 계속 소리가 났던 것이다. 그치기는커녕 소리는 우리 바로 왼쪽에서 더 크게 들려왔다. 가서 확인해 보았다. 길 한쪽을 따라 뻗은 경사지 뒤쪽으로 펼쳐져 있는 평원이, 서로의 등딱지를 부딪쳐가며 사랑을 나누는 데 여념없는 거북이들로 새까맣게 뒤덮여있었다. 수컷들은 등딱지를 꼭 파성추破城錐처럼 사용해서 암컷을 뒤엎어놓은 다음 바위나 건초 덤불 쪽으로 몰고 갔다. 수컷은 암컷보다 약간 작았다. 교미를 하는 순간 수컷들은 완전히 일어서서 목을 길게 내밀고는 진홍색 입을 벌리고 날카로운 고함을 내질렀다. 그곳을 떠나면서 우리는, 사방에서 거북이들이 약속장소를 향해 느릿느릿 평원 위를 기어가는 것을 보았다. 날이 어두워지자 더 이상 아무 소리도 들려오지 않았다.

숭구를루[17]

아침 여섯시, 아직 태양이 떠오르지도 않았는데 이미 식당에서는 농부들이 푸른색 에나멜 컵받침 위에 놓인 찻잔을 앞에 놓고 앉아있었다. 진흙탕을 걷는 발소리와 목소리가 뒤섞였다. 혈통이 불분명한 엄청난 덩치의 몰로스 개들이 코를 킁킁거리며 이 식탁 저 식탁 돌아다녔다. 햇빛이 조금 더 세게 내리쬐자 목걸이의 장식단추와 구리쟁반이 먼저 반짝이기 시작했다. 반면에 땅바닥과 옷, 얼굴은 더 어두워졌다. 갈색 모자와 샛노란색 와이셔츠, 집시들의 옷보다 더 화려한 누더기 옷이 광장을 지나갔다. 말들은 껍질을 벗긴 나뭇가지로 만든 목걸이를 차고 있었는데, 꼭 커다란 굴렁쇠가 귀에 걸려있는 것처럼 보였다. 말이 끄는 수레와 칠이 벗겨진 대형트럭들이 카페 주변에 서있었다. 양털처럼 곱슬곱슬한 턱수염을 가진 두 노인이 막 식탁을 박차고 일어나더니, 여명의 빛 속에서 슬쩍 미소를 지으며 식당을 따라 달려가는 쥐 한 마리를 밟아 죽이려고 한바탕 소동을 피웠다. 식당 벽에는 맥고모자를 쓴 멕시코 남자가 그려져 있고 "터키 라디오 방송을 들으며 이 세상을 발견하세!"라는 선전문구가 붙은 포스터가 보였다. 분명히 라디오는 있었다. 하지만 벌써 20분 전부터 사람들이 갖은 애를 다 썼는데도 앙카라 방송은 잡히지 않았다.

잠시 후 찰흙과 진흙이 눈부시도록 환하게 빛을 발했고, 가을 태양이 우리와 바다 사이에 있는 여섯 개의 지평선 위로 떠올랐다. 이 도시 주변의 모든 길에는 버드나무잎이 양탄자처럼 깔려있었고 좋은 냄새를 풍기는 이 잎들을 말이나 소가 끄는 수레가 소리없이 으깨고 지나갔다. 이 광활한 땅, 이 진한 냄새, 아직도 좋은 날이 많이 남아있다는 느낌이 삶의 즐거움을 배가시켜 주었다. 사랑을 하면 그렇게 되듯이.

메르지폰[18]

운전한 지 12시간째
메르지폰에서 밤 9시까지 문이 열려있는 식당은 군軍 조종사 클럽 식당뿐이었다. 도시 바로 옆에 군 기지가 자리잡고 있었다. 하얀 식탁보, 화분에 심어놓은 월계수나무, 붉은색 유니폼 차림의 웨이터들. 길을 잘못 들어 이런 종류의 함정에 빠졌을 때 다시 출구를 찾아나올 수 있는, 우회적이지만 확실한 방법이 있다. 우리는 그 방법을 잘 알고 있었다. 하지만 그날 밤 우리는 일말의 사치를 누려보기로 하였다. 새벽 다섯시부터 운전을 했고 그날 밤에도 계속 차를 몰아 눈을 앞질러가야만 했던 것이다. 그래서 우리는 저녁식사를 하고 난 뒤에 맥주 컵 하나 분량의 얼음이 반쯤 채워진 달달한 포도주를 마시며, 음의 높낮이가 잘 안 맞는 피아노 소리에 맞추어 열두어 명의 조종사들이 끼리끼리 춤추는 걸 바라보았다. 키가 대충 비슷했으므로 그들은 거추장스러운 군모를 손에 들고 간격을 좁혀 춤을 추었다. 이곳에서는 기분전환거리가 드물고 같이 춤을 출 여자는 그보다 훨씬 더 드문 게 틀림없다. 그렇지만 그들이 가상의 파트너와 함께 추는 춤에서는 별다른 생기가 느껴지지 않았다. 아코디언과 기타가 우리 짐 밖으로 삐져나와 있는 걸 본 군인들이 몇 곡만 연주해 주면 안되겠느냐고 예의를 갖추어 정중하게 물었다. 우리는 왈츠와 자바 곡을 연주했다. 군인들이 서로 살짝 얼싸안은 채 허리를 흔들기 시작했다.

운전을 시작한 지 열세 시간째에서 스무 시간째까지 잘 먹고 푹 쉰 다음 자정께 다시 출발했다. 조용조용 얘기를 나누며 갈색을 띤 고개를 넘었다. 내가 질문을 던졌는데도 아무 대답이 없기에 곁눈질해 보니 티에리가 잠들어있었다. 나는 새벽까지 배터리를 아끼기 위해 불을 다 *끄고* 천천히 차를 몰았다. 해변으로 이어지는 마지막 고개를 넘어가는데, 흙길이 너무 미끌미끌한 데다가 우리 차의 엔진이 견뎌내기에는 경사가 너무 심했다. 엔진이 멈추기 직전에 티에리를 흔들어 깨웠다. 그는 소스라치게 놀라 일어나더니 여전히 꾸벅꾸벅 졸면서 차를 밀었다. 평평한 땅이 나타나자 그가 나를 따라잡을 때까지 기다렸다. 내리막길 아래쪽에 아주 가파른 마지막 비탈이 있어서 우리는 어쩔 수 없이 이 일을 다시 한번 되풀이해야만 했고, 그 바람에 티에리는 뒤에 멀리 처지게 되었다. 나는 차를 세운 다음 피로로 비틀거리면서 버드나무에 대고 한참 동안 오줌을 누었다. 버드나무가지가 내 귀를 간질였다. 꼭대기에는 눈이 내렸지만 이곳은 아직 가을이었다. 새벽 날씨는 눅눅하면서도 푸근했다. 흑해 위에 펼쳐진 하늘 가장자리를 따라 담황색 빛이 뻗어있었고, 물이 뚝뚝 떨어지는 나무들 사이에서 수증기가 분주히 피어오르고 있었다. 반짝반짝 빛나는 풀밭에 드러누웠다. 그리고 내가 지금 이 순간 이 세상에 있다는 게 더없이 만족스러웠다. 그리고…… 또 뭐가 만족스럽지? 하지만 이 정도로 피곤할 때는 아무 이유 없이 낙관론자가 되는 법이다.

15분가량 뒤에 티에리가 어둠 속에서 나타나더니 나를 지나쳐 성큼성큼 걸어갔다. 걸어가면서 자는 것이었다.

오르두 가는 길

운전 시작한 지 스무 시간째

이제는 내가 잠을 잘 차례였다. 우리는 차 안에서 잠을 자면서 우리 자신의 삶을 꿈꾼다. 차가 덜컹거릴 때마다 꿈은 흐름과 색깔을 바꾼다. 그리고 좀 더 깊게 패인 노면이 우리를 뒤흔들어놓거나, 엔진의 회전수가 느닷없이 달라지거나, 아니면 운전자가 자기도 휴식을 취하기 위해 엔진을 꺼서 침묵이 밀려들 때, 이야기는 결말을 향해 빠르게 질주한다. 우리는 멍이 든 머리를 유리창에 갖다댄 채, 새벽안개에 잠긴 비탈과 잡목 숲, 슬리퍼처럼 생긴 가죽 신발을 신고 개암나무 잔가지를 손에 든 소녀목동이 물소 떼를 건너게 하고 있는 얕은 냇물을 바라본다. 그리고 진한 냄새를 풍기는 들소들의 뜨거운 입김을 맡으면 우리는 완전히 잠에서 깨어난다. 이런 종류의 현실을 깨닫는다고 해서 우리가 잃는 건 아무것도 없다.

소녀목동은 여차하면 도망칠 준비를 하면서 얼굴을 차창에 갖다댔다. 열두세 살가량 되었을까, 머리에는 붉은색 숄을 썼고 목에는 은화 하나가 매달려있다. 꼭 죽은 사람처럼 해쓱하고 면도도 제대로 안한 이 두 남자를 보는 순간 그녀는 화들짝 놀란다.

조금 뒤

검은 모래가 깔려있는 해변에서 작은 물고기 한 마리를 불에 구웠다. 생선의 분홍색 살이 연기 색깔을 띠었다. 우리는 바닷물에 하얗게 변한 나무뿌리와 쪼개진 대나무 조각을 주워서 불을 피운 다음 부슬부슬 내리는 가을비를 맞으며 불 옆에 쭈그리고 앉았다. 그리고 바다가 몇 척의 거룻배를 공격하고 아주 멀리 크림 반도 쪽 하늘에서 거대한 버섯구름이 이는 것을 바라보며 구운 생선을 먹었다.

오르두[19] 고개

파스타 마을에서 바발리 마을까지는 우리 지도상에서는 겨우 1센티미터밖에 되지 않았고, 해발고도는 기껏해야 150미터 차이였다. 하지만 첫 번째 비탈길서부터 차를 밀어야만 했다. 찻길은 개암나무와 마가목으로 이루어진 관목 숲을 가로질러 좁고 미끄러운 오르막을 이루었다. 경사가 너무 심해지면 운전자도 액셀러레이터를 잠근 다음 내려서 차를 어깨로 밀며 차창 너머로 핸들을 잡고 차를 몰았다. 엔진이 꺼지면, 짐이 잔뜩 실린 자동차가 뒤로 물러나면서 기어를 부러뜨리지 않도록 곧바로 핸드브레이크를 풀거나, 아니면 뒷바퀴에 돌을 괴어야만 했다. 그럴 때면 괭이를 어깨에 진 농부 한두 사람이 나타나도록 휘파람을 불거나 큰 소리를 내는 것밖에 달리 방법이 없었다. 자동차를 밀어야 한다는 걸 알아차리면 그들은 곧바로 환하게 웃으며 땅에 두 발을 고정시키기 위한 구멍을 두 개 파고서는, 자동차를 부둥켜안고 말 그대로 우리를 비탈길로 내던졌다. 그들은 돈을 받지 않았다. 그들의 관심은 자동차를 민다는 사실에 있었다. 그레코로만형 레슬링 같은 걸 몇 회전 했더라면 그들은 더 즐거워했을 것이다. 차를 밀고 나자 그들은 기분이 몹시 좋아진 모양이었다. 우리가 터키 사람들의 힘에 관해 그동안 들었던 이야기는 모두 실제보다 축소된 것 같았다. 하지만 어디에서나 농부들이 있었던 건 아니고, 가장 힘든 일은 우리 자신이 직접 해야만 했다. 그래서 22킬로미터를 가는 데 무려 여섯 시간이 걸렸던 것이다.

고개 꼭대기의 다 허물어져가는 나무집들 사이 진흙탕 속에서 마을사람 30여 명이 날카로운 음악소리에 맞추어 춤을 추고 있었다. 그들은 온통 기운 낡은 윗도리의 팔꿈치나 소매를 붙잡고 덤불로 뒤덮인 언덕을 적시는 비를 맞으며 천천히 돌았다. 발은 거친 삼베 조각이나 넝마로 감싸고 있었다. 매부리코, 그루터기처럼 생긴 아래턱, 살인자의 그것처럼 무시무시하게 생긴 얼굴. 큰북과 클라리넷은 서두르지도 않았지만 그렇다고 해서 쉬지도 않았다. 일종의 긴장감이 점점 더 고조되었다. 누구 한 사람 입을 열지 않았다. 누구라도 좋으니 뭐라고 말을 좀 했으

면 좋으련만. 이런 상황에서라면, 아무리 격렬한 논쟁이라도 더없이 온건하게 느껴지리라. 그들이 총알을 하나씩 하나씩 총구에 장전하고 있다는 불편한 느낌이 들었다. 만일 경쟁관계인 마을이 이 안개 자욱한 정글 어딘가에 존재한다면 한쪽 눈을 뜬 채잠을 자는 게 좋으리라.

음악 역시 위협과 도리깨질에 불과하였다. 악기를 더 잘 보기 위해 가까이 다가가려고 애썼지만 내민 어깨와 등뼈들이 꼭거친 파도처럼 우리를 자꾸만 밖으로 밀어냈다. 우리의 인사를 받아주는 사람은 아무도 없었다. 완전히 무시당한 것이다. 녹음기를 어깨에 메고 있었지만 이번만은 그걸 쓸 엄두가 나질 않았다. 한 시간 만에 우리는 흑해를 뒤덮고 있는 안개를 향해 다시 내려왔다.

여기서 잠깐, 두려움이라는 주제에 관해 짧게 한마디 하도록 허락해 주시기를 바란다. 여행을 하다 보면 이렇게 두려움이 치밀어 오르고 아무리 빵을 씹어도 안 넘어가고 목에 걸리는 순간이 있다. 지독하게 피곤하거나, 너무 오랜 만에 혼자가 되었거나, 아니면 미친 듯이 열광했다가 일순 낙담하는 그 순간, 두려움은 마치 차가운 물에 샤워를 했을 때처럼 길을 돌아서는 당신을 덮친다. 다음 달에 대한 두려움, 마을 주변을 어슬렁거리며 움직이는 건 뭐든지 다 위협하는 개들, 조약돌을 주어들고 당신에게 다가오는 방랑자들, 심지어는 이전 숙박지에서 빌린 말에 대한 두려움, 그리고 자신의 속셈을 감추고 있던 난폭하고 못된 인간.

특히 일과 관련될 때는 적극적으로 자신을 방어한다. 예를 들자면 유머는 최고의 해독제이지만, 그것을 제대로 발휘하려면 두 사람이 있어야 한다. 대부분은 숨을 깊이 들이마시고 침을 꿀꺽 한번 삼키는 걸로 충분하다. 그래도 두려움이 사라지지 않으면, 그 거리로 접어들거나, 그 사원에 들어가거나, 그곳에서 사진을 찍겠다는 생각을 버려야 한다. 그 다음 날이 되면 당신은 낭만적인 기분으로 당신 자신을 나무랄 것이다. 그런데 그건 정말 잘못된 것이다. 이같은 불안의 최소한 절반은 심각한 위험에 대한 본능이 발휘된 것에 불과하기 때문이다(당신은 나중에 그 점을 이해할 것이다). 그런 경고를 무시해서는 안된다. 물론, 강도나 늑대 이야기는 과장되었다. 그렇기는 하지만, 낭만적이고 목소리 크고 성격 화끈하고 누가 뭐래든 막무가내인 자들이 위험을 무릅써보겠다고 용감하게 나섰다가 영영 소식이 끊긴 장소가 아나톨리아와 카이바르 고개 사이에 여러 곳 있다. 강도까지 나설 필요도 없다. 산에 외따로 떨어져 있는 작고 가난한 마을이나, 빵 한 개나 닭 한 마리를 놓고 벌이는 짜증나는 흥정이면 충분하다. 서로를 이해할 수가 없으므로 당신의 몸짓은 점점 더 격렬해지고 당신의 눈길은 점점 더 불안해지며, 그러다가 몽둥이 여섯 개가 머리 위로 치켜 올라가는 순간이 금방 온다. 그러면 당신이 인간애에 관해 무슨 생각을 가지고 있건 간에 몽둥이는 내려쳐진다.

기레순[20]

바다로 면한 거리 끝에서는, 황갈색 포도주와 레몬수가 담긴, 주둥이가 좁고 몸체가 둥근 큰 병이 금방이라도 뇌우를 몰고 올 것 같은 빛을 걸러내고 있었으며, 등나무는 진한 향기를 풍기며 잎을 떨귀내고 있었다. 방의 창문 너머로 밭장다리 걸음의 어부들이 손을 맞잡고 잡담을 나누며 광장을 지나가는 것이 보였다. 커다란 수고양이들이 생선 가시와 내장이 잔뜩 쌓여있는 포석 위에서 잠을 자고 있었다. 회색 쥐들이 하수도를 따라 쏜살같이 달려갔다. 그것은 그 자체로 완벽한 세계였다.

이 작은 해안마을 사람들이 자부심을 갖는 게 세 가지 있다. 그들의 체력, 그들의 개암, 그들의 경찰이 가진 통찰력. 대체로 노새만큼이나 고집이 세고 상의를 보기 민망할 정도로 꽉 조여 입은 '경찰'이 선술집에 앉아있는 걸 보았는데, 우리가 짐을 푼지 15분 만에 어느새 우리 방 문 뒤에 와있었다. 우리는 침대 위에 누워 잠시 쉬다가 그동안 여행을 하면서 자동차에 묻은 진흙을 문질러 벗겨내느라 바빠서 그가 조심스레 문을 긁어대는데도 응답을 안 했더니, 불만이 쌓일 대로 쌓였는지 주먹으로 미친 듯이 문을 두들겨대기 시작했다. 짜증이 난 우리가 결국 가서 문을 열어주자, 이 불청객은 수상쩍다는 표정을 어색하게 짓더니 그럴듯해 보이려고 애조차 쓰지 않고 우리에게 수중에 있는 달러를 암시장에 가서 바꾸라고 제안하는 것이었다. 암시장이라고? 우리는 당연히 격렬히 항의했다. 이 중요한 사항에 관해 안심한 경찰은 그때서야 "난 비밀경찰이오"라고 악의 없이 우리들에게 말했다. 우리는 그를 방문까지 데려가면서 그런 높은 자리에 있으니 얼마나 좋겠냐며 추켜세워주었다.

밤에 이따금 그는 사과가 든 자루나 사진첩을 들고 멋쩍어하며 우리를 찾아왔다. 철물점에서 현상한 흐릿한 사진들이었다. 자동차 여행, 반쪽만 찍힌 화물선, 삼순에 있는 아타튀르크 동상, 자신의 가게 앞에서 비를 맞고 있는 그의 매형이나 삼촌. 우리는 다들 머리를 박박 깎아서 비슷비슷하게 생긴 스무 명의 신병들 가운데서 그를 찾아내야만 했다. 우리가 틀렸다. 그가 그럴 줄 알았다는 듯 호탕하게 웃었다. 그는 우리와 동년배였으며, 이 세상에 대해 아는 게 거의 없었다. 조금만 더 친했더라면 그

기레순 터키 북동부 흑해 연안의 항구도시. 버찌(cherry)의 어원이 기레순의 라틴어 표기 cerasum에서 왔을 정도로 버찌가 많이 났다고 한다.
삼순 흑해 남부에서 가장 큰 도시. 터키 초대 대통령인 무스타파 케말이 1919년 삼순에서 전국적인 저항운동을 조직했는데, 이것이 1923년 터키공화국 수립의 근간이 되었다.
케말 아타튀르크(1881~1938) 본명은 무스타파 케말. 터키의 개혁가이자 초대 대통령. 아타튀르크는 '터키의 아버지'라는 뜻이다. 이스탄불에 있는 아타튀르크 국제공항의 이름은 그를 기리기 위한 것이다.

는 이 도시의 온갖 비밀을 우리들에게 알려줬을지도 모른다. 그가 경찰이라는 건 전혀 문제가 되지 않았다.

트레비존드[21]

이곳에서 우리는 해안을 떠나 지가나 고개와 코프 고개를 넘어 산맥 두 개를 통과한 다음 아나톨리아 고원에 있는 에르주룸[25]까지 가야만 했다.

우체국으로 정보를 얻으러 갔더니 이렇게 말했다.

"에르주룸까지는 괜찮아요. 도로가 말라있으니까요. 근데 그 너머는 우리도 잘 모르겠어요. 동쪽에 있는 우체국으로 전보는 보낼 수 있지만 답신을 기다리다 보면 시간도 걸리고 돈도 들고…… 그러니 차라리 고등학교에 가서 알아보시는 게 나을 것 같군요. 아나톨리아 전역에서 온 아이들이 기숙사에 묵고 있으니까 자기 살던 동네 날씨가 어떤지 알고 있을 겝니다……."

고등학교에 가서 사정 얘기를 했더니 프랑스어를 가르치는 교사는 수업을 중단한 다음, 프랑스어로 천천히 반 학생들에게 질문을 던졌다. 반응을 보이는 학생이 단 한 명도 없었다. 그가 약간 당황해하며 터키어로 같은 질문을 되풀이하자 곧바로 구겨진 편지 여러 통이 덧옷 속에서 나왔고, 손톱이 검은 작은 손들이 차례로 하나씩 올라갔다…… 카르스에는 아직 눈이 안 내

렸대요……. 반에도 눈이 안 왔고, 카기스만에도 아직…… 카라
코세에만 눈이 약간 내렸지만, 금방 녹아버렸다……. 대체적인
의견으로 볼 때 아직 보름 정도는 별문제없이 길을 갈 수 있을
것 같았다.

광장에서 엔진을 고치느라 여념이 없는 티에리를 만났다.
그는 족히 100명은 될 것 같은 구경꾼들이 지켜보는 가운데 고
개 한 번 들지 않고 일에 몰두해 있었다. 이스탄불을 떠난 이후
로는 죽 이런 식이었기 때문에 우리는 이같은 상황에 충분히 익
숙해져 있었다. 구경꾼들은 늘 똑같아서, 주로 넋을 잃고 있는
사람과 충고하는 사람, 선의를 가진 사람, 우리 일을 돕기 위해
주머니를 뒤져서 주머니칼이나 사포 조각을 내미는 슬리퍼를
신은 노인들이었다. 스프링이 잘 깨지지 않도록 기름을 쳐야 했
고, 노즐 구멍을 뚫어주어야 했으며, 스파크 플러그와 점화배전
기를 청소해야 했고, 그 전날 자동차가 요동치고 흔들리다 보니
매번 위치가 옮겨지는 부품들을 조정해야만 했다. 도로 상태가
안 좋아진 뒤로는 매일 같은 작업을 해왔다. 자동차가 좀 더 힘
을 발휘하고 우리도 행운을 누리도록 하기 위해서였다. 아나톨

트레비존드 유럽과 중앙아시아를 잇는 터키 북부의 무역 중심지.
에르주룸 터키 동부 고지대에 있는 기름진 평원. 아나톨리아 반도와 이란을 잇는 교역로이어
서, 예로부터 이 지역을 차지하려는 주변국의 각축이 심했다. 15세기 초 오스만 제국의 영토가
되었다.
카라코세 카르스, 반, 카기스만, 카라코세의 위치는 부록 지도 참고.

리아까지 가려면 아직도 고개를 두 개나 더 넘어야 하는데 걱정이었다.

걱정이 너무 앞섰다. 도로는 처음에 작은 에머랄드빛 계곡과 초가지붕 마을, 마치 천국처럼 도시 뒤편으로 펼쳐진 올리브나무와 개암나무 과수원을 통과하였다. 그 다음에는 둥글고 푸른 산이 양쪽에 늘어서있는 완만한 경사의 계곡을 따라갔다. 계곡이 다 끝나는 곳에서 비탈진 고갯길이 나왔는데, 우리 머리 위 20미터나 되는 곳에서 꼭 팡파르를 울리는 것처럼 산산조각으로 폭발하는 듯한 거대한 너도밤나무 숲 사이로 노란 잎이 우거진 잔가지들이 가파른 오르막을 이루고 있었다. 키작은 나무들은 야생딸기 때문에 빨간색을 띠었는데, 비탈길에서 다시 출발시키지 못하게 될까 봐 차를 세울 엄두를 내지 못했다. 우리는 기어를 1단에 놓고 발판에 서서 언제라도 뛰어내릴 준비를 하고서 고개를 넘었다. 숲을 다 지날 무렵 어둠이 내리기 시작했다. 저 밑 광활한 녹색 협곡의 검은색 천막 주변에서 소 떼가 움직이고, 유목민들이 숙영지에 피워놓은 불 사이로 낙타들이 누워있는 모습이 눈에 들어왔다.

귀뮈 샤네[22]

이곳은 산이었고, 겨울이었다. 눈을 견뎌내도록 지붕을 가파르게 만든 튼튼한 돌집, 콧구멍에서 김이 나는 노새, 갈색 양털 상하복과 모피 모자, 그리고 석유등을 켜놓고 무겁고 알록달록 반짝거리는 물건들을 잔뜩 진열해놓은 식료품 가게 위의 새장 안에서 지저귀고 있는 자고새. 차를 세우자마자 한 소년이 우리를 찾아와서는 트레비존드의 교사들로부터 우리가 지나갈 것이라는 연락을 받았다며 교장 선생님에게 안내해 주었다. 친절해 보이는 뚱뚱한 남자가 파자마 차림으로(페르시아나 터키에서는 하루 일이 끝나면 곧 파자마로 갈아입는다 – 글쓴이 주) 사과 바구니와 붉게 달궈진 난로 사이에 앉아 우리를 기다리고 있었다. 그는 독일어나 영어, 프랑스어는 한마디도 못했다. 우리도 아는 터키어라고는 겨우 스무 개나 될까말까했던 데다가 너무 피곤해서 손짓발짓을 하거나 그림을 그려서 의사소통을 시도할 엄두가 나지 않았다. 그래서 우리는 각자 서로가 웃는 걸 바라보며 사과만 먹었다. 그리고 나자 교장 선생님은 그 지난 주에 잡은 곰의 가죽과 은빛 나는 여우가죽을 우리들에게 가리켜보였다. 우리가 곰가죽을 보며 감탄하자 그는 그걸 우리에게 선물로 주었다. 그의 두 손이 약간 떨면서 모피를 우리에게 내미는 동안, 그의 갈색 눈은 애원하는 듯한 눈빛으로 그걸 붙잡고 있었다. 우리는 단호히 사양했다. 교장 선생님은 옷을 걸치더니 우리를 여관으로 데려가서 가장 좋은 방을 내주도록 하였고, 우리가 옷을 그대로 입은 채 꿈이 없는 잠에 빠져 있는 동안 여관비까지 내주고 갔다. 다음날 아침, 교장 선생님은 난쟁이 한 사람을 데리고 다시 찾아왔다. 폐를 치료하러 이스탄불에서 이곳으로 온 이 사내는 교장의 통역 노릇을 하였다. 교장은 자기 학교에 며칠 초대하고 싶다면서 손가락으로 세어가며 자기 마을의 장점을 열거하기 시작했다. 우리를 붙잡아두기 위해서였다. 공기가 맑고, 집집마다 난방이 잘되며, 비잔틴 시대부터 문을 연 은광銀鑛은 이 나라 최고이고, 법정은 1921년 이래로 단 한 건의 절도 사건도 재판하지 않았으며, 마지막으로 여기서 생산되는 꿀에는 아주 작고 얇은 밀랍이 들어가있어서 먹으면 불끈불끈 힘이 솟아난다는 것이다. 이 모든 건 사실이었고, 나는 그같은 장점을 널리 알리겠다고 그에게 약속하였다. 그리고 나는 그 약속을 지켰다. 하지만 우리는 페르시아에서 겨울을 보내고 싶었다.

코프 고개[23]

두 사람이 양쪽에서 뛰어가면서 몰고 가는 소형 자동차는 사람들의 주의를 끌지 않으려야 끌지 않을 수가 없었다. 에르주룸 쪽에서 오는 트럭 운전사들은 그 전날 우리를 추월해 갔던 사람들의 이야기를 듣고 우리가 어떤 차를 타고 가는지를 이미 알고 있었다. 그들은 아무리 멀리 떨어져 있어도 우리가 눈에 띄기만 하면 곧바로 경적을 울렸다. 이따금씩 서로 엇갈릴 때면 비탈을 내려가던 운전사들은 50미터가량 떨어진 곳에 타이어가 끼익 대는 소리와 함께 거대한 트럭을 세우고 내려서 사과 두 개와 담배 두 개비, 혹은 호두를 한 줌씩 거저 나눠주었다.

후한 대접과 정직함, 선의, 거의 항상 보여주는 악의 없는 국수주의, 바로 이런 것들이 이곳에서 발견되는 미덕이었다. 이같은 미덕은 순수한 상태로 뚜렷하게 감지되었다. 사람들이 정말 진심에서 우러나서 그랬는지, 그 미덕이 실제로 존재했는지, 그건 중요하지 않다(인도에서처럼). 그 미덕은 놀라울 정도로 눈에 잘 띄며, 혹시 눈에 안 띈다 하더라도 이렇게 말해 주는 누군가가 늘 있다.

"자, 이 모든 것은…… 그러니까 이같은 친절함, 이처럼 좋은 매너 등등은 터키인들의 훌륭한 자질이지요……."

코프로 이어진 도로는 군인들이 정성스럽게 보수를 했기 때문에 상태가 좋았다. 하지만 경사가 상당히 가팔랐고 3킬로미터까지 오르막이었다. 우리는 계속 차를 밀고 가야 했다. 정상에 이르렀을 때는 금방이라도 심장이 터져버릴 것만 같았다. 하늘은 푸르렀고, 전망은 장엄하였다. 광활한 땅이 꼭 양떼구름처럼 남쪽을 향해 끝도 없이 굽이굽이 내리막을 이루고 있었다. 도로가 최소한 스무 번은 사라졌다가 다시 나타나기를 되풀이하는 것이 또렷이 보였다. 지평선에서는 뇌운雷雲이 하늘의 아주 작은 부분을 점령하고 있었다. 자꾸 반복되다 보니 결국은 하나의 풍경으로 완전히 인정받는 그런 풍경이었다.

버팀대에 무거운 종이 매달려있는 걸 보니 고개 꼭대기였다. 눈 때문에 여행자가 길을 잃으면 그걸 울리는 것이었다. 내가 가까이 다가가자 기둥 위에 앉아있던 독수리 한 마리가 날개로 동종銅鐘을 스치며 날아올랐다. 거친 진동음이 끝없이 울려퍼지며 내려가더니 산에서 살면서 대개는 이름도 없는 동물들 위로 퍼져나갔다.

바이부르트[24]

티에리가 말했다.

"이곳의 풍경은 인간들이 사는 걸 완강히 거부하는 것 같아."

그렇지만 마을이 있었다. 꼭 나병에 걸린 듯, 뿔뿔이 흩어져 있는 노란색 집들은 고원의 흙과 잘 구분되지 않았다. 검은 모자, 벌거벗은 발, 괴혈병에 걸린 개, 윙윙거리는 파리 떼처럼 건물에서 걸어나오는 거무스레한 낯빛의 소녀들. 그들은 우리를 곁눈질했다. 검은 스타킹과 검은 겉옷, 땋아서 꼭 묶은 머리, 넓은 흰색 셀룰로이드 칼라. 칼라는 몹시 흉하게 생기기는 했지만

그러면서도 보는 사람을 안심시켰다. 학교를 의미했기 때문이다. 누추해 보이기는 했지만, 그들은 학교에서 간단한 셈법과 글자, 늘 청결할 것과 더러운 손으로 눈을 문지르면 안되고 여선생님이 주는 키니네를 정기적으로 복용해야 한다고 배운다. 이런 것들은 무기나 다름없었다. 그곳에서도 역시 아타튀르크가 교사의 회초리와 흑판을 들고 늑대처럼 무시무시한 표정을 보이며 지나갔다는 게 느껴졌다. 우리가 휴식을 취했던 초라한 찻집에는 컬러로 된 그의 초상화 옆에 파리채가 꼭 검처럼 매달려있었다.

이곳 사람들이 자동차와 수돗물, 스피커, 편의품 같은 것만 갖고 싶어 하는 건 너무나 당연한 일이다. 터키에서 여행자는 새로운 눈으로 그것들을 보는 법을 배워야 한다. 어느 누구도 당신에게 근사한 목조 사원(여행자가 찾으러 왔던 바로 그것이 있는 곳이다)을 보여줄 생각을 하지 않는다. 사람들은 자기가 가지고 있는 것보다 부족한 것에 더 민감하기 때문이다. 그들에게는 기술이 부족하다. 반면에, 우리는 지나치게 발달된 기술이 우리를 끌고 들어갔던 막다른 길에서 벗어나고 싶어한다. 정보의 홍수 속에서 허우적거리고 오락문화에 물들 대로 물든 우리의 감수성을 되살리고 싶어 하는 것이다. 우리는 우리를 되살리기 위해 그들의 방식을 신뢰하고, 그들은 살기 위해 우리들의 방식을 신뢰한다. 우리는 길에서 서로 마주치지만 서로를 늘 이해하지는 못한다. 때때로 여행자는 조급해한다. 그러나 이같은 조급함 속에는 에고이즘이 상당 부분 자리잡고 있다.

에르주룸[25]

지평선에 맞닿을 듯 육중한 돔과, 부식은 되었지만 아직도 위풍당당한 오스만 제국의 성채가 있는 흙색깔의 도시. 갈색 땅이 사방에서 이 도시를 둘러싸고 있다. 도시에는 지저분하게 생긴 군인들이 득실거렸고, 외국인은 하루에도 열댓 번씩 서류를 확인당한다. 오직 라벤더 색깔의 삯마차와 깃털장식처럼 생긴 노란 포플러나무 잎사귀만이 이 단조로운 풍경에 변화를 줄 뿐이었다.

오후가 끝나갈 무렵, 우리는 '바르 춤'이라는 걸 보기 위해 이곳의 한 고등학교로 갔다. 아나톨리아에서도 각 지방마다 추는 방식이 다른 터키-몽고 기원의 군무軍舞였다. 장식단추가 달린 조끼와 폭이 넓은 붉은색 허리띠, 검은색 장식 끈이 달린 흰색 바지를 입은 파트너들이 칼을 빙빙 휘두르며 천천히 돌았다. 전투 흉내를 내는 것이다. 이 춤이 널리 보급된 동부 지역에서는 남성들 대부분이 춤 의상을 갖고 있어서 그 자리에서 당장 춤을 추기 시작할 수도 있다.

우리가 도착하고 5분이 지나자 사람들이 운동장의 나무 아래서 팀별로 춤을 추기 시작했다. 날이 추웠고, 어둠이 내리기 시작했다. 하나하나의 동작에 힘이 넘쳐 춤도 아름다웠지만, 음악은 그보다 훨씬 더 아름다웠다. 악기는 딱 두 가지뿐이었다. 영웅적인 감정을 고무시키는 주르나(서양의 클라리넷)와, 특히 옆부분을 두드리는 거대한 팀파니 '다호우르'. 파르티아인들은 바로 이 다호우르로 전투 개시를 알렸고, 흉노족은 이 악기를 중국에 선물하였다. 이 악기는 스텝기후 지대에 아주 잘 어울렸다. 예인선의 사이렌 소리보다 더 장중하고 묵직한 소리가 마치 느릿한 심장박동처럼 천천히 여행을 하면, 결국은 깃털처럼 가볍게 날아오르는 거대한 밤새처럼 심장이 거기 응답했다. 그 소리는 들릴 듯 말 듯 침묵의 가장자리에 머물러있다.

춤이 끝났지만 우리는 저학년 아이들이 빙글빙글 도는 걸보느라 잠시 더 머물러있었다. 교사들이 뒷짐을 지고 침묵 속에서 우리를 둘러쌌다. 이따금씩 그들은 아이들의 주먹다짐을 중단시키느라 쉰 목소리로 고함을 내질렀다. 교사들은 희끗희끗한 머리를 아주 짧게 깎아서 그런지 꼭 은퇴한 경찰들 같아 보였다. 나이 어린 아이들은 몹시 피곤해 보였다. 프랑스어 선생은 한쪽 구석으로 가서 문장을 하나 만든 다음 일단 한번 연습을 하고 나서 우리들에게 써먹곤 했다. 그는 우리가 하는 말을 제대로 못 알아듣고 좀 버벅거렸다. 그에게는 우리와의 만남이 시험보다 더 힘들어 보였다. 꼭 우리가 학교에서 라틴어를 배울 때 알

렉산드로스 시대에서 불쑥 나타난 두 명의 여행자에게 대꾸해야 하는 것과 좀 비슷했다. 그렇지만 이 외진 곳에서 책도 없이 프랑스어를 그 정도라도 구사한다는 건 정말 대단한 일이 아닐 수 없었다.

국가 혁명의 도취감이 사라지고 난 뒤, 꼭 필요한 새로운 사상과 독창력, 현실감각은 이처럼 월급도 많이 못 받고 옷도 제대로 못 입는 교사들에 의해 발휘되었다. 이들은 성격이 꼬이고 과묵하지만 실제로는 뭐든지 열심히 배우는(바로 이것이 이 나라의 힘이다) 아나톨리아 농민들을 위해 장인 못지않은 끈기를 발휘해가며 일했다. 더 멀고 더 외딴 곳의 교사들(그중에서도 일부 젊은 여성들)은 비록 이해해 주고 동조해 주는 사람은 많지 않지만, 그래도 눈(雪)이나 결핵과 싸우며 시골사람들이 불결함과 잔혹한 미신, 가난에서 벗어나도록 분투하고 있었다. 아나톨리아는 마을의 교사들과 초등교육, 소책자가 이끌어가는 교화 단계에 있었다. 사람들은 이 단계를 쉽게 뛰어넘을 수가 없다. 그러니 모든 것이 시작되도록 하기 위해서는 헌신적인 노력이 필요했다. 이보다 더 보람 없으면서도 이보다 더 유용한 직업은 아마 터키에 없을 것이다.

느끼한 음식 냄새가 학교 식당 쪽에서 올라왔다. 어두운 운동장에서 고함소리와, 젖은 땅 위에서 나막신이 덜거덕거리는 소리가 여전히 들려왔다. 말을 타지 않은 기사들과 나무로 만든 검, 짧게 깎은 작은 머리에 얹혀진 음산한 분위기의 검은 모자가 지나가는 게 보였다. 외국어로 말하는 어린아이들의 목소리는 항상 불안하게 느껴진다. 그들은 분위기에 맞추어 그런 목소리(완전히 가성은 아닌)를 내는 것 같다. 그렇지만 그런 찢어질 듯한 비명("내 공 돌려줘!"라든지, 서로 싸울 때의 "옷은 잡지 마!" 같은)이 이 세상의 모든 운동장에 울려퍼지는 건 아니리라.

이스탄불에서는 이 어둠의 교육자들에 관해 말하는 걸 거의 들을 수가 없다. 놀라운 운치와 풍자성을 갖춘 아나톨리아의 민속음악이 때때로 문예지에 실리지 않는다면, 아마도 그 교사들은 완전히 잊혀질 것이다. 그들은 앙카라에 있는 일부 군인과 '젊은 터키인들'과 함께 엄격한 케말정신을 지키는 마지막 보루라고 할 수 있다. 스파르타인처럼 검소하고 엄격한 이 교사들은 진정한 모습을 인정받지 못했다. 곧, 이들은 터키가 공식적으로는 찬양하지만 사실은 영영 돌아오지 않기를 바라는 냉혹한 훈련 시대의 대표주자들인 것이다.

아타튀르크가 죽고 난 뒤로 그가 출발시켰던, 모질지만 꼭 필요했던 혁신의 기차는 속도가 느려졌다. 두려움 때문에 울며 겨자 먹기로 덕행의 귀감이 되었던 일부 공무원들은 별다른 불

파르티아 고대 이란이 카스피 해 동남쪽에 세운 왕국.
케말 케말 아타튀르크.

만 없이 타협과 뇌물에 대한 취향을 되찾았다. 지방에서는 영향력을 회복한 사제들이 때때로 신자들에게 '터키인들의 국부'의 동상을 더럽히거나 파괴하라고 부추기고, 지저분한 의학적 미신(게다가 《쿠란》과도 아무 상관이 없는 – 글쓴이 주)을 다시 강요하고, 교사(신의 적!)에게, 특히 여교사(얼굴을 내보이고 다니는 창녀!)에게 저항하도록 신자들을 조종한다. 물론 모든 뮐러들이 다 이러지는 않지만, 훌륭한 사제가 얼마 되지 않는 것에 비하면 새로운 터키와 관련되는 건 뭐든지 다 파괴하고 복수하려는 탐욕스럽고 전제적이고 무지한 사제들이 엄청 많다는 것이다. 그들은 충분히 그렇게 할 수 있다. 궁지에 몰리자 아타튀르크에게 대항하여 벌였던 성전聖戰은 금방 막을 내렸고, 그 뒤로 잔학한 보복이 이뤄지면서 아나톨리아의 많은 이슬람 사원들과 이슬람 학원들은 척추와 두개골이 몽둥이로 맞아 금 가는 소리를 들었던 것이다. 이제 그들은 여기저기서 제자리를 되찾았고, 많은 농민들이 그들을 따른다.

오래된 습관은 비록 억압적일지라도 무척이나 부드럽게 느껴지는 법이다. 이 놀랍고 새로운 제도보다는, 하루가 끝나 지칠 대로 지친 상태에서 새로운 것을 이해하려고 애쓰는 것보다는, 차라리 친밀하게 느껴지는 불행이 더 나은 것이다.

그리하여 그같은 퇴보를 방지하고, 그다지 환영을 받지 못하는 이 '빛'을 널리 퍼뜨리는 일은, 가난하고, 꽉 짜인 생활을 해야 하고, 제대로 못 먹고, 한없이 외로운 이 일종의 교사 겸 하사관들에게 맡겨졌다. 그들이 그 진흙투성이 운동장에서 왔다 갔다 하는 걸 보며 나는, 학생들을 가르칠 때 뭐가 가장 필요하냐고 묻자 교사 한 사람이 내게 했던 대답을 떠올렸다……. "볼테르 의자(앉는 자리는 낮고 등받이가 높으며 뒤로 제껴진 의자 – 옮긴이 주)가 한 140개 정도 있었으면 좋겠습니다……."

저녁 내내 우리는 친절한 트럭 운전사 두 명과 함께 고장난 점화장치를 수리하였다. 자정쯤 수리가 끝나자 차는 꼭 트랙터처럼 힘차게 움직였다. 페르시아까지는 이제 고개 하나밖에 남지 않았고, 다음 번 우체국 유치우편을 받으려면 700킬로미터를 더 가야 한다. 좀 춥기는 했지만 밤 날씨가 더할 나위 없이 좋았고, 비포장도로는 말라붙은 상태였다(사람들은 우리에게 이렇게 자신 있게 말했다). 그런데 우리에게는 남은 터키 돈이 거의 없었다. 그래서 군 경찰에 연락해서 우리를 호송해 주도록 부탁하고(에르주룸은 군사지역이다. 이곳에서는 사진 촬영이 금지였고, 체류 기간은 48시간 이내, 체류 장소는 도시 주변 반경 40킬로미터 이내로 정해져 있었으며, 외국인은 호송을 받아야만 이동할 수 있다 – 글쓴이 주) 곧바로 출발하기로 결정하였다. 우리는 몹시 추운 병영 운동장에서 발을 구르며 기다렸고, 잠시 후 하산칼레까지 우리와 동행할 호송장교와 통역, 지프차 운전병이 파자마 위에 군복을 걸치고 나타났다.

도로는 상태가 좋지 않았다. 티에리는 장교를 태우고 전속력으로 앞질러갔다. 나와 통역이 같이 탄 지프차는 힘들게 그 차를 따라갔다. 바람이 살을 에듯 우리 얼굴을 후려치고 차가 너무 심하게 흔들리는 바람에 혀를 깨물지 않도록 이를 악물고 말을 해야만 했다. 그런데 통역(지나치게 큰 군복을 입고 얼굴이 창백한 청년)은 거의 말이 없었다. 그는 자기를 깨웠다고 우리를 원망하더니 자는 척 내 질문을 피했다. 그렇지만 그는 5킬로미터가량 갔을 때 이렇게 말했다.

"전 위스퀴다르 고등학교에서 프랑스어를 배웠어요. 입대하기 전에는 모피를 사고파는 일을 했습니다……. 그랬다가 망했지요……. 그리스 출신 고리대금업자들 때문에 그렇게 되었는데, 내가 군복을 입고 있는 동안에는 그 사람들도 손을 못댈 거예요."

그가 결론 삼아서 이렇게 덧붙였다.

"어쨌든 그리스인들을 가만두지 않을 겁니다……."

그리고 그는 눈을 감았다. 25킬로미터가량 갔을 때 귀가 이미 반쯤 얼어붙었지만, 그래도 아직은 들을 수가 있었다.

"우리는 잠자리 상대로 뚱뚱한 여자들을 좋아해요. 눈치 못 챘는지요? 엄청나게 굵고 살찐 팔뚝에 흰 피부, 그게 터키 사람들 취향이에요…… 제 취향이기도 하고요……."

그 뒤는 바람이 불어서 알아들을 수가 없었다.

하산칼레 초입에서 나는 에르주룸이 옛날에는 쿠르드족의 수도가 아니었냐고 물었다. 그는 농담이라도 하려는 듯 보기 흉하게 웃더니 그냥 이렇게 한마디만 하고 말았다.

"……그 사람들은 아주 오랫동안 이곳에 돌아오지 못할 겁니다. 우리들한테 엄청 당했으니까요……."(쿠르드족은 실제로 1921년에 봉기를 일으켰다가 이런 상황에 처했다. 아타튀르크의 '소수민족 정책'은 그들을 하나씩 전멸시키는 것인 듯했다 – 글쓴이 주)

그는 주먹으로 손바닥을 치며 계속 이렇게 중얼거렸다. 그때서야 나는 그가 엄청나게 큰 손과 곰 같은 체격, 장작을 연상시키는 손목을 가졌음을 알아차렸다. 그런데 나는 그를 왜소한 남자라고 생각했던 것이다! 지나치게 큰 군복 때문이었다. 아무리 덩치가 큰 거인이라도 그 군복을 다 채울 수는 없었으리라.

그가 다시 입을 열었다.

"전 근무가 끝나면 매일같이 그레코로만형 레슬링을 하러 갑니다. 제가 사는 거리에 아주 훌륭한 팀이 있는데, 일요일 경기에서는 반칙을 좀 하지요. 비틀고 목을 조르는 걸 직접 두 눈으로 봐야 하는데…… 경기를 할 때마다 부상자가 속출하지요. 그런데 당신은? 레슬링할 줄 압니까?"

위스퀴다르 터키 이스탄불 주에 있는 도시.

하산칼레에서 장교는 우리 차에서 내려 우리에게 행운을 빌어주더니 지프차에 올라탔다. 지프차는 방향을 돌렸다. 나는 조심스레 통역과 악수를 나누었다. 우리는 아침까지 차를 몰았으나 단 한 대의 트럭과도 마주치지 않았다.

에르주룸 동쪽의 길은 너무나도 고적하다. 마을과 마을 간의 거리는 상당히 멀다. 이런저런 이유로 해서 자동차를 세워놓고 밖에서 남은 밤시간을 보내야 할 수도 있다. 큼지막한 펠트 상의를 입고 챙 없는 모피 모자를 귀가 안 보이게 푹 눌러쓰고는 주전자 물이 끓는 소리를 듣는다. 언덕에 등을 기대고 별과, 대지가 코카서스 지방을 향해 굽이치는 모습, 그리고 빛을 발하는 여우들의 눈을 바라본다.

시간은 끓고 있는 차茶가 되어, 드문드문 이어지는 말이 되어, 담배가 되어 지나간다. 그러다 보면 동이 튼다. 점점 더 밝아지는 빛이 메추라기와 자고새의 깃털을 비춘다……. 그러면 나는 언젠가는 되찾으러 갈 기세로 이 경이로운 순간을 내 기억의 밑바닥에 서둘러 파묻는다. 기지개를 켜고 몇 걸음 걸으면 '행복'이란 단어가 내게 일어난 일을 묘사하기에는 너무나 빈약하게 느껴진다.

결국 존재의 기반을 이루는 것은 가족도 아니고, 일도 아니고, 나에 대한 다른 사람들의 말이나 생각도 아니다. 사랑보다 더 평온한 초월적 힘에 의해 고양될 때의 순간이 내 삶의 뼈대를

이루는 것이다. 삶은 그같은 순간을 인색하게 나누어준다. 우리
의 허약한 마음은 더 이상 견뎌낼 수가 없다.

날씨가 좋았다. 우리는 열린 창문을 통해, 페르시아와 아나톨리아 고원을 구분 짓는 협로 양쪽으로 꼭 말의 편자처럼 계단식으로 펼쳐진 도시를 바라보았다. ……우유 한 잔과 커피. 간판이나 이정표를 해독하는 건 이제 불가능해졌다.

아무리 빵을 씹어도
안 넘어가고 목에 걸리는
순간이 있다

세 번째 이야기 **이란 국경**

이란 국경

한 시간가량 차를 몰았다. 버드나무가 드문드문 서있는 작은 계곡 한가운데에서 분홍색 초벽이 발라진, 좀 낡아 보이는 제정시대풍 별장을 우연히 발견했을 때는 이미 짙은 어둠이 깔린 뒤였다. 우리는 헤드라이트 불빛 속에서 실루엣 하나가 하품을 하며 문간에 나타났다가 사라지더니 불이 켜지는 걸 보았다. 이란 세관원이었다…….

세관원은 아세틸렌등 아래서 움푹 팬 두 눈을 반짝이며 거무칙칙한 얼굴을 들어올렸다. 그는 우리나라 농부들처럼 얼룩덜룩한 줄무늬가 있는 플란넬 셔츠를 입고 그 위에 앞이 트인 제복을 걸쳤다. 그가 웃으며 자동차를 바라보았다.

그는 프랑스어로 말했다.

"유감입니다, 친구들. 마쿠까지는 군인이 에스코트를 해야해요. 법에 그렇게 정해져 있어서요. 멀지는 않습니다……. 아주 작은 군인을 한 명 붙여드리지요."

도대체 군인을 어디서 데려오려는 것일까? 초소는 아무도 없는 듯 침묵에 잠겨 있었다. 우리를 어둠 속에 남겨두고 등을 들고 사라졌던 세관원은 잠시 후에 꼭 다운증후군에 걸린 듯 키가 정말 작은 사내 한 명을 데리고 다시 나타났다. 각반을 찬 이남자는 얼굴에 함박웃음을 머금고 있었다.

"자, 여기 데려왔습니다!"

세관원은 꼭 자신의 슬리퍼에서 끄집어내기라도 한 듯 그남자를 우리에게 밀어내며 말했다.

우리는 그 키 작은 군인을 보닛 위에 앉혔다. 나는 좁고 위험한 차도에서 아주 천천히 차를 몰았다. 조수석에 앉아있던 티에리는, 눈을 반쯤 감고 양¥ 냄새를 풀풀 풍기며 콧노래를 부르는 그 군인에게 주려고 담배에 불을 붙였다. 우리 왼쪽으로 아라라트 산의 비탈이 벽처럼 어둠 속에 펼쳐져 있었다. 우리가 협로에 다가가면 갈수록 더 무더워졌다. 구름이 명주처럼 보드라운 달 위로 물 흐르듯 떠가고 있었다. 차바퀴가 모래를 짓눌러 뭉개며 깊은 숨을 끊임없이 내쉬는 동안, 살기 팍팍한 아나톨리아에 대한 추억은 꼭 찻잔 속에서 설탕이 녹듯 그렇게 흔적도 없이 사

라져버렸다.

마쿠[26]

마쿠 여관에 들어가보니 털보들이 여기저기서 꾸벅꾸벅 졸고 있었고, 주인은 기도할 때 쓰는 무릎깔개 위에 엎드려있었다. 그는 기도를 멈추더니 식탁 하나를 치워주며 그 위에서 자라고 말했다. 아침이 되자 우리는 식탁에서 내려와 거기서 식사를 했다. 다른 손님들은 다 어디로 가고 없었다. 벽에는 큼지막한 컬러 그림이 두 장 붙어있었는데, 한 장에는 이란 왕이, 또 한 장에는…… 티베리아의 예수 그리스도가 그려져 있었다. 날씨가 좋았다. 우리는 열린 창문을 통해 페르시아와 아나톨리아 고원을 구분 짓는 협로 양쪽으로 꼭 말의 편자처럼 계단식으로 펼쳐진 도시를 바라보았다. 지붕 모서리가 부서진 흙집, 푸른색 페인트가 칠해진 문, 포도나무를 그려놓은 타일, 연기보다 더 가벼워 보이는 포플러나무들. 터키식 빵 대신 신문만큼이나 얇은 팬케이크가 나왔다. 그리고 우유 한 잔과 커피.

간판이나 이정표를 해독하는 건 이제 불가능해졌다. 페르시아 문자가 퇴보하는 중이었다. 시간 역시 그러하였다. 하룻밤 새 서력 20세기에서 히즈라의 14세기로 거슬러올라가면서 세상도 바뀐 것이었다.

우리에게 그걸 내주지 않으려고 하는 사람은 아무도 없는 '통행증'(이란 국내에서는 매번 이동할 때마다 비자 외에도 '자바스'라고 불리는 특별허가를 받아야만 한다 - 글쓴이 주)을 얻기 위해 경찰서에서 오전 한나절을 허비한 우리는, 우리를 에스코트해 준 군인이 총을 무릎 사이에 끼운 채 벤치 위에서 자는 걸 보고 그냥 내버려두었다. 누덕누덕한 군복 왼쪽 어깨에는, 금색실로 태양이 수놓아져 있고, 그 위에는 감탄사가 절로 나올 만큼 섬세하게 수놓은 초록색 사자 한 마리가 누워있었다.

아라라트 산 터키 동쪽 끝에 있는 산으로 터키, 이란, 아르메니아의 접경지대다. 《성경》에서 대홍수가 끝난 뒤 노아의 방주가 도착한 곳으로 전해진다. 최고 높이 해발 5185미터.
티베리아 팔레스타인의 도시. 예수가 주로 활동한 이스라엘 갈릴리 지방에서 가장 큰 도시.
히즈라 622년 예언자 무함마드가 박해를 피해 메카에서 메디나로 이주한 사건으로, 이때를 이슬람력의 시작으로 본다. 히즈라는 아랍어로 '이주'라는 뜻.

나는 힘들지만 글을 쓰려고 애썼다.

나는 자유도, 유연성도 가지고 있지 않다. 오직 욕망만을, 그리고 순전한 공포심만을 갖고 있을 따름이다. 같은 페이지를 스무 번도 더 찢어버리고 다시 시작했지만 임계점을 넘어서지 못했다.

삶이 중앙아시아의 어느 변두리에서
길을 잃고 헤매도록 하고 싶었다

네 번째 이야기 **타브리즈** [27] – 아제르바이잔

거지의 궁궐
그것은 구름의 그늘이다……

하페즈 •

유목생활은 놀라움 그 자체다. 2주일 만에 1500킬로미터를 이
동한다. 아나톨리아 전역을 질풍처럼 돌아다니는 것이다. 이미
어두워진 어느 날 밤, 기둥이 서있는 좁은 발코니와 덜덜 떨고

타브리즈 이란 북서부 끝의 고원지대에 있는 도시. 13세기 몽골제국의 침입으로 한동안 몽골
제국의 수도였다. 이란 땅이지만 인구 대부분이 시아파 이슬람을 믿는 투르크인(터키인)이어
서 타브리즈와 테헤란은 사이가 좋지 않다. 소수 인구로 쿠르드족과 아르메니아인들도 있는데,
쿠르드족은 수니파 이슬람, 아르메니아인들은 대부분 기독교를 믿는다. 남부 아제르바이잔의
중심 도시다.
아제르바이잔 투르크계 인종인 아제리인들의 지역이라는 뜻으로, 아제르바이잔공화국과 이
란 북쪽 지역인 남부 아제르바이잔으로 나뉜다(부록 지도 참고). 시아파 이슬람, 터키의 영향을
받은 아제리어, 러시아의 제도 등이 섞여 민족 정체성이 복잡하다. 이란령인 남부 아제르바이잔
은 제2차 대전 중 소련의 지원으로 피셰바리를 대통령으로 하는 독립국을 세웠으나 1946년 이
란이 다시 점령했다.
하페즈 타브리즈에 있는 거리의 이름. 페르시아의 유명한 시인 이름이기도 하다.

있는 칠면조 몇 마리가 왠지 가슴 뭉클하게 와닿는 도시에 도착한다. 그리고 거기서 군인 두 명과 학교선생, 독일어를 하는 무국적 의사랑 같이 술을 마신다. 하품을 하고 기지개를 켜고 잠이든다. 밤새 눈이 내리더니, 지붕을 덮고 고함소리를 억누르고 도로를 끊어놓는다……. 그래서 아제르바이잔 타브리즈에서 6개월을 머무르게 되는 것이다.

다시 동쪽으로 떠나려면 지프차가 있어야만 할 것이다. 하지만 남아있으려면 허가를 얻어야만 했다. 타브리즈는 군사구역이기 때문이다. 그리고 허가를 얻으려면 누군가가 힘을 써주어야만 했다. 폴루스(그 전날 만난 의사)는 그가 종양을 제거해 준 대령에게 우리를 보냈다. 허리띠를 꽉 졸라맨 이 군인은 머리가 듬성듬성했고 옆모습은 새매를 연상시켰다. 양쪽 뺨은 홍조를 띠고 있어서 약간 모호한 인상을 풍겼다. 프러시아에서 공부했다는 그는 정떨어질 정도로 무뚝뚝한 독일어와 의심으로 가득 찬 표정으로 우리에게 오랫동안 이것저것 꼬치꼬치 캐물었다. 우리는 오후에 응답을 들었다. 그의 말투가 바뀌었다. 그는 우리를 다정하게 바라보았다.

"제가 장군님께 부탁드렸습니다. 원하시는 기간만큼 여기 머무르셔도 좋습니다……."

이렇게 말한 그는 머리끝까지 빨개질 정도로 얼굴을 붉히며 별로 자신없는 목소리로 말을 이어나갔다.

"전, 사원에서 두 시간 동안 우리가 좋은…… 아주, 아주 좋은 친구가 되게 해달라고 기도했습니다."

하지만 우리로서는 사실 심히 부담스러워서 마냥 좋아할 수만은 없었다. 그는 그 다음 주에 전속되었고, 그 뒤로는 다시는 그의 모습을 보지 못했다. 어떤 시인이 쓴 것처럼, "생쥐들과 인간의 계획도 때로는 성공하지 못할 때가 있는 법이다."

티에리가 문을 다시 지나가면서 말했다.

"사람들 얼굴에 생겨난 청동색 반점 봤어?"

나를 가장 당혹케 하는 것은 그 기도의 순진함이었다. 얼마나 너그러우신 신인가? 그분께는 뭐든지 다 부탁할 수가 있었다. 대령은 약속을 지켰고, 우리에게는 허가증이 발급되었다. 그 다음날, 우리는 아르메니아인들이 사는 동네의 작은 안뜰에 천장이 낮은 하얀 방을 하나 얻었다. 그리고 오랫동안 타브리즈에 머물렀다.

세입자들 부엌에서 첫 번째 밤을 보냈다. 영어를 좀 할 줄 아는 과부(선교병원의 간호사)와 그녀의 나이든 어머니, 꼭 갈가마귀처럼 생긴 눈에 귓속까지 박박 씻고 석유등 불빛 아래서 숙제를 하는 두 소년. 소금에 절인 오이, 설탕에 절인 생견과류, 케이크, 연기 냄새가 나는 백포도주. 더 살기 좋은 세계에서 온 외국인 기독교도와 인사도 나눌 겸 도대체 어떤 인간들인지 구경도

할 겸, 이웃들이 찾아와서 잠깐씩 앉았다 가곤 했다. 몸에 꽉 끼는 검은색 스웨터 차림에 둔탁한 목소리를 가진, 부어오른 얼굴 때문에 뭔가 불안해 보이는 구멍가게 주인이 우리가 이 도시에 관해 질문을 던질 때마다 나름 고생 깨나 해본 사람들 특유의, 예의 그 보호자인 척하는 미소를 지으며 꼬박꼬박 대답해 주었다.

우리가 사는 작은 길거리는 아르메니아인들이 사는 동네와 경계를 이루고 있었다. '나쁜 쪽 끝'에서는 터키인 가족이 몇 가구 살고 있었으며, 작은 안뜰의 닫힌 문을 통해서 이따금씩 해로운 아편 냄새가 스며들었다. 과부는 얌전하게 눈을 내리깔며 '나쁜 사람들'이에요, 라고 말했다. 그녀는 틀림없이 M씨를 이 범주에 집어넣었으리라. 아르메니아인들이 우리에게 터키인 아르밥(마을의 주인 - 글쓴이 주)에 관한 험담을 잔뜩 늘어놓았기 때문에 우리는 순전히 호기심에서 그를 찾아갔다. 우리 방 근처에 있는 그 사람 소유의 헛간에 우리 자동차를 주차시키고 싶은 희망도 섞여있었다. 그는 '적'으로부터의 제안이 무척 흥미롭게 느껴졌는지, 곧바로 우리 부탁을 들어주고 정중하게 맞았다. 그러고 난 다음 마차를 끄는 말 위에 마구를 얹더니, 터키 거리를 달려 자기가 그중 절반을 소유하고 있는 수피안 마을까지 한번 가보자고 제안했다.

우리는 염색공 동네를 빠른 속도로 통과했다. 평평한 지붕 위에서 화려한 색깔의 거대한 실타래들이 연한색 하늘을 배경으로 이리저리 흔들리며 말라가고 있었다. 거기를 지나자 도로는 마치 넓은 바다를 연상시키는 붉고 울퉁불퉁한 땅으로 접어들었다. 잎사귀가 다 떨어져나간 가지에 까마귀들이 보금자리를 튼 나무와 낮은 벽이 중간중간 나타났다. 시골길에서는 밟아뭉개진 나뭇잎의 씁쓸한 냄새가 아직도 풍겼고, 말이 지나가자 검은색 귀뚜라미들이 날아오르다가 곤두박질치고, 바퀴자국을 건너가고, 까악까악 울어대고, 무수히 죽어갔다. 그 전전날 내렸던 눈은 거의 완전히 녹아버렸다.

"이제 겨울은 언제 옵니까?"

그러자 노인은 나지막한 목소리로 대답했다.

"줄곧 소나기만 내리지요. 한달 뒤면 겨울이 시작될 거요. 늘 일찌감치 찾아오지요."

그는 거의 완벽한 프랑스어로 우리들에게 계속 질문을 던지며 전속력으로 마차를 몰았다. 담배를 피우는 사람들 대부분이 그렇듯 그도 자신의 옷차림에는 별로 관심이 없어서 만일 나무랄 데 없는 매너를 보여주지 않았더라면 마부로 오해받았을 것이다. 친절하게도 그는 자기 세대의 마을 주민들에게는 아편이 악폐惡弊라기보다는 하나의 습관이라고 설명해 주었다. 그는 아편을 하루에 파이프 세 대 분량 이상은 절대 피우지 않으며, 전혀 아무 어려움 없이 끊을 수 있다고 말했다. 그의 소작인들은 그에게 포도주나 올리브유, 혹은 양털을 대주듯이 그를 위해 양귀비를 조금씩 심는다고(양귀비 재배와 판매는 1955년에 금지되었다 – 글쓴이 주) 한다. 그러고 난 그는 우리에게 프랑스에 관한 온갖 어리석은 질문을 던지더니 자기도 거기서 5년간 살았다고 털어놓았다. 나는 그처럼 신중한 태도에 상당히 매료되었다. 이 수수께끼 같은 인물은 아마도 그가 보여주고자 하는 것보다 훨씬 더 많은 걸 알고 있음이 틀림없었다. 어쨌든 그는 자신의 도시를 알고 있어서 오랫동안 거기에 대해 말해 주었다.

그가 아직 어린 소년이었을 때까지만 해도 타브리즈는 이란에서 가장 큰 도시였다고 한다. 매주 금요일(이슬람교도들의 주일)이면 중앙 광장에서 늑대 싸움이 벌어져서 아주 멀리 사는 농부들이 구경을 하러 왔을 정도였다. 그때가 되면 백포도주를 물마시듯 퍼마시지만 그걸 가지고 뭐라 하는 뮐러는 없었다고 한다. 시장은, 1제곱미터에 1만 4000토만(페르시아 금화 – 옮긴이 주)까지 값이 나갈 때도 있었던 양탄자뿐만 아니라 중동에서 가장 뛰어난 송골매로도 역시 유명했다. 이 새들은 타타르에서 카스피 해를 건너오느라 너무 지친 나머지 이곳의 북동부 지역으로 날아들었다고 한다. 그 당시의 타브리즈는 오늘날보다 더 부유하고 인구도 더 많았으며, 이곳 상인들은 독일 라이프치히와 러시아 니즈니-노보고로드의 무역박람회에서도 성업을 이루었다. 그랬다가 볼셰비키 혁명이 일어나고 러시아 쪽 국경이 폐쇄

되면서 헤어날 길 없는 침체에 빠지고 말았다. 상인 계급은 베이루트나 이스탄불로 이주해갔고, 시장의 모험정신은 사라져버렸다. 1941년에서 45년까지 소련군이 이 지역을 점령했고, 뭔가 아직 잃을 게 있었던 사람들은 다들 서둘러 짐을 쌌다. 점령은 가혹하기는 했지만 질서 있게 이루어졌다. 빵 한 조각이라도 먹고 싶으면 일을 해야 한다며 거지들도 길거리에서 붙잡아다가 강제노역을 시켰다. 이 도시를 떠나면서 소련인들은 아스팔트가 깔린 길거리 몇 군데, 초현대식 방적공장, 지지자들이 우글거리는 대학, 그리고 마르크스와 레닌, 에렌부르크의 글을 특별히 아제리-터키 방언으로 번역한 책이 산더미처럼 쌓인 상품진열대를 남겨놓았다. 그들은 또한, 그리고 특히 '아제르바이잔 민주공화국'을 남겨놓았다. 그러나 이 급조된 공화국 정부는 우왕좌왕하다가 얼마 안 있어 무정부 상태와 보드카 속에 빠져버리고 말았다. 1947년 초, 이란 군대가 총 한 번 쏘지 않고 이 도시를 다시 점령했다.

"그들은 재정복을 기념하기 위해 우표를 발행했어요…….
그 다음에는 시골을 약탈하기 시작했지요."

이렇게 말하고 난 노인이 냉담한 어조로 덧붙였다.

"그 바람에 나도 양을 많이 잃었습니다."

일리아 에렌부르크(1891~1967) 옛 소련의 작가로 자본주의 사회를 풍자하고 문명을 비판한 작품이 많다. 1952년에 레닌평화상을 받았다.

우리는 차하나스 거리를 통해 도시로 돌아왔다. 쓸쓸해 보이는 넓은 가로수길 양쪽으로 흙담이 집들을 완전히 가리며 이어졌다. 아직 환한 하늘에서 초생달이 환히 빛나고 있었다. 날은 추웠고, 하늘을 보니 금방이라도 눈이라도 쏟아질 것 같았다. 나무와 숯, 내장, 끓인 포도 찌꺼기를 파는 상인들이 가게 앞에 쭈그리고 앉아 이런저런 얘기를 나누고 있었다. 박박 깎은 머리, 툭 튀어나온 광대뼈, 드문드문 난 턱수염, 양털이나 모피 모자.

"보시다시피…… 이곳은 터키 도시도 아니고, 러시아 도시도 아니고, 페르시아 도시도 아닙니다……. 당연한 얘기지만, 이 셋을 다 합쳐놓은 도시라고 할 수 있지요. 하지만 근본적으로 타브리즈는 아시아의 중심입니다. 이스탄불 사람들은 잘 알아듣지 못하는 우리 터키 방언은 실제로 중국령 투르키스탄에서까지 사용됩니다. 서쪽을 바라보고 있는 타브리즈는 중앙아시아의 마지막 보루지요. 시장의 늙은 보석 상인들이, 옛날에는 보석을 찾으러 사마르칸트로 갔었다고 하는 말에 사람들이 혹해서 귀를 쫑긋하는 모습을 보세요. 비잔틴이 함락되고 난 뒤로 당신네 유럽 역사가들은 중앙아시아에 관해 더 이상 아무것도 이해하지 못했어요."

우리는 그의 집으로 올라가서 그날의 마지막 차를 마셨다. 나는 푸른색 창틀이 끼워진 창문을 통해 드넓게 펼쳐진 도시를 내려다보았다. 거대한 접시를 연상시키는 황토색 땅을 아티키-

차이('쓰디쓴 물'이라는 뜻 - 글쓴이 주) 강의 검은색 하구가 시장이 자리잡은 곳에서부터 둘로 나누어놓았다. 수많은 진흙 색깔의 지붕들 위로 부드럽게 부풀어오른 둥근 지붕 두 개가 불쑥 솟아나와 있었다. 동쪽의 교외에서는 농부들이 낙타와 당나귀 떼를 몰고 가고, 아이스크림 색깔의 페인트가 칠해진 트럭들이 어두운 안마당에 주차되어 있었다.

옛날의 아랍 지리학자들은 이 도시가 (카불과 더불어) 전세계에서 가장 날씨가 좋다고 기록하였다. 날씨가 너무나 좋아서 몽골족들은 이 도시를 파괴할 생각을 감히 하지 못했으며, 칭기즈칸의 후손인 가잔 칸은 아시아에서 가장 화려한 궁궐을 이곳에 세웠을 정도였다. 호화찬란했던 과거에서 지금 남은 거라곤, 눈의 무게를 못 이겨 붕괴되는 거대한 성채, 미로 같은 시장, 아직도 은은하게 빛나는 푸른색 타일이 입구에 깔린 사원(이슬람권에 사는 사람이라면 이 사원을 모르는 이가 없다)뿐이다.

어둠이 거의 다 내렸고 하늘은 흐려졌다. 혹시 비가 오려는 게 아닐까 싶어 창문 밖을 보려고 일어서자 M노인이 내 소매를

투르키스탄 투르크족(터키인)의 땅이란 뜻이며, 중국 영토인 동투르키스탄과 옛 소련 영토인 서투르키스탄 지역으로 나뉜다. 서투르키스탄은 카자흐스탄 · 키르기스스탄 · 타지키스탄 · 우즈베키스탄 · 투르크메니스탄 · 아프가니스탄 등을 포함하는 중앙아시아 지역이다. 이들은 1991년 옛 소련으로부터 독립했다. 사마르칸트, 부하라, 타슈켄트와 같은 고대에 번성한 도시들이 이 지역에 있다.
사마르칸트 우즈베키스탄에 있는 중앙아시아에서 가장 오래된 도시. 고대와 중세에 중국과 인도의 교역로에서 중요한 교차점이었다.

살그머니 잡았다.

"비가 오면 고양이가 집으로 돌아올 거요."

타브리즈는 약 26만 명을 먹여 살리고 있었으며(아니, 먹여 살려야 하며, 라고 말해야 할 것 같다), 그중에는 아르메니아인과 삼십여 명의 외국인, 그리고 성 라자로회*소속 수도사인 프랑스인 두 명이 끼어있었다. 이곳에는 프랑스인도 없고 개종한 이슬람교도들은 없는데 그들은 왜 여기 와있는 것일까? 어떻게 온 것일까? 그걸 아는 사람은 아무도 없었다. 하지만 그들은 거기 있었고, 그들의 외로움은 뼈에 사무칠 정도였다. 나는 책을 좀 빌려야겠다는 생각으로 그들을 찾아갔다. 베오그라드를 떠난 뒤로 프랑스 글씨는 구경조차 못했던 것이다. 선교회 건물은 프랑스 영사관 뒤에 숨어있었다. 정오쯤 우리는 선교회 안에서 뒷짐을 지고 햇볕을 받으며 산책하는 두 수도사를 발견하였다. 재빨리 우리 소개를 했다. 혈색이 좋고 동작이 굼뜨며 턱수염을 기른 알자스 지방 출신 수도원장은 최근에 이 도시에 도착했다고 한다. 부원장 에르베 수사는 이곳에 온 지가 벌써 5년이나 되었다. 브르타뉴 출신의 40대인 그는 키가 홀쭉하고 머리가 꼭 미끼새의 머리만큼이나 작으며, 열이 있어 보이는 눈에 캥페르 사투리를 썼다. 그는 사냥총과 담배꽁초, 탐정소설, 빨간색 연필로 인정사정없이 고쳐놓은 학생들의 시험지 등이 어지럽게 널려있는 방으로 나를 데려갔다. 여기저기 기운 수사복 위에서 사냥용 대형 산탄이 굴러다니고 있었다.

그가 진저리난다는 듯 미소 지으며 말했다.

"저는 온갖 나쁜 버릇이란 버릇은 다 가지고 있지요. 그냥 이렇게 사는 게 좋아요."

담배에 불을 붙이는 그의 손이 떨렸다. 틀림없이 프랑스에서 공부를 엄청 잘했을 그는, 신이나 본원本院에 대한 사랑으로 주어진 문제조차 제대로 이해 못하는(그게 그들의 잘못은 아니다) 대학생들의 엉망진창인 논술 답안지를 고치느라 여기서 밤을 새우고 있는 것이다. 그는 이 도시에 더 이상 환상 같은 걸 품고 있지 않았다.

"이곳의 이슬람교요? 진짜 이슬람교요? 완전히 끝났습니다……. 지금은 히스테리를 부리고 남을 괴롭히는 광신도들뿐입니다. 그들은 검은 단기團旗를 따라가며 욕설을 퍼붓고, 가게를 박살내고, 이맘들의 제삿날이 되면 종교적 흥분 상태에서 자기 몸을 훼손해요……. 윤리 같은 걸 찾기는 힘듭니다. 교리에 관해서는 더 이상 말하지 말자구요! 나는 이곳에서 진정한 이슬람교도들과 알고 지냈지요. 참으로 훌륭한 사람들이었어요. 하지만 그들은 모두 죽거나 떠났습니다. 지금은…… 가난한 사

브르타뉴 여기서는 프랑스 북서부 지역에 있는 브르타뉴를 뜻한다.
캥페르 프랑스 브르타뉴 주의 도시.

람들이 마지막으로 할 수 있는 반항은 광신뿐이기 때문에……
감히 나서서 그러지 말라고 말릴 수 있는 사람은 아무도 없어
요……. 그래서 그들은 일요일에는 큰소리로 떠들지만 주중에
는 조용한 것입니다. 그리고 이곳에는 나름대로 잘 알아서 하는
사람들이 있어요. 굶주리는 사람들이 적어지면 여러 가지가 나
아질 겁니다."

수도원장이 말없이 고개를 끄덕였다. 브르타뉴 출신 수도
사가 말을 이어나갔다.

"우리는 여기서 아무 짝에도 쓸모가 없습니다. 지난번 성탄
절 미사 때는 성당에 달랑 나 혼자뿐이었다니까요……. 몇 명 되
지 않는 교구민들조차 올 생각을 못 했으니까요. 이제 끝입니다.
하기야 그 사람들이 무엇 때문에 오겠습니까? 불쌍한 사람들 같
으니!"

불쌍한 신부님! 나는 뮈스카데도 한 병 까고 골르와즈 담배
도 한 갑 탁자 위에 올려놓고는 그의 브르타뉴와 작가 베르나노
스, 토머스 성인에 관해 말해달라고 부탁하고 싶었다. 말을 하고
또 해서 그를 쓸쓸하게 만드는 그 온갖 쓸모없는 지식을 그의 마
음에서 비워내 버리도록 하고 싶었다.

그가 말을 계속했다.

"책으로 말하자면, 차라리 대학 도서관으로 가보세요. 프랑
스에서 고서들(쥘 페리 통치 시대에 내버렸던)을 좀 받았으니 괜찮

은 책을 몇 권 찾을 수 있을 겁니다."

그는 자신의 침대를 뒤덮고 있는 책들을 좀 당황스러운 표정으로 가리키며 이렇게 덧붙였다.

"탐정소설은 빌려드릴 수가 없군요. 원래 영사님 건데 계속해서 읽고 또 읽고 그러거든요. 어쩌겠습니까? 여기서는 할 일도 전혀 없고 사는 것도 팍팍한데 말예요!"

금요일이 되면 에르베 신부는 혼자 사냥을 가서 기독교인답게 늑대들에게 화풀이를 했다.

"원하신다면 내일 오후에 저랑 같이 나가시지요. 작은 트럭을 가진 친구에게 미리 얘기해놓을 테니까요."

하지만 제안에 별다른 열의가 담겨 있지 않은 것 같아서 나는 받아들이지 않았다. 원장은 나를 문까지 배웅해 주었다. 그는 자기 아랫사람의 비관적인 태도를 내게 사과라도 하려는 듯 손을 내 어깨에 살그머니 올려놓았다. 아무 말 없이. 그는 마음이 쉽게 움직이지 않는 인자忍者처럼, 바위처럼 보였다. 이 도시와 유배생활도 그를 굴복시키지는 못할 것 같았다.

우리는 완벽하게 정착했다. 두 개의 방, 아니 천장이 둥글고 흰 회반죽이 칠해진 복도 두 개는, 석류나무 한 그루와 활짝 꽃

뮈스카데 프랑스 루아르 강 하류 지역에서 생산되는 백포도주. 단맛이 나지 않는다.
조르주 베르나노스(1888~1948) 프랑스 작가. 종교적인 작품을 많이 썼다.

을 피운 프랑스금잔화가 첫 서리와 싸우고 있는 안뜰과 맞닿아 있었다. 벽에는 성상과 사모바르 주전자, 석유등을 놓아두는 벽 감이 파여 있었다. 우리 방 중간에 있는 아주 작은 광에서는 달 의 색깔을 한 쥐들이 살고 있었다. 각자의 방에는 책상 하나와 의자 하나, 그리고 꼭 와플처럼 주름진 작은 화덕이 갖춰져 있었 다. 방세는 여섯 달치를 선불로 주었다. 자, 이제 준비가 다 되었 다. 티에리가 그림을 내밀었다. 나는 시장에 가서 흰 종이를 한 뭉치 사오고 타자기에 쌓인 먼지를 털었다. 일을 시작하려 할 때 만큼 그 일이 매혹적으로 보이는 적은 없다. 그리하여 우리가 이 도시를 발견하는 동안, 일은 시작 단계에 머물러있었다.

흙으로 더럽혀진 이 넓은 타브리즈는 불행했던 과거의 흔 적을 여전히 떨쳐버리지 못하고 있었다. 간선도로를 제외하면 도시는 양쪽으로 엷은 황갈색의 흙담이 이어지고, 원형광장에 는 플라타너스나무가 그늘을 드리우는데 (밤이면 노인들이 이 아 래에서 담배를 피우며 이런저런 얘기를 나누었다), 그리로 작은 거리들 이 연결되어 그물처럼 얽혀 있었다. 투박하고 둔한 사람들이 시 장의 간선도로를 줄지어 지나갔다. 누덕누덕한 외투, 음산해 보 이는 모자, 진흙 색깔 군복을 입은 군인들, 꽃무늬가 있는 차도 르(페르시아의 이슬람 여성들이 쓰는 베일 - 글쓴이 주)를 쓴 여인들. 소리 없이 지나가는 마차들, 당나귀와 양과 칠면조들이 길거리 로 쏟아져나왔다. 가게 문턱에 놓인 사모바르 주전자에서 김이

솟아오르고 있었다. 늘 잿빛을 띠고 있는 지붕 위의 하늘을 솔개들이 날아다녔다. 포플러나무들은 마지막으로 남은 이파리들을 떨구어버렸다. 을씨년스러우면서도 매혹적인 풍경이었다.

이 도시의 상황은 다음과 같다.

북쪽으로 90킬로미터 떨어진 곳에는 러시아와의 국경이 있다. 일주일에 한 번씩 네 량짜리 열차가 타브리즈를 떠나 줄파를 거쳐 소비에트령 아르메니아의 수도인 예레반으로 향한다. 이 열차는 거의 항상 비어있다. 아라라트 언덕에서 카스피 해의 인적 없는 해안까지 걸쳐있는 국경은 도망자의 발자국이 곧바로 발견되는 좁은 모래밭이 철조망과 함께 길게 이어져 있다. 그렇지만 이 국경이 굳게 닫혀 있는 것은 아니다. 소비에트인들이 이곳에 남겨놓은 하수인들은 조심스럽게 이 국경을 들락거린다. 이 인상적인 방어 장치도 그들이 지나갈 때는 침묵을 지킨다. 이 지역 속담이 꼭 집어 말해 주듯이, "검은 자신의 칼집을 자르지 않는다." 그래서 러시아인들은 이 도시에서 무슨 일이 꾸며지고 있는지를 손금 보듯 훤히 알고 있으며, '라디오 바쿠'는 투표가 이루어지기 2주일 전에 이따금씩 제멋대로 코카서스의 음악 방송을 중단시키고 타브리지의 선거 결과를 예고하기도 한다는 것이었다.

서쪽으로 300킬로미터 떨어진 곳에서는 아라라트의 만년설이, 러시아와 터키, 이란을 향해 물결 모양으로 굽이치며 뻗어 있는 푸르른 산들을 내려다보고 있다. 노아가 우리 모두를 탄생시킨 방주를 사납게 소용돌이치는 물 위에 띄운 것이 바로 이곳, 아르메니아의 중심이었다. 그는 지나가면서 흔적들을 남겼는데, 이를테면 러시아 쪽 산비탈에 있는 첫 번째 작은 마을의 이름은 나히체반인데, 아르메니아 고어로 '배에 탄 사람들'이란 뜻이다.

남쪽 멀리, 거대한 우르미아 호수의 갈대밭 너머로는 높은 계곡들과 쿠르디스탄의 산마루가 지평선을 가리고 있다. 이곳은 경치는 기가 막히지만 인적이 드문 지역이다. 이란 군이 모든 진입로를 통제하고 있기 때문이다. 이곳에 사는 가축 사육자들은 강도와 도둑이라고 타브리즈에 소문이 나 있다. 그러나 이 소문은 그럴듯해 보이기는 하지만 사실은 아무 근거도 없다. 타브리즈 사람들이 자기들을 좋아하든 말든 쿠르드인들은 이따금씩 탄약통을 몸에 두르고 게걸스런 미소를 띠면서 이곳으로 내

바쿠 아제르바이잔의 수도.
나히체반 아제르바이잔에 있는 나히체반자치공화국의 수도. 전설에 따르면 기원전 1500년경 《성경》에 나오는 노아가 세웠다고 한다.
우르미아 호수 이란 북서부에 있는 중앙아시아 최대의 호수.
쿠르디스탄 '쿠르드족의 땅'이란 뜻으로 오늘날의 터키 동부, 이라크 북부, 이란 북서부 지역, 시리아 북부와 아르메니아공화국의 일부가 해당된다. 이란에서 쿠르디스탄은 터키와 국경을 이루는 북서부 지역으로, 제2차대전 후 소련의 지원으로 카지 무함마드를 대통령으로 선출하고 독립국가를 세웠으나, 소련군이 철수하자 곧바로 무너져 이란의 군사 지배를 받는다. 2004년 후 쿠르드족 자치구가 생겨났다. 부록 지도 참고

려와서 엄청난 양의 닭고기를 먹어치우고 보드카를 퍼마시곤
한다.

　　동쪽으로는 3킬로미터 이상에 걸쳐 흙길이 치블리 고개를
통과해서는 테헤란[32] 쪽으로 멀어져간다. 미야네를 지나 키질우
줌 강(이 강가에서 포로로 잡힌 이스라엘은 "시온을 기억하며 눈물 흘렸
다")을 건너면 세상도 바뀌고 언어도 바뀐다. 살기 힘든 터키 족
의 나라를 떠나 아주 오래된 땅으로, 이란 고원의 햇볕 잘 드는
풍경 속으로 들어가는 것이다. 눈이나 봄철의 진흙탕 때문에 자
주 폐쇄되는 이 도로와, 테헤란까지 가는 데 나흘씩 걸릴 때가
이따금씩 있는 엷은 황록색 버스를 제외하면 이 도시를 외부 세
계와 연결시켜주는 건 아무것도 없었다. 이 도시는 포플러나무
와 엷은 황갈색 땅, 바람으로 이루어진 요람 속에서 그 자체의
삶을 따로 살고 있다.

　　외딴 곳에서 편의시설 없이 머무는 건 견딜 수가 있다. 그럴
수밖에 없다면, 치안이 제대로 안된 곳에서 의사 없이 사는 것
도 견딜 수 있다. 하지만 우체국원이 없는 곳에서는 오래 못 견
딜 것 같다. 오랫동안 우체국으로 가는 길은 의식儀式의 길이었
다. 타브리즈 우체국의 경우, 무사히 도착한 우체국 유치우편 편
지들을 창살이 쳐진 진열창 안에 전시해 두고(무슨 기적의 열매처
럼), 진열창의 열쇠는 부우체국장이 시곗줄에 꿰어 가지고 다녔

다. 그러므로 이 인물을 찾아가서 차를 몇 잔 마시지 않고는 절대 편지를 찾을 수가 없었다. 친절하지만 좀스럽고 격식 따지기 좋아하는 이 노인은 'A-rrosoir'나 'B-oîte', 혹은 'CH-eval' 같은 단어가 쓰인 딱지들로 장식된 입문서를 공부하며 시간을 보냈다. 우편물이 드문드문 오기 때문에 시간이 남아돈다는 부우체국장은 그래서 정신을 집중하여 연습문제를 풀고 있다며 틀린 게 있으면 좀 고쳐달라고 우리들에게 맡겼다. 거기에 대한 대가로 그가 특별히 신경을 써준 덕분에 우리 앞으로 오는 우편물은 단 한 건도 분실되지 않았다. 그는 유럽에서 오는 엽서들(특히 여자들이나 꽃이 그려진)은 자기 책임이 아니라고 서둘러 발뺌했다. 그것들은 여기까지 오는 도중에 만나는 사람들을 행복하게 해주고 있는 모양이다.

테헤란에서 오는 버스가 도로에 멈춰있지 않고 우리들에게 뭔가를 가져다주면, 우리는 하늘이 내린 이 선물을 시장의 싸구려 식당으로 조심조심 들고 갔는데, 그 식당에 들어가보면 파이프 담배 연기와 끓어오르는 찻주전자에서 솟아오르는 김 때문에 움직임이 둔해진 새들로 가득 찬 새장 아래서 쌀이 눈처럼 빛나고 있었다. 오직 그곳에서만 우리는 배를 가득 채우고 손을 깨끗이 씻은 다음 다른 세상에서 온 그 전갈을 한 음절 한 음절 천

키질우줌 강 내용으로 보아 케젤오잔 강을 의미하는 듯하다. 케젤오잔 강은 이란 북서부의 대표적인 강으로 쿠르디스탄 산맥에서 시작해 카스피 해로 흘러간다.

천히 읽어 내려갔다. 나는 항상 편지를 먼저 읽어버렸는데 그러지 않았더라면 편지를 읽는 시간이 더 유쾌하게 느껴졌으리라. 티에리는 여자친구 플로에게서 편지를 여러 장 받았다. 그래서 나는 허기를 달래기 위해 편지를 거꾸로 읽으려고 애썼지만 소용없었다. 나는 쓰는 것이 아닌 종류에 대해 애착을 갖고 있었으며, 거의 대부분은 티에리가 나를 진심으로 위로하는 뜻에서 창구에서 돌아오는 내 등을 툭툭 치곤하였다.

10월 중순은 이맘인 후사인 이븐 알리가 살해당한 것을 기리는 날이며 시아파(시아파는 수니파가 인정하는 무함마드의 다른 후계자들을 배제하고 오직 알리만을 유일한 정통 칼리프로 인정하는 이슬람교도들을 가리킨다 - 글쓴이 주) 이슬람교도들의 성 금요일인 무하람이었다. 하루 동안 이 도시에서는 아우성과 흐느낌이 울려퍼졌고, 1300년 전에 죽은 살인자들에 대한 광신적인 분노가 끓어올랐다. 보드카와 아라크술(중동 지방의 독한 술 - 옮긴이 주)이 철철 넘쳐흘렀다. 군중들은 힘이 솟아나는 걸 느꼈으나 곧 정신이 혼미해졌다. 이날 하루는 폭동을 일으키거나 아르메니아인들의 상점을 몇 곳 약탈하는 것으로 막을 내릴 가능성이 높았다. 그래서 경찰이 길거리를 장악하고 있었으며, 수니파 쿠르드족은 집 밖으로 나가지 않았고, 얼마 안되는 이 도시의 기독교도들 역시 집 안에 남아있으라는 충고를 들었다.

우리가 아르메니아 근처 동네를 어슬렁거리고 있는데 M노인이 자동차에서 큰 소리로 우리를 부르더니 태웠다. 오후가 끝나갈 무렵이었다.

그가 웃으며 말했다.

"자, 이제 당신들은 페르시아 사람들이 산 사람들보다는 죽은 사람들을 위해 눈물을 더 많이 흘린다는 걸 보게 될 겁니다."

웃을 겨를조차 없었다. 장례행렬이 팔레비 거리를 내려가면서 내지르는 비통한 외침이 벌써 들려왔던 것이다. 세 그룹의 속죄자들이 삼각형 모양의 검은색 깃발을 앞세우고 줄지어 행진하고 있었다. 첫 번째 속죄자들은 흐느껴 울며 자기 가슴을 때리는 걸로 그만이었다. 두 번째 그룹의 속죄자들은 끝에 작은 사슬 다섯 개가 붙어있는 채찍으로 등을 후려쳤다. 그들은 단호한 걸음걸이로 행진했다. 살이 찢어지면서 피가 흘러나왔다.

흰색 튜닉을 입은 마지막 속죄자들은 무거운 단도를 들고 가면서 박박 깎은 자기 머리에 상처를 냈다. 군중들은 상처가 하나씩 생길 때마다 경탄의 고함을 내지르곤 했다. 이 자기 희생자들을 둘러싼 가족과 친구들은 그들이 심각한 부상을 입을까 봐

후사인 이븐 알리(625~680) 무함마드의 손자. 이맘은 신이 내린 자이기 때문에 무함마드의 혈통만 가능하다고 보는 시아파 이슬람의 3대 이맘이다. 제4대 칼리프(이슬람의 최고 통치자)인 아버지 알리에 이어 순교당하며, 이들에 대한 동정심과 존경이 어우러져 시아파 이슬람이 태동한다. 시아파는 알리의 혈통을 이어받은 후계자들만을 이맘으로 본다. 반면, 이슬람의 최대 계파인 수니파는 제4대 칼리프인 알리와 역대 칼리프 왕조의 칼리프 모두를 무함마드의 후계자로 본다.

그들의 머리 위에 막대기를 올려놓았다. 칼이 내리치는 힘을 완화시키기 위해서였다. 그러는데도 매년 한두 명의 광신도들이, 두개골이 깨져 털썩 주저앉고 이 거짓된 세상을 떠나는 일이 벌어지곤 했다. 행렬이 끝나면 아직 흥분이 가시지 않은 사람들이 우체국 건물 뒤편에 다시 모여, 구경꾼들이 환호성을 내질러가며 박자를 맞추어주는 일종의 원무를 추곤 했다. 이따금 춤을 추던 사람 중 한 명이 춤동작을 멈추고 날카로운 외침과 함께 칼을 자신의 머리에 꽂기도 했다. 날이 꽤 어두워져서 상처가 어느 정도인지는 보이지 않았으나, 20미터가량 떨어져 있는데도 칼날이 뼈를 깊이 베는 소리가 들려왔다. 일곱시가 되자 흥분이 최고조에 도달하여 춤추는 사람들이 그 자리에서 자결을 하지 않도록 칼을 빼앗아야만 했다.

　　인근 마을들의 유아 사망률은 이유기에 상당히 높고, 그러고 나면 또 이질이 희생자를 낸다. 그래서 어린 아들을 여러 명이나 잃은 어머니들은 뱃속에 들어있는 아이를 알라에게 바치겠다고 약속한다. 열여섯 살이 되면 이 아이는 뮬러가 되든지, 카르발라(이맘 후사인 이븐 알리가 수니파에게 살해된 이라크 마을 - 글쓴이 주)까지 시아파 순례여행을 하든지, 그도 아니면 무하람에서 행진을 하면서 하늘에 진 빚을 갚는다. 행렬 속에서 자기 소유 마을에 사는 사람들을 여러 명 알아보았던 M노인은 속죄자 대부분이 그런 경우라고 우리에게 자신 있게 말했다.

그날 밤, 이 노인은 우리에게 도시의 몇 명 안되는 외국인 중 한 명을 소개해 주었다. 텍사스 출신으로 '포인트 IV'(미국의 기술지원 단체 – 글쓴이 주)에서 엔지니어 겸 고문으로 일하는 로버츠라는 사람이었다. 그는 겨우 6주일 전에 이곳에 도착했는데도 벌써 아제리–터키어를 배워서 몇 문장씩 말을 하면서 실수를 저지르기도 하고, 웃거나 우리를 웃기기도 했다. 그는 인근 큰 마을에 의무실과 학교를 짓는 일을 맡고 있었다. 아직 낙관론에 가득 차 있었으며, 곧바로 사람을 믿어버리는 미국인의 특성(강한 호감을 불러일으키지만 이곳에서는 너무나 이국적인)을 갖고 있었다.

그는 학교는 믿지만 악마는 믿을 수가 없었다. 그래서 믿기지 않는다는 듯 작은 소리로 휘파람을 불며 침묵 속에서 행렬이 지나가는 것을 바라보았다. 그를 거의 억지로 무하람에 끌고 오다시피 한 노인은 오후 내내 질시와 냉소가 섞인 눈으로 그의 반응을 관찰하고 있었다.

이 도시에는 외국인이 몇 명 되지 않았다. 외국인은 놀라운 존재였다. 우리의 아르메니아 이웃들은 정원을 통해서, 작은 안뜰의 담 너머로, 평평한 지붕에서 우리를 관찰했다. 이따금 우리가 집을 비운 사이에 누군가가 신비의 빗자루로 우리 집을 청소하거나, 아니면 보이지 않는 손이 우리 식탁에 쓰디쓴 국 사발을 놓고 가는 때도 있었다.

1세기 전까지만 해도 이 지방에는 아르메니아인이 거의 백만 명가량 살고 있었다. 그런데 이제는 겨우 1만 5000명 정도가 남아 이 도시에 매달려 살아가고 있다. 그들은 자기네끼리 모여 살면서 서로 도와주고, 매일 밤 어두운 아르메니스탄의 부엌 석유등 주위에 모여서 자기네 사회의 문제를 토의하거나 시장에서 어떤 작전을 쓸 것인지를 신중하게 결정했다. 늘 검은 옷을 입고 있는 그들은 영광스러웠던 과거를 자랑스러워하며 불행에 끝없이 저항하는 따뜻하고 근면하고 과묵한 사람들이었다. 때때로 '성공을 거두고' 자신의 운을 시험해 보기 위해 테헤란으로 올라가는 가족도 있었다. 하지만 그건 예외적인 경우일 뿐, 이곳에 사는 사람들의 삶은 고달팠다. 하지만 그들은 오랜 역사를 가진 민족으로서, 경험을 통해 그 삶에 적응하고, 그 삶이 주는 풍미를 간직할 줄 알았다. 주중에는 닫힌 문 뒤에서 엄중히 감시받는 여인들이 빗질을 하면서 흥얼거리는 아름다운 애가가 지붕을 넘어 들려오곤 했다. 일요일에는 교회에서 아주 자연스럽게 4부 합창으로 노래를 불렀다. 그들을 알게 된 뒤로 우리는 아르즈루니 가족은 대부분 베이스를 맡고 망가싸리아 가족은 테너를 맡는다는 사실을 알게 되었다.

그들은 거의 대부분 그리스도 단성론을 믿는 기독교인들이었고, 그들의 정신적 리더인 에크미아드진의 총대주교는 소비에트령 아르메니아에 살고 있었다(1959년 이후로 타브리즈 교구는 레바논에 있는 안틸리야스 총대주교의 관할이다 – 글쓴이 주). 그리스도 세계로부터 단절되었으며 그가 선출되었다는 사실이 이곳에서 끝없는 토론의 대상이 되는 이 노인은 매년 성탄절 때마다 라디오 바쿠의 전파를 통해 미미하지만 정치적인 격려의 메시지를 이란에 사는 자신의 형제들에게 보냈다. 그들 중 많은 수가 아직 소련에 가족이 있어서, 소식은 잘 듣지 못하지만 그래도 이따금씩 옷가지를 소포로 보내주었다(다들 무척 힘들게 살아가면서도). 때때로 그들은 놀랍게도, 포장이 제대로 안된 사탕 꾸러미를 답례로 받거나 은밀한 동정이 깃든 몇 줄의 편지를 받기도 했는데, 국경을 사이에 둔 양국의 선전기관이 상대 나라에서 사는 사람들이 나보다 더 불행하게 산다고 믿게 만들었기 때문이리라. 그렇지만 우리 이웃들은 자신들의 불행을 기꺼이 이야기하고, 자기들이 겪은 것과 앞으로도 더 겪어야만 할 것을 자랑스럽게 생각했다.

"앞으로 아시게 되겠지만…… 아직 끝나지 않았어요."

그것은 과거에 여기저기 흩어져 살았던 유대 민족이 그랬던 것처럼 역사에 의해 너무나 자주, 그리고 부당하게 핍박당했던 민족들의 애처로운 자부심이라고 할 수 있었다. 유대인들로 말하자면, 텔아비브에 실망한 이스라엘의 일곱 가족이 얼마 전에 이곳에 정착하여 시장에 가게를 냈다. 아르메니아인들은 다들 악의 어린 미소를 지으며 그 이야기를 했다. 이번만큼은 예외적으로 아르메니아와 아제리 상인들이 합심하여 이 이스라엘인들의 삶을 고달프게 만들 준비를 하고 있었다.

우리는 그다지 외롭지 않았다. 이따금씩 오전 늦게 거대한 회색 실루엣이 정원을 건너와 방문을 쾅쾅 두드리곤 했다. 우리가 체류증을 얻을 수 있도록 도와준 폴루스 의사가 왕진 도중에 소식을 전해 주러 들른 것이다. 그는 100킬로그램이나 나가는 몸을 우리들이 가진 것 중에서 가장 튼튼한 의자 위에 힘껏 올려놓고는, 외투에서 신문지로 싼 훈제 철갑상어와 보드카 한 병을 꺼내어 엄지손가락으로 술병을 열었다. 그는 빈정대는 듯한 눈길로 방을 한번 죽 둘러보더니 항상 "한번 들어보시오. 이거 웃음밖에 안 나오는구만……"이라는 말로 시작되는, 이 지역에 대한 개략적인 논평을 시작했다.

폴루스는 발트해 연안제국 출신으로 투박한 독일 억양을 섞어가며 그때그때 상황에 맞추어 프랑스어를 꾸며냈다. 독일군으로 러시아에 종군했던 그는 침략당한 자기 나라에서 도망쳐 2년 전부터 이곳에서 의사로 일한다고 했다. 그는 자기 분야에 대단히 정통해서 많은 사람을 치료해 주었으며 그래서 돈도 많이 벌었는데, 먹기도 엄청 먹었으며 마시는 건 그보다 훨씬 더 많았다. 홍채 색깔이 서로 다른 그의 두 눈은 끊임없이 움직이며 지혜와 통찰력이 번득이는 크고 창백한 얼굴을 환히 밝혀주었다. 가장 음울한 이야기를 할 때조차 멧돼지를 연상시키는 활력과 상당히 냉소적인 태도, 그리고 배에서부터 올라오는 소름끼치는 웃음이 그의 얼굴을 뒤덮었다. 게다가 그는 탁월한 이야기꾼이었다. 그는 이 도시 사람들을 오랫동안 치료해왔기 때문에 그들을 아주 잘 이해했고, 그래서 타브리즈의 고난에 찬 연대기는 변질되지 않은 상태로 그의 입을 통해 펼쳐졌다. 그는 이 연대기를 판단하지도 않았고, 무얼 덧붙이지도 않았다. 하지만 그가 직접 지켜본 수상쩍은 죽음과 희극적이거나 비열한 계략은 그의 입을 통해 곧바로 우화와 신화, 혹은 원형이 되었으며, 예를 들면 아무리 추잡한 일이라도 2000년이라는 오랜 세월이 흐르다 보면 결국은 갖게 되는 그런 권위를 갖추게 되었다(지금이라면 그리스 신화의 수많은 등장인물들은 모두 경범재판소에 회부될 것이다 - 글쓴이 주).

그날 아침, 의사는 경찰이 한 나이든 뮐러의 시신을 살펴달라며 불러서 쉬쉬킬란 동네에 갔다 오는 길이었는데, 작은 안뜰에서 반쯤 벌거벗은 채 발견된 이 뮐러 옆에는 숨겨둔 금화 주머니가 놓여있었다고 한다. 뮐러는 아마도 몹시 끔찍한 쉰 목소리로 밤새 뭐라고 중얼거리며 이 주머니 주변을 빙빙 돈 것 같다. 이웃들은 기도 소리에 겁을 집어먹고 일부러 끼어들지 않았다. 그가 털썩 쓰러지며 숨을 헐떡이는 소리가 들려왔지만 그들은 도와주러 가지 않고 그냥 내버려두었다. 이 동네에서 발생한 유산과 성병의 절반 이상은 이 노인이 흑마술을 부려서 일어난 것이라고 의심했기 때문이다. 이 이야기는 우리의 호기심을 자극했다. 하지만 우리들에게 행운을 가져다주지는 않았다. 그날 오후에 바로 우리는 도시 북부의 언덕 아래 자리잡은 시골동네 쉬쉬킬란을 둘러보러 갔다. 진흙투성이의 막다른 길, 제대로 자라지 못한 아몬드나무, 흙담, 그리고 서리로 뒤덮인 협곡에 염소들을 방목하거나 비둘기 똥으로 더럽혀진 가게 문턱에서 꾸벅꾸벅 조는 방한모 차림의 음험해 보이는 노인들. 언덕 꼭대기에서는 폐허로 변해 부랑자들의 은신처로 쓰이는 이슬람 사원이 도시 전체를 내려다보고 있었다. 그 다음날, 그림을 그린다며 그곳에 갔던 티에리가 온몸이 할퀸 자국투성이에 파랗게 질린 얼굴로 옷이 찢겨져 돌아왔다. 언덕을 내려오는데 열두어 명가량의 부랑자들이 그를 둘러싸더니 땅에 쓰러뜨리고 칼로 위협해서 그날 아침 시장에서 환전한 이달치 생활비를 빼앗아갔다는 것이다.

이 재난을 폴루스에게 얘기했더니 우리를 좀 더 가깝게 만들어주는 그 참기 어려운 폭소를 발작적으로 터뜨렸다. 자기는 우르미아(오루미예)로 가는 도로에서…… 좀 오랫동안 자기들끼리만 남겨졌던 경찰들에게 딱 한 번밖에 안 털렸다는 것이었다. 무장한 경찰은 정말 위험하다. 그는 어쩔 도리가 없어서 그냥 웃기만 했다고 한다. 우리와 헤어질 때까지도 그는 여전히 우스운 듯 눈에 눈물이 가득 괸 채 숨을 헐떡거렸다. 흙담 사이를 걸어가는 그의 무거운 발소리가 점점 더 작아져갔다. 그는 이따금씩 걸음을 멈추고 숨을 돌려야만 했다. 눈이 내리기 직전의 일이었다.

11월

    얇고 순수한 눈더미 아래서

    벌어져 피를 흘리는 석류

    눈 아래, 사원의 푸른색

    눈 아래, 녹슨 트럭들

    눈보다 더 하얀 흰색 뿔닭들

    긴 갈색 담을 따라

    눈 아래를 따라가는 잃어버린 목소리들

    그리고 온 도시가, 심지어는 거대한 성채까지도

    얼룩덜룩한 하늘 속으로 날아오른다

    그것이 겨울, 제메스탄이라네.

아제르바이잔 고원에서는 비록 늦긴하지만 제대로 겨울이 온다. 어느 날 밤, 광대한 하늘에 떠있는 별들이 아주 가까이 와

있는 것처럼 느껴지면 이 동네 사람들은 코르시(허리까지 집어넣는 일종의 탕파 - 글쓴이 주)를 꺼낸다. 한밤중에는 기온이 영하 30도까지 내려간다. 그 다음날에는 겨울이 이 도시에 찾아든다. 살을 에는 돌풍이 북쪽에서 불어와 눈을 휘젓고 들판을 꽁꽁 얼린다. 늑대들은 대담해지고, 교외의 실업자들은 농부들을 털기 위해 강도단을 조직한다. 턱수염과 콧수염이 서리로 뒤덮이고, 사모바르 주전자에서 김이 오르고, 두 손은 호주머니 속에 머무른다. 머릿속에는 오직 세 단어뿐이다. 차茶, 석탄, 보드카. 아르메니아 소년들은 우리가 사는 집의 안마당으로 통하는 문에 백묵으로 키 큰 창녀 한 사람을 그려놓았는데, 긴 장화를 신은 이 창녀의 아랫배에는 작은 해가 그려져 있었다. 우리가 난로를 피우고 나무를 파는 상인에게 돈을 지불할 수 있는 한, 이 모든 것은 시적詩的이다.

우리에게 나무를 파는 사람은 독일어 단어라고는 '구텐탁' 하나밖에 모르는데, 이 단어마저도 이가 빠진 그의 입 속에서 '후다 다아'로 변해버린다. 하지만 그게 뭐 대수랴. 우리는 외국인이니 외국어 단어를 이해하게 될 것이다. 그는 키가 아주 작은 노인으로 눈은 축축하고 손은 동상에 걸렸으며, 무게가 더 나가도록 하려고 무화과나무와 버드나무, 나뭇결이 보라색인 대추나무 장작에 손을 가볍게 떨며 물을 뿌리곤 했다.《성경》에 등장하는 이 나무들은 물을 아주 잘 빨아들였다. 그러다가 내게 들키자 그는 순진한 웃음을 터뜨리며 내가 정말로 화를 낼지 안 낼지 보려고 나를 지켜보았다. 이 동네의 아르메니아 여인들은 그가 신을 모독한다고 맹렬하게 비난하면서 때로는 그가 그런 식으로 장사하는 걸 부끄럽게 생각하려고 애썼다. 하지만, 그러면서도 결국은 항상 그에게서 나무를 사곤 했다. 나무가 귀했던 것이다. 물에 적셔졌든 안 적셔졌든 그건 하나의 사업이었다.

티에리가 테헤란에서 팔 생각으로 그림을 그리는 동안 나는 호구지책으로 학생을 받았다. 그들은 해질 무렵 엉덩이에까지 눈을 묻힌 채 정원을 통해 우리 방으로 들어왔다.

"아이고, 선생님…… 타브리즈 안에서(à dans le Tabriz) 사는 건 정말 힘들어요."

"세파보드히 씨, 그게 아니라 타브리즈에서(à Tabriz)라고 말해야지요. 타브리즈에서라고 말예요. 아직 이해를 못하셨군요. 타브리즈에서(à Tabriz), 파리에서(à Paris), 비엔나에서(à Vienne), 이탈리아에서(en Italie)라고 하는 겁니다."

그는 약사였다. 그는 이 도시에서 일어나는 일들에 관해 토론하고, 그가《라루스 의학사전》에서 공부한 매독의 3단계를 내게 정확히 설명해 주거나,《당나귀 가죽》이라든지《장화 신은 당나귀》같이 논리와 시를 조화시키고 오직 행복의 운명밖에는 모르는 맑고 깨끗한 동화들을 천천히 감상할 수 있을 만큼의 프랑스어를 알고 있었다. 예를 들어 나는 그에게 요정에 대해 설명하기 힘들었다. 왜냐하면 곧 사라지는 이 유령, 끝이 뾰족한 원뿔 모자, 그들의 세련되었지만 추상적인 여성다움과 일치하는 것이 이곳에는 도무지 존재하지 않았기 때문이다. 이 지역 민속에 등장하는 여자 마법사는 전혀 다르다. 여기서는 조로아스터교의 전통에 등장하는 악의 시종 페리이거나, 아니면 여행자들을 홀려 침대 위에서 힘을 다 뺀 다음 잡아먹는 쿠르드족 설화의 건장한 여자 마귀가 등장하는 것이다.

그렇지만 재미있었다. 한 장章을 끝내자 약사는 안경을 닦으며 중얼거렸다.

"난 페로가 쓴 동화가 좋아요……. 꿀처럼 달콤하거든요."

이렇게 고백하고 난 그는 꼭 모란꽃처럼 얼굴이 빨개지며 코를 공책에 박았다. 카라보스, 혹은 카라바스가 한 음절 한 음절씩 불가사의와 비밀을 털어놓는 동안 어둠이 도시 위에 내려앉았고, 이어서 솜털 같은 눈이 어두운 길거리에 내렸다. 우리 방 창문이 깃털 같은 서리로 덮였고, 개들이 짖기 시작했다. 석유등의 심지를 줄였다. 우리는 오늘 열심히 공부했다. 털로 안을 댄 외투를 걸친 약사가 5토만(우리는 이 돈으로 곧 보드카를 살 것이다)을 내밀더니 문간에 서서 한숨을 내쉬며 이렇게 말했다.

"아이고, 선생님, 타브리즈 안의(dans le Tabriz) 겨울은…… 정말이지 지긋지긋해요. 정신을 못 차리겠다니까요."

돈을 받으면 보드카를 사든지, 아니면 언제나 미어터지는 파사주 극장(이곳에 들어가면 따뜻했다)의 표를 샀다. 이상한 곳이었다. 나무 의자, 낮은 천장, 빨갛게 달구어져 어떨 때는 스크린보다 더 반짝거리는 커다란 난로. 그리고 이상한 관객들. 멍한 눈의 고양이, 세면실에서 노름을 하는 거지들, 잠결에 울며 보채는 아이들, 그리고 황제의 얼굴을 스크린에 비춰주며(대부분은 위아래가 바뀐) 국가國歌를 방송할 때 질서를 유지하는 임무를 맡은 경찰.

배급업자들의 리스트에서 타브리즈는 분명히 뒤로 밀려나 있을 것이다. 여기서 볼 수 있는 거라곤 나온 지 25년이 넘는 영화들뿐이었다(이란 영화와 '포인트 IV'가 공급하는 서부영화를 제외하면). 〈시티 라이트〉〈소년〉, 그레타 가르보. 그렇다고 해서 불평을 하는 건 잘못이다! 이것들은 모두 위대한 고전영화이기 때문이다. 하지만 멀고 먼 별빛처럼 배우들의 명성은 한 세대 뒤에야 이 도시에 도착했다. 이미 오래 전에 세상을 떠난 스타들이 여기에서는 비밀리에 살아가고 있는 것이다. 소년들은 메이 웨스트에게 열광했고, 소녀들은 발렌티노에게 열광했다. 이따금 영화가 너무 길다 싶으면 영사기사가 필름을 빨리 돌려서 후다닥 끝내버릴 때도 있었다. 그럴 때면 영화는 보는 사람이 불안할 정도로 위태위태하게 진행되다가 끝났다. 애무하는 게 따귀를 때리는 것처럼 보이고, 흰 담비털외투를 입은 왕비가 계단을 굴러 떨어지듯 급히 내려갔다. 하지만 관객들은 담배를 말거나 땅콩을 까먹는 데 몰두해서 다들 아무 소리도 하지 않았다.

영화가 끝나고 나오면 살을 에는 추위 때문에 숨이 턱 막혔다. 낮은 담과 흰 그늘, 해골처럼 앙상하고 헐벗은 나무들로 이루어진 도시는 눈과 은하수 아래 가라앉아 쪼그리고 있는 것처럼 보여 너무나 매혹적이었다. 거친 노랫소리가 바람에 빨려들어가듯이 길거리에 울려퍼져서 더더욱 그런 느낌이 들었다. 경찰이 광장에 설치된 스피커를 켜놓아서 바쿠 라디오 방송이 전파를 타고 있었다. 비할 데 없이 독특한 그 목소리의 주인공이 누구인지는 곧바로 알 수 있었다. 중앙아시아 전역의 터키어 사용권에서 최고의 가수로 널리 알려진 불불(꾀꼬리)이었다. 그는 옛날에 이곳에서 살았는데, 그것이야말로 이 도시의 자랑거리 중 하나였다. 그러다가 나름대로 이유가 있었던 러시아인들이 그를 엄청난 액수의 돈으로 꾀어 자기네 나라로 데려갔다. 그 이후로 이란의 많은 라디오들이 주파수를 바쿠 방송에 맞추어 그의 노래뿐만 아니라 다른 것들도 들었다. 그의 노래는 한결같이 환상적이었다. 타브리즈에는 서로 다른 네 가지 전통의 민속음

그레타 가르보(1905~1990) 무성영화 시대의 대표적인 할리우드 배우. 〈마타하리〉〈육체와 악마〉〈안나 크리스티〉〈춘희〉 등이 대표작.
메이 웨스트(1893~1980) 섹스 심벌로 대표되는 배우였고, 극작가, 페미니스트이자 동성애자 인권운동가이기도 했다.
루돌프 발렌티노(1895~1926) 이탈리아 출신의 할리우드 배우. 전세계에 많은 여성 팬을 몰고 다녔다. 〈춘희〉〈묵시록의 4기사〉 등이 대표작.

악이 존재했는데, 모두 다 가슴을 찢을 듯 비통했으며, 음악을 듣지 않고 사는 사람은 아무도 없었다. 그러나 그 어느 것도 서정성이나 잔인함에서 그 오래된 트랜스카프카스(카프카스 산맥의 남쪽 카스피 해와 흑해 사이의 지역 – 옮긴이 주)의 애가哀歌에는 버금가지 못한다.

우리는 천천히 샤하나스를 다시 올라갔다. 매일 밤 그렇듯 아르메니스탄 입구에는 거지 몇 명이 석유 드럼통에 불을 붙여놓고 그 주위에 모여있었다. 추위에 벌벌 떠는 이 늙은 유령들은 비록 매독이 온몸을 좀먹어가고 있었지만, 그래도 약빠르고 명랑했다. 그들은 밭에서 캐온 당근을 굽고, 두 손을 불 쪽으로 내민 채 노래를 불렀다. 이란 사람들은 이 세상에서 최고로 시적인 민족이며, 타브리즈의 거지들은 사랑과 신비의 포도주, 버드나무를 비추는 5월의 태양을 노래하는 하페즈나 니자미의 시들을 수백 편씩 알고 있었다. 그들은 기분에 따라 그 시들을 노래로 부르기도 하고, 큰 소리로 외치기도 하고, 아니면 콧소리로 흥얼거리기도 했다. 그러다 추위 때문에 몸이 움츠러들면 중얼거렸고, 한 사람이 시를 읊으면 다른 사람이 그 뒤를 이었다. 동이 틀 때까지 이런 식으로 계속되었다. 5월의 태양은 아직 멀었지만 잠을 자러 간다는 건 말도 안되는 일이었다.

구걸한 걸 함께 나누는 이 조직된 '가족들' 옆에는 이들보다도 덜 바람직한 운명을 갖고 태어난 외로운 추방자들이 몇 명 있었다. 어느 날 밤, 차이카네〔찻집. 페르시아인들은 커피를 내오지 않는데도 찻집을 '가페카네'(커피)라고 부른다 – 글쓴이 주〕에서 나오는 데 머리가 벗겨지고 병든 그림자 하나가 우리에게 접근했다. 눈이 내리고 있었다. 우리에게 남은 돈(2~3일 버틸 수 있는 액수)을 주자 그 그림자는 나타났을 때만큼이나 재빠르게 모습을 감추어버렸다. 그리고 곧바로 눈이 펑펑 쏟아지기 시작하는 바람에 이 미로 같은 아르메니아 동네를 한 시간 넘게 뱅뱅 돌다가 겨우 우리집 문을 찾았다. 호주머니에서 열쇠를 꺼내는 순간 나는 그 노인이 모퉁이에 쭈그리고 앉아있는 걸 발견했다. 혹시라도 우리에게 뭔가 더 구걸할 수 있을까 해서 뒤따라와 기다리고 있었던 것이다. 우리가 그를 무시해버리자 그는 재빨리 몸을 일으키더니 나를 포옹하기 위해 내 목에 팔을 두른 다음 서투르게 뛰어올랐다. 꼭 악몽에서처럼 녹은 눈으로 뒤덮인 그의 대머리와 감긴 두 눈, 입이 나를 향해 올라왔다. 나는 일종의 공포를 느끼며 바들바들 떨고 있는 그 뼈덩어리를 뿌리치고 방 안으로 들어가서 문을 닫았다. 티에리가 눈물이 찔끔 나도록 웃었다.

하페즈(1320? ~ 1389) 페르시아의 가장 뛰어난 시인으로 평가받는 중세 이란의 서정시인. 가잘이라는 짧은 시형식을 즐겨 썼다. 고향 시라즈를 무척 사랑해서 사마르칸트와 같은 큰 도시를 준다고 해도 시라즈에 사는 즐거움과는 바꾸지 않겠다고 했다. 가잘은 대구로 구성된 이슬람 전통 서정시 형식으로, 주로 사랑의 슬픔과 아름다움을 노래한다. 수피 계열의 사상을 다루기도 한다.
니자미(1141 ~ 1209) 중세 이란의 서사시인. 약 3만 편 이상의 작품이 전해진다.

"자네 모습을 자네가 봤어야 하는데 말야. 꼭 탱고를 추는 것 같았다구!"

정말이지, 그를 붙들고 그의 제안이 어떤 의미인지를 알려주며 나무라야만 할 것 같았다. 가난의 정도가 어느 단계 이상을 지나면 미묘한 구분은 사라진다. 지금 현 상태에서 그가 팔 거라고는 뼈만 앙상한 몸뚱이뿐이다. 그는 끈기 있게 시도했다. 우리가 옷에 내려앉은 눈을 털어내자마자 그가 다시 되돌아오더니 마치 이 세상 모두가 아직도 자신에게 뭔가를 빚지고 있다는 듯 욕구불만에 차서 약하고 단조롭게 문을 두드렸다. 거기까지는 분명 그가 잘못한 게 없었다. 그렇지만 우리는 다시 밖으로 나가서 그의 어깨를 잡아 어둠 속(그가 너무나 경솔하게 나왔던)으로 다시 밀어넣어야만 했다.

그 얼마 전 테헤란에서 열린 모사데크 재판은 이곳 타브리즈에서도 작은 충돌로 이어질 우려를 낳았다(페르시아의 정치적 상황에 대한 탁월한 분석은 빈센트 몬테일의 《이란》(1972)에 실려있다 – 글쓴이 주). 하지만 충돌은 일어나지 않았다. 바로 그날 아침에 지사가 기관총을 장착한 장갑차 다섯 대와 박격포 여러 정, 필요할 경우 더 증강될 수도 있는 병력을 태운 스무 대의 트럭 등 자기가 동원할 수 있는 것들을 보여주었기 때문이다.

지사는 교활하고 잔인하고 익살스러우며, 이상하게도 그가 대표하는 정부의 적들로부터도 존경을 받는 노인이었다. 그는 많은 걸 용서받았다. 왜냐하면 정치적 확신도 없이 임기 내내 수 많은 숭배자들이 생겨날 만큼 기가 막힌 솜씨로 개인 재산을 축 적하는 데에만 몰두하고 있다는 걸 모르는 사람이 없었기 때문이다.

타브리즈는 항상 '반골' 도시였다. 하지만 '페어플레이'를 인정해 주고 잘 겨냥된 총격에는 갈채를 보냈다. 예를 들면, 이 도시가 깨어나자마자 목을 조른 이 뜻하지 않은 열병閱兵은 이 도시가 친숙하게 이름을 부르며 언급하는 '그' 인물의 스타일에 완전히 맞아떨어지는 것이다. 물론 독재자의 경우에는, 사람들은 혹시 그가 발을 헛디디지 않을까 살피다가 그가 죽으면 안도의 한숨을 내쉬며 환호한다. 그렇지만 지금 현재의 그는 정보를 가지고 있고 번지르르하게 말도 잘하며 무자비하고 효율적이어서 사람들에게 위압감을 불러일으킨다. 이 도시 사람들은 그의

무함마드 모사데크(1880~1967) 이란의 정치가이자 민족주의자. 1951년 이란의 수상이 되었으며, 영국 이란 합작석유회사를 국유화하여 약 1세기에 걸친 영국의 이란 지배를 종식시켰다. 그러나 서구사회가 이란 석유를 배척하면서 이란 경제가 약화되고 지지세력이 분열된 틈을 타, 1953년 미국 CIA의 지원을 업은 왕정주의자 자헤디 장군의 군부 쿠데타로 실각된다(모사데크 축출). 당시 군중들은 시위대를 조직하여 모사데크 축출을 외쳤고 결국 모사데크는 망명했다. 겉으로 민중의 승리인 듯 보인 이 사건은 실제로는 이란의 공산세력화를 우려한 미국과 영국이 합작하여 국왕 레자 샤를 이용해 모사데크를 제거한 것이었다. 이후 영국·이란 석유합작회사는 다시 영국의 소유가 되고 자헤디는 총리가 되며, 레자 샤는 왕위에 올라(유명한 '팔레비' 왕이다) 1979년 호메이니의 민족주의 혁명으로 망명할 때까지 이란을 친미 독재권력으로 다스린다. 모사데크는 호메이니와 함께 왕정반대주의자들과 민족주의자들의 지주 역할을 했다. 이 책에서 작가들이 여행한 시기는 모사데크가 축출된 지 얼마 지나지 않아서다.

전제專制에 익숙해졌고 그의 재능을 인정했다.

　그렇지만 동틀 녘에 이루어진 이 열병은 많은 계획들을 좌절시켰다. 모사데크에게 호의적이었던 대부분의 타브리즈 사람들은 씁쓸한 표정을 짓고 있다가, 그의 대답이 검사의 주장을 뒤엎을 때마다 웃음을 터뜨리며 재판과정을 지켜보았다. 실제로 모사데크는 서방 언론이 보도하는 것보다 훨씬 더 대중적으로 인기가 있었다. 내가 가르치는 학생들은 애정어린 표정으로 그에 관해 이야기했다. 찻집 앞에서 거지들과 짐꾼들은 그에 관해 히스테리에 가까운 장광설을 늘어놓거나 눈물을 터뜨렸다. 심지어는 지난밤에 희생되어 김이 모락모락 나는 속죄양의 시체가 시장 입구의 진흙탕에서 발견될 때도 이따금 있었다. 평범한 시민들에게 모사데크는 여전히 영국의 여우보다 더 꾀가 많은, 서방으로부터 석유를 되찾아오고 헤이그에서 자신의 조국을 능란한 솜씨로 옹호했던 이란의 여우였다. 프로테우스 같은 그의 재능과 용기, 애국심, 천재적인 이중성은 그를 국민 영웅으로 만들었고, 그가 많은 마을들을 악착같이 소유하고 있다는 사실조차도 거기에 아무 영향을 미치지 못했다. 그가 성공을 거두자 아바단에서의 생산량이 현저히 감소하고(기술자 부족으로 인해) 이란산 석유에 대한 보이콧으로 인해 재정이 위기상황에 봉착했지만, 어쨌든 상황이 아주 느리게 개선될 하층민들에게는 별다른 문제가 되지 않았다. 정련소는 폐쇄되어 더 이상 아무것도 생산하지 않았지만, 그 덕분에 최소한 소매업은 뜻하지 않게 번창했다. 일부 소규모 시설들이 밤중에 신원을 확인할 길 없는 좀도둑들에 의해 해체되었고, 콘센트와 플라이휠, 케이블, 볼트, 도관이 후제스탄 시장에서 싼 값에 팔려나갔다.

12월

하늘이 무겁게 내려앉았다. 정오인데도 벌써 등을 켜놓았다. 이곳에서의 하루하루는 그윽한 석유 냄새와 눈삽이 쩽그랑거리는 소리로 가득 찼다. 이따금씩 아르메니아 가족의 결혼식에서 부르는 노랫소리와 피리 소리가 이웃 마당에서 눈송이를 뚫고 우리 귀에까지 들려오곤 했다. 하루 종일 끓는 차는 우리 몸을 따뜻하게 하고 머리도 맑게 해주었다. 도시가 깊은 겨울 속으로 들어갈수록 우리의 기분은 한결 더 나아졌다. 우리 방의 주인이며, 우리를 자주 찾아오는 과부 추차닉 부인은 우리가 걱정되는 모양이었다. 그렇게 먼 곳에서 와서, 그것도 자진해서 타브리즈에 자리를 잡는다는 게 도저히 이해가 되지 않는다는 표정이었다. 처음에 그녀는 우리가 그렇게 길을 나선 건 틀림없이 우리나라에서 쫓겨났기 때문이라고 생각했다. 검은색 앞치마를 입은 뚱뚱한 메추라기를 연상시키는 그녀는 우리 방 한쪽 모퉁이에 앉더니 간이침대와 아무 것도 깔지 않은 방바닥, 오래된 신문지로 깨진 부분을 막아놓은 창문, 화판틀, 그리고 타자기 들을 비난하는 듯한 눈초리로 아무 말 없이 바라보았다.

"근데 도대체 여기서 뭣들 하는 거유?"

"학생들을 가르칩니다."

"그럼 오전에는요?"

"보시다시피 기록도 하고 글도 씁니다."

"나도 글은 써요. 아르메니아어도 쓰고, 페르시아어도 쓰고, 영어도 쓰고(그녀는 손가락으로 숫자를 하나씩 센다)…… 하지만 그게 직업은 아니잖아요."

우리는 이 민감한 화제를 지나 그녀가 훤히 꿰뚫고 있는 이 동네 소식에 관한 얘기를 나누기 시작했다. 신문팔이가 위통으로 죽었고, 식료품가게 아들은 테헤란에 있는 황제에게 직접 선물하겠다며 오래된 우표만 가지고 거의 2년 동안 매달려온 대형 초상화를 이제 막 완성했으며, 샤하나스 거리의 무두장이는…… 사트는 며칠 전 밤 노름에서 3000토만을 잃었지만 눈썹 하나 까딱하지 않았다. 나는 그 이야기에 귀를 기울였다. 그건 거금이었고, 아르메니스탄의 소문은 숫자에 관한 한 결코 잘못 알려지는 법이 없었던 것이다.

이 도시에는 알려지지 않은 알부자들이 아직 몇 명 있었지만 누구도 그들이 가진 돈의 색깔을 보지는 못했다. 이들은 거의 대부분 M노인처럼 더덕더덕 기운 옷 속에 엄청난 재산을 감춰

두고 있었다. 그들은 이 지역에 투자를 했다가 속을까 봐 두려워서 돈을 쌓아놓고 이익금은 외국 은행으로 송금하거나, 아니면 문이란 문은 모두 걸어 잠그고 엄청난 액수의 판돈을 걸고 노름을 했다. 큰돈을 잃고도 눈 하나 깜짝하지 않았다던 무두장이 사트는 흐보이와 미야네 사이에 최소한 100개의 마을을 소유하고 있었다. 중간 규모의 마을 하나가 약 2만 토만의 수입을 가져다주었으므로 그는 소작료로 매년 200만 코만을 벌어들일 수 있는 것이고, 그러니 노름에서 그 정도 잃는 건 대수롭지 않은 일이다.

이야기가 시장을 한 바퀴 훑는 동안, 타브리즈의 거의 대부분을 차지하며 이 도시의 진짜 얼굴이라고 할 수 있는 가난한 사람들의 머릿속에서는 무슨 일이 일어날까? 그들은 사트가 하루 세 끼 배불리 먹는다는 것을, 마음에 들면 한두 명의 여자와 함께 담요를 여러 장 덮고 동침한다는 것을, 검은색 자동차를 타고 달린다는 것을 알고 있었다. 그들의 상상력은 거기서 멈추었다. 사치는, 그들이 읽을 줄 모르는 책도 외국의 신화에 속하는 영화도 그들에게 예를 보여주지 못하는 세계에 속해 있었다. 그들은 하인들의 동네를 통해 이 부잣집으로 들어갔는데, 하인들의 동네라고 해서 그들이 사는 누추한 집보다 딱히 나을 것도 없었다. 우리가 1억 달러가 얼마나 큰돈인지 쉽게 짐작 못하듯, 그들 역시 3만 토만이 얼마나 되는지 쉽게 감을 못 잡는다. 그러므로 아무엇도 가지지 못한 사람들의 욕망은 살갗과 배를 넘어서지 못한다. 잘 먹고 잘 입으면 더 이상 바랄 게 없는 것이다. 하지만 그들은 제대로 먹지도 못했고, 맨발로 눈 속을 종종걸음 쳤으며, 추위는 점점 더 심해졌다.

이 엄청난 차이 때문에 부자들은 서민들의 상상력 속에서 자기 자리를 잃어버릴 정도가 되었다. 너무나 드물기 때문에, 너무나 멀리 있기 때문에 더 이상 중요하지 않은 것이다. 도시는 꿈을 꿀 때도 여전히 궁핍하다. 어디를 가나 점쟁이들은 사랑이나 여행을 약속한다. 하지만 타브리즈에서는 그들의 예언이 더욱 소박해져서, 다시 한번 시를 인용하자면, "양고기를 넣고 익힌 쌀밥 세 냄비"라든지 "흰 시트를 깔고 자는 하룻밤" 등을 약속받는다(점을 치러 온 사람이 카드를 뽑는 대신 하페즈의 시집에서 4행시 하나를 고르면 점쟁이가 그걸 해석해 준다 – 글쓴이 주).

배고픈 게 어떤 것인지를 너무나 잘 아는 도시에서는 배가 자신의 권리를 절대 잊어버리지 않으며, 그러므로 식사는 하나의 잔치다. 축제가 돌아오면 동네 여자들은 아침 일찍 일어나 껍질을 벗기고, 빨고, 뼈를 발라내고, 뒤섞고, 잘게 썰고, 반죽하고, 불씨를 호호 불었다. 안뜰에서 가느다란 연기가 솟아나면 철갑상어찜과 레몬즙을 뿌려 숯불에 구운 닭, 혹은 호두와 잘게 자른 풀, 달걀노른자를 넣고 사프란을 뿌려 구운 쾨프테라는 이름의 큼지막한 동그랑땡이 요리되고 있다는 걸 알 수 있다.

터키 요리는 전세계에서 영양가가 가장 풍부하다. 이란 요리는 섬세하면서도 소박하다. 새콤달콤하게 양념하여 절인 아르메니아 요리는 타의 추종을 불허한다. 우리는 특히 빵을 자주 먹었는데, 정말 기가 막히게 맛있었다. 동틀 녘이 되면 화덕에서 구워지는 빵 냄새가 눈을 뚫고 날아와 우리 콧구멍을 간질였다. 깨를 뿌린 둥글고 큰 아르메니아 빵은 꼭 깜부기불처럼 뜨끈뜨끈했다. 산드작이라 불리는 빵을 먹으면 머리가 멍해졌다. 얇게 잘라놓은 라바쉬라는 빵에는 눌은 흔적이 그대로 남아있었다. 아주 오래된 나라치고 이처럼 일상적인 것에까지 호사를 부릴 수 있는 나라는 오직 페르시아뿐이다. 이 빵 뒤로 서른 세대와 여러 왕국이 일렬로 늘어서있는 게 느껴졌다. 이 빵과 차, 양파, 암양 치즈, 이란산 담배 한 줌, 그리고 겨울의 긴 여가가 있으니 우리는 유쾌한 삶을 살 준비를 갖춘 셈이었다. 한 달에 300토만이 드는 삶(일인당 150토만. 방적공이 한 달에 버는 돈이 100토만가량 되었다).

이제는 그럭저럭 먹고 살 수 있을 만큼 학생 수가 늘어났다. 그들 중 정육점 아들 둘은 이따금씩 진열대에 있던 팔다 남은 고

쾨프테 다진 고기에 각종 양념과 야채를 넣어 완자로 만들어 굽거나 튀긴 터키 전통음식.

기를 우리에게 가져다주어서 우리의 일상생활을 개선시켰다. 병적일 만큼 수줍음이 많고 적갈색 머리를 가진 쌍둥이는 아무것도 모르고 아무것도 안 배웠지만, 피가 뚝뚝 떨어지는 커다란 스펀지처럼 생긴 염소 허파라든지 검은 털이 아직 여기저기 묻어있는 값싼 물소 부위를 작은 가방에서 꺼내어 우리를 즐겁게 해주었다. 매주 토요일 밤에 우리는 쿠르드족과 모자를 쓴 술꾼들로 미어터지는 '드자한 노마' 식당에 가서 양고기 요리를 먹고 한 주 내내 그 이야기를 했다. 어슴푸레한 빛 속에서 그림을 그리는 바람에 시력이 점점 나빠진다고 생각한 티에리는 이따금씩 혼자 틀어박혀서 1킬로그램이나 되는 당근을 구워먹기도 했다. 이처럼 엉뚱하게 구는 것만 빼면 그는 나보다 더 까다롭지는 않았다. 어느 날 내가 칼로 냄비 가장자리를 문질러 벗기고 있는데, 티에리가 눈을 반짝이며 긁어낸 부스러기로 '크로켓 비슷한 요리'를 한 번 만들어보라고 권했다.

"편지 온 거 없어요?"

그러자 우체부는 자신의 손가락에 입김을 내뿜으며 대답했다.

"지금쯤 길가에서 몸을 풀고 있을 거요."

우체부는 벌써 열흘째 들르지 않았다. 꼭 달에서 사는 것 같다. 어쨌든 마음은 편하다. 학생들은 내게 일할 수 있는 시간을 남겨주었다. 나는 힘들지만 글을 쓰려고 애썼다.

출발은 마치 새로운 탄생과도 같고, 나의 세계는 아직은 너무나도 새로워서 체계적으로 성찰할 수 없다. 나는 자유도, 유연성도 가지고 있지 않다. 오직 욕망만을, 그리고 순전한 공포심만을 갖고 있을 따름이다. 같은 페이지를 스무 번도 더 찢어버리고 다시 시작했지만 임계점을 넘어서지 못했다. 그렇지만 자꾸 부딪치고 밀치고 하다 보니 가끔은 생각했던 것을 너무 경직되지 않게 말하는 기쁨을 한순간이나마 얻을 수 있었다. 그러고 나서는 뜨거워진 머리를 식히기 위해 눈 쌓인 정원을 점잔빼며 걷고 있는 칠면조 앙트완(우리는 이 비쩍 마른 새를 성탄절 때까지는 살찌울 수 있을 거라는 은근한 기대감을 갖고 있었다)을 창문 너머로 바라보았다.

일이 잘 안되거나 입고 있는 와이셔츠 냄새가 신경을 거스르기 시작하면 더러운 빨랫감을 한 보따리 들고 이란 목욕탕으로 향했다. 우리 집에서 10분 거리에 있는 이 터키식 목욕탕의 주인은 베일을 통해 황금색 필터가 달린 궐련을 피우는 아주 단정한 노파였다. 이 축축한 장소를 드나들던 바퀴벌레들은 가을이 오기도 전에 추워서 다 죽어버렸고, 해충들도 기온이 영하로 내려가자 자취를 감추었다. 목욕탕에는 끓는 물이 철철 넘쳤고, 분위기도 허물없고 즐거웠다. 1토만만 내면 수도꼭지 두 개와 물통 하나, 그리고 반들반들 윤이 나고 툭 튀어나온 돌이 갖춰진 작은 칸막이 공간이 내 차지가 되었다. 나는 휘파람소리와 느즈러진 한숨소리, 이웃 칸에서 올라오는 빗질 소리를 들으며 이 돌 위에서 빨래를 했다. 1토만을 더 주면 때밀이가 나타나서 당신을 담당한다. 그는 말이 없고 건장한 남자인데, 그가 생활하는 이곳의 수증기가 그의 살을 먹어치운 듯 비쩍 말랐다. 그는 우선 긴 돌의자 위에 당신을 눕힌 다음 머리끝에서 발끝까지 비누칠을 한다. 그러고 나서 말총으로 만든 장갑과 모래 넣은 비누를 가지고 온몸의 살갗을 박박 문질러 먼지를 한 점도 남김없이 털어낸다. 이어서 따뜻한 물을 몸에 뿌리고 마지막으로 당신의 몸을 오랫동안 마사지한다. 머리를 주무르기도 하고, 뚝뚝 소리가 나게 척추를 눌러주고, 두 손가락으로 힘줄을 집어주고, 주먹과 맨발로 관절과 갈비뼈와 이두근을 꼭꼭 눌러준다. 그는 기술이 좋아서 근육이 뭉쳐있게 내버려두지 않았다. 실패하는 법은 결코 없었다. 그가 뜨거운 물을 쏟아붓고 능숙한 손놀림으로 마사지를 해주면 신경이 하나씩 풀어지고 망설임이 사라지면서 추위 때문에 닫혔던 수많은 비밀의 수문水門들이 다시 열리는 것처럼 느껴졌다. 그러고 나면 나는 어둠 속에 길게 드러누워 담배를 한 대 피우며, 성질 급한 인간의 주먹이 문을 하도 두드리는 바람에 어쩔 수 없이 자리를 양보해야만 할 때까지 깊은 생각에 잠기곤 했다.

　　나는 추위 속에서 꼭 물에 젖은 행주처럼 김을 모락모락 피우며, 영혼까지 말끔히 씻어낸 듯 가벼운 기분으로 여섯시쯤 목욕탕에서 나왔다. 얼음 언 웅덩이 속에 청명한 초록색 하늘이 반사되었다. 길을 따라 늘어선 가게 안에서는 주인들이 당밀이 담긴 항아리와 순무, 설탕덩어리, 콩이 든 자루, 파리잡이 끈끈이 사이에서 모자의 챙을 목덜미 쪽으로 돌리고 꿇어 엎드려, 이 모든 걸 소유할 수 있게 해달라고 하늘을 향해 큰 소리로 기도하고 있었다. 성탄절이 가까워지고 있어서 아르메니스탄에서는 벌써 닭장수들이, 온몸이 마비되어 날개만 힘없이 파닥이는 피투성이 닭들을 등에 짊어지고 집집마다 찾아다녔다. 주교관처럼 생긴 모자를 쓰고 밀랍색 코에 방한 외투를 입은 이 노인들은 마술에 걸린 새장의 마귀들처럼, 우리가 봄이 될 때까지는 꼼짝 달싹 못하고 갇혀 있게 될 눈 사이를 열심히 누비고 다녔다. 길조가 출현한 것이었다. 그들의 모습을 보니 내가 학생들을 위해 찾아냈던 바로크풍 시의 첫부분이 머릿속에 떠올랐다.

그때, 백 개의 깃털로 뒤덮인
공기의 딸들이
농노였던 나를
자유의 몸으로 만들어주었네

그런 날 밤이면 글도 술술 잘 써졌다. 그리고 나는 두 손을 무릎 위에 올려놓고 꿈을 꾸었다. 난로에서 코 고는 소리가 났다. 칠면조 앙트완이 침대 밑에 잠들어있었다. 그 녀석이 그렇게 무기력한 상태로 나자빠져 있는 걸 보니 왠지 웃음이 나왔다. 밖에서는 태양이 어두컴컴한 집들 위에 군림하고, 도시는 무덤보다도 더 조용했다. 마치 늙고 가엾은 귀뚜라미처럼 스스로에게 용기를 불어넣기 위해 쉰 목소리로 흥얼거리는 야경꾼의 노랫소리만이 멀리서 들려올 뿐이었다.

12월 중순경 이웃에 사는 한 처녀가 실연을 당하고 음독을 했다. 그녀는 한 이슬람교도를 사랑했지만, 정말이지 모든 게 너무 복잡했다. 그녀는 쉬레(피우고 난 싸구려 아편의 찌꺼기. 독성이 매우 강하다 - 글쓴이 주)를 삼켰고, 남자는 목을 맸다. 몬터규와 캐퓰렛이었다. 여인의 통곡이 오랫동안 동네에 울려퍼졌다. 문이란 문에는 모두 붙여진 자그마한 초록색과 검은색 전단에 장례식 날짜가 예고되어 있었다. 아르메니아 교회에 가보니 죽은 처녀가 두 손을 맞잡고 관 속에 눕혀 있었다. 새것이나 다름없는 벨벳 드레스를 입고 금귀고리를 한 모습이었다. 교회 맨 안쪽에 앉아있는 노파들은 놀라울 만큼 위엄을 갖추고 있었다. 검은 숄을 두른 이 세 운명의 여신은 과묵하고 강인하고 여성적이었으며, 그들의 눈은 마치 태양처럼 이글이글 타올랐다. 나는 몇몇 나이 든 집시 여인들을 제외하면 결코 그렇게 스핑크스처럼 통절하고 위압적인 권위를 지닌 여성들을 접한 적이 없었다. 그들이야 말로 이 민족의 수호자들로서 결혼적령기의 처녀들보다 백 배는 더 아름다웠다. 의례가 끝나자 교회 안에 있던 사람들은 죽은 처녀 앞을 줄지어 지나갔다. 그러고 나자 문이 열리더니 행인들이 지켜보는 가운데 두 여인이 여봐란 듯이 시신에서 보석을 떼어내고 신발을 벗긴 다음 옷도 가위로 싹둑싹둑 잘라버렸다. 결핍과 도굴꾼의 계절, 겨울이었던 것이다. 이렇게 하는 것은 무덤이 파헤쳐지는 걸 피하기 위해서였다.

바로 그 주에 쿠르드족 사람 한 명도 타브리즈에서 죽었다. 하지만 그의 시신을 거둘 가족이 나타나지 않았다. 불쌍한 남자였다. 그는 '대충대충 매장될' 것이다. 산에 사는 수니파와 도시에 사는 시아파 사이에 존재하는 뿌리 깊은 갈등은 온갖 크고 작은 사건으로 더욱 악화되었다. 하지만 쿠르드족은 위험한 싸움꾼이었고, 타브리즈 사람들은 그들이 너무나 두려웠던 나머지 살아있는 그들을 공격하지는 못했다. 그래서 그들은 죽음의 시간이 되어서야 악의에 찬 복수를 하곤 했다. 이 도시에서 죽음을 맞이한 쿠르드족 사람들은, 관습에 따라 얼굴을 메카 쪽으로 향하게 해서 똑바로 구덩이 속에 눕혀지는 대신, 얼굴이 땅에 처박힌 채 옆으로 뉘어져 매장당할 위험이 매우 컸다. 그러면 죽음의 천사인 아즈라엘은 이런 꼴사나운 자세를 보면 기분이 상해서 그들이 천국으로 들어오는 것을 거부한다고 한다. 그리하여 이

지방 병원에서 병이 난 쿠르드족 사람이 자신의 기력이 다해가는 것을 느끼고 슬그머니 사라져서 말을 훔쳐 전속력으로 쿠르디스탄에 돌아가 죽는 일도 이따금씩 일어났다.

어느 날 저녁, 이란 목욕탕 바로 앞에서 어떤 젊은 쿠르드 사내가 내게 접근하더니 그 동네에 사는 한 처녀의 주소를 끈질기게 물었다. 그는 흰 비단 터번을 쓰고 천으로 만든 새 허리띠를 둘렀는데, 이 허리띠 밖으로 최소한 1000토만은 주고 샀을 단도가 삐져나와 있었다. 그녀를 찾아가서 청혼하려는 게 분명했다. 나는 며칠 전에 찾아가서 녹음을 했기 때문에 그녀도, 그녀의 주소도 알고 있었다. 이 젊은 여성은 자기가 아름다운 아르메니아 민요를 '국립음악학교 학생 못지않게' 잘 부를 수 있다고 뽐냈지만, 듣고 보니 완전 허풍이어서 괜히 테이프 한쪽만 버리고 말았다. 그래서 그녀를 좀 원망하긴 했지만, 그처럼 단호한 표정을 짓고 있는 구혼자를 그녀의 집앞까지 데려다줄 정도는 아니었다. 그래서 그를 정반대 방향으로 보낸 다음 내 갈 길을 갔다.

예상할 수 있듯이, 타브리즈 사람들은 쿠르드 사람들에 관해 온갖 악의적인 소문을 다 퍼뜨렸다. 쿠르드인들은 야만인에 소매치기들이며 자기 딸뿐만 아니라 다른 사람 딸까지 몇 푼 되지 않는 돈에 팔아넘긴다는 것이었다. 아르메니아인들도 거기에 맞장구를 쳤지만, 그건 어디까지나 립 서비스에 불과했다.

사실 아르메니아인들과 쿠르드족과의 관계는 사람들에게 드러내 보이는 것보다는 더 나았다. 시장의 나무장수들은 이미 오래 전부터 확고한 신뢰의 기반 위에서 여러 부족과 거래를 해왔다. 더 멀리 떨어진 레자이에 주변에서는 쿠르드족이 아직도 마음에 드는 아르메니아 여성들을 납치한다는 소문이 떠돌았지만, 이같은 이야기를 퍼뜨리는 건 대부분 자신의 미모가 남자들에게 어떤 극단적인 행동까지 하도록 만드는지 보여주고 싶어 하는 여자들이었다. 그리고 나는 구체적으로 누가 누구를 납치했는지 들은 적이 단 한 번도 없었다. 어찌 되었든 그런 소문이 나돈다고 해서 될 장사가 안 되는 건 결코 아니었다. 그래서 페르시아인들은 이미 오래전에 헤로도토스에게 이렇게 말하지 않았던가.

여자들을 납치해 간다는 건 분명 잘못된 일이다. 하지만 이런 일에 앙심을 품고 있다가 복수까지 하려는 건 얼마나 어리석은 짓인가! 사려 깊은 사람들에게는 다른 할 일이 있다(헤로도토스,《역사》 – 글쓴이 주).

레자이에 이란 북서부, 우르미아 호수 서쪽에 있는 도시. 팔레비 왕조 시절 왕의 이름을 따서 레자이에라고 불렸으나 지금은 우르미아라고 부른다.
헤로도토스(기원전 484?~기원전 425?) 고대 그리스의 역사가. 페르시아 전쟁에 관한 조사를 위해 페르시아와 그 주변국을 여행하고, 서양 최초의 역사책《역사》를 썼다. 키케로는 그를 '역사의 아버지'라고 불렀다.

"당신이 믿는 예언자의 탄생을 위해서"라고 무싸는 문턱에 선 채 말했다. 피가 줄줄 흐르는 메추라기 두 마리를 손에 들고, 눈은 사냥용 털외투 위에서 미소 짓고 있었다. 성탄 전야였고, 그는 이 도시에서 처음으로 그것에 관해 생각했다. 우리도 고기 생각이 간절하던 참이었다. 그런데 그가 때맞추어 찾아온 것이다. 그는 가져온 새고기를 우리랑 같이 먹기로 했다.

무싸는 우리가 사는 길거리 맨끝에 사는 터키 출신 아르밥이었다. 할 일 없이 빈둥거리는 이 호감 가는 청년은 사냥을 하고, 세밀화를 그리고, 영웅적 행위에 대한 망상과 인류 평등주의를 구현하겠다는 열정에 사로잡혀《레 미제라블》의 페르시아 번역본을 거듭해서 읽고 또 읽으며 시간을 보냈다. 그의 머릿속은 오직 파리 생각뿐이었다. 그는 자기가 페르시아를 싫어한다고 우리를 설득하려 했지만, 우리는 그 말을 털끝만큼도 믿지 않았다. 그는 무력으로 페르시아를 개혁하려는 열망에 불탔다. 열일곱이라는 그의 나이가 그러한 열망과 어느 정도 관련이 있었다. 그의 가족사도 그러했다. 카자르 왕조 때 총독을 인정하지 않았던 그의 증조부는 50명가량 되는 부하들을 이끌고 이 도시를 장악하여 몇 달 동안 권력을 누렸지만 이처럼 무모한 권력 장악의 결과로 자신을 위해 베풀어진 연회에서 살해당했다. 다시 반란을 일으키겠다고 위협하던 그의 할아버지는 얼마 안 있어 폭사했다. 그의 백부는 음모자들에게 합류하기를 거부했다가 온몸에 총알이 박혀 죽었다. 그의 아버지로 말하면, 위험하고 불확실한 정치를 포기하고 자신의 영지를 꼼꼼히 관리하는 일에 몰두했고, 엄청난 재산을 모아 아들이 한가로이 꿈의 나래를 펴고 상상의 세계를 질주할 수 있도록 해주었다. 무싸는 몽마르트에 가서 가난하게 살며 그림을 그릴 생각이었다. 심지어 그는 이 계획을 실현시키기 위해 여러 마을에서 들어오는 아버지의 수입을 가로챌 생각까지 하고 있었다. 왜냐하면 '파리에서의 가난'이 너무나 부럽게 여겨졌으므로, 그곳에서 생활하는 게 타브리즈에서 부자로 사는 것보다 훨씬 더 돈이 많이 들 거라고 생각했던 것이다.

그를 사랑하는 그의 아버지는 친구들 중에서도 특히 세상 물정에 밝은 몇몇 친구들과의 모임에 아들을 데리고 다니면서 판단력을 키워주고, 주사위를 솜씨 좋게 굴리는 법과 술을 마셔도 벌렁 나자빠지지 않는 법, 자기 차례가 되었을 때만 말하는 법을 가르쳐주었다. 또 자기 아들이 산만하다는 걸 알고, 그에게 동네사람들 사이에서 퀴트쉬크(꼬마)라는 이름으로 불린 주워온 아이 한 명을 붙여주었는데, 이 아이는 그에게 하인 겸 산초 판사 노릇을 하였다. 여덟 살치고는 '무척이나 꾀가 많은' 이 '꼬마'는 늙은 아르메니아 여자만큼이나 알뜰하게 흥정을 하는

아르밥 지역사회 지도자를 의미하는 이란어.

가 하면, 아무리 어려운 심부름이라도 알아서 척척 해내면서 시장을 종종걸음으로 누볐다. 그는 운 좋은 퀴트쉬크였다. 아직 나이가 어렸기 때문에 여자들 동네에 살면서 그들로부터 기름이 둘러쳐진 고기조림이나 불에 구운 간 따위를 배터지게 얻어먹을 수 있었다. 새로 산 짤막한 외투와 모자, 몹시 친밀한 태도는 장난을 좋아하고 유쾌한 꼬마의 영혼을 추위로부터 보호해 주었다. 특히 꼬마는 두려움이란 걸 몰랐다. 타브리즈에서 사는 고아가 아무 것도 두려워하지 않는다는 건 정말 굉장한 일이었다. 그래서 그는 특별하고 매력적으로 보였고, 샤하나스에 사는 할머니들은 꼬마를 만나면 꼭 머리를 쓰다듬어주면서 다정하게 위로의 말을 해주곤 했는데, 꼬마는 보통 거기에 음란한 말로 대답해서 할머니들을 뒤로 넘어지게 만들었다.

무싸는 우리를 자주 찾아왔다. 그는 우리가 이 도시에 자리잡은 뒤로 모든 방법을 동원해서 우리를 도와주었기 때문에 우리를 찾아올 때마다 뮐러 나쎄르 에드딘(중동 전역에서 인기가 있는 희극적인 인물 – 글쓴이 주)의 이야기와 회화에 대한 자신의 개인적 관점을 우리들에게 들려줄 수 있는 권리를 가지게 되었다.

"처음에는 클래식한 방법으로, 그리고 이어서 인상파 화법으로 그리는 법을 배운 다음에야 마지막으로 현대적 화법을……."

그는 야전침대 위에 앉아 이렇게 얘기했고, 나는 건성으로 그의 말에 귀 기울였다. 최소한 열 번은 더 들은 얘기였다. 그리고 그날 내가 관심을 가졌던 건 일년 중에 가장 중요한 날인 성탄절이었다. 벌써 성탄절이 되었다……. 내년 성탄절에는 어디에 있게 될까? 나의 삶이 어떤 모습으로 변했을까? 나는 메추라기들이 박하잎 다발과 아르메니아산 백포도주(《성경》에도 등장하는 이 포도주는 시장에 가면 살 수 있는데, 붉은색 밀랍으로 살짝 봉해져 있다) 1리터를 집어넣은 다 찌그러진 냄비 속에서 부풀어오르는 것을 바라보았다.

가느다란 희생犧牲의 연기가 집 위로, 행실 바른 아르메니아 학생들이 휘갈겨 쓴 글씨 위로, 도시의 지붕들 위로, 도시 주변의 꽁꽁 언 휴경지 위로, 산쥐들의 소굴 위로, 이 오래되고 유서 깊고 즐거운 세계 위로 피어올랐다.

'포인트 IV'에서 일하는 몇몇 미국인들은 도시에서 약간 떨어진 외곽에서 고립된 작은 사교 집단을 형성하고 있었다. 망년회 때 그들은 이 귀족적인 주택 중 한 곳으로 우리를 초대했는데, 아르메니아 상류층이 떠난 뒤로 사라사 무명으로 커튼을 해달고 새로 온 사람들이 레코드를 틀었는데도, 버려진 것 같은 분위기가 가슴 에일 만큼 진하게 풍겼다. 그러나 함께 즐거운 시간을 보내며 한 해를 마무리 지을 생각을 하니 기뻤다. 얼굴을 씻고 양치질을 한 우리는 흥분된 기분으로 방으로 들어갔다. 파티가 한창 벌어지고 있었다. 미국인들은 종이로 만든 모자를 쓰고 넘치는 친절을 보여주며 악수를 하고 잔을 부딪치고 노래를 불렀다. 그들 중 3분의 1은 벌써 취했으며, 알코올과 선의로 축축해진 그들의 눈에는 두려움이 섬광처럼 지나갔다. 이렇게 좋은 날, 너무 멀리 와있다는, 제대로 이해받지 못하고 있다는, 너무나 다르다는 데 대한 두려움일 터였다. 그러고 나서 파티는 한층 더 시끌벅적하게 계속되었다. 바 반대편에는 초대를 받은 이란인들이 따로 모여 앉아서 아무 말 없이 미소만 짓고 있었다. 우리는 그들과 합류했다. 그날 밤에는 왠지 우리도 그들과 비슷한 처지라고 느껴졌던 것이다. 은둔생활을 하다가 나와보니 그렇게 떠들썩한 분위기가 낯설기만 했다.

춤이 시작되었다. 나는 얼근히 취한 몸매 좋은 한 젊은 여성에게 춤을 추자고 청했다. 그녀를 내 품에 안고 있는 것이 현저히 눈에 띠고 관심을 끌 만한 일로 문득 여겨지는 바람에 나는 음악을 잊은 채 전혀 몸을 움직이지 않은 상태에서 그녀를 더 세게 끌어안았다. 잠시 후에 그녀가 나를 놀란 눈으로 올려다보더니 화가 난 듯 나를 밀쳐내고 사라져버렸다. 나도 많이 마셨고, 티에리도 많이 마셨다. 그 바람에 알코올에 익숙하지 않았던 우리는 곧 거나하게 취해버렸다. 우리는 그곳에서 쓰러져 잠들지 않으려고 때맞추어 그곳을 나섰다. 밤은 무척이나 추웠지만 근사했고, 눈은 높이 쌓였으며, 걷는 건 힘들었다. 우리는 넘어지지 않기 위해 어깨동무를 했다. 집으로 돌아가고 싶지 않았다. 아르메니스탄의 솔개들과 개들은, 우리가 이상하게 들리는 이름들을 부르며 골목길을 누비고 다니는 소리를 들었을 것이다.

그렇게 큰소리로 고함을 치며 한 시간이 넘도록 돌아다닌 것 같다. 너무 오랫동안 그랬던 것일까. 집에 도착했을 때쯤에는 목이 부어오르고 이빨이 저절로 딱딱 마주쳤다. 방에는 서리가 끼어있었다. 옷가지와 넝마, 포장 종이 등 눈에 띄는 건 뭐든 침대 위에 깐 다음 잠을 잤다. 동이 트기도 전에 경쾌하고 독특한 멜로디가 나를 깨웠다. 머리맡에서 모자를 눈 위에 올려놓고 비틀비틀 슈베르트의 곡조를 휘파람으로 불며 나를 바라보는 실루엣 하나가 뿌연 안개 너머로 눈에 들어왔다.

"해피 뉴이어!"

그 실루엣은 불룩한 호주머니 속에서 병을 꺼내더니 내게 내밀며 비꼬는 듯한 말투로 소리쳤다. 폴루스였다. 밖에서 밤을 보내고 집으로 돌아가다가 우리 방문이 열려있는 걸 보고 '새해 인사'를 하러 온 것이다. 나는 비몽사몽간에 한 잔 마신 다음 한 해를 잘 보냈느냐고 물었다.

"드자한 노마네 집에서…… 술잔치가 벌어졌는데…… 그 무서운, 그 무서운 니콜라 씨가! 그냥 웃을 수밖에 없었지요!"

그는 술에 취한 사람을 좋아하지 않았다. 알코올은 그의 약점이었지만, 그는 자기 나름의 방법으로 그걸 다스릴 수 있었다.

아라크술이 물처럼 흐를 때조차도 그는 반드시 절대로 가라앉지 않는 댐처럼 조용히 버티고 앉아 술을 마셨고, 그럴 때면 오히려 평상시보다 더 그답고 더 날카로워졌다. 그가 앉았다. 잠시 동안 그는 그가 보러 갔던(왜 갔는지 그건 잘 모르겠다) 테헤란행 버스에 관해 이야기했다. 노끈으로 동여맨 짐과 눈 속의 승객들은 자기들이 언제 출발할지, 과연 목적지에 도착하기는 할지 알지 못한다…… 결국 그 역시 이 도시에 갇혀 있는 것이다. 그러고 나서 나는 그가 내 맥박을 재는 소리를 아득하게 들었고, 훨씬 나중에는 새해의 첫 닭 울음소리를 들었다. 나는 이틀 뒤에야 잠에서 깨어났다. 열이 높고 목구멍에 염증이 생겼다. 폴루스가 필요한 조처를 벌써 다 취해놓았다. 과부인 슈샤닉이 내 방에서 피하주사기에 주사액을 집어넣는 중이었다. 그녀는 일부러 간호사 복장을 했는데, 매력적으로 보였다……

1월

회색빛을 띤 밤의 정원과 깜빡거리는 난로 불빛 사이에서 뒤뚱거려서 불안정한 야전침대에 누워, 엉덩이 밑에 오래된 신문지를 여러 겹 깔고 주사액이 효과를 발휘하기를 기다렸다. 동네 어딘가에 틀어놓은 라디오에서 페르시아 노래가 흘러나오고 있었다. 아르메니아 소년들이 안뜰에서 말다툼을 하고, 옆방에서 티에리가 '로사rosa'라는 단어의 어미를 성과 수, 격에 따라 변화시키는 소리가 들려왔다. 그는 겨울을 지루하지 않게 보내려고 모뢰 신부가 쓴《손쉬운 라틴어》를 공부하기 시작했다. 온통 하얀색 속에서, 존엄한 언어의 메아리 속에서, 마르쿠스 안토니우스·의 군단이 결코 정복할 수 없었던 오랜 역사의 아트로파테네·지방에서, 제1과의 '레지나 파르토룸Regina parthorum(파르티아의 여왕)'과 '푸그나레 스키탐pugnare scytham(스키타이의 싸움)'은 더 폭넓고 신비한 북방北方의 의미를 띠면서 기분 좋게 열을 가라앉혀주었다. 그동안은 열이 내리지 않았었다. 며칠 전부터 나는 쐐기를 박기 위해 병의 취약점을, 갈라진 틈을 찾았다. 아라크술은 아니었다. 술은 더 이상 통하지 않았다. 위만 화끈거리게 만들 뿐 진정시켜주지 않았고, 라틴어 입문서도 마찬가지였다. 나는 돌 벽에 조심스럽게 등을 기댄 채 눈이 내리는 걸 바라보면서 꼭 굴뚝을 청소하거나 냄비를 씻을 때처럼 체계적으로 울기 시작했다. 한 시간 동안을 그렇게 울었다. 바로 그것이었다. 나는 병의 모든 방벽들이 무너지며 녹아버리는 것을 느꼈고, 결국 마치 폭신한 누에고치에 감싸인 것처럼 겨울의 한가운데 앉은 채 잠이 들었다.

마르쿠스 안토니우스(기원전 82?~기원전 30) 고대 로마의 군인으로 아시아 원정에 성공하여 막강한 세력을 떨쳤으나 옥타비우스에게 대패하고 자살한다. 이집트 여왕 클레오파트라의 연인. **아트로파테네** 현재 아제르바이잔 지역에 있었던 고대 왕국.

티에리도 나를 간호하다가 경련성 크루프(위막성 후두염 - 옮긴이 주)에 걸렸다. 나는 때맞춰 일어나 그를 돌보았다. 쉬운 일이었다. 그는 병을 앓으면서도 무슨 음모를 꾸미거나 자기 자신을 수술하는 사람처럼 일에 매달렸다. 그는 내가 뭐라고 물어도 대답을 잘 안 했다. 기분이 나빠서가 아니라 일에 집중하고 있어서였다. 더 심하게 아프면 아플수록 그는 덜 그럴 것이다. 사실 티에리는 아주 가벼운 감기라도 걸릴라치면 그 틈에 완전히 다른 사람으로 탈바꿈했다. 금방 기력을 되찾아 포플러나무 아래서 차 한 잔 마시고, 50미터가량 산보를 하고, 10분 동안 이스탄불에 대해 생각하고, 내 학생들 중 한 명이 빌려준《콩피당스》과월호를 흡족한 표정으로 읽는 등 돈이 거의 안 드는 즐거운 일들을 적당한 시간 간격을 두고 하다 보면 회복되는 것이다. 그는 특히《마음 통신》을 읽으며 그런 만족감을 느꼈다. 거기서 그는 '눈물에 젖은 쥘리에트'(오트손 지방에 사는)라든가 '바람피우다 들킨 장 루이'(앵드르 지방에 사는)가 쓴 주옥 같은 글을 찾아냈다.

"사실 나는 여행을 하면서 잠깐 연애를 한 것—내게 거의 고통을 안겨주지 않은— 말고는 단 한 번도 그녀 몰래 바람을 피운 적이 없습니다……."

겨울을 보내기 위해서는 또한 습성이 필요하다.

나는 짐꾼들이 단골로 드나드는 아르메니아 동네의 싸구려 식당에서 내 나름대로의 습관을 들였다. 그들은 거지들과 더불어 이 도시에서 가장 가난한 사람들이었다. 그래서 카운터에서 차를 마시는 경찰 한 사람을 제외하고는 손님이 오직 자기네들 뿐이라고 확신하며 이 찻집을 차지하고 앉아있었다. 내가 처음에 실수로 그곳에 들어가자 곧바로 무거운 침묵이 자리를 잡고 길게 이어지는 바람에(그 낡은 건물이 금방이라도 내 머리 위로 무너져 내릴 것만 같았다) 나는 잔뜩 움츠러들어 글 한 줄 제대로 쓸 수 없었다. 나는 내가 나름대로 검소하게 산다고 생각했었다. 그런데 그곳에서는 닳아 해진 내 모자와 여기저기 기운 윗도리, 목이 긴 구두가 내가 배불리 먹으며 편안히 산다고 소리 높여 외치는 것 같았다. 몇 개 되지도 않는 동전이 쩽그랑거리지 않도록 손을 호주머니에 집어넣었다. 두려움이 느껴졌다. 하지만 그건 잘못된 생각이었다. 그곳은 이 도시에서 가장 평화로운 장소였던 것이다.

정오가 가까워지면 그들은 밧줄을 어깨에 걸치고 몸을 웅크린 채 와들와들 떨며 두세 명씩 짝을 지어 이곳으로 모여들었다. 그리고 행복하다는 표정으로 뭐라고 중얼대며 나무의자에 자리잡았다. 그들의 누더기 옷에서 수증기가 모락모락 피어오르면 너무나 헐벗고 너무나 녹슬고 너무나 닳아서 빛이 통과할 정도인, 꼭 낡은 솥처럼 그들의 늙지 않는 얼굴이 빛나기 시작했다. 그들은 주사위 놀이를 하기도 하고, 긴 한숨을 내쉬며 받침접시에 흐른 차를 핥아먹기도 하고, 미지근한 물이 담긴 대야 주변에 둥그렇게 모여있다가 아픈 발을 담그기도 했다. 그중에서도 여유가 있는 사람들은 물담배를 피우고 때로는 발작적으로 헛기침을 하는 중간중간에 페르시아인들이 지난 천년간 만들었던 것 중에서 가장 잘 쓰여진 몽상적인 시들 중의 한 행을 읊기도 하였다. 푸른색 벽을 비추는 겨울 해와 그윽한 차 향기, 체스판 위에 '졸'을 내려놓는 소리 등 모든 것이 너무나 이상할 정도로 경쾌해서, 막일로 손이 딱딱해진 몇 명 되지 않는 나이든 천사들이 요란한 소리로 날갯짓을 하며 찻집 건물과 함께 날아오르는 게 아닐까 하는 생각이 들 정도였다. 감동으로 한껏 부풀어 오른 순간들. 비록 기관지는 닳아빠지고 동상으로 생긴 상처가 벌어져 있지만 그래도 빈곤한 삶에 틈을 내어 행복한 시간을 보내는 그들 나름의 방법이야말로 참으로 감탄할 만하며 페르시아적인 것이었다.

1월 중순경, 추위가 한층 더 심해지면서 몇 명의 목숨을 앗아갔고, 다 낡은 담요와 설탕덩어리 반쪽, 밧줄 조각, 그리고 예언자의 후손임을 나타내는 초록색 세이에드 허리띠까지, 그들의 소지품이 식당 안쪽에서 경매에 붙여져 이 사람 저 사람에게 나뉘어졌다.

서로를 진정시키고 위로하는 습성 때문에, 그들 중 대부분은 자기가 배고프다는 사실을 웬만해서는 깨닫지 못했다. 그들은 차를 석 잔씩 마시고 터키 빵 한 조각과 실타래처럼 길게 늘어진 설탕으로 식사를 했다. 내가 그들의 식탁에 앉으면 그들은 뭐든 내게 먼저 권하지 않고는 절대 식사를 시작하지 않았다.

"베파르마이드(이건 당신 겁니다)……."

이렇게 해서 이 보잘것없는 음식은 곧바로 신성해지는 것이다. 내가 그것을 받아들이면 그들은 그날은 더 이상 아무것도 먹을 수 없게 된다. 도대체 어떤 명령을 받았기에 그 배고픈 사람들은 자기가 가진 그 적은 것까지도 본능적으로 남에게 제공하는 것일까, 나는 스스로에게 이렇게 물었다. 그것은 어쨌든 우리들보다 이 굶주린 사람들이 더 익숙한 고결하고 관대하고 강력한 계율이었다.

에르베 신부가 옳았다. 작은 도서관은 프랑스어 도서를 최소 200권 이상 소장하고 있었다. 바뵈프와 보쉬에, 뤼펜, 엘리포르, 르네 그루세,《강베타의 일생》, 그리고 완곡 어구("보병부대는 별다른 열의 없이 싸우다가 후퇴를 하고자 하는 그 성향에 굴복하였다……")가 드문드문 나오는 우아하고 아름다운 문체를 볼 때 페르시아어 원문을 번역한 듯한 드 수비즈 원수의 서한집 등, 놀라울 정도로 도서를 분야별로 골고루 잘 갖추고 있었다.

나는 그루세의 《대초원의 제국》에서 서러시아의 칸으로 부터 구혼을 받은 중국 공주에 관해 언급한 글귀를 발견했다. 사자들이 15년씩이나 걸려가면서 호의적인 대답을 얻어온 덕분에 결국 혼사가 이루어졌다……. 그 다음 세대에. 나는 느린 걸 좋아한다. 게다가 공간은 마약과도 같은 것인데, 이 이야기는 인색하게 굴지 않고 그 마약을 나눠주었다. 점심을 먹으며 이 얘기를 티에리에게 해주었더니 그의 얼굴이 길쭉하게 늘어났다. 여자친구인 플로에게서 편지를 받은 그는 혼사를 한 세대나 미룰 생각은 없다며 결혼 생각을 완전히 굳혔다. 요컨대 나의 공주는 환대를 못 받은 것이었다.

조금 뒤에 목욕탕에서 돌아와보니 티에리는 폭발하기 일보 직전이었다. 그가 원상태로 돌아갈 시간을 주기 위해 차를 끓여 돌아왔지만, 그는 여전히 흥분을 가라앉히지 못한 채 "더 이상 이 감옥을, 이 함정을 견뎌낼 수가 없어"라고 소리쳤다. 이기주의에 눈이 멀어있던 나는 처음에는 그가 왜 이번 여행에 관해서 "8개월씩이나 여행을 했는데, 지금 우리가 어떤 상황인지 보라구! 우린 지금 함정에 빠진 거야!"하고 말하는지 이해가 되지 않았다.

그는 이미 평생 그려도 다 그리지 못할 만큼 많은 걸 보았다. 특히 그녀의 부재로 인해 애착이 한층 더 깊어졌고, 이 애착은 기다림을 고통스럽게 했다. 나는 허를 찔렸다. 배가 부른 상태에서 이 문제에 접근하는 게 더 나았다. 우리는 '드자한 노마'로 갔고, 산적 요리를 먹으면서 그 다음해 여름에 헤어지기로 합의를 보았다. 플로는 인도로 그를 만나러 오기로 했다. 나는 나중에 델리와 콜롬보 사이 어딘가에서 치러질 그들의 결혼식에 참석할 것이다. 그러고 나서 두 사람은 알아서 그곳을 떠나기로 했다.

좋다. 사실 나는 병이나 사랑 때문에 우리의 모험이 중단될 수도 있으리라는 생각은 하지 못했다. 하지만 그게 병 때문이 아니라 사랑 때문이라니, 차라리 나았다. 티에리는 자신의 삶을 앞으로 나아가게 한 것이다. 나는 내 삶이 예를 들면 중앙아시아의 어느 변두리(지리적으로 가까운 이곳이 나를 강하게 유혹한다)에서 길을 잃고 헤매도록 하고 싶었다. 잠을 자기 전에 우체부가 내게 선물한 그 낡은 독일 지도를 자세히 살펴보았다. 카프카스 산맥의 지맥들, 카스피 해의 차가운 푸른색, 우리가 지금까지 지나온 것을 다 합친 것보다 더 넓은 키르기스 대초원의 황록색. 그 광대한 공간이 내 살을 콕콕 찌르는 듯했다. 부호가 있고, 등고선이 있고, 물결무늬가 있고, 길과 새벽과 더 외딴 곳에서의 또 다른 겨울나기와, 납작한 코를 하고 색깔 있는 숄을 두른 여인들이 판잣집이 늘어선 마을의 골풀 한가운데서 생선을 말리는 장면이 상상되는(처녀지를 향한 이 같은 욕망은 좀 순진하지만, 낭만적이지는 않다. 처녀지에 대한 상상은, 우리의 정신을 고양시켜줄 강렬한 뭔가를 성취할 수 있으리라는 희망을 갖고 운명과 도박해 보라고 재촉하는 오랜 본능에서 비롯된다고 볼 수 있다.) 이 커다란 접이식 지도야말로 정말 사람을 유쾌하게 만들어준다.

그런데도 나는 어찌할 바를 몰랐다. 우리는 완벽한 팀이었으며, 나는 언제나 우리가 함께 완전한 원을 이루어왔다고 생각했다. 나는 그도 그렇게 합의했다고 생각했지만, 그 합의는 이 일과는 더 이상 관련이 없는 것 같았다. 우리가 여행을 하는 것은 무슨 일인가 일어나서 자신을 변화시키도록 하기 위해서다. 그렇지 않다면 그냥 집에 있는 게 차라리 낫다. 그런데 그에게는 어떤 변화가 일어났고, 그래서 그는 자신의 계획을 바꾸었다. 어쨌든 우리는 아무런 약속도 하지 않았다. 그런데 약속에는 현학적이며 쩨쩨한 것이, 어쨌든 성장과 새로운 힘, 예상치 않았던 것을 부정하는 뭔가가 있다. 이 점에서 이 도시는 마치 부화기孵化器와도 같다.

다른 할 일이 너무나 많은 타브리즈는 다소 예술을 무시했으며, 그래서 이 도시의 유일한 화가인 바그라미안 노인은 동업자를 만나게 된 걸 몹시 기뻐했다. 무성영화에 등장하는 바람둥이처럼 장갑을 끼고 각반을 차고 모자를 쓴 그는 이따금씩 찾아와서 티에리가 작업하는 것을 둘러보며 격려의 고함을 몇 번씩 내질렀다. 바그라미안은 레닌그라드에서 꽃 데생을 가르치며 30년 동안 근근이 생활하다가 이곳으로 이민을 왔다. 이곳에서 제자들도 몇 명 생겼고, 늦긴 했지만 그에게 흰 실크 스카프와 키드 가죽 장갑을 선물로 줄 수 있을 만큼 지참금을 넉넉히 들고 온 아르메니아 여성과 결혼도 했다. 이처럼 좋은 조건으로 결혼하자, 그는 더 이상 거의 그림을 그리지 않고 편안하고 안락한 생활을 즐겼다. 겨울 내내 식당의 식탁에 앉아 복숭아술을 홀짝거리거나, 누가과자를 조금씩 갉아먹거나, 아니면 그에게 홀딱 빠져서 고개를 끄덕이며 감탄스런 표정으로 그의 말에 귀 기울이는 아내에게 이런저런 이야기를 해주며 피스타치오 열매를 와작와작 씹어 먹었다. 우리가 찾아가면 그는 우리를 붙잡아놓고 유창한 러시아어로 소련에 관한 긴 글을 읽어주었지만 우리는 단 한 마디도 이해하지 못했다. 하지만 그의 아내는 그의 술잔을 채워주면서 어깨를 다정하게 쓰다듬거나 칭찬을 하고 박수를 쳤다. 자신의 예술가를 너무나 사랑한 나머지 그녀의 두 눈은 꼭 브로치처럼 반짝반짝 빛났다. 이따금씩 그녀는 그의 말을 중단시키고 이렇게 번역했다.

"그는 말한다……. 절대 그곳에 가지 말라고…… 크고 어두운 나라……. 당신은 사라질 것이다, 당신은 모든 걸 다 잊어버릴 것이다…… 레테 강……."

바그라미안은 '레테 강'이라고 몇 번 힘주어 말하더니 자신의 말을 설명하기 위해 작은 오렌지 껍질을 끓고 있는 차 속에 떨어뜨렸다.

사실 그는 아직 이혼하지 않은 첫 번째 아내를 완전히 잊어 버렸으며, 오직 두 번째 부인만이 그 첫째 부인의 존재를 모르는 척한다고 한다. 물론 그것을 알고 있는 동네 사람들은, 비록 엉뚱한 행동을 하기는 하지만 바그라미안이 따뜻한 곳에서 늙어가고 싶어 하는 교활한 여우처럼 행동하는 것이라고 봐준다고 생각했다. 이런 식으로 요령 있게 행동하는 것은 존경을 받을 만하다. 어쨌든 그걸 꼬투리 잡아서 그를 난처하게 만들려는 사람은 아무도 없었다. 사람들은 이 노인이 쾌활하게 지내는 것을 질시하지 않았고, 아르메니스탄에서의 삶은 무익한 중상모략을 일삼기에는 너무 힘들었다.

우리가 찾아갈 때마다 그가 보여주었던 그림들은 그 자신만큼 행복해 보이지는 않았다. 그의 그림에는 항상 태양이 등장했고 정원도 공들여 그렸지만 왠지 생기가 느껴지지 않았다. 벨벳 레이스를 입고 손에 손수건을 들고서 냉혹한 미소를 짓고 있는 귀부인들, 훈장을 주렁주렁 달고 눈 속에서 말 위에 앉아있는 장군들. 그들의 뺨은 왁스를 칠해놓은 것처럼 반들거렸다. 티에리는 마음에 안 드는 듯 입을 삐죽거렸고, 무슨 일이 있어도 당황하지 않는 바그라미안은 자신의 전통적인 스타일을 정당화하기 위해 티에리를 회화에 관한 열띤 토론으로 끌어들였다. 물론 그건 몸짓이 동원된 토론이었다. 그는 자기가 존경한다는 것을 보여주기 위해 손을 상당한 높이까지 뻗으며 어떤 화가의 이름을 큰 소리로 외치곤 했다. 그리고 티에리는 거기에 응답했다. 그들의 의견이 일치하는 경우는 드물었다. 티에리는 밀레를 마룻바닥으로 끌어내렸고, 반면에 밀레를 자기 어깨 높이에 위치시키고 30년 동안 베껴온 바그라미안은 의자에서 몸을 뒤로 젖히며 얼굴을 감추었다. 그들은 이탈리아 원시주의 화가들에 대해서는 허리 정도에서 서로 의견을 일치시켰다가, 서로에게서 눈을 떼지 않고서 자신들이 가장 좋아하는 후보자를 따로 남겨두고 몇몇 확실한 승자들(앵그르, 다 빈치, 푸생)을 서서히 끌어올렸다. 이런 종류의 입찰에서는 각자가 마지막으로 결정적인 승부수를 던져서 상대의 입을 봉하려 한다. 티에리가 팔을 쭉 뻗어서 자신이 가장 좋아하는 화가를 키 작은 바그라미안이 손을 내뻗을 수 있는 범위 밖에 위치시키면, 바그라미안은 나무 의자 위로 올라가서 결국은 전혀 알려지지 않은 러시아 작가를 내세워 떳떳하지 못한 승리를 거두곤 했다.

그의 아내가 통역을 했다.

장 프랑소와 밀레(1814~1875) 유명한 〈만종〉을 그린 프랑스 화가.
장 A. D. 앵그르(1780~1867) 19세기 고전주의를 대표하는 프랑스 화가.
레오나르도 다 빈치(1452~1519)
니콜라 푸생(1594~1665) 17세기 프랑스를 대표하는 화가. 고전주의적인 주제와 색채를 많이 사용했다.

"시슈킨······ 위대한 화가랍니다. 눈에 덮인 자작나무 숲을 그렸지요."

우리는 그러고 노는 게 즐거웠다. 그러는 사이 식탁은 술병과 흰 치즈, 오이로 덮였다. 우리가 가장 관심을 갖는 건 먹는 것이었다. 우정도 자양분을 섭취해야 한다. 그리고 바그라미안 역시 우정을 그런 식으로 이해하고 있었다.

2월

도시는 우리에게 익숙해졌고, 우리는 더 이상 의심을 받지 않았다. 딸이 스위스 로잔의 사립 기숙학교에 다니기를 원하는 아르메니아인들과 백러시아인, 고위 경찰, 공무원들이 불이 지나치게 환히 밝혀진 응접실로 우리를 종종 초대했다. 이곳의 거울과 카펫, 조잡한 장신구가 달린 가구들은 그들이 부유하다는 걸 보여주는 명백한 증거였다. 그들은 그같은 느낌을 확실히 불어넣으려는 듯 우리 음식접시를 계속 채워주었다. 그들은 우리가 어떻게 살아가고 있는지 신중하게 물었다. 물론 자신들의 도시를 은밀하게 좋아하기는 하지만, 그렇다고 해서 우리가 한 달에 150토만의 돈을 가지고 자기들처럼 이 도시를 좋아할 수 있으리라고 생각하지는 않았기 때문이었다. 그들은 마음을 탁 터놓고 이 나라와 이 나라의 문제를 말할 만큼 우리와 오래 전부터 알고 지내지는 않았지만, 우리가 이곳 사정에 너무 환하기 때문에 페르시아인들이 여행객을 위해 마련해놓은 공식적인 낙관론을 그대로 받아들이지는 않을 거라는 사실 정도는 알고 있었다. 거북스러웠다. 빠져나갈 구실에서 진지한 호의로, 망설임에서 세심한 주의로 흐르던 대화는 결국 중단되었다. 그러자 티에리가 아코디언을 집어들었다. 여자들이 춤을 추도록 하기 위해서였다. 이따금씩 우리가 끈질기게 조르면 검은 드레스를 입은 풍채 좋은 부르주아 여성이 방 한가운데 떡하니 자리를 잡고서 두 눈을 얌전하게 내리깔고 피를 토할 것 같은 목소리로 사야트 노바(18세기에 인기 있었던 아르메니아 방랑시인으로, 그의 노래들은 지금도 유행하고 있다 - 글쓴이 주)의 아르메니아 속요俗謠나 이 세상 것이라고는 생각되지 않는 아제리 비가悲歌를 불렀다. 창유리가 금방이라도 산산조각 날 것처럼, 타브리즈가 표현할 수 있는 강렬하고 열정적이고 독특한 것들이 느닷없이 방 안으로 쏟아져 들어올 것처럼 느껴졌다. 두 눈이 축축해지고 술잔들이 부딪쳐 쨍그랑거렸다. 노랫소리가 잦아들었다. 그리고 마음이 따뜻해진 사람들은 체호프의 희곡들을 가득 메우고 있는, 모호한 욕망으로 가득 찬 친근하고 시골티 나는 권태에 다시 빠져들었다.

이반 이바노비치 시슈킨(1832~1898) 러시아의 화가로 러시아 숲의 다양한 모습을 세심하게 묘사한 작품이 많다.
안톤 파블로비치 체호프(1860~1904) 러시아의 극작가. 소설가.

그 이상한 목소리와 하품, 그리고 고기 튀김의 한가운데서 우리는 당황스럽고 혼란한 상태에 사로잡혔다.

"자, 자(Allez-y), 먹어요(mangez-y). 마셔요(buvez-y)."(프랑스어에서 Allez-y는 '자, 해보세요'나 '자, 가세요'라는 뜻을 가진 관용적 표현이다. 그러나 '먹어요'나 '마셔요'라고 말할 때는 y를 붙이지 말아야 한다 – 옮긴이 주)

우리를 초대한 집주인은 테헤란의 수녀들에게서 배운 프랑스어를 다 까먹고 이렇게 소리쳤다. 이처럼 간곡한 권유가 일종의 솜 같은 걸 통해서 우리 귀에까지 들려왔다. 우리는 술잔 너머로 서로를 바라보았다. 우리가 지금 여기서 뭘 하고 있는 거지? 왜? 바그라미안의 말이 느닷없이 귓가에서 울렸다. 이곳 역시 레테 강인 것이다. 밖으로 나왔다. 여전히 눈이 내리고 있었다. 우리는 관자놀이를 물어뜯는 것 같은 추위 속에서 배가 부를 대로 불러 서로를 뚫어지게 쳐다보았다.

"음식이 기름지더군."

우리에게는 더 이상 다른 기준이 없었다.

당연했다. 몸이 바들바들 떨릴 정도로 완전히 지쳐버렸다. 몸무게가 줄어들었다. 이제 우리의 꿈은 잘 먹는 게 아니라 기름지게 먹는 것이었다. 라 나누 식당에서는 그럴 수 있었다. 그곳은 꼭 생쥐처럼 생긴, 무슨 죄를 지은 것 같은 표정을 짓고 있는 두 노파가 운영하는 학생식당으로, 이들은 검은색 숄과 검은색 두건을 단단히 동여매고 기름이 둥둥 떠다니는 온갖 종류의 수프를 끓여냈다. 두 사람 중에서 나이가 더 많은 나누는, '자유공화국'을 웅변적으로 옹호했다가 페르시아인들이 돌아오자 하마터면 교수형을 당할 뻔했으나 간발의 차이로 살아남은 피셰바리 체제의 요리사였다. 실제로 피셰바리가 이따금씩 식당을 찾아와서 구석에 겸손하게 앉아 코를 킁킁거리며 수프 냄새를 맡았다고 한다. 그가 음식 값을 내는지는 모르겠지만, 어쨌든 음식은 나왔다. 그가 권력을 가지고 있었을 때 그녀에게 잘 대해주었는지는 알 수 없다. 하지만, 좋거나 나쁜 관계는 존재들을 영원히 결합시킨다. 그래서 그는 거기, 뜨거운 수프와 꽉 찬 배가 불러일으키는 마비 상태에 머무르면서 손님들이 정부를 조롱하는 소리에 귀를 기울인다. 아니면 수프를 한 입 떠넣으며 문가까이 앉은 늙은 경찰 두 명이 기계적으로 흥얼거리며 수첩에 받아적는 체제전복적인 시의 대구對句에 귀를 기울인다.

조롱으로 점철된 이 시들은 타브리즈와 테헤란 간의 오래 묵은 불화를 언급한다. 대학은 소련의 지원으로 '공화국' 때 설립되었다. 대학은 '진보적'이었다. 다시 돌아온 이란인들은 민

피셰바리(1893~1947) 1945년 소련의 지원을 받아 이란 북서부에 공산주의 아제르바이잔 인민 정부를 설립했다. 이때 많은 아제리인(터키인)들이 이주해 왔으나 1946년 이란 중앙정부군이 이 지역을 다시 탈환하면서 피셰바리 체제는 오래가지 못하고 함락된다. 201쪽 '아제르바이잔 설명 참고.

주주의자들이 소요를 일으킬 것을 두려워한 나머지 대학을 폐교시키려고 했다. 하지만 타브리즈에서는 대학의 폐교를 정당화할 만큼 소요가 자주 일어나지는 않았다. 대학생들은 무기를 들고 일어나 논쟁에서 이겼으며, 나중에는 모사데크를 지지했다가 후회했고, 여기서 이야기하기에는 너무나 노골적인 생생한 레퍼토리를 통해 자신들의 감정을 표현했다고 한다. 이 가게의 단골이면서 우리 식탁에서 자주 식사를 하는 만수르는 우리를 위해 그 정수를 몽마르트의 속어로 번역해 주었다. 아버지가 마슈하드에서 교사를 하는 만수르는 술책을 써서 여권을 구해 파리에서 3년간 머무르며 의학공부를 마쳤다. 겨울의 침묵이 더 이상 견디기 힘들어 스트레스가 쌓일 때마다 그는 우리에게 그것을 풀었다. 그의 프랑스식 공산주의는 그가 여기에서 다시 발견한 현실에 의해 압도당했다. 이 거칠고 완고한 도시는 공산주의 교리와 잘 맞지 않는 게 분명했다. 그는 무척 당황했다. 저항과 능률의 모델인 억압받는 자들을 믿었던 것이다. 하지만 완전히 달랐다. 이곳에서는 너무나 많은 거지들이 날씨가 엄청나게 추운데도 여전히 무사태평했으며, 마마를 앓으면서도 여전히 빈정거렸다. 그들은 마치 그가 다른 모든 사람들이랑 다를 바 없다는 듯 악착같이 그에게 손을 내밀었고, 누가 주던 아랑곳하지 않고 역겨우리만큼 즐거워하며 돈을 받았다.

　그는 우리 작은 방에서 더 편안해했다. 그의 확신은 우리 서구의 변증법 속에서 더 잘 동화되었으며, 여기서 자신의 이론을 우리들에게 장황하게 설명할 수 있었던 것이다. 확실히 우리는 현기증이 날 만큼 지나치게 세세하고 사실적인 그의 프랑스 연애담보다는 정치를 더 좋아했기 때문에 완만한 반론을 폈다. 컨디션이 좋은 날이면 그는 자신의 뇌리를 떠나지 않는 이 두 가지 주제를 조화시키는 데 성공하여, 결국은 뒤 바리의 성관계를 '잉여가치'의 모순과, 예카테리나 여제의 색정증色情症을 제국주의의 발달과 연관시키기까지 하였다. 우리는 이란이 집단농장으로 바뀐다는 상상을 할 수가 없었기 때문에 대략적으로나마 이미 준비가 된 이런 계획과 그의 유토피아적 이념, 논리가 빈약한 그의 논증을 트집잡았다. 하지만, 우리가 그랬던 건 그냥 가만히 듣고만 있기 뭐해서였다. 이 '조립품들'과는 별도로 그의 혼란과 반항은 전적으로 합법적인 것이었기 때문이다. 많은 학생들이 비밀스럽게 그것들을 공유했다. 자혜디 체제에서 이같은 견해를 가진 사람들은 곧장 감옥으로 끌려갔으며, 이란 감옥

마슈하드 이란 북동부 호라산 주의 주도. 타브리즈와는 서쪽과 동쪽 끝으로 떨어져 있고 이 두 도시의 중간쯤에 테헤란이 있다.
뒤 바리 백작부인(1743~1793) 프랑스 국왕 루이 15세의 마지막 정부. 국왕 생존시 사치와 향락을 일삼았으며 그녀의 아름다움은 당대 예술가들의 찬미 대상이었다. 그러나 프랑스혁명 후 단두대에서 처형된다.
예카테리나 2세(1729~1796) 러시아 제국의 황후이자 여제. 지능이 모자랐던 남편 표도르 3세를 축출하고 자신이 황제가 되었다. 귀족들과의 협력체제 강화, 영토 확장, 문치주의 등에도 기여해 대제라고 불린다. 프랑스혁명이 일어나자 프랑스와의 국교를 단절했다.
자혜디 239쪽 '무함마드 모사데크' 설명 참고.

은 결코 유쾌한 곳이 아니었다. 그들이 할 수 있는 가장 신중한 일은 아마도 계속해서 잠을 자는 것이리라. 왜냐하면 이 도시는 손이 무거워서(엄한 벌을 내린다는 뜻 - 옮긴이 주) 잠도 더 깊이 들기 때문이다. 하지만 젊음은 (아무리 열심히 부추겨도) 절대 계속해서 잠만 자지는 않는 법이다.

이미 꽤 오래전에 캔버스와 물감이 다 떨어진 티에리는 스위스에 주문했던 물건들이 드디어 도착했다는 내용의 통지서를 우체국에서 받았다. 그는 단번에 우체국으로 달려가서 이것저것 서식에 기입한 다음 양도 전표에 서명하고 관세를 지불했다. 그러고 나서 그는 세관으로 가서 소화물을 갖고 돌아와 세관원이 포장을 푸는 걸 지켜보았다. 아무 이상이 없었다. 하지만 그가 캔버스와 물감을 들고 가려 하자, 담당자가 잽싸게 채가더니 그걸 자기 손으로 직접 전하고 싶어하는 우체국장이 지금 잠깐 부재중이라고 말하는 것이었다. 티에리는 히터와 담배, 포도, 차가 비치된 작은 방으로 안내되어 우체국장을 기다리다가 깜빡 잠이 들었다. 그리고 한 시간가량 뒤에 깨어나 우리의 친구 우체국장을 만나러 갔다.

"이런, 세상에, 내가 도대체 누굴 기다리고 있는 거죠?"

"우리 우체국장님이지요. 아주 매력적인 분이랍니다."

"그 양반이 언제 돌아온다는 거요?"

"파르다(내일) 오실 겁니다!"

"네?"

"손님은…… 오늘은 소포를 보셨고, 가져가시는 건 내일 가
져가시는 겁니다. 두 번에 걸쳐 즐거움을 누리게 되는 거죠."

그 노인은 이렇게 상냥하게 말하며 티에리를 문까지 배웅
해 주었다.

'파르다'라는 말은 항상 인용되는 말이다. '파르다'는 약
속으로 가득 차 있으며, '파르다'가 되면 삶이 더 나아질 것이
다…….

3월

그렇지만 겨울은 우리에게 끈기를 가르쳐주었다. 겨울은 아직
까지도 타브리즈를 무겁게 짓누르고 있다. 하지만 남쪽에서는
추위가 벌써 누그러졌다. 산들을 뛰어넘는 시리아의 뜨거운 바
람이 눈을 녹이고, 눈이 녹으면 쿠르디스탄의 시냇물이 불어난
다. 어떤 날 밤에는, 누르스름한 하늘이 끊임없이 변화하면서 이
미 봄을 예고했다.

도서관에서 쿠르드 설화집(레코 선교회가 디아르베키르 지역에
서 수집한 설화집 – 글쓴이 주)을 찾아냈다. 나는 그 참신한 내용에
흥분했다. 참새 한 마리(물론 쿠르드 참새다)가 자신에게 무례하게
대하는 페르시아 대왕에게 깃털을 부풀리며 대꾸한다.

"당신 아버지 무덤에 오줌을 갈길 거예요."

당나귀 귀에 키가 꼭 장화만큼이나 작은 정령들이 깜짝 놀랄 만한 전언을 전하기 위해 한밤중에 천둥소리를 내며 땅 속에서 뛰쳐나온다. 그리고 랑슬로나 튀르팽의 얼굴이 창백해질 만큼 치열한 전투를 벌인다. 각자 돌아가면서 한 대씩 때리는데, 첫 번째 가격이 상대를 어깨까지 땅속에 파묻으면, 이 상대는 껑충 뛰어올라 몸을 빼내고 흙을 털어낸 다음 이번에는 자기가 있는 힘껏 내려친다. 묘지에서 몽둥이나 창으로 그렇게 싸우는 것이다. 이 싸움에 그 지방 전체가 울리고, 여기서 손 하나가 날아오르면 저기서 코 하나가 날아오른다. 그럴 때마다 원한이(뿐만 아니라 이렇게 있는 힘을 다해 싸우는 데서 생기는 쾌감도) 점점 더 커진다.

지평선상에 잠시 비치는 햇빛과 이 유쾌한 문학이 그곳을 조금 더 가까이에서 보고 싶은 욕구를 불러일으켰다. 쿠르디스탄의 상황이 긴박했으므로 반드시 통행증을 발급받아야 한다. 쿠르드인들은 순혈 이란인이며 제국의 충성스런 신민들이었지만, 이들이 제멋대로 행동했기 때문에 중앙권력은 항상 불안해했다. 이미 1700년 전에 아르사시드 제국의 군주인 아르타바누스 5세는 반란을 일으킨 봉신封臣 아르다시르(사산 왕조의 창시자. 알트하임,《저녁과 아침의 얼굴》에서 인용 – 글쓴이 주)에게 이렇게 썼다.

그대는 한계를 넘어서 불행한 운명을 자초하였다. 그대, 쿠르드족의 막사에서 자라난…….

이같은 경고 이래로 아랍인들은, 심지어는 몽고인들조차도 이라크와 이란의 경계를 이루는 무척이나 시적詩的인 목초지 고원지대에서 쿠르드족 목동들을 쫓아낼 수가 없었다. 쿠르드인들은 여기를 편하게 느끼고 자기들 나름의 방식대로 일을 진척시키려고 한다. 그래서 쿠르드인들이 자신들의 관습을 지키거나 자기네 방식으로 불화를 해결하려고 일단 결심하면 테헤란의 목소리가 기병총 소리를 억누르는 건 무척 힘들어진다. 그러다가 상황이 악화되면 도로를 차단하고 지나다니는 사람이나 차량을 인질로 잡고 돈을 요구하는 일이 벌어지기도 한다. 이런 일이 일어나지 않도록 하기 위해 정부는 국경에 있는 작은 마을에 다수의 군 병력을 주둔시키는데, 봉급이 거의 지불되지 않는 탓에 이들은 얼마 지나지 않아 결국 약탈자들을 약탈하는 지경에 이르게 된다. 이렇게 해서 균형이 이뤄지고 정부의 권위가 서게 되지만, 그것은 선거가 가까워지면서 늘 그렇듯이 음모와 압력과 거래가 이어지고 혼란이 한층 더 심해지고 나서야 가능한

랑슬로 〈짐수레를 타고 가는 랑슬로〉라는 프랑스 전래 이야기 속의 주인공. 랑슬로가 숱한 위험과 모험을 물리치고 납치된 여왕을 구하고 마침내 여왕의 마음도 얻는다는 기사 이야기.
튀르팽 〈롤랑의 노래〉에 나오는 용감한 군인 대주교. 〈롤랑의 노래〉는 십자군의 무용담을 수도원 전설과 버무려 만든 무훈가.

일이다. 이같은 집안의 수치는 밖으로 드러나지 않았고, 통행증을 신청하기에는 때가 안 좋았다. 하지만, 우리로서는 달리 방법이 없었다. 행정당국도 경찰도 우리를 만족시키고 싶은 생각이 별로 없어 보였다. 하지만 이제 우리는 이 도시 사람들과 좋은 관계를 유지하고 있었으므로, 각 관청은 우리에게 안된다고 말하는 귀찮은 일을 다른 관청에 미루기만 했다. 2주일 동안 우리는 이 관청, 저 관청 쫓아다니며 통행증 발급을 제외한 모든 이야기에 정중하게 귀를 기울이며 약속을 계속 연기하는 고위공무원들과 차를 마셔야 했다. 우리는 날마다 그들을 찾아가 약속을 상기시키며 우리의 초초함을 보여주지 않으려 애쓰고, 우리에 대한 그들의 믿음을 절대 무너뜨리지 않을 것이라고 몇 번씩 다짐했다. 우리는 극도의 긴장상태에서 가장 끈기 있는 자가 이기는 해묵은 게임을 배워나갔다. 결국 그들은 우리가 이기도록 내버려두었다.

　　출발하기 전날 밤에 폴루스가 우리를 찾아왔다. 그는 얼마 전에 도로를 이용했는데, 미안도아브[28]까지는 아무 문제가 없으며 그 너머의 도로는 침수되기는 했지만 다닐 만하다고 전했다. 이 구간에서 그날 아침 지프 한 대가 공격받았다. 남부지역에서 밀수품을 몰래 싣고 오던 운전사는 자기 몫을 챙기기 위해 길을 뚫고 나왔고, 그 바람에 차문이 총탄에 벌집이 되고 허파에 구멍이 나서 타브리즈에 도착하였다. 폴루스는 총탄을 제거하면서 이제 막 이 일의 진상을 알게 되었다고 했다. 폴루스는 미안도아브의 시아파나 아니면 쿠르드족으로 변장한 탈영병이 공격을 했을 거라고 말했다.

"터번을 두르는 거야 식은 죽 먹기지요…… 어쨌든 지금 이 계절에 쿠르드족의 머릿속에 다른 생각은 없으니까. 가축들이 우리 밖으로 나오기 시작하고 있어요. 이동 방목이 가까워지고 있거든요. 그들이 거칠고 자기네들끼리도 싸우는 건 사실이오. 하지만 아무리 그래도 굶어죽기 전에는 여행자들을 습격하지 않아요. 그런 이야기들이 떠도는 건 그들의 나쁜 면만을 강조하기 위해서지요. 그런 일은 언제 어느 때건 일어날 수 있습니다. 그게 알라의 뜻이라면 말이지요. 하지만 이곳에서는 그게 예외입니다. 생활하는 데 꼭 필요한 돈은 가져가되 무기는 절대 휴대하지 마세요. 그들이 가장 필요로 하는 건 무기니까 말이오. 그걸 엄청 좋아하지. 아마도 열대여섯 명이 우르르 몰려와 당신들에게서 그걸 빼앗아갈 거요. 그렇다고 해서 어쩌겠소? 허허 웃는 수밖에 없지."

폴루스 말이 옳았다. 권총을 들고 남을 찾아간다는 건 상식에서 벗어나는 일인 것이다. 더더구나 우리는 그걸 잘 사용하지도 못하는데 말이다. 우리는 세상을 보기 위해 떠나는 것이지 거기 대고 총을 갈기러 떠나는 건 아니다.

돈이 돌고 돈다고 말하는 건 잘못이다. 돈은 위로만 올라갈 뿐이다. 제물로 바쳐진 고기 냄새가 세력가들의 콧구멍까지 흘러가듯이 자연스러운 성향에 따라 상승하는 것이다. 물론 이란이라는 나라가 이 보편적인 속성을 독점하고 있는 것은 아니다.

봄꽃들이여, 뭘 기다리니

다섯 번째 이야기 교도소에서

미안도아브[28] 가는 길

차도가 깊은 협곡에 잘려나갔다. 그래서 차를 모는 게 힘들어졌고, 더구나 여섯 달 동안 한곳에 머물러 생활 했더니 우리 두 사람 모두 운전 실력이 줄었다. 차는 여러 차례 보닛까지 진창 속에 빠졌고, 우리 힘만으로는 거기서 빠져나올 엄두를 내지 못했다. 이런 경우에 가장 좋은 방법은 짐마차가 지나가기를 기다리며 무릎을 꿇고 앉아 풍경을 바라보는 것이다. 풍경은 감상할 만했다. 습기가 있었지만 멀리까지 볼 수 있었다. 북쪽으로는 과수원이 있었는데, 가지가 갈퀴손톱처럼 생긴 나무가 눈에 덮여 타브리즈와 겨울을 향해 끝없이 펼쳐져 있었다. 그 뒤쪽으로는 사발란 산맥이 하얀 능선을 안개 위로 살그머니 내밀고 있는 게 눈에 들어왔다. 서쪽으로는 습지로 이루어진 사막이 우리를 우르미아 호수의 씁쓸한 물과 떼어놓았다. 봄이 오고 있는 방향인 남쪽으로는 여기저기 포플러나무가 한 그루씩 서있는 평원 너머로 쿠르디스탄 최초의 작은 언덕이 펼쳐졌는데, 소나기가 내리며 김이 모락모락 피어오르고 있었다. 주변에 파편처럼 흩뿌려진 눈 사이에서 땅이 한숨을 내쉬는 듯했다. 혹은 땅이 마치 스펀지처럼, 영롱하게 반짝거리는 수천 개의 가느다란 물줄기를 뿜어내며 움직이는 듯했다. 물이 너무 많았다. 우리는 배까지 물에 젖은 낙타들과 마주쳤다. 여울목의 수위가 높아진 것이다. 그 바람에 이미 빨라진 강물 속에서 옷을 벗어부치고 자동차가 지나가기 가장 좋은 길을 찾아야만 했다.

마하바드 가는 길

강도는 만나지 않았다. 대신 예닐곱 명 되는 무리가 희망으로 가득 차서 여러 차례나 우리 차를 세웠다. 쿠르드족이 볼 때는 엔진과 네 바퀴를 가진 건 무조건 버스일 수밖에 없었고, 그래서 그들은 차에 올라타려고 애썼다. 엔진도 너무 약하고 스프링도 견디지 못할 것이라고 설명해 봤자 아무 소용없었다. 그들은 소리를 지르면서 우리 등을 두드려주고, 아무 문제없을 것이다, 불편한 건 얼마든지 감수할 수 있다, 어쨌든 겨우 50킬로미터만 가면 된다……는 것을 보여주기 위해 짐을 든 채 흙받기나 발판, 범퍼 위에 자리잡았다. 내리라고 하면(신중을 기해야만 했다. 다들 무장하고 있기 때문이다) 그들은 돈을 달라는 줄로 생각하고 슬그머니 허리띠에서 1토만을 꺼냈다. 그들은 자동차의 크기나 수용능력은 생각하지 않았다. 자동차를, 가능한 한 많은 사람을 싣고 가다가 재난을 당하면 죽을 운명을 타고 난 철제 당나귀 정도로 생각할 뿐이었다. 하지만 우리가 볼 때 우리 차는 기껏해야 어른 한 명이나 아이 두 명밖에는 더 태울 수가 없었다.

마하바드 변두리에서 우리는 온몸이 진흙투성이가 된 한 노인을 태웠다. 그는 목청껏 노래를 부르며 녹은 눈 속을 힘들게 걸어가고 있었는데, 조수석에 앉자마자 바지 속에서 고물 총을 꺼내더니 티에리에게 정중하게 맡겼다. 이곳에서는 무기를 휴대하고 남의 집에 들어가는 게 예의바른 행동이 아니었던 것이다. 그러고 나서 그는 우리를 위해 굵은 궐련을 말아주더니 다시 아주 흥겹게 노래를 부르기 시작했다.

무엇보다도 내게 가장 깊은 인상을 남긴 것은 그의 쾌활함이었다.

마하바드[29]
벽토로 지어 푸른색으로 문을 칠한 집들, 이슬람 사원의 뾰족탑,

사모바르 주전자에서 솟아오르는 김, 그리고 강가의 버드나무. 3월 말의 마하바드는 다가오는 봄의 금빛 레몬색에 잠겨 있었다. 대마 부스러기를 연상시키는 검은 구름 사이로 흘러나온 빛이 황새들이 부리를 딱딱거리며 둥지를 튼 평평한 지붕에 스며들었다. 중심가는 챙 달린 검은색 모자를 쓴 시아파와 챙이 없는 사발을 엎어놓은 모양의 펠트모자를 쓴 자르도슈티파(우르미아 지역에 아직도 많이 사는 자르도쉬 즉, 조로아스터 신봉자들로, 인도의 파시교도도 이들과 같은 신앙을 가지고 있다 - 글쓴이 주), 작달막한 키에 머리에 터번을 쓰고 쉰 목소리로 격론을 벌이며 이방인을 빤히 쳐다보는 쿠르드족이 줄 지어 지나다니는 웅덩이에 지나지 않았다. 급한 일이 없는 사람들은 상체를 앞으로 약간 기울이고 뒷짐을 진 채(그들은 항상 뒷짐을 졌다. 입고 있는 바지에 호주머니가 달려 있지 않았기 때문이다) 몇 걸음 떨어져 우리 뒤를 따라왔다.

우리는 그 강렬한 시선들이 함께하는 가운데 이렇게 에스코트를 받으며 깊이가 족히 30센티미터는 될 웅덩이를 건너다니기도 했고, 노점에서 차를 마시기도 했고, 뭐든지 다 받아들이는(얼굴이 비쩍 마른 경찰 두 명은 예외였다. 이들은 하찮은 권위나마 세우고 싶어서 우리 뒤를 졸졸 따라다니며 아무런 해도 끼치지 않는 군중들을 손바닥으로 때리는 시늉을 해서 해산시키려고 애썼다) 신선한 공기를 들이마시기도 했다.

제복을 입은 사람들이 너무 많다는 것, 그것이 바로 마하바

드의 어두운 면이었다. 이란 경찰의 감청색 제복이 있었고, 누더기나 다름없는 군복을 걸친 병사들은 꼭 위험한 부랑자처럼 명한 표정으로 서너 명씩 짝을 지어 사방으로 몰려다녔다. 장교는 별로 눈에 띄지 않았다. 그런데 정말 우연히도 우리는 도착한 날 밤에 산책을 하다가 장교 열두어 명이 강물이 범람해서 위험하게 된 다리 초입에서 토론을 벌이는 광경을 보게 되었다. 그들은 얘기를 멈추고 우리 신분증을 꼼꼼히 들여다보더니 "쿠르드족을 만나 가진 것 다 빼앗기기 전에" 시내로 돌아가라고 쌀쌀맞은 어조로 충고하고, 다시 입씨름을 시작했다. 강물이 천둥치는 소리를 내며 흐르고 있었으므로 각자 차례대로 자기가 하는 얘기를 상대가 알아들을 수 있도록 크게 소리를 질렀고, 그동안 연락병 한 사람이 수첩에 이름과 숫자를 써넣었다. 잠시 뒤에 우리는 그들이 다리가 무너질 것인가 아닐 것인가를 두고 돈내기를 했다는 것을 알아차렸다. 무너진다는 쪽에 돈을 건 사람들이 이겼다.

마하바드에는 쿠르드족 강도는 없고 오직 불평불만을 가진 사람들뿐이었는데, 군대는 이들의 입을 막는 일을 맡고 있었다. 하지만 강도 이야기는 대규모의 군 병력을 계속 주둔시키기 위한 좋은 핑곗거리를 제공했다. 공무원들은 일부러 그런 이야기를 퍼뜨렸고, 필요할 경우에는 임의 구금을 통해 그것을 뒷받침했다. 군대가 이곳에 안 좋은 기억을 남겨놓았기 때문에, 쿠르드족들은 외견상으로만은 아무런 문제가 없어 보이는 이 점령 상태를 더더욱 잘 견뎌내지 못했다. 마하바드쿠르드 공화국, 즉 쿠르디스탄 공화국은 1948년 무력에 의해 붕괴되었다(비슷한 시기에 태어난 쌍둥이라고 할 수 있는 아제르바이잔민주공화국도 같은 운명을 맞았다 – 글쓴이 주). 온당한 요구조건을 내걸었던 쿠르드 자치주의자들은 대부분 처형당했고, 당국은 그들의 우두머리 카지 무함마드를 죽이지 않겠다고 공식적으로 약속했으면서도 결국은 교수형에 처해버렸다. 마하바드 사람들은 변함없이 그의 무덤에 꽃을 바치고, 전혀 호의적이지 않은 눈길로 군대가 지나가는 것을 노려보았다.

교통부 장관을 지낸 적이 있는 길란호텔 주인은 불행한 카지보다는 난관을 잘 벗어났다. 페르시아인들로부터 사형선고를 받았다가 마을 여러 곳을 바친 대가로 아슬아슬하게 사면된 그는 일흔 살의 나이에 삶에 대한 사려 깊고 활기찬 열정을 다시 발견했고, 이런 활기는 그의 호텔을 환하게 밝혀주는 듯했다. 그 호텔은 벽의 두께가 거의 2미터나 되며, 종달새와 흰털발제비들이 엄청나게 큰 들보 사이에 짚으로 둥지를 틀고 사는 건물이었다. 하늘색 페인트를 칠해놓은 철제 침대 두 개, 식탁 하나, 그리

파시교 8세기 이란의 조로아스터교 박해 때 남아시아로 이주해 만들어진 인도와 파키스탄의 조로아스터교 공동체.
아제르바이잔민주공화국 201쪽 '아제르바이잔' 설명 참고.
카지 무함마드 217쪽 '쿠르디스탄' 설명 참고.

고 색이 바랜 쿠르드산産 카펫이 우리가 그날 밤 물에 빠진 생쥐 꼴로 돌아간 방의 가구 전부였다. 우리 옷가지가 화로 위에서 김을 모락모락 피우며 마르는 동안 우리는 담요를 뒤집어쓰고 침수된 길거리에서 올라오는 묵시적인 불빛을 받으며 주사위놀이를 했다. 저녁을 날라온 주인도 끼어들어 게임을 지켜보며, 우리에게 도움을 주기도 하고 아니면 팔꿈치로 슬쩍슬쩍 찔러서 우리가 미처 눈치 채지 못한, 간단해 보이는 이 게임을 흥미롭게 만들어주는 수많은 속임수들을 우리에게 알려주기도 했다.

시장에서 일하는 쿠르드족 이야기꾼 한 사람도 우리와 함께 식사했다. 그는 많은 전설과 전원시를 알고 있으므로 우리는 그것을 녹음했다. 그는 같은 층에 사는 사람들이 다 모여들 만큼 일종의 끈질긴 유쾌함을 발휘하며 미친 듯이 노래를 불렀다. 이웃들이 한 명씩 한 명씩 우리 방문을 두드리더니 그의 노래를 들으려고 침대에 한 줄로 죽 자리잡았다. 우르미나 호수 주변에 사는 뚱뚱하고 근육이 툭툭 튀어나오고 족제비처럼 생기 있는 이 아랍인들은 자기네들 소유지는 엄중히 감시되도록 놓아둔 채, 선거전의 이면공작을 좀 더 가까이서 지켜보기 위해 마하바드에 모였다. 술장식이 눈 위까지 내려와 있는 짙은 색깔 천으로 된 터번과 폭이 넓은 면직綿織 허리띠, 쿠르드 단도를 제외하면 그들의 옷차림은 서양식이었다. 영국산 소모사 천으로 만든 양복 한 벌을 차려 입은 이 15세기의 건장한 제후들은 이 이상한 방 안에서 거리낌 없이 굴면서 쿠르드족 특유의 강렬한 시선으로 우리와 우리 짐을 꼼꼼하게 살펴보기도 하고, 노끈을 꼰 모양의 문양이 새겨진 코담배갑을 우리에게 내밀기도 하고, 작은 조끼 호주머니에서 꺼낸 대형 금딱지 회중시계를 귀에 갖다대고 웃으면서 차임을 울리기도 했다.

"좀 들어가도 될까요(May I come in)?"

경찰서장이 미처 대답할 틈도 주지 않고 불쑥 들어왔다. 감미로운 목소리, 째진 눈, 알랑거리는 미소를 지으면 드러나는 이빨. 그는 권총과 물에 젖은 모자를 탁자 위에 올려놓더니 방 안의 사람들에게 인사를 하고 우리가 그날 낮에 뭘 했는지 정중하게 물었는데, 그렇다고 해서 그렇게 많은 쿠르드인들이 우리 방에 모여있는 걸 발견했을 때의 곤혹스런 표정을 감추지는 못했다. 그는 우리가 일부러 페르시아 말을 못 알아듣는 척한다고 생각했다. 우리가 음모를 꾸미러 왔다고 확신하며 좀 더 일찍 와서 처음부터 다 듣지 못한 걸 내심 후회하고 있었다.

이곳 마하바드에서는 영국과 러시아, 미국, 쿠르드 분리주의자들, 동일한 목표를 추구하지는 않는 군과 경찰 등이 각자 은밀한 영향력을 미치고 있다는 말을 해야겠다. 각자가 어떤 분파에 속하며, 누가 어디 속하는지를 아는 게 중요했다. 그래서 이 도시에 부임한 지 얼마 되지 않는 서장은 어디다 줄을 대야 할지 몰라 곤혹스러워하고 있었다. 그는 수감자들의 고소와 익명

투서를 통해 해임된 성공한 전임 교도소 소장 대신 이곳으로 전속되어, 감시인이라는 직무를 내키지 않는 마음으로 받아들여 여러 가지 조건들을 개선시킴으로써 자신의 이름을 널리 알렸다. 서장은 별달리 할 일도 없고, 우리에게 우의를 느꼈기 때문에, 그러면서도 우리를 수상하게 생각했기 때문에, 우리를 계속 찾아와서 함께 산책 나가자고 간청하기도 하고, 심지어는 우리가 무슨 생각을 하고 있는지 알아내기 위해 현 정부를 비판하기까지 했다. 이런 식으로 끊임없이 감시를 받자 우리는 짜증이 날 대로 났지만, 그가 너무나 능수능란하게 일을 했기 때문에 면전에 대고 문을 쾅 닫을 수가 없었다. 게다가 그는 영어를 잘해서 우리를 찾아온 손님들이 한 말 중에서 가장 신랄한 발언을 우리들에게 그대로 옮겨주는가 하면 이야기꾼의 시를 한줄 한줄 번역해 주기도 했다.

비가 내리네
구름 자욱하고 만물이 비에 젖었네
봄꽃들이여, 뭘 기다리니?
……
그리고 떨어지고 또 떨어지는 그 모든 물
그것은 내 눈에서 흐르는 눈물이어라……

우리 상황에 딱 맞는 노래였다. 호텔은 처마 물받이 소리에 맞추어 마치 방주처럼 떠다녔고, 쉴 새 없이 내리면서 다리를 하나씩 휩쓸어가는 비 때문에 우리는 도시 안에 꼼짝없이 갇혀 있을 수밖에 없었다. 돈도 다 떨어졌다. 길란호텔 주인은 우리 인상만 보고도 기꺼이 방을 내줄 것이다. 하지만 우리가 이 도시에 머무는 기간이 길어질수록 우리를 더 엄격하게 감시하면서 배려가 점점 더 신경질적으로 변해간 서장은 교도소에서 우리에게 환대를 베풀겠다고 했다. 그것은 상냥하지만 단호한 제의였다. 우리로선 선택의 여지가 없었다.

마하바드 교도소

창살을 통해 흘러들어오는 동틀 무렵의 빛은 먼저 푸른색 벽에 걸려있는 구리단추 달린 제복을 비추고, 다음에 메달을 목에 건 경찰 몇 명(이들은 메달을 받을 만한 자격을 갖춘 사람들이었지만 안타깝게도 이미 고인이 되었다)을 이란을 상징하는 색깔로 그려놓은 포스터를 비추고, 마지막으로 잠옷 차림으로 계속 목을 헹구는 서장의 실루엣을 비추었다. 우리는 슬리핑백을 바닥에 깔고 그 위에 누워서, 그가 무릎을 열두 번 굽혔다 폈다 하고 숫자를 세며 숨을 내쉬고 제복을 입고 거울을 보며 웃음 짓고 컨디션이 좋다며 혼자 만족스러워하는 모습을 뚱한 눈으로 바라보았다. 그러고 나면 그는 아침 소나기가 내리는 밖을 향해 창문을 연 다음 공기를 정화시키기 위해 향을 피우고, 마치 눈에 보이지 않는 과묵한 대화자를 설득이라도 하려는 듯 털투성이 손을 천천히 비비며 사무용 책상 앞에 자리잡았다.

"저희 오늘 외출할 수 있을까요?"

그는 진심으로 미안한 표정을 지으며 그건 곤란하다고 말했다. 선거 때문에 도시 분위기가 너무나 어수선해서…… 우리가 봉변을 당할지도 모르는데 자기가 책임자이기 때문에 어렵다는 것이다. 게다가 그는 마침 우리와 같이 아침식사를 하고 싶다고 했다. 검은색 버터를 넣은 회향풀 새싹은 쿠르드족의 특별 요리인데, 자기가 그걸 일부러 준비하겠다는 것이다. 그가 벨을 누르자 담당 경찰이 느릿느릿 들어오더니 보초를 서는 동안 짠 편물을 왼손에 감추고 경례를 한 다음 쇼핑백을 들고 시장으로 출발했다.

서장이 숨을 깊이 들이마시며 덧붙였다.

"회향풀은 몸에 아주 좋아요……. 이뇨 작용을 하고 내장을 튼튼하게 해주지요."

계속해서 식이요법에 관한 충고가 이어졌다. 소화를 잘 시키고 영양 섭취에 관해 잘 이해해야 한다는 것이 바로 이 인물이 장기로 삼는 이야깃거리였다. 물론 건강을 유지하는 건 좋은 일이다. 하지만 매일 아침 그걸 실연하는 모습을 봐야 하다니! 우리는 몇 분만이라도 더 자려고 돌아누웠다. 결국 교도소도 잠을 자도록 만들어진 곳이고, 이 교도소는 우리에게 첫 번째 휴식을 주었다.

아홉시가 되면 교도소는 활기를 띠었다. 감방에서 하품을 하고 콧노래를 흥얼거리는 소리가 들려왔다. 식당 소년이 보초들이 마실 차를 머리에 이고 왔다. 그러고 나면 이발사가 면도날 가는 가죽을 어깨에 걸치고 교도소 안을 한 바퀴 돌았다. 고소인들은 서장실로 가려고 우리를 뛰어넘었다. 불쌍할 만큼 겸손한 죄수의 친척들, 직업 밀수업자들, 타고 온 당나귀를 문 앞에 내버려두고 연신 굽신거리며 신자들을 위해 중재하러 오는 시골의 뮐러들. 우리는 바닥에 누워 눈을 반쯤 감은 채 이 행렬을 관찰했다.

어느 날 아침, 진흙투성이의 가죽신발을 신은 두 남자가 내 코를 스치며 지나갔고, 곧 크고 날카로운 여자 목소리에 소스라치게 놀라 잠에서 깼다. 작달막하고, 단단하면서도 유연한 체격에 짙은 화장을 한 창녀였다. 그녀는 아제리 말을 했으며, 나도 그때쯤에는 그녀가 잠을 자놓고 화대를 주지 않는 병사들에 관해서 서장에게 불평을 늘어놓고 있다는 것 정도는 알아들을 수 있었다.

그가 대답했다.

"군인들이 그랬기 때문에 나로서는 어떻게 해볼 도리가 없소. 앞으로는 군인들이랑 하지 말고 내 밑에 있는 경찰들이랑 하시오. 지금도 경찰들이 그렇게 할 수 있다면 말이오. 그런데도 무슨 문제가 생기면 그때 날 찾아와서 말해요."

그는 그녀에게 담배를 권하고 차도 대접했다. 그녀는 꽃무늬가 있는 차도르를 쓰고 책상 모퉁이에 앉아서 담배연기를 연이어 내뿜으며 쾌활한 태도로 서장과 계속 설전을 벌였다. 그녀는 서장을 조금도 두려워하지 않는 게 분명했다. 두려워하면 목소리가 작아지고 눈을 내리깔게 되므로 곧바로 알 수 있다. 그러나 정반대로 징이 박힌 구두를 규칙적으로 흔들며 쉬지 않고 말했다. 조롱과 불평, 시장 사람들에 대한 험담이 이어졌다. 그녀는 정말 굉장하다 싶을 만큼 격렬하고 활기차게 말하다가 어쩌다 한 번씩 입을 다물고 웃음을 터뜨리거나 쉰 목소리로 우리에게 음담패설을 몇 마디 늘어놓기도 했다. 발목에는 흙이 잔뜩 묻어있었고, 두 눈은 누구에게 맞았는지 멍이 들었으며, 입 주위에는 물린 자국도 남아있었다. 그렇지만 그녀는 혼자서 깊고 힘차게 흐르는 진흙투성이의 강이 될 수 있을 것 같았다. 그녀는 집게손가락을 들어올리고 농담조로 서장을 다시 한번 위협하고서는 들어왔을 때처럼 순식간에 사라져버렸다. 그는 몹시 재미있어 했다.

아제리어 아제르바이잔 지역의 투르크인들이 쓰는 아제리 투르크어.

"저 여자는 당분간만이라도 시골로 돌아가고 싶어하는군요……. 시골마을에서도 그 짓을 하니까요. 향수가 든 배낭을 행상처럼 짊어지고 쇠가 박힌 지팡이를 짚고 걸어 다니면서 말입니다."

그것은 끔찍하고 모욕적이지만 너무나도 강렬한 삶이었다. 나는 슬리핑백 속에서 나와 그 수다스런 여자를 꼭 껴안아주었어야 했다. 하지만 만일 그랬다면 한 마디도 놓치지 않으려고 손바닥을 깔때기 모양으로 해서 귀에 갖다대고 문을 지키던 보초는 무척 난처했으리라.

우리의 지위는 과연 손님인지 아니면 죄수인지 명확하지 않았다. 오후가 되면 우리는 우리를 다시 데리고 들어올 책임을 맡은 두 경찰과 함께 시내로 나갈 수 있었다. 엷은 갈색 턱수염을 가진 이 나이든 수행원 둘은 우리가 걸음을 빨리할라치면 거친 숨을 몰아쉬며 불쌍한 표정으로 우리를 소리쳐 불렀다. 사실 우리는 그들에게 아무 감정도 없었다. 그러나 경찰들에게 둘러싸인 채 정말 유순하기 짝이 없는 사람들 사이를 돌아다닌다는 건 결코 보기 좋은 광경이 아닐 뿐만 아니라 그들이 우리 옆에 붙어있다는 사실만으로도 쓸데없는 오해를 살 우려가 높았다. 그들을 확실하게 떼어내는 유일한 방법은 그들이 사소하지만 부당한 요구를 몇 가지 했기 때문에 쉽사리 그 안으로 들어갈 엄두를 못내는 시장 안으로 모습을 감춰버리는 것이었다. 그럴 때면 그들은 이 위험한 지역의 변두리 찻집에서 대기했고, 우리는 그들이 징계를 받지 않도록 돌아갈 때 다시 합류했다.

그것은 장난꾸러기 같은 바람에 시달리는 작은 시장이었다. 붉게 빛나는 진흙탕을 향해 열린 노점들, 물웅덩이 속에 웅크리고 앉아있는 거무스레한 눈가의 물소들, 소낙비에 퍼덕거리는 벽걸이 천, 홍안(紅眼)을 보호하기 위해 푸른색 구슬로 이마를 덮어 가린 낙타들, 묶어놓은 양탄자들, 통에 담긴 쌀, 렌즈콩, 또는 화약이 있었고, 차일 위에서는 황새들이 야단법석을 피웠다. 이 동물들 속에서 시아파 가게 주인들이 흑단으로 만들어진 주판알을 엄청나게 빠른 속도로 굴리며 계산을 했다. 노새 주인들은 뿔이 불에 타고 불똥을 튀기며 냄새를 피우는 가운데 노새의 편자를 박거나, 아니면 이라크의 쿠르디스탄 지방에 사는 사촌들 앞으로 가게 될 밀수품을 실었다(굳이 비밀로 하려고 하지도 않았다). 그리고 지체하지도 않았다. 계절적 실업이 존재하고 통제가 되지 않는 국경이 가까이 있어서 경쟁이 무척 치열했기 때문이다. 아이들 역시 많이 모여서 시간 가는 줄 모르고 술래를 정할 때 부르는 노래를 큰 소리로 부르거나, 아니면 구경꾼들(엄숙하고 인상이 험악한 어른들)을 둥글게 둘러싸고 원무를 추었다. 이곳에서 원무를 올바르게 감상하기 위해서는 일반적으로 원 안에 자리를 잡아야 한다. 무엇을 하든 쿠르드식 방법이라는 게 있으며, 이곳에서 내 가슴을 찌른 것은 일종의 희극적이고 우애에 찬 정신이었다.

밤이 되자 과연 이런 식으로 우리를 가두어놓을 권리가 자신에게 있는지 확신이 가지 않았던 서장은 죄수들 중에서도 엘리트라 할 수 있는 사람들을 초대해 우리들과 대화를 나누도록 했다. 그가 그들을 상냥하게 대하는 것은 반쯤은 진정한 인도주의적 정신에서였고, 또 나머지 반쯤은 그들의 가족으로부터 총을 맞을까 봐 두려워서였다. 세상을 만들어나가기 위해서는 이 두 가지 동기가 다 필요한 법이다. 이렇게 해서 우리는 하산 메르모크리를 만나게 되었다. 감방에서 덮는 담요를 어깨에 걸치고 연락병을 따라 들어온 그는 만사에 관심이 없다는 듯 건성으로 인사를 하더니 서장이

"하산, 살모니 차이 다르 친(ˮ하산, 자네는 미용사가 필요할 것 같은데.ˮ본래는, ˮ하산, 자네는 미장원의 차茶가 필요할 것 같은데ˮ라는 뜻이다. 미장원에서 손님이 참고 기다리도록 하기 위해 차를 제공하기 때문이다 – 글쓴이 주)이라고 말하자 미소를 지으며 덥수룩한 머리카락을 흔들어댔다. 모자를 쓰지 않은 맨 머리, 가축이 풀을 뜯어먹는 동안 목동이 뜨개질한 요란한 색깔의 양말, 발목에 묶어놓은 너덜너덜한 바지, 소맷부리가 길어서 손목 아래까지 늘어진 와이셔츠, 그리고 평야 지역의 쿠르드족이 입는 러시아식 칼라

의 상의. 그러나 촌스러운 외모와는 달리 그는 페르시아어를 제대로 구사할 줄 알고(농민들은 파르티아 시대의 팔라비어와 매우 유사하며 파리와 런던, 레닌그라드의 대학에서 가르치는 이란어인 쿠르드어밖에는 하지 않는다 - 글쓴이 주), 웃옷 호주머니 위로 펜이 비죽 솟아나와 있었다.

그는 레자이에 지역 출신의 젊은 아르밥으로서 열여섯 살때 말다툼을 벌이다가 자신을 위협하는 백부를 칼로 찔러 죽였다. 이런 일은 종종 일어났다. 증인들도 그의 편이었으므로 그는 불안해하지 않았다. 그러나 4년 뒤에 그가 소유한 마을의 소작료를 탐낸 사촌이 음모를 꾸미고 뇌물을 쓴 끝에, 그를 살인혐의로 고발하는 데 성공했다. 사건이 일어날 당시에는 너무 어려서 사형선고를 받을 수 없었던 하산은 100년 형을 받았는데, 이 종신형은 오직 신의 영역에 속할 뿐 이란 형법에는 존재하지 않았다. 그는 이곳에 갇힌 지 10년째이며, 여기서 나가기 전에는 머리를 깎지 않겠다고 맹세했다. 그래서 머리를 움직일 때마다 허리까지 흘러내리는 덥수룩한 머리카락이 그의 초록색 눈을 가렸다. 그는 손바닥으로 찻잔을 감싸 덥히면서, 서장이 자기 말을 통역할 수 있도록 나직한 목소리로 아주 느릿느릿 이야기했다.

하산은 쿠르드족의 타르구아르 씨족에 속하는데, 이들의 목초지는 레자이에 남서쪽에서 터키 국경에 있는 산맥까지 펼쳐져 있었다. 하급 귀족인 그의 가문은 늘 충실하게 이란에 봉사했으나, 어느 정도의 자유는 누려왔다. 그리하여 그의 조상 중한 사람은 사파비 황제의 딸을 납치하여 함께 모험을 벌이다가 죽었다. 반대로 또 다른 조상은 오스만 제국 사람들과 싸우다가 손 한쪽을 잃었는데 샤 아바스로부터 순금으로 된 3파운드짜리 손을 하나 받아서 잃어버린 손을 대체할 수 있었다. 그리고 양 몇 마리와 뽕나무 묘목 세 그루, 복숭아와 호두, 멜론, 포도나무가 마치 마술을 부린 듯 싹을 틔우는 우르미아의 부유한 과수원 너머에서 물 한 줄기(겨우 팔뚝 굵기밖에 안되는) 때문에 살인을 저지른 선조들은 그보다 훨씬 더 많았다.

우리가 자기를 주목하지 않는다고 생각한 서장이 날카로운 목소리로 덧붙였다.

"레자이에는…… 약속의 땅이지. 하산은 여러분께 거짓말을 하지 않아요. 게다가 하산은 착하고 말 잘 듣고 내 충고를 따르는 소년이지요. 날 좋아하고 존경해요. 내가 책도 빌려줍니다. 나 같은 교도관 본 적 있어요?"

나는 하산 같은 죄수는 생전 본 적이 없었다. 그는 숙명론적인 평온함으로 자신의 불운을 받아들였다. 자신을 배신한 사촌 생각이 나도 그는 침착함을 잃지 않았다. 광범위하고 갈래가 복잡한 이 쿠르드족 가문이라면 꼭 한 명씩 끼어있게 마련인 나쁜 녀석 이상도 이하도 아닌 것이다. 그는 백부보다는 사촌을 처치

해야 했을 것이다. 그는 선견지명을 충분히 발휘하지 못했던 자신을 나무라며 자신이 태만한 대가를 치르는 것이라고 생각했다. 무엇보다도 그는 시대착오적인 범죄를 저질렀다. 왜냐하면 쿠르디스탄을 너무나 오랫동안 피로 물들였던 이 전통적인 복수법과 대대로 이어지는 복수, 씨족 간의 숙원 등은 이미 구시대의 유물이 되어가고 있었던 것이다. 이런 사건은 점점 더 드물어지고 있었으며, 한번 일어났다 하면 엄청난 물의를 일으켰다. 3년 전 부칸 계곡에서 일어났던 사건이 아직도 인구에 회자될 정도였다. 몇 세대 전부터 대립해온 분쟁을 해결하기 위해 라이벌 관계인 두 가문의 남자들 전부가 각 가문의 뮐러와 함께 마을의 한 집에 모였다. 오후 내내 양쪽은 맛있는 음식을 배불리 먹고 담배를 피우고 차분한 목소리로 이 문제에 관해 토론했으나 해결책을 찾지 못했다. 그러자 뮐러들과 열다섯 살이 되지 않은 어린아이들을 내보낸 이들은 문과 창문을 잠그고 서로의 얼굴을 알아볼 수 있게 등을 켜놓은 다음 다툼을 단도로 해결했다. 서른다섯 명 중에서 여섯 명만 살아남았다. 많은 사람이 죽은 이 두 가문은 더 이상 양떼를 감시할 수가 없어서 얼마 안 있어 모두 도둑맞고 말았다. 세상 살아가는 방법을 아는 부탄 계곡의 쿠르드족은 이 사건에서 교훈을 얻어 그 뒤로는 덜 과격한 방법을 이용하게 되었다.

교도소 주변의 어둠이 한층 더 짙어졌다. 빗소리와 더불어 강물이 흐르는 소리가 점점 더 크게 들려왔다. 이 지역의 주요 씨족들이 살고 있는 위치를 지도상에서 우리에게 가르쳐주고 난 하산이 자신은 무척 재미있게 생각하는 듯한 질문을 끈질기게 던졌다. 하지만 우리는 그 질문을 이해할 수가 없었다. 침대에 누운 서장이 하품을 하며 말했다.

"그건 수수께끼요. 문이 없는 성, 그게 뭐겠소? 문이 없는……."

이렇게 저렇게 생각해 봤지만 도저히 해답을 알 수가 없었다. 하지만 해답을 알려면 기다려야 했다. 우리 서장께서 하산이 자기 발로 감방에 돌아가도록 내버려둔 채 잠이 들어버렸던 것이다.

돈이 돌고 돈다고 말하는 건 잘못이다. 돈은 위로만 올라갈 뿐이다. 제물로 바쳐진 고기 냄새가 세력가들의 콧구멍까지 흘러가듯이 자연스러운 성향에 따라 상승하는 것이다. 물론 이란이라는 나라가 이 보편적인 속성을 독점하고 있는 것은 아니다. 하지만, 마하바드 교도소에서는 그것이 적나라하게 드러난다. 그러므로 경찰이 되기 위해서는 열정만으로는 충분하지가 않다. 400토만을 부서장에게 바쳐서 이 영예로운 직위에 어울릴 만한 자격을 갖추어야 한다. 하지만 이 돈을 받아도 부서장에겐 남는 게 전혀 없다. 자신의 직위에 어울리는 자격을 갖추려면 그

두 배의 액수를 서장에게 갖다 바쳐야 하기 때문이다. 한편 서장은 자신이 그 지방 경찰국 총경에게 빚진 것을 잊는다면 경솔한 사람이라는 얘기를 듣게 될 것이며, 총경 자신도 테헤란에서 수많은 의무를 이행해야 한다. 이같은 관례는 전혀 공식적인 것이 아니다. 꼬치꼬치 따지는 사람들은 이같은 사실을 개탄하고 자제심이 강한 사람들은 그런 일을 하지 않으려 애쓰지만, 낮은 봉급 때문에 그렇게 하지 않을 도리가 없는 데다가 그렇게 하지 않는 것은 조직 전체를 마비시키는 튀는 행동이기 때문에 따가운 눈총을 받지 않고는 이같은 관행에서 벗어날 수 없다. 게다가 이같은 관행은 사회 전반에 널리 퍼져 있다. 돈은 경쾌한 상승을 계속하며, 무릇 뭐든지 일단 한번 올라간 것은 언젠가는 다시 내려가야 하는 법, 결국은 스위스 은행이나 경마장, 혹은 리비에라 해안의 카지노에서 다시 단비가 되어 내린다.

일개 경찰에게 400토만은 큰돈이다! 빚더미에 올라앉지 않고는 이 돈을 모을 수가 없으며 게다가 제복도 자기 돈을 주고 사야 한다. 봉급으로는 겨우 입에 풀칠이나 할 수 있을 정도고, 죄수들에게 도움을 줘봤자 사례로 받을 수 있는 돈은 쥐꼬리에 불과하다. 게다가 말단공무원이기 때문에, 보호해 준다며 돈을 우려내거나 상상력과 재능을 발휘해서 갖가지 명목으로 상납을

리비에라 해안 니스, 칸, 몬테카를로 등 휴양도시가 연이어 있는 지중해의 프랑스와 이탈리아령 해안. '리비에라'라는 말은 관광지들이 마치 목걸이의 구슬처럼 줄지어 있다는 뜻에서 유래했다.

받아서 뇌물로 받친 액수를 메워넣을 수 있는 대상은 농민들 말고는 거의 없다. 제복과 곤봉은 이런 일을 하는 데 도움이 된다. 농민들로 말하자면 탓할 수 있는 대상이라고는, 자기 집 당나귀나 결코 대답을 해주지 않는 하늘말고는 아무것도 없다.

오후 끝 무렵. 비가 내렸다. 기분이 우울했다. 열린 창문을 통해 진흙탕 속을 철벅철벅 걸어가는 낙타들의 발소리와 마치 스펀지를 쥐어짜듯 목소리를 쥐어짜며 부르는 화물트럭 운전사의 노랫소리가 들려왔다. 한 문장, 한 번의 휴지休止, 한 번의 거친 아우성······.

"왜 저렇게 큰 소리로 고함을 질러대는 겁니까?"

그러자 서장이 웃으며 대답했다.

"뭔가를 기대하는 거지요. 뭐라는지 한번 들어봐요."

······어디를 가나 누에콩과 야생 튤립
정말 아름다워······ 태양은 빛나고
라일락 향기를 맡으니 미쳐버릴 것만 같네.

나는 꼭 아랍 동화에 등장하는 고관처럼 기쁨으로 마음이 녹아내리는 것을 느꼈다. 바로 이것이 쿠르드인이다! 이같은 도전, 이런 수선스런 유쾌함, 그들을 시종 몰두시키는 이 경이로운 일종의 효모. 쿠르드인은 기분전환할 수 있는 기회가 생기면 절대 놓치지 않는다. 마하바드 사람들 역시 그같은 기회를 절대 흘려보내지 않으며, 얼마 전에 시작된 선거는 더할 나위 없이 좋은 기회를 제공했다. 이 도시에 있는 모든 가게에 큰 소동을 일으켰던 이야기 한 가지를 들어보자. 뮐러 한 사람이 투표함 앞에 엎드려있는 농부 두 사람에게 말을 걸었다.

"도대체 무슨 연유로 그 상자를 숭배하는 것인가, 신앙심 없는 자들이여?"

"존경하옵는 뮐러시여, 이 상자가 이제 막 기적을 일으켰습니다요. 동네 사람들이 모두 다 저 안에 카셈쎔을 집어넣었는데 나오기는 유세프가 나왔다니까요."

그러자 웃음이 폭풍처럼 터져나와 정치와 파렴치함을 일소해버렸다.

이처럼 익살스러운 기질이 만들어진 데에는 계절도 한몫했다. 물난리가 나고 안개비가 내리고 돌풍이 불어닥치면 목초지가 비옥해지고, 도시에서는 부글부글 넘쳐 흐르는 듯한 봄날의 도취감이 교도소에까지 스며든다. 신소리와 짤막짤막한 노래, 음탕한 농담이 이 감방 저 감방을 어지러이 날아다녔다. 어쨌든 전임 서장 때 이 불쌍한 사람들은 갖가지 방법으로 구타와 몽둥이질, 고문을 당했다고 한다. 타박상과 골절상, 산酸에 의한 화상. 비참한 목록이었다. 서장은 분홍색 꽃장식이 그려진 검정색

금고 안에 전임자가 저지른 이같은 가혹행위에 관한 보고서를 보관했는데, 그 내용이 너무나 참혹해서 과연 상부에 넘겨야 할지 어떨지 아직도 망설이고 있었다. 그는 이따금 이 종이뭉치를 꺼내어 깊은 생각에 잠긴 채 톡톡 두드리다가 원래 자리에 다시 넣고서는 수감자들에게 담배와 이집트콩, 진통제 등을 나눠주며 잡담을 나누었다. 그것이야말로 가장 현명한 해결책이었다.

방금 얘기한 금고 속에는 검은색으로 장정된 책 한 권이 서류뭉치 밑에 감춰져 있었는데, 어느 날 그는 좀 곤혹스런 표정을 지으며 그 책을 내게 내밀었다. 영어판《성경》이었다. 그는 이 나라 반대편 끝에 있는 작은 교도소 소장을 지낼 때 알게 된 사형수에게서 이 책을 받았다. 아시리아 출신이었던 이 기독교인(아시리아 제국이 멸망한 뒤 아제르바이잔 북부로 피신했던 마지막 공동체의 후손 중 한 명. 이들은 대부분 단성론을 믿는 기독교인이다. – 글쓴이 주)은 사형이 집행되기 전날 그에게 이렇게 말했다.

"오늘 밤 시내에서 할 일이 있으니 좀 내보내주세요. 이 성경책에 걸고 반드시 내일 다시 돌아오겠다고 맹세하겠습니다."

그러자 서장은 대답했다.

"다녀오시오. 하지만 내일 와서 교수형을 당하지 않으면 내가 교수형을 당하게 될 거요."

이 말은 사실과는 거리가 멀었다. 만일 사형수가 돌아오지 않는다 해도 기껏해야 몇 개월 감봉으로 그쳤을 테니 말이다. 하지만 그는 밤새 한숨도 자지 못했다. 사형수는 시간에 맞추어 돌아왔고, 《성경》을 서장에게 남겼다. 어쨌든 그는 스스로 흐뭇해하며 그렇게 말했다. 그런데 과연 정말로 일이 그렇게 진행되었을까? 서장이 너무나 고독한 자신의 삶을 그럴듯하게 꾸미기 위해 터무니없는 이야기를 꾸며내고, '완벽한 존재'의 유령을 만들어낸 건 아닐까? 물론 그건 그다지 중요하지 않다. 그래도 그럴듯해 보이니까. 테헤란에서 나오는 신문들은 이런 종류의 이야기로 넘쳐난다. 이란에서는 불가능이란 게 없다. 영혼들은 최고에 관해서든, 최악에 관해서든 상당한 여유를 가지고 있으며, 당신은 완벽함에 대한 이 지속적이고 광신적인 열망을 참작해야만 한다. 가장 태평스런 사람조차도 이 열망을 이기지 못해 가장 극단적인 결정을 내릴 수 있다.

큰비가 내리고 강물이 불어나면서 이 도시에는 이미 2000명의 이재민이 발생했고, 수많은 건물과 더불어 교도소 서쪽 담도 붕괴되어버렸다. 감방 벽이 여러 곳 무너지자 서장은 수감자들이 도망치지 못하도록 지붕에 보초를 세웠다. 보초들이 우리 머리 위에 있는 황새 둥지 사이를 왔다 갔다 하면서 하품을 하고 라이터를 켜는 소리가 다 들려왔다.

날이 어두워졌다. 서장은 바쿠 방송을 들으려고 라디오를 만지작거렸고, 티에리는 갓도 없이 줄 끝에 매달려있는 전등 아래서 그림을 그렸다. 나는 시간 가는 줄 모르고 그 아시리아인의 《성경》을 훑어보았다. 이곳에 남아 틀어박혀서 이 책을 처음부터 끝까지 꼼꼼하게 읽고 경이로운 봄이 만개하는 것을 보고 싶다는 욕망이 뇌리를 한두 번 스쳐 지나갔다. 《구약》과 거기 나오는 그 벼락 같은 예언들, 그것의 신랄함. 《구약》에 등장하는 서정적 계절들, 우물과 막사와 가축을 놓고 벌이는 다툼, 우박처럼 쏟아지는 가계家系들, 이 모든 것은 본디 이곳에 있어야 한다. 《신약성경》으로 말하자면, 이곳에서 깡그리 빼앗겼던 현기증 날 정도의 대담함을 되찾았다. 하지만, 애덕愛德은 쉽게 구현되지 않았고, 죄를 용서하는 일도 여전히 이루어지지 않고 있었다. 오직 조역들(백인대장, 세리稅吏, 막달레나)과, 피해갈 수 없는 골고다만 있을 뿐이다. 오른쪽 뺨을 때리면 왼쪽 뺨도 내밀라는 것은 마하바드에서는 관례가 아니어서, 이런 방법은 불행한 결말로 이어질 뿐이다. 만일 그리스도가 갈릴리에 나타났던 것처럼 이곳에 나타난다면 노인들은 나뭇가지에 올라앉아 그분이 지나가는 것을 바라볼 것이다. 왜냐하면 쿠르드족은 용기 있는 자를 존경하기 때문이다. 하지만 얼마 안 있어 다시 권태로워질 것이다. 어디를 가나 상황은 마찬가지이리라. 십자가에 못 박히는 것이다. 그것도 금방. 어쩌면 예언자나 순교자를 믿지 않는 우리 합리적인 나라에서라면 그는 그냥 감옥에 갇히고 말 것이다. 어쩌면 공원을 떠돌거나, 아니면 사람들이 관심 없어 하는 싸구려 잡지를 힘들게 발행하면서 살아가게 될지도 모른다.

만구르

강물은 계속해서 불어났고, 강 옆의 집들은 한 채씩 차례로 붕괴되었다. 교도소도 위험에 처했다. 그래서 더 이상 아무도 우리에게는 신경을 쓰지 않았다. 우리는 그 틈을 타서 동틀 무렵에 슬그머니 교도소를 빠져나와 쿠르드족 중에서도 가장 고집 세고 가장 불결하고 가장 장난치기 좋아하는 만구르족의 영토가 있는 남쪽을 향해 계곡을 거슬러올라갔다. 길란호텔의 가수가 우리와 동행했다. 그는 군 초소를 피하기 위해 언덕을 직선으로 가로질러 멈추지 않고 곧장 기어올라갔다. 우리는, 물을 흠뻑 머금어 한 걸음씩 내디딜 때마다 철벅철벅 소리를 내며 푹푹 꺼지는 광활한 목초지를 통과했다. 태양이 떠오르자 만년설이 환하게 빛났고, 또 우리 등뒤에서는 도시를 둘러싸고 있는 진흙층이 반짝반짝 빛났다. 우리 앞에는, 작은 반점이 움직이듯 말을 타고 능선을 따라가는 사람 말고는 아무도 없었다. 대기에서 상큼한 냄새가 나는 걸로 보아 맑은 하루가 될 것 같았다.

정오가 되어갈 무렵, 하늘을 배경으로 서있는 작은 마을이 눈에 띄었다. 계곡이 훤히 내려다보이는 산의 돌출부에 다진 진흙으로 지어진 작은 보루가 서있고, 그 주변에 오두막 열두어 채가 옹기종기 모여있었다. 이 마을의 가장 높은 지붕 위에서 작달막한 사람의 실루엣 하나가 우리가 다가오는 것을 망원경으로 보고 있었다. 우리가 산봉우리 기슭에 닿았을 때쯤 망을 보던 사람이 지붕에서 내려오더니 우리를 맞으러 작은 길을 구르듯 달려 내려왔다. 그는 우리에게서 20미터가량 떨어진 곳에서 걸음을 멈추더니 손으로 햇빛을 가리며 쉰 목소리로 인사를 하고 가까이 오라고 손짓했다. 아르밥이었다. 노인은 키가 크다기보다는 어깨가 딱 벌어진 체형으로, 검은색 옷을 입고 귀에까지 진흙이 묻어있었다. 왼손의 집게손가락과 가운뎃손가락이 없었고, 과립성 결막염에 걸려 눈은 부풀어올랐지만 즐거운 표정으로 눈을 번득이며 우리를 뚫어지게 응시했다.

쿠르드족과 거래할 때는 절대 시선을 돌려서는 안된다. 그들이 이런 식의 접촉을 필요로 하기 때문이다. 시선, 그것은 상대방의 의중을 헤아리고 접점을 찾기 위한 그들 나름의 방법이다. 말을 할 때 그들은 상대에게서 눈을 떼지 않으며 상대도 그렇게 하기를 기대한다. 더더구나 왼손을 사용해서 악수를 하거나 뭘 주고받아서는 안된다. 왼손은 코를 풀거나 밑을 닦는 부정 탄 손인 것이다(중동에서는 커다란 단지가 화장실의 유일한 기물이다 - 글쓴이 주). 그래서 아무 말 없이 뚫어지게 쳐다보면서 오른손을 내밀자 아르밥은 우리 어깨를 툭툭 치더니 점심을 먹자며 자기 집으로 데려갔다.

"단도는 형제이자 총이자 사촌이다"라는 쿠르드족 속담이 있다. 이 아르밥은 자신의 성城에 해당하는 하나뿐인 방 안에 가족처럼 보이는 것들을 가지고 있었다. 허리띠에는 최소한 50센티미터는 될 형제를 차고 있었다. 사촌들로 말하자면, 사모바르 주전자 위로 보이는 두 개의 총구멍 사이에 파여진 벽감 속에 숨어있었다. 조준경이 달린 사냥총, 반들반들하게 닦아놓은 브르노 권총 네 정, 오래 써서 방아쇠가 낡은 파라벨룸 총 여러 정, 그리고 그가 방금 제자리에 가져다 놓은 포병용 쌍안경. 이 무기고는 그의 유일한 사치였다. 그의 마을은 가난했고 그의 아이들은 헐벗었으며 그의 식탁은 수수했다. 맑은 차를 끼얹은 쌀밥, 파리들이 이미 한번 맛을 본 요구르트, 그리고 레자이에산 포도주 한 병(독실한 이슬람교도인 그는 술을 입에 대지 않았다). 하지만 그는 이 소박한 밥상을 정중하게 권했다. 심지어는 포도주도 그렇게 권했다. 포도주는 그의 종교 밖에 있는 동시에 우리의 종교 안에 있기 때문이다. 만구르 사람들은 광신과는 거리가 너무나 멀기 때문에 지금도 아르메니아인들이 4세대 전에 자신들을 도와준 것을 기념하여 팬케이크에 십자가 모양을 긋는다.

이 아르밥은 이란의 기독교인은 좋게 생각하는 반면, 토지 소유에 관한 성명을 발표하여 쿠르디스탄에서 최초로 농민 봉기를 일으켰던 모사데크에 대해서는 그다지 호의적이지 않았다. 1953년 봄, "이란의 땅을 이란 국민에게 주겠다"고 약속하는 연설이 있은 직후, 봉건적인 토지소유제도에서 살던 쿠르드족 농민들은 자신들의 권리를 인정받기 위해 쇠스랑과 도리깨를 움켜쥐었다. 한편, 땅 주인들은 벽에 걸려있던 사냥총을 떼어내어 손에 들고 그들을 향해 나아갔다. 부칸 지역에서는 충돌이 벌어져 쉰 명이나 되는 사망자가 발생했다. 심지어 아르밥들은 몇몇 지도자들의 귀에 못을 박아 농장 문에 매달기까지 했다가, 테헤란측에서 자기들끼리의 불화를 부추기고 그것을 핑계삼아 군대를 주둔시키려고 한다는 사실을 알게 되자 그 다음날 그들의 엉덩이를 발로 한 번씩 걷어차고 나서 평화협정을 맺었다. 이 협정은 지금까지 파기되지 않았다. 모사데크의 손에 놀아났다고 확신한 쿠르드족은 자헤디 장군의 쿠데타에 동조했으며, 기병 수천 명을 집결시켜 왕정에 적대적인 강력한 카슈카이족을 물리침으로써 자헤디가 성공을 거두는 데 일조했다. 원칙적으로, 왕국과의 관계는 아주 좋아서 이 아르밥은 찢겨진 제복에 왕이 친히 달아준 훈장을 두 개나 달고 있었지만, 지역 차원에서 보면 마하바드에 주둔한 군인들의 행동 때문에 상황이 전혀 다르다. 아르밥은 군복을 입은 군인들이 자신의 계곡에 들어오는 것을 원치 않았고, 군인들 역시 이곳에 발을 들여놓는 위험을 무릅쓰지 않았다.

　　여행자들은 달랐다. 환대의 법칙이 그들을 보호했으므로 즐겁게 지낼 수 있었다. 평야지대에서는 평판이 안 좋아서 찾아오는 사람들이 별로 없었기 때문에 더더욱 그랬다. 아르밥은 입 안에 밥을 가득 집어넣었다가 사방에 밥알을 튀겨가며 우리들에게 이것저것 캐물었다. 가수가 쿠르드어를 페르시아어로 통역했지만 우리는 여섯 단어 중에 한 단어밖에는 이해할 수가 없었다. 그러나 그가 창의성이 풍부한 몸짓과 표정으로 아주 잘 표현해 준 덕분에 대화는 일사천리로 진행되었다. 그의 몸짓이 잘 이해되지 않을 때는 티에리가 칼끝으로 양철 접시 아랫부분에 그림을 그렸다. 에르주룸에서부터 우리가 거쳐온 도로와 자동차, 교도소의 창살. 아르밥은 그림을 보자 몹시 재미있어 하면서 무슨 말인지 알아들었다는 것을 보여주기 위해 손뼉까지 쳤다. 특히 그는 교도소 이야기에 흥미를 보였다.

"교도소! 멋져!"

그는 폐가 떨어져나갈까 봐 걱정스러울 정도로 우리 등을 손바닥으로 팍팍 두드려가며 즐거운 시간을 보냈다.

그로서는 잘된 셈이었다. 그의 계곡에는 내놓을 만한 게 별달리 없었다. 가지마다 눈이 터져서 붉게 물든 과수원, 가시나무 담장 안의 낙타 네 마리, 햇빛 비치는 산기슭에서 풀을 뜯는 물소 떼, 어린 사냥개들, 털이 긴 염소 몇 마리와 주인처럼 애꾸눈인 당나귀 한 마리. 매년 작은 성의 지붕 위에 둥지를 틀며 길조를 전하는 황새 핫지 락-락(순례자 락-라이라는 뜻. 이 의성어는 부리를 탁탁 부딪치는 소리를 모방한 것이다 - 글쓴이 주)도 잊어서는 안된다. 마을 아래를 흐르는 급류는 버드나무와 개암나무, 아시아포플러나무 사이를 헤집고 폭포처럼 철철 넘쳐흘렀다. 여기에 앉아있으니 회색 두루미 한 쌍이 강 한가운데서 꼼짝하지 않고 물고기를 노리는 모습을 볼 수 있었다. 아르밥은 이따금씩 정적을 깨뜨리기 위해 돌을 던지기도 하고, 끄윽끄윽 트림을 하거나 만족스런 한숨을 내쉬기도 했다. 날이 푸근했다. 산은 정적에 싸여 있었다. 고양이 꼬리처럼 생긴 5월의 꽃차례, 연하고 어린 가지, 새로 생긴 나뭇가지, 다시 되살아나는 작은 관목 숲. 빈약한 에덴동산이기는 하지만 그래도 에덴동산은 에덴동산이다.

필요할 경우 아르밥은, 양탄자와 아편, 카스피 해에서 생산되는 보드카를 싣고 이라크의 키르쿡 시장이나 모술 시장으로 가서 다시 무기와 옷감, 영국산 담배를 싣고 돌아오기 위해 이 계곡을 이용하는 평야의 밀수꾼들에게 통행료를 받아 자금을 보충했다. 그것은 베이타스 사람들이 개입하지만 않으면 최고로 안전한 길이었다. 그렇지만 그들은 끼어들었고, 어쨌든 밀수꾼들이 밤중에 예고 없이 가로질러가는 것은 그들의 영토였다. 만구르 사람들은 자기네들이 우세할 때는 돈과 무기, 짐바리 짐승을 비축해놓았다. 쿠르드족들이 절제해가며 피우는 아편에 관해서 말하자면, 만구르 주민들은 중개인을 통해 마하바드에 주둔한 군인들에게 아편을 되팔면서 그런 식으로 그들을 잠재울 수 있다는 사실을 너무나 다행스러워했다. 그러나 무장을 하

고 경계를 게을리 하지 않는 이 밀수꾼들과의 사업이 항상 순조롭게 이뤄지는 것만은 아니었다. 그래서 아르밥은 손가락 두 개와 아들을 잃었지만 그 정도 하찮은 일로 자기 권리를 포기하지는 않았다.

그들은 바로 그날 밤에 마을에 들르게 될 사람들을 기다리고 있었던 게 틀림없었다. 산보를 마치고 돌아와보니 말이 여러 마리 문 앞에 매여 있었고, 성에서는 혈기 넘치는 덩치 큰 사내들이 탄창에 총알을 끼우고 기름으로 총의 개머리를 닦느라 정신없었다. 가까운 마을에서 온 친절한 친척들이 그들을 도왔다. 결혼식을 준비하는 듯한 분위기였고, 나는 사방에서 난무하는 농담의 뜻을 이해할 수만 있다면 만금萬金이라도 주고 싶은 심정이었다. 오후 네시경에 우리는 가족들이 준비하도록 내버려두고 길을 떠났다. 아르밥은 우리를 강까지 배웅해 주었다. 강만 따라가면 마하바드까지 갈 수 있었다. 중간쯤 내려갔을 때 우리는 군데군데 남아있는 눈과 회향풀과 아니스 향기를 풍기는 산비탈 위로 어둠이 밀려오는 것을 바라보면서 강물에 발을 씻었다.

다시, 마하바드[29]
우리는 우리와 헤어지고 싶어 하지 않는 서장과 작별인사를 나누었다. 선거가 끝났고, 우리는 아무에게도 강도짓을 하지 않았다. 그로서는 더 이상 자신의 '호의'를 강요할 이유가 없었다. 하지만 한편으로는 동무가 없었고, 또 한편으로는 우리가 자신에게 여행의 진짜 동기를 감추고 있다고 확신했기 때문에, 그는 모든 게 분명하게 밝혀질 때까지 우리를 붙잡아두려고 했다. 그는 작별인사를 질질 끌면서 북쪽으로 이어지는 도로는 다닐 수 없다는 것을 증명하기 위해 사방에 전화를 해댔다. 쉽지 않은 일이었다. 레자이에 쪽으로는 전화선이 다리와 함께 끊겨버렸다. 미안도아브 쪽으로는 연결이 되지 않자 그는 시골 전화기를 저주해가며 몸을 일으켜 움직여야 하는 다이얼을 돌리면서 송화기에 대고 온갖 욕설을 다 퍼부어댔다. 반대로 우리는 한물간 그 전화기와 메꽃처럼 생긴 그 수화기를 보며 감탄했다. 게다가 우리는 전화를 하지 않은 지가 8개월이나 되었다.

서장이 수화기를 내려놓으며 말했다.

"자, 보다시피 전화 연결조차 안돼요. 버스도 더 이상 안 다니고…… 절대 돌아갈 수 없을 거요. 우리가 오늘 밤에 다시 만난다는 쪽에 10토만 걸지요."

10토만이면 꽤 많은 돈이다. 우리는 이 기회를 이용해서, 그에게 40토만을 빌렸다. 그리고 그가 계속 그러자고 하기에 손을 마주쳤다.

타브리즈[27] 가는 길

도로를 가로막고 있는 물웅덩이는 깊이가 1미터 이상, 너비가 40미터나 되었다. 옅은 황록색 버스 한 대가 물웅덩이 한가운데서 옆으로 나자빠져 있었다. 그나마 다행스럽게 나머지 한 대는 강둑까지 후진할 수 있었다. 지프차들은 견인하기에는 너무 무거워서 유턴을 해야 했지만, 물소와 낙타, 바퀴가 높은 짐마차는 별다른 어려움 없이 지나갈 수 있었고, 사람들이 정신없이 왔다 갔다 하는 그 분주한 분위기에서 시골 특유의 우수를 살짝 불러일으키는 구리로 만든 사이드 램프와 바람을 맞아 펄럭이는 검은색 포장이 달린 사륜마차도 아슬아슬하게 지나갔다. 우리는 한 시간 동안 짐과 배터리, 시트를 끄집어낸 다음 전기 기기들을 떼어내고 엔진을 솜 지스러기로 감싸야만 했다. 그리고 한 농부에게서 크고 건장한 얼룩말을 얻어 자동차에 매다는 데 또 한 시간이 걸렸다. 그러고 난 우리는 얼음처럼 차가운 물속에서 채찍질을 하고, 밀고, 끌며 타브리즈와 겨울을 향해 천천히 돌아갔다.

나는 추잡스런 농담을 몇 가지 덧붙였다. 우리는 몹시 거칠어졌다. 유감스럽지만 할 수 없는 노릇이었다. 추위와 강요된 자비심의 계절인 겨울이 되돌아온 것이다. 그리고 잔인하며 혼잡한 이 도시로 다시 돌아온 것이다. 저속한 속어는 우리에게 최소한 따뜻하다는 환상을 불러일으켰다. 봄이 되어 새 잎사귀가 돋으면 그때 품위를 되찾을 수 있게 되리라.

이 세상처럼 오래되고
이 세상처럼 매혹적인 도시

여섯 번째 이야기 타브리즈 Ⅱ

서장은 우리가 자기에게 빌린 돈을 갚을 수 있도록 이곳 주소를 하나 알려주었다. 그것은 고독에 찌들고, 근시고, 신중하고, 일부 영국 선교회 종파 특유의 것으로 보이는 삐뚤삐뚤한 치아를 가진 선교사의 주소였다. 그는 우리의 방문 목적을 오해하고 우리를 보자마자 자기는 이슬람교도들과 해결해야 할 골치아픈 일이 너무 많기 때문에 기독교인들에게는 신경 쓸 여유가 없어서 성탄절 때나 만날 수 있으며, 어쨌든 어떤 경우에라도 자기를 믿지 말 것이며 자기로서는 그야말로 단 한 명도 재워줄 수 없다는 말부터 꺼냈다(앉으라고 권하지도 않았다). 그의 말을 중단시키기 위해 우리는 이 여인숙 주인에게 서장이 빌려준 돈을 내밀었고, 그의 안경이 번득이는 걸 보니 그는 이미 내막을 알고 있는 게 분명했다.

그가 돈을 세며 물었다.

"40토만 아닌가요?"

"그랬지요…… 하지만 서장은 우리와 10토만이 걸린 내기를 해서 졌습니다."

"확실한가요?"

그는 모욕감이 느껴질 만큼 경건한 어조로 이렇게 물었다. 꼭 우리가 눈물이라도 쏟기를 기다리는 사람처럼 말이다.

우리는 우리에게 너무나 많은 충고를 해주었던 그 경찰에게 아무 충고도 해주지 않은 대가로 최소한 100토만을 받을 자격이 있었다. 우리는 직접 마하바드에 가서 알아보라고 목사에게 말했다. 그리고 그를 거기에 그대로 세워둔 채 나왔는데, 그의 앞을 지나치면서 보니 그의 바지 앞섶에 목사님에게는 도저히 어울리지 않는 얼룩이 여기저기 묻어있었다. 우리는 화가 나서 씩씩거리며 눈 쌓인 골목길로 나섰다. 티에리가 말했다.

"열차가 충돌하는 걸 보고 자위하는 친구들이 있더라구."

나는 추잡스런 농담을 몇 가지 덧붙였다. 우리는 몹시 거칠어졌다. 유감스럽지만 할 수 없는 노릇이었다. 추위와 강요된 자비심의 계절인 겨울이 되돌아온 것이다. 그리고 잔인하며 혼잡한 이 도시로 다시 돌아온 것이다. 저속한 속어는 우리에게 최소한 따뜻하다는 환상을 불러일으켰다. 봄이 되어 새 잎사귀가 돋으면 그때 품위를 되찾을 수 있게 되리라.

그날 밤 미망인의 집으로 돌아간 나는 우리가 없는 동안 누군가 우리 방에 들어와 난장판을 만들었다는 걸 알게 되었다. 돈은 없어지지 않았지만, 벽감에 넣어두었던 유럽에서 온 편지들은 뒤죽박죽, 우표가 다 뜯겨나가고 없었다. 우표야 붙어있든 안붙어있든 상관없지만, 여행중에 받는 편지는 도움이 될 수도 있고 다시 읽을 수도 있다. 하지만 가위로 조급하게 잘라냈는지, 우리에게 이런저런 환상을 마구잡이로 불어넣어주고 다시 읽으면 너무나 신나는 구절들(마지막 부분의 구절들)이 거의 사라져버렸다. 이 동네의 모든 부엌에서 아이들이 그토록 오랫동안 기다려온 말을 덧붙여서 그 우표들을 앨범에 풀로 뒤죽박죽 붙여놓은 게 틀림없었다. 미망인이 아직 집에 돌아오지 않았으므로 나는 하소연이나 할까 해서 할머니를 찾아갔다.

아르메니스탄에서 벌을 내리는 것은 나이든 사람들의 일이다. 왜냐하면 그들은 더 많은 시간적 여유와 더 질긴 피부, 더 공정한 영혼을 가졌으며, 어린애의 뺨을 때릴 때도 신중을 기하기 때문이다. 할머니는 헌 신발을 신고 이웃 마당을 지배하는 잔소리 심한 다른 할머니들에게 미리 알린 다음 개구쟁이들한테 전광석화처럼 덤벼든다. 아이들이 하나씩 죄를 자백할수록 흐느낌은 점점 더 가까이 들려오고, 작은 까까머리들이 굳은 살이 박힌 손바닥에 맞아 자지러지게 우는 소리도 들려온다. 한 시간도 채 되지 않아 검은 숄 아래서 눈이 타오르는 하르피이아(새의 몸에 여자 얼굴을 한 괴물 – 옮긴이 주)의 행렬이 눈물에 젖은 우표를 한 움큼씩 우리들에게 가져왔다. 하르피이아들은 스스로 흡족해하는 듯했다. 아르메니아인들이 숭배하는 신들의 귀가 어둠 속에서 점점 더 약해지는 회개의 울부짖음에 속아넘어갔나 보다. 기독교를 믿는 이 이방인들도 따져보면 다들 친구 사이였다. 그래서 물건을 살 때 흥정도 안 하고 값을 치렀다. 이 할머니들이 수호하는 동네의 법은 지켜지지 않았다. 이 법은 특히 일상사와 품행의 영역에 속하는 사소한 것들에서 정직할 것을 요구한다. 사람들은 운명에 속하는 보다 큰 것들 속에서 오히려 더 많은 자유를 누릴 수 있다.

테헤란으로 이어지는 도로를 자동차로 달리기에는 아직 눈이 너무 많이 쌓여있었다. 우리는 기술자인 로버츠가 친절하게도 마음대로 쓰라고 내준 '포인트 Ⅳ' 자동차 정비소에서 자동차를 수리하면서 시간을 보냈다. 우리는 그를 자주 만났다. 그러나 그는 예전 같지 않고 어쩐지 침울해 보였다. 어느 날 저녁, 나는 무슨 문제가 있느냐고 그에게 물었다.

"모든 게 다…… 이 나라는 어디 한 군데 제대로 돌아가는 데가 없어요."

그는 마을 한 곳을 시찰하고 돌아왔다. 한 달이 지났지만 공사는 조금도 진척되지 않았고, 농민들도 그를 반가워하지 않았다.

그 당시 이란의 미국 회사 '포인트 IV'는 서로 다른 두 가지 일을 하는 2층집에 비유되었다. 정치를 다루는 1층에서는 경멸받고 부패했지만 우익인 정부가 (약속과 압력, 선전 등 전통적인 외교적 수단을 동원하여) 계속 권력을 잡도록 만들어서 공산주의의 위협에 대항하는 일을 했다. 기술을 다루는 2층에서는 대규모 기술자 집단이 이란 국민들의 생활수준을 개선하는 데 몰두했다. 로버츠는 이들 중 한 명이었다.

그는 정치에는 관심이 없었다. 그의 관심을 끄는 건 전자공학과, 그의 말에 따르면 천사들인 도리스 데이나 파타슈의 노래, 그리고 학교 건설이었다. 그는 과학자이기도 했지만 또한 그런 보람 있는 일을 하는 데서 큰 즐거움을 느끼는 개방적이고 인정 많은 사람이었다. 그래서 그렇게 실망한 것이었다.

"생각해 보세요. 난 학교를 지어주려고 그곳에 갔는데, 아이들은 나를 보자마자 돌을 집어들더라니까요."

그는 웃으며 다시 한 번 같은 말을 되풀이했다.

"학교를 지어주러 갔는데 말입니다!"

이 미국인은 학교를, 특히 가장 민주적인 초등학교를 상당히 존중한다. 내가 보기에 그는 인간의 권리 중에서 교육받을 권리를 가장 중요하게 생각하는 것 같다. 기본적인 권리가 충분히 잘 보장되어서 더 이상의 권리는 아예 요구할 생각을 하지 않을 만큼 시민생활이 충분히 발달된 나라에서는 그게 당연하다. 그래서 미국인에게는 행복을 보장하는 방법 중에서 학교가 가장 중요한 역할을 하며, 학교가 없는 나라는 후진국의 전형 그 자체로 상상하게 되는 것이다. 그러나 행복의 비결은 일단 조정을 거친 다음 수출되어야 한다. 그렇게 하지 않았기 때문에 미국인들은 학교가 잘 이해되지 않는 이란에서 그들의 학교를 적응시키는 데 실패하였던 것이다. 바로 이것이 그들이 처한 어려움의 근본적인 원인이다. 왜냐하면 학교가 없는 나라보다 더 나쁜 것, 즉 정의가 없거나 희망이 없는 나라도 있기 때문이다. 그리하여 풍부한 물자와 관대한 계획을 가지고 도착한 이곳 타브리즈에서 로버츠는 날마다 이 도시의 현실에서 좌절을 맛보고 있었다.

로버츠의 학교 문제로 되돌아가보자. '포인트 IV'는 다음과 같이 일을 진행한다. 곧 부지와 자재, 설계도, 전문가의 견해를 무료로 제공한다. 한편 모두가 웬만한 목수 부럽지 않게 손재주가 좋은 마을사람들은 노동력을 제공하고 미국식 모델에 따라 열심히 그 지역에 학교를 지어 교육의 특권을 누린다. 바로 이것이 핀란드나 일본의 지역사회에서 완벽하게 기능하는 시스템이다. 하지만 이곳에서는 달랐다. 왜냐하면 마을사람들은 미국인들이 섣불리 기대했던 그 시민정신을 조금도 갖추고 있지 않았기 때문이다.

한두 달이 그냥 지나갔다. 자재는 쥐도 새도 모르게 사라져 버렸다. 학교는 건설되지 않았다. 학교가 세워지는 걸 원치 않는 것이다. 선물을 줘도 전혀 반가운 기색이 아니었다. 온통 기부자를 낙담시키는 일들뿐이었다. 그래서 로버츠는 낙담했다.

마을사람들은 어쨌을까? 그들은 너무나 가난하고 여러 세대 전부터 가혹한 봉건적 소작제도에 복종해온 농민들이었다. 그들이 기억하는 한 누구도 그들에게 그런 선물을 준 적은 없다. 이란의 농촌 지역에서는 서구 국가들이 어리석고 탐욕스럽다는 평판이 늘 있어왔기 때문에 더더욱 수상쩍어 보였다. 무슨 수를 써도 그들이 산타클로스 할아버지를 믿도록 만들 수는 없었다. 무엇보다도 그들은 경계를 게을리하지 않고, 함정이 있다는 것을 직감적으로 눈치 채고, 외국인들이 어떤 숨겨진 목적을 가지고 일을 시킨다고 의심한다. 가난이 그들을 교활하게 만들었으며, 그들은 자신들을 교육시키려고 하는 것을 방해함으로써 그런 계획을 좌절시킬 수 있다고 생각한다.

게다가 학교는 그들의 관심을 끌지 않는다. 학교의 이점을 깨닫지 못했기 때문이다. 이란인들은 아직 그런 단계에 도달하지 못한 것이다. 그들이 관심을 갖는 건 조금 더 먹는 것, 더 이상 경찰들을 피하지 않아도 되는 것, 덜 고되게 일하는 것, 그래서 자신이 노동한 대가를 더 많이 얻는 것이다. 그들이 받는 교육도 하나의 새로운 경험이다. 그것을 이해하기 위해서는 거기에 관해 깊이 생각해봐야 하겠지만, 말라리아나 이질, 혹은 빈 속에 아편을 복용했을 때의 현기증에 시달리다 보면 뭔가를 깊이 생각하기가 힘든 법이다. 만일 우리가 그들의 입장에서 생각해 보면, '농노'라는 그들의 사회적 지위가 근본적으로 바뀌지 않는 한 읽고 쓰기를 배운다고 한들 결코 큰 도움이 되지 못한다는 것을 알게 되리라.

결정적으로는 뮐러가 학교에 반대한다. 읽고 쓸 줄 안다는 것은 그만의 특권이요, 그의 독점적인 권리인 것이다. 그는 계약서를 작성하고, 탄원서를 받아쓰고, 약사의 처방전을 해독한다. 그는 이런 일을 해주고 달걀 반 꾸러미와 말린 과일 한 움큼을 받으며, 이 보잘것없는 수입을 잃지 않으려 한다. 그는 워낙 신중해서 이 계획을 공개적으로 비판하지는 않지만, 밤이 되면 문턱에 서서 자신의 의견을 내놓는다. 그리고 사람들은 그의 말에 귀를 기울인다.

마지막으로, 이슬람 사원과 터키탕, 빵집 화덕 등을 보수하기 위한 벽돌이나 모르타르 등이 필요한 마을에 새로운 건축자재를 쌓아놓는 데에는 위험이 뒤따른다. 사람들은 며칠 동안 망설인 끝에 쌓여있는 자재에서 필요한 만큼 가져다가 보수를 시작한다. 그 뒤로 마을사람들은 양심의 가책을 느끼고 미국인이 돌아오는 것을 불편해하게 된다. 그들이 자기 입장을 설명만 할 수 있어도 모든 게 간단해질 것이다…… 하지만 그러기가 힘들다. 외국인이 되돌아가면 그 사람은 학교나 건축자재나 그가 기대하고 있던 감사의 표시가 아니라, 아무것도 모른다는 듯한 표정 없는 얼굴과 회피하는 눈길, 자기네 부모들의 얼굴 표정을 읽을 줄 알기 때문에 그가 지나가면 돌을 주워드는 소년들과 마주치게 된다.

그것은 메워야 할, 그러나 워낙 깊어서 메우기가 힘든 간극이다. 자비를 실천하기 위해서는 무한한 재치와 겸손함이 필요하기 때문이다. 어떤 마을의 관습을 바꾸는 것보다는 불만을 가진 사람들을 그곳에서 몰아내는 게 더 쉽다. 그리고 물론 아라비아의 로렌스 같은 사람과 선동가들을 찾아내는 게, 훌륭한 심리학자이기도 한 기술자들을 찾아내는 것보다 더 쉽다. 심리학자이자 기술자인 로버츠는 이제 곧 보고서에 학교는 포기하고 예를 들면 전염성이 강한 질병의 근원지인 오래된 터키탕의 물 공급을 개선해야 한다고 쓰게 될 것이다. 그리고 얼마 뒤에 그의 미국인 상사들은 그가 옳다고 인정할지도 모른다. 그런데 '포인트 IV'가 계속되려면 신규자본이 계속 유입되어야 한다. 그리하여 로버츠의 문제(상징적인)는 미국의 납세자들에게까지 도달할

토마스 에드워드 로렌스(1888~1935) 영국의 고고학자이자 영국·아랍 연합군 장교로 아랍군을 지휘하여 아랍전쟁을 승리로 이끌었다. 아랍민족을 위해 헌신적으로 활약해서 아랍인들로부터 '아라비아의 로렌스'라는 칭호를 받았으며, 그의 생애를 기린 영화 〈아라비아의 로렌스〉가 만들어졌다.

것이다. 우리는 이 납세자가 세계에서 가장 관대하다는 사실을 안다.

우리는 또한 이 납세자가 잘못된 정보를 흔히 갖고 있으며, 모든 것이 자기 방식으로 이루어지기를 바라고, 자신의 감상적 성격을 만족시키는 결과를 높이 평가한다는 사실도 안다. 자신에게 너무나 행복한 기억을 준 학교와 흡사한 학교를 건설해서 공산주의를 궁지에 몰아넣을 수 있다고 어렵잖게 납세자를 설득할 수 있을 것이다. 자기 나라에서 좋은 것이 다른 곳에서는 그렇지 않을 수도 있다는 사실을, 그리고 이 이란이라는 나라가, 삶에 관해 뭐든지 다 알고 있었지만 많은 것을 잊어버린, 이 나이든 귀족이 보통의 약에는 알레르기 반응을 보여 특별치료가 필요하다는 사실을 인정하기는 쉽지 않을 것이다.

'아이들' 나이가 산타클로스보다 5000살이나 더 많을 때는, 선물을 준다는 게 항상 쉬운 일은 아니다.

4월

추위가 조금 가셨다. 내 학생 중 한 명이 생각을 하기 시작했다 (다른 학생들도 물론 생각을 하기는 했지만, 자기들이 생각한다는 사실을 드러내지 않는 것이 더 신중한 행동이라고 판단했다). 그녀는 《미친 사랑의 노래》(미국 출신 프랑스 작가 쥘리앵 그린의 소설 – 옮긴이 주)를 읽고 있었는데, 어떻게 해서 그렇게 되었는지는 모르겠지만, 이 작품이 자신의 이야기를 써놓은 것이라 믿고 마음이 동요된 것이었다. 그녀는 심지어 밤중에도 이 책을 생각했다. 생각이 꼬리에 꼬리를 물어 그녀는 온갖 것에 관해 별의별 생각을 다하느라 현기증이 날 정도가 되었으나 도대체 어떻게 해야 멈출지를 알수가 없었다. 그것은 일종의 출혈이자 공포였다. 그녀에게는 새로운 책과 보충수업, 질문에 대한 대답이 계속 필요했다. 프랑스 여성도 이처럼 불행해질 수가 있나요? 선생님의 턱수염도 실존주의적인 것인가요? 부조리라는 게 무슨 뜻인가요? 그녀는 이 단어를 테헤란에서 발행되는 한 잡지에서 발견했다.

　　내가 턱수염을 기른 건 좀 더 나이 들어 보이게 하기 위해서였다. 몇 명 안되는 내 반 학생의 절반이 40대였던 것이다. 하지만 부조리…… 부조리는! 나는 당황했다. 스위스에서라면 그렇게 대답을 못해 쩔쩔매지는 않았으리라. 하지만 그 어떤 철학적 범주에도 포함될 수 없는 도시인 이 타브리즈의 삶을 넘어서는 것을 도대체 어떻게 설명할 수 있단 말인가? 이곳에는 부조리라는 게 존재하지 않는다…… 삶이 도처에서 마치 어둠 속의 레비아탄˙처럼 모든 것을 밀어낼 뿐이다. 고함소리를 가슴 밖으로 밀

레비아탄 《구약성경》에 등장하는 바다의 괴물. 딱딱한 비늘이 있는 거대한 뱀의 모습으로, 등에는 방패와 같은 돌기가 일렬로 늘어서 있고 코에서는 연기, 입에서는 불을 뿜는다. 《환상동물사전》(2001, 들녘)에서 인용.

어내고, 상처를 향해 파리들을 밀어내고, 몇 주일만 지나면 언덕을 덧없는 아름다움으로 뒤덮을 수백만 송이의 아네모네와 야생 튤립을 땅 위로 밀어내는 것이다. 이곳에서는 세상사에 초연하게 살아간다는 게 불가능하다. 이따금씩 그러고 싶을 때가 있더라도 말이다. 겨울은 으르렁거리고, 봄은 사람 마음을 흠뻑 적시고, 여름은 별똥별을 쏟아부으며, 가을은 마치 하프의 현처럼 일렬로 늘어선 포플러나무들 속에서 떨려 울린다. 이곳에서 그 음악소리를 듣고 감동하지 않는 사람은 아무도 없다. 사람들의 얼굴은 환하게 빛나고, 먼지는 날아다니고, 피는 흐르고, 태양은 많은 사람들이 분주하게 움직이는 어두컴컴한 시장 한복판을 기분 좋은 곳으로 바꿔놓으며, 도시의 풍문(거미줄처럼 얽힌 비밀스런 공모)은 사람을 살리기도 하고 죽이기도 한다. 하지만 그 누구도 거기서 벗어날 수 없으며, 바로 이 운명론 속에 일종의 행복이 자리잡고 있다.

마하바드 교도소에서 지낸 뒤로 나 역시 한 가지 의문을 품고 있었다.

"말해 보세요……. 문이 없는 흰 성이라는 게 도대체 뭔가요?"

그녀가 곧바로 대답했다.

"달걀이죠. 모르셨나봐요? 삼척동자라도 알 만큼 쉬운 건데……."

그러더니 그녀는 자기 대답의 의미심장함을 음미하려는 듯 의자에 깊숙이 몸을 파묻었다.

달걀이라고? 나는 어떻게 그게 답이 되는지 알 수가 없었다. 데 키리코라도 해답을 맞히지는 못할 것이다. 하지만 내가 가르치는 학생 중에서 가장 수준이 낮은 학생도 단번에 그런 식의 연상을 할 수 있었다. 그들의 달걀이나 성이 우리의 그것들과 크게 다르지는 않으므로 다른 건 그들의 상상력일 것이다. 그런데 나는 상상력이 부족하다고 그들을 비난했었다! 전혀 아니었다. 그들의 상상력은 내 상상력과는 다른 세계에서 발휘되고 있었다.

무싸와 기를 쓰고 공부하는 그의 친구 사이디, 유누스(투르크멘 출신 뮐러의 아들), 그리고 항상 우산을 들고 그들의 뒤꽁무니를 따라다니는 퀴트취크. 이들은 정말 이상한 동무들이었다! 방학이 시작된 뒤로 이들은 항상 우리 방에 들이닥쳐 강아지들처럼 장난치고, 아무것도 아닌 것에 낄낄대고, 우리 담배를 피우며 캑캑대고, 영어 문장을 고쳐달라고 부탁하고, 단음계로만 탱고를 연주해줄 것을 우리에게 청했다. 사이디는 팔레비 거리에서 여자들이 지나갈 때 그 자신을 도취시키는 콧소리로 "타-라-라-라아아아아"라고 눈을 감고 흥얼거리며 노래하기 위해 탱고곡을 음악 공책에 꼼꼼하게 베끼기까지 했다. 그가 어떻게 스페인을 상상해냈을까 놀라웠다. 사이디는 제목을 두 가지 색깔로 정성들여 썼는데, 철자를 잘못 써서 우리를 재미나게 만들었다. 예를 들면 '죽기 전에(avant de mourir)'라고 써야 될 것을 '익기 전에(avant de mûrir)'라고 쓰는 식이었다.

사이디는 우리가 떠나기 전에 악기를 들고 밤에 자기 집으로 한번 와주기를 간절히 원했다. 박봉에 누추한 집에서 살며 먹고 살기 빠듯한 이 공무원 가족은 아들에게 좋은 점수를 준 데 대한 감사의 표시로 살진 송아지를 잡고, 양탄자를 걷어낸 가장 좋은 방을 우리에게 내주었다. 레몬을 집어넣은 보드카와 흰 멜론, 구운 양고기, 낡은 전축에서 돌아가는 가수 불불의 음반. 그들은 잔뜩 취했고, 우리는 우리가 가진 레퍼토리 중에서 가장 우울한 노래를 최소한 열 번은 연주해야 했다. 그것은 독한 술과 소화가 잘 안되는 음식이 넘쳐나는 가슴 훈훈한 파티였다. 석유등을 켜놓아 후끈후끈한 방을 나설 때 보니 퀴트취크는 외투를 덮고 양탄자 위에서 자고 있었다. 다른 사람들은 잔뜩 흥분해서 흐트러진 차림으로 모자를 삐딱하게 쓰고 양쪽 볼이 빨개져서 경쟁이라도 하듯 트림을 해대는 중이었다.

어린 당나귀가 눈 쌓인 마당 한 구석에 서있었다. 마당을 가로질러 가던 우리는 사이디의 어머니가 꼭 거동이 굼뜬 유령처

조르조 데 키리코(1888~1978) 이탈리아의 초현실주의 화가.

럼 느릿느릿한 걸음으로 우리가 싹싹 갉아먹은 수박 껍질을 당나귀에게 가져다주는 것을 보았다. 우리는 그녀에게 감사했다.

"무척이나 즐겁고 유쾌한 시간이었고, 아드님은 우수한 학생입니다."

그녀는 쉰 목소리로 밤길 조심하라고 말했는데, 아름다운 눈에 불만이 서려있는 듯 했다. 그러고 나서 사이디의 어머니는 아들과 아들의 친구들이 난리법석을 피우고 있는 방으로 다시 올라갔다. 하늘의 별들은 희미했고 달은 뿌옇게 보였다. 하지만 우리는 술을 거의 마시지 않았다. 그렇다면 결국 봄이 온 것인가?

타브리즈 사람들이 정치에 열광하는 건 사실이지만 이번 선거는 별다른 관심을 불러일으키지 않았다. 총독이 무슨 일이 일어나든 관계없이 자신이 내세운 후보자들만 당선될 것이라고 공언해서 사람들 기를 미리 꺾어놓았기 때문이다. 물론 그가 약속을 지키는 인물이기는 했지만 그래도 몇몇 아웃사이더들(병원 의사도 그중 한 명이었다)은 가망이 없는 걸 알면서도 일단 부딪쳐보기로 했다. 그래서 투표함 앞에 돗자리를 깔고 잠까지 자며 지켰다. 하지만 소용없는 일이었다.

우리 이웃에 사는 M노인은 그가 땅을 좀 갖고 있는 길란이라는 큰 동네에서 재선되었다. 합법적으로 당선된 것이었다. 그는 자신을 너무나 존중해서 선거에서 부정행위를 하려야 할 수가 없는 인물이었다. 그는 자기보다 나이가 어린 후보자(진보주의자 교사)가 광장에 모인 농민들에게 먼저 연설을 시작해서 테헤란의 부패와 아르밥들의 탐욕을 공격하고 실현 불가능한 약속을 하도록 내버려두었다. 그리고 자기 차례가 되자 이 노인은 겨우 이렇게 말하고 말았다.

"여러분이 방금 들으신 말은 하나도 빠짐없이 사실입니다요……. 저로 말하자면 그렇게까지 훌륭한 사람은 아니올시다. 하지만 여러분은 저를 잘 알고 계시지요. 곧 저는 여러분에게서 거의 빼앗아가는 것 없이 저보다 더 탐욕스런 인간들로부터 여러분을 보호해 준다는 말이올시다. 만일 저 젊은이가 자기 말대로 정직하다면 그는 어떻게 해야 테헤란에 있는 자들로부터 여러분을 지켜줄지 그 방법을 알려야 알 수가 없을 겁니다. 그건 분명한 사실입니다요. 설사 그렇지 않다 하더라도 여러분은 그가 이제 막 인생을 시작해서 금고가 텅텅 비어있다는 사실을 상기해야 할 겁니다. 반면에 저는 제 인생을 끝내가고 있는지라 금고가 꽉 차 있지요. 여러분이 생각하기에 누구를 뽑아야 위험이 덜하겠습니까?"

그러자 농민들은 그의 말이 맞다고 생각해서 그에게 표를 던졌다.

이곳에서는 M노인처럼 탁 까놓고 얘기하는 게 오히려 잘

통한다. 그렇다고 해서 이곳 사람들이 다른 곳 사람들보다 더 나쁘다는 얘기는 아니다. 그냥 덜 위선적일 뿐이다. 서양 사람들은 이 위선을 아주 교묘하게 이용하는 반면, 이들은 오히려 냉소주의를 훨씬 더 선호한다. 이 세상 어디서나 그렇듯 이곳에서도 역시 정말 꼭 속여야 할 때는 가까운 사람에게도 거짓말을 하지만, 그렇다고 해서 자기 자신의 동기나 추구하는 목표에 대해서까지 스스로를 기만하지는 않는다. 그렇기 때문에 목표가 달성되면 몇몇 친구들과 함께 마음껏 기뻐할 수 있다. 절차는 덜 음흉하고 덜 꾸며지는 대신 그만큼 더 명확하다. 게다가 거짓이 끼어들 여지도 적다. 다른 사람들은 속일망정 자기 자신은 속이려 하지 않기 때문이다. 그래서 우리는 헤로도토스 이래로 페르시아 사람들이 거짓말하는 걸 얼마나 싫어하는지 잘 알고 있는 것이다.

이란에는 위선자들은 거의 없지만 아첨꾼은 꽤 있다. 그리고 일부 외국인이 아첨꾼을 보면서 분노하는 척하는 것은 그들의 위선을 보여주는 또 다른 증거다.

나는 노인을 찾아가서 겨울 동안 차고를 빌려준 데 대해 감사하고, 당선을 축하했다. 그는 갤러리 한쪽 구석에서 시계 고치는 사람들이 쓰는 돋보기를 이마에 올려놓고, 자신이 30년 동안 중동의 시장을 돌아다니며 모은 그리스와 세파비드 왕조 시대의 음각보석 수집품을 분류해서 낡은 담배상자 속에 집어넣는데 몰두하고 있었다. 유리처럼 생긴 돌로 만든 산홋빛 또는 꿀색을 띤 펜던트와 반지에 얹은 보석에 아리온과 그의 돌고래, 마슈하드 이슬람 사원, 헤르메스 트리스메지스토스, 고대 아라비아 문자로 쓰인 알라후 악바르(신은 위대하시다) 같은 것이 투명하게 나타나는 것이 보였다. 우리 두 사람은 우리의 두 세계가 가까이 있는 것을 보며 즐거워했다. 그는 늘 그랬듯이 차분하면서도 빈정거리는 듯한 말투로 잡담을 하며 최소한 서른 개는 될 것 같은 보석을 하나씩 내게 보여주었다. 내가 걱정스런 표정으로 테헤란으로 가는 도로에 관해 묻자 그는 보석을 옆으로 치워놓더니 웃기 시작했다.

"좀 이르기는 하지만 틀림없이 테헤란에 도착할 수 있을 거요. 그리고 설사 도로를 지나가지 못한다 하더라도 굉장한 걸 보게 될 거요……. 지난번에 내가 갔을 때는(아마 10년 정도 된 것 같은데) 물이 불어나는 바람에 키질우줌 강의 다리가 떠내려가고 말았소. 강을 건널 수 있는 방법은 전혀 없었지요. 하지만 언젠가는 강물이 낮아진다고 생각해 버스와 트럭들이 계속해서 동쪽과 서쪽에서 몰려왔고, 강둑의 지반이 비 때문에 약해지자 수많은 버스와 트럭들이 다리 양쪽 끝부분의 진창에 빠지고 말았

키질우줌 강 앞과 마찬가지로 케젤오잔 강을 의미하는 듯하다.

소. 나 역시 마찬가지였다오. 우리는 아예 거기 자리를 잡았는
데, 강둑은 이미 캠핑카와 가축 떼로 뒤덮여있었소. 그런데 남쪽
으로 내려가는 카라치족(주로 음악가와 대장장이로서 페르시아 북부
에 사는 집시 유목민들 - 글쓴이 주)이 소형 용광로를 설치하더니 짐
을 버릴 수 없는 트럭 운전사들을 위해 간단한 수리를 해주기 시
작했어요. 자영업을 하는 운전사들은 얼마 지나지 않아 근처 농
민들에게 이런저런 상품을 주고 대신 야채를 받아 여기서 팔기
시작했소. 일주일 만에 다리 양쪽 끝에는 마을이 하나씩 생겨나
텐트가 세워지고, 동물 수천 마리가 울어대고, 연기가 피어오르
고, 닭들이 꼬꼬댁거리고, 나뭇가지와 두꺼운 판자로 지은 찻집
도 몇 군데 생겨났지요. 빈 트럭의 덮개 아래에 자리를 빌려서
신나게 주사위놀이를 하는 가족도 있었고, 환자에게서 악령을
쫓아낸다며 주문을 외는 이슬람 금욕파의 수도사들도 있었지
요. 그리고 거지들과 매춘부들은 뜻하지 않은 횡재를 놓칠 새라
달려들었다오. 정말 엄청난 혼란이었지요…… 그러다가 풀이
푸르러지기 시작했다오. 없는 건 이슬람 사원뿐이었소."

　"강물이 낮아지자 모든 게 꼭 꿈속에서처럼 흩어졌지요. 그
런데 그 모든 건 무너져서는 안되는 다리와 우리의 무질서, 그리
고 실력 없고 태만한 공무원들 때문이었소(그가 열을 올려가며 말
했다). 페르시아가 아직도 경이의 나라라는 건 정말 딱 맞는 말
이오."

이 단어를 듣고 나는 깊은 생각에 잠겼다. 우리나라에서 '경이'라는 것은 도움이 되는 예외를 가리킨다. 유용하거나, 아니면 최소한 유익한 것이다. 반면에 이곳에서는 경이가 망각과 죄로부터도 생겨날 수 있고, 습관의 정상적인 흐름을 깨뜨림으로써 예기치 못했던 영역을 삶에 제공하여 언제 어느 때라도 그것을 즐길 준비가 되어있는 눈들이 지켜보는 가운데 그 호사스러움을 과시하는 어떤 재난으로부터도 생겨날 수 있었다.

타브리즈를 떠나다

지붕마다 물이 넘쳐흘렀다. 처마의 물받이, 두껍게 쌓여 얼어붙은 눈 아래에서 물이 성급하게 흘러내리는 소리가 들려왔다. 태양이 우리 뺨을 덥혀주었고, 포플러나무는 다시 가벼워진 하늘을 향해 우지끈 소리가 나도록 기지개를 켰다. 머리와 뼈, 심장이 천천히 새싹을 밖으로 밀어냈다. 계획들이 형태를 갖추었다. 봄이었다.

아르메니아 식당에서는 비밀경찰이 제복 단추를 끌러놓은 채, 어떤 손님이 숯을 가지고 프랑스어로 "왕, 엿 먹어라!"라고 써놓은 푸른색 벽에 기대어 꾸벅꾸벅 졸고 있었다. 시장에서는 문이 닫힌 가게 앞에서 사람들이 농담을 나누었다. 이 가게는 마지막까지 남아 아직도 저항하고 있는 유대인 상인의 것이었다.

이 가게 주인은 얼마 전 둘둘 말아놓은 양탄자에 깔렸다. 다른 유대인 상인들은 벌써 이곳을 떴다. 6개월도 채 되지 않아 파산하고 궁지에 몰리고 탄압받는 것이었다. 그들을 도와주는 사람은 아무도 없었다. 아니, 그 반대였다. 이 도시는 너무나 냉혹해서 어떤 선물도 일체 나눠주지 않았다. 이 세상처럼 오래되고 이 세상처럼 매혹적인 도시. 그것은 백 번도 더 구운 빵 같았다. 그곳에서는 모든 것을 다 볼 수 있으며, 화를 내봤자 아무 소용없다. 단 1센티미터도 움직이지 않기 때문이다. "그대가 물어뜯을 수 없는 손에 입을 맞추고, 그 손이 부러지기를 기도하라"라는 속담이 있다. 사람들은 이 속담을 따른다. 그렇다고 은총과 희열, 혹은 즐거움의 순간이 오지 않는 것은 아니다.

까마귀들이 새로 돋아난 나뭇가지 꼭대기에서 까악까악 시끄럽게 울어댔다. 경이로운 햇빛 속에서, 금빛 진흙의 연무 속에서, 서쪽에서 온 거대한 트럭들이 시장 앞에서 끼익 소리를 내며 멈추어 섰다. 우리는 야외시장에서 올라오는 클라리넷 소리를 들으며 길거리에서 차를 마셨다. 우리는 누가 그걸 부는지 알고 있었다. 아르메니아 출신의 소목장이며 무척 꼼꼼하고 온화한 이 사람은 배나무로 짠 아름다운 악기함에 클라리넷을 넣어가지고 다녔다.

그들의 피 속에서 끓고 있는 순무와 레몬향 케이크

모자와 곤봉

종이로 만든 카네이션을 귀에 꽂은 말이 끄는 마차

검은색 창문

별들이 그려진 꽁꽁 언 창유리

하늘로 이어진 진흙탕 길

타브리즈.

마주치는 눈길, 물소에게서 풍기는 음침한 냄새, 불을 환히 켜고 강으로 나 있는 방, 긴 나선 모양을 이룬 모기들. 죽음이 전속력으로 나를 덮쳤다. 이 여행? 엉망진창이다……. 이 지구상에는 우리들 각자에게 이런 풍경이 대 여섯 개석 존재한다.

만져지지 않는 이 길
어디에도 도달하지 않는 이 강

일곱 번째 이야기 샤흐라

샤흐라 : 하이웨이(highway)
그러나 이란에는 높든, 높지 않든 도로가 없다.
C. D. 필로트 대령,《영어-페르시아어 사전》

미야네 가는 길

군인들이 이런 판단을 내리다니! 물론 이란에는 도로가 있다. 그리고 그것이 더 나을 수도 있다는 점을 인정해야 한다. 예를 들어 타브리즈에서 미야네까지 20여 킬로미터가량 되는 도로는 트럭들이 지나다니는 바람에 움푹한 길로 바뀌어버렸다. 바퀴자국 두 개가 깊이 패였고 한가운데에는 흙과 잡석이 높이 쌓여있었다. 우리 차의 바퀴 사이 거리와 이 바퀴자국 사이의 거리가 달랐으므로 우리는 자동차의 왼쪽은 가운데의 경사지 위에 올려놓고 오른쪽은 바퀴 자국 안에 집어넣어야만 했다. 그렇게 기울어져서 달리다 보니 자동차가 도랑 가장자리를 긁고 지나갔다. 게다가 보닛이 진흙과 돌더미를 밀고 가면서 이것들이 앞에 쌓이는 바람에 우리는 50미터에 한 번씩 차를 멈추고 삽으로 돌을 퍼내야만 했다. 날씨는 푸근했고, 우리는 우리를 둘러싼 거대한 산비탈에 우박이 어지러이 쏟아지는 것을 바라보면서 이마에 땀을 흘리며 일했다. 하지만, 동쪽으로 이어진 길로 다시 접어드니 무척이나 즐거웠다.

우리는 또, 트럭들이 지나갈 수 있도록 자동차를 들어올려 길 밖으로 옮겨야 했다. 마치 성채처럼 거대한 트럭들은 웅장한 풍경과 잘 어울렸다. 그런 트럭들을 장식과 푸른색 구슬로 만든 부적이나 "타브박칼토 알 알라(운전을 하는 건 나지만, 책임은 신께 있네)" 같은 기원문이 뒤덮고 있었다. 그들은 꼭 짐수레 말처럼 속도를 내어 때로는 몇 주일에 걸쳐 오지의 시장이나 군사기지로 나아갔고, 뿐만 아니라 그들의 발을 오랫동안 묶어놓는 고장과 파손을 향해서도 나아간다. 그때 트럭은 집이 된다. 트럭을 고정시키고 개조하면, 일행은 이 고정된 난파선 주위에서 필요한 만큼의 시간을 살게 된다. 잿더미 속에서 구운 둥근 빵과 카드놀이, 종교의식의 일부인 목욕재계…… 그것은 대상(隊商)의 연장이다. 나는 이 괴물들이 마을 한가운데에 꼼짝 않고 있는 것을 여러 차례 보았다. 암탉들이 트럭 바퀴의 그늘에서 알을 깠고, 암고양이들은 거기서 새끼를 낳았다.

미야네[30]

이 세상의 모든 곤충학자들은 미야네라는 마을 이름을 들어보았을 것이다. 한번 물리면 치명적이라는 미야네 빈대 때문이다. 이런 식으로 알려진 것과는 달리, 미야네는 사실 매혹적인 마을이며 푸른색 감촉이 느껴지는 황토와 둥근 청록색 지붕이 4월의 안개 위를 미끄러지듯 움직이는 것처럼 보이는 이슬람 사원으로 유명하다. 하지만 마치 아무 해도 끼치지 않는 빨랫줄처럼 찻집의 발코니를 지나가는 고압 전선은 조심해야 한다.

미야네는 또한 두 언어의 경계가 되는 지역이기도 하다. 1, 2, 3, 4, 5를 한쪽에서는 아제리어로 비르, 이키, 위트크, 되르트, 베크라고 말하는 반면, 다른 편에서는 페르시아어로 에크, 도, 세, 차르, 펜즈라고 말한다. 이것만 봐도 귀가 얼마나 즐겁게 한 언어에서 다른 언어로 넘어갈 수 있는지 이해할 수 있다. 아제리어는 타브리즈의 나이든 부인네들이 노래를 부를 때 특히 아름다움이 느껴지는데, 사실은 돌풍과 눈을 위해 만들어진 거친 언어다. 거기에는 태양이 없다. 반면에 페르시아어는 따뜻하고 섬세하고 정중하며, 권태의 기운도 살짝 느껴진다. 여름을 위한 언어인 것이다. 이란 쪽으로는 사람들의 얼굴 표정도 더 풍부하고 어깨도 더 가냘퍼 보이며, 경찰들은 체구는 작지만 더 위협적이고, 여관 주인들은 더 약삭빨라서 손님을 더 잘 우려먹는 경향이 있다. 우리는 여관 주인이 보여주는 계산서를 아예 싹 무시해버렸다. 금액이 터무니없을 정도로 많이 나왔던 것이다. 우리를 숙맥으로 여겼던 모양이다. 웃음을 터뜨렸지만 아무런 효과도 없었다. 우리의 웃음이 솔직하지 않았기 때문이다. 그렇다면 화를 내야 하나? 내가 한 가지씩 꼼꼼히 따져보는 동안 티에리가 어디론가 사라졌다가 잔뜩 화난 얼굴로 돌아왔다. 금방이라도 두 눈이 튀어나올 듯 잔뜩 흥분한 티에리가 지폐 몇 장을 집어던지자 여관 주인은 어안이 벙벙한 표정이었다. 여관 주인은 여전히 어리둥절해 했지만, 우리가 정말로 화가 났다고 믿지는 않았다. 하지만 그로서는 머뭇거린 게 결정적인 실수였다. 그가 정신을 되찾은 듯 소리를 지르며 계단을 성큼성큼 뛰어내려올 때, 우리는 이미 모퉁이를 돌아서고 있었다.

카즈빈[31] 가는 길

카즈빈으로 이어자는 도로는 먼저 버드나무가 심긴 계곡을 따라간다. 산은 둥글고 무척이나 가깝게 느껴지며 강은 시끄럽고 여울은 건너기가 힘들다. 그러고 나면 계곡이 나팔 모양으로 벌어지면서 아직 여기저기 눈이 남아있고 땅이 질퍽질퍽한 넓은 고원이 나타난다. 강은 거기서 사라지고, 시선을 어디에 고정시켜야 할지 알 수가 없다. 첫 번째 기복은 20여 킬로미터 떨어진 곳에서부터 시작되었고, 눈은 기복이 지평선까지 열두어 개가

량 더 펼쳐져 있는 것을 구별해냈다. 태양, 넓은 공간, 침묵. 꽃은 아직 피지 않았지만, 어디서든 들쥐와 마멋들은 꼭 악마들처럼 그 기름진 땅을 샅샅이 파헤쳐놓았다. 그 길을 지나가면서 우리는 잿빛 왜가리와 노랑부리저어새, 여우, 붉은색 자고새를 만났다. 그리고 때로는 자기만의 시간을 보내는 산보객처럼 유유자적 걷는 사람들을 만나기도 했다. 그런데 그건 배경이 워낙 거대해서 그렇게 보이는 것이었다. 이런 광활한 풍경에서는 말을 타고 전속력으로 달리는 사람이라도 게으름뱅이처럼 보이리라.

테헤란,[32] 4, 5월

육로를 이처럼 느리게 여행할 때의 즐거움이 있다면, 그것은 (이 국정서가 일단 사라지면) 세세한 것에 민감해지고, 그 세세한 것들을 통해 그 지방에 민감해진다는 것이다. 6개월 동안 동면을 하고 나자 우리는 아무것도 아닌 일에도 놀라워하는 타브리즈 사람이 되어있었다. 여정마다 우리는 모든 걸 바꿔놓는 그 미세한 변화들(바라보는 방식, 구름의 형태, 모자의 기울어진 정도)을 찾아냈으며, 꼭 파리에 올라간 오베르뉴 사람처럼 눈이 휘둥그레진 시골뜨기가 되어, 친절한 술꾼이 식탁 위에서 괴발개발 써서 기대할 것이라고는 오해와 시간낭비뿐인 추천장들을 호주머니 속에 집어넣고 수도에 도착했다. 이번에는 한 번뿐이었다. 우리는 아제리 출신 유대인에게 보여줄 추천장을 갖고 있었는데 그를 금방 찾아냈다. 그는 자기 어머니라도 팔아넘길 것처럼 보였지만, 사실은 우리 일을 해결해 주겠다는 혼란스런 욕망으로 가득 찬 썩 괜찮은 사람이었다. 아니다. 그는 우리 같은 외국인이 시장에 있는 여관에서 묵을 수 있으리라고는 생각하지 않았다…… 아니다, 그는 신문사 쪽으로는 아는 사람이 아무도 없었다…….

"하지만 놀라운 일을 해줄 경찰서장과 저녁식사는 하고 싶지요?"

그의 말에 우리는 꼭 그러고 싶었고, 그래서 태양이 쨍쨍 내리쬐는 속에서 잠옷 차림으로 우리를 맞은 한 노인과 함께 요구르트를 넣은 양머리 요리를 먹었다. 대화는 지루했다. 이 노인은 이미 오래전에 은퇴했고, 옛날에 남쪽에 있는 작은 도시의 경찰서장을 지내서 경찰청에는 아는 사람이 더 이상 없었다…… 게다가 그는 모든 걸 다 잊어버렸다. 대신 그는 체스를 두어 판 두면 정말 좋을 것 같다고 말했다. 그는 느릿느릿 체스를 두다가 잠이 들어버렸다. 하루가 그렇게 지나갔다.

시장 변두리의 파르스 여관. 방이 너무 좁고 어수선해서 침대에 드러누워 일을 해야만 했다. 'BP' 석유 양철통을 모자이크처럼 붙여 천장을 올리는 바람에 달빛이 새어들었다. 벼룩도 있었다. 쿠르드족, 양 냄새를 풍기는 카슈카이족 유목민, 온화한 미소를 보내주는 농부들이 이 여관의 손님이었고, 옆방에는 아주 적은 액수의 돈이라도 반드시 세고 또 세는 아시리아 출신 상인이 묵었다. 여관방들은, 옛 이란 음악을 구성하는 아르페지오의 조용한 음계가 라디오에서 계속 흘러나오는 찻집과 나무 통로로 연결되어 있었다. 왼쪽 창문 아래로는 일렬로 늘어선 벌레 먹은 기둥들이 시장 입구 쪽으로 내리막을 이루었다. 그보다 더 아래쪽에는 위성류渭城柳 덤불이 자라고 있었으며, 흙을 뭉쳐 만든 벽돌로 집을 지은 교외마을의 벽은 무너져 서로 뒤섞이면서 시골로 뻗어나가고 있었다.

오른편으로는 투프칸 광장의 낡은 대포와, 부자동네를 향해 완만한 경사의 오르막을 이루는 랄레자르 대로의 네온등이 눈에 들어왔다. 아래쪽에 있는 두 곳의 떠들썩한 선술집에서는 시퀸(원형으로 된 작은 금속편 – 옮긴이 주)으로 장식된 짧은 발레용 치마를 입은 말라깽이 소녀 둘이, 큰 소리로 떠들며 아라크술을 마시는 남자들 속에서 균형 잡는 연습을 하고 있다. 무허가 노점상들도 있어서 빗과 샌들, 성화聖畵, 호각, 콘돔, 제비꽃향 비누를 판다. 그 다음에 극장이 있는데, 페르시아어로 각색된 몰리에르의 〈덤벙거리는 남자〉를 예고하고, 사산 왕조의 바흐람 구르가 자신의 불쌍한 신하를 괴롭히는 장교들을 혼란에 빠뜨리기 위해 변장을 하고 신하의 집에 묵는다는 내용인 페르도우시의 《샤나메》(왕들의 책)를 각색한 작품을 공연한다. 우리는 이 작품을 보러 갔다. 과장된 연기, 만들어 붙인 빨간색 수염, 시대에 맞지 않는 터번들, 따귀 때리기, 재주넘기, 죄인에 대한 징벌. 완벽했다. 회색 정장을 입은 세련된 남자들과 와이셔츠 바람의 짐꾼들이 이 일종의 익살극을 보며 떠나갈 듯 박수갈채를 보내다가 이따금씩은 킬킬거리곤 했다. 지금 통치자가 경찰의 호위를 받지 않고는 그 어디에도 가지 않기 때문이다. 지금 시대에는 그런 식으로 불시에 시찰이 이뤄지지는 않으며, 더구나 그같은 결말은 상상하기 힘들다. 공연을 보고 나서 우리는 한 신문사의 편집국을 찾아갔다. 세련된 재단사도 몇 명 만났다.

네온등은 더 부드럽고 나무들은 더 무성하며 목소리들은 더 섬세하다. 모자처럼 생긴 그 전설적인 케이크는 아르메니아 찻집의 색전구 불빛에 타오르듯 반짝거린다. 더 높이 올라가서 샤 레자 거리와 체메란 언덕 사이에서는 캐딜락 자동차들이 부르릉거리는 소리가 들려온다. 이곳에는 연한 색을 띤 긴 벽이 있고, 푸른색 에나멜로 현관에 광택을 낸 귀족들의 집이 있고, 넓은 공간이 있으며, 돈이 있다. 바닥에는 피스타치오 껍질이 어지러이 늘려있고, 누더기를 입은 나이든 몽상가들이 운전하는 노란색 택시가 밤을 누비며, 마지막 정원이 있는 곳에서 북쪽으로 30킬로미터가량 가면 엘부르즈 산맥에 수북이 쌓인 눈이 봄 하늘 아래 반짝거린다.

우리는 여관 발코니에 팔꿈치를 괸 채 테헤란 전역을 볼 수 있었다. 식탁의 아래쪽 끝, 접시 가장자리에 앉아있었지만, 몇 입만 먹고 말기로 단단히 결심했다. 우리 나이 때는 도시를 아래쪽에서부터 공략하는 게 좋다. 진한 냄새, 이를 드러내는 미소, 친근감이 드는 곱추들. 좋다! 그렇지만 인도까지 가는 데 필요한 돈은 여기서 벌어야 한다.

나는 타브리즈에 관해 이런저런 고찰을 했다.

"들어봐요. 저 사람이 하는 얘기를 들어보라고요. 정말 다 재미있다고요!"

이 말을 한 사람이 식탁에 앉아있는 사람들더러 입을 다물라고 말하더니 나더러 다시 한번 말해줄 것을 부탁했다. 눈빛은 반짝거렸지만, 그는 전혀 귀를 기울이지 않았다. 혹시 그가 기적적으로 귀를 기울인다 해도 아마 그는 오늘 밤이 가기 전에 깡그리 잊어버리고 말 것이다.

그는 우리 친구 갈렙이었다. 갈렙은 얼마 전부터 이 도시에서 가장 큰 신문사의 편집국장을 맡아 성공을 거두었다. 예를 들면 수소폭탄에 관한 기사에서는 알솝 형제로부터 표제를 빌려왔고, 릴케에게서는 공포에 대한 탁월한 인용문을 빌려왔다. 그는 시를 읽고 강렬한 느낌을 받아 그 전문을 기꺼이 인용할 수도 있었다. 하지만, 지면이 부족했다. 그는 다른 많은 것을 이런 식으로 자기 것으로 만들 준비가 되어있었다! 그가 잘못한 건 아니다. 그 역시 시인이었고, 다른 사람들의 시는 어느 정도는 그의 것이었기 때문이다. 그가 자신의 시를 쓰지 못하고 있는 것은 시간이 없어서였다.

"태평양이라고 불리는 넓은 바다", 이거 좋은 기사입니다, 그렇지요? 어쨌든 우리 사장은 아주 맘에 들어 하고 있어요. 당신의 현장 탐방 기사들은, 엄청 마음에 듭니다. 바로 우리가 요즘 필요로 하는 것이니까 말이오. 우리는 그중에서 최소한 네 편을 고를 겁니다."

이 말은 과연 무슨 뜻일까? 딱 한 편만 싣겠다는 것일까, 아니면 전체를 다 거절하겠다는 것일까? 나는 그들의 언어 관습에 아직 익숙해지지 않았다. 두고 봐야 할 것 같다. 그 사이에 갈렙이 1면에 우리 사진을 싣고 침소봉대된 설명을 붙여놓는 바람에 우리는 도시 어디를 가든 수염이 덥수룩한 낯선 사람들이 과장된 동작으로 모자를 벗으며 인사하는 걸 보고 놀라워해야만 했다. 재미는 있었지만 그걸로 먹고 살 수는 없는 노릇이었다. 그래서 나는 그루지야 출신의 이민자가 운영하는 유수프-아바드 거리의 선술집에서 정기적으로 갈렙을 만나 글을 실어달라고 졸랐다.

세 개의 계단을 통해 이곳으로 내려가 어슴푸레한 어둠에 눈이 익숙해지면, 상표에 붉은색 독수리가 그려진 마크수스 보드카를 앞에 놓고 앉아, 현기증이 나는 걸 막으려고 오이나 훈제

된 생선을 아기작아기작 씹어 먹으며 술을 마시는 사람들의 모습이 눈에 들어온다. 그동안 태양은 길거리와 황궁 난간, 벽돌담 뒤편에서 부유하고 안락하게 사는 아르메니아 출신 상인들의 저택 위를 물결이 천천히 밀려가듯 지나간다. 갈렙은 가장 더운 시간이 되면 기꺼이 이곳에 자리를 잡고 앉아 신문 편집을 하거나, 아니면 식탁보 위에 이런 시를 쓰며 연모하는 여인들을 기다렸다.

……그저께 : 하루
어제 : 이틀
오늘 : 사흘
그대는 돌아오지 않고
내 가슴은 불타버렸네…….

내가 쓴 글도 불타버렸느냐고 묻자 그는 잉크가 얼룩덜룩 묻은 손을 부비며 이렇게 대답했다.

"그런 건 아니지만…… 뭐라고 설명해야 하나…… 지금 잠을 자고 있지요. 성공할 것 같지가 않아서 말이오. 당신이 내게 명함만 몇 장 주면 일을 다시 시작할 텐데……."

테헤란에서 뭘 하려면 반드시 있어야만 하는 이 명함이란, 바로 우리를 그의 사장에게 추천하는 유력인사의 짧은 편지를 말하는 것이었다. 처음에 우리는 스위스에서 그의 폐를 치료해 주었던 한 상원의원이 써준 짤막한 세 줄짜리 추천사를 그에게 전달했지만, 별다른 영향력을 발휘하지 못한 모양이었다. 일주일도 채 안되어 이 명함은 마치 질 낮은 샴페인처럼 김이 빠져버렸고, 편집국장의 열정도 완전한 건망증으로 바뀌었다. 내가 쓴 글을 가지러 간 날 나는, 사장은 물론 부사장조차 만날 수가 없었다. 낮잠 시간이어서 다들 늘어지게 퍼 자고 있었던 것이다. 결국 나는 푸른색 작업복 차림의 노인을 우연히 만났는데, 그는 한 시간이나 걸린 끝에 내 원고를 찾아 내밀며 이렇게 덧붙였다.

"자, 여기 있소. 별거 아니네 뭐. 어쨌든 당신네 나라 식자공들한테 이란 식자공들이 안부 전한다고 전해 주시오."

이렇게 해서 끝이 났다.

하지만 갈렙은 이런 실패에도 아랑곳하지 않고 계속해서 우리에게 조력과 명함, 실현 가능성 없는 전망을 약속하고 자신의 권한 밖인 인터뷰와 후원을 제안했다. 그것은 순전히 우리를 격려하고 우리에게 용기를 불어넣어주려는 순수한 친절에서 비롯되었다. 반드시 약속을 지켜야만 한다면 약속하는 즐거움을 어떻게 느낄 수 있겠는가? 우리를 환상으로 매혹시키는 것이 우리를 돕기 위한 그만의 방법이었다(환상은 우리들 중에서 가장 회의적인 사람들에게까지도 유용하다). 그리고 그는 우리를 도와주었다. 우리는 강연이나 전시회를 열기 위해 갈렙이 알고 있다고 경솔하게 우쭐대는 인물들을 여러 차례 찾아갔다. 갈렙은 실제로는 그들을 몰랐지만, 가짜 열쇠로도 문을 열 수는 있는 법. 당황스러워하는 건 잠깐이고, 대화는 대부분 우리가 유리한 쪽으로 흘러갔다. 일이 이런 식으로 진행되었다고 얘기해 주면 갈렙은 얼굴이 창백해졌다.

"총장이 당신들을 받아들였단 말입니까? 내가 찾아가보라고 해서 갔는데 말이오? 난 혹시나 해서 그냥 한번 해본 얘기였는데…… 그런데 그게 통했단 말입니까? 이럴 수가! 우리들 사이니까 하는 말인데, 난 2년 전부터 그분을 꼭 한 번 만나보려고 무진 애를 썼다오. 나를 위해서 그분한테 한 마디 해줄 수 있겠소?"

이번에는 그가 믿으려고 하지 않았다. 우리는 그에게 진심으로 고마워했다. 갈렙은 정말 좋은 사람이었다.

테헤란 사람들의 말을 믿는다면 테헤란은 아름다운 도시가 아니다. 현대화 과정에서 시장의 매혹적인 공간 여러 곳이 허물어졌고, 거리는 일직선으로 구획되면서 신비로움을 잃었으며, 옛날에 세워진 성문들도 카자르 시대(1787년에서 1925년까지 페르시아를 지배한 왕조 – 글쓴이 주)의 **벽화**(이 벽화에서는 고비노 백작이 화분에 심긴 오렌지나무를 배경으로 해서, 깃털 달린 터번을 쓴 사람들 속에서 줄무늬 모자를 쓰고 있는 것을 알아볼 수 있다)로 장식된 **오래된**

식당들과 더불어 철거되었다. 옛 정취를 느끼려면 동방박사들이 출발한 남쪽 교외의 레이 거리까지 내려가야 한다. 사람들은 미안해하면서 너무 건조한 날씨와 소용돌이치는 먼지, 도둑들의 민첩함, 그리고 이곳 주민들을 음울하고 신경질적으로 만드는 자류磁流에 대해 말한다. 그러면서 덧붙인다.

"기다려봐요. 이스파한이나 시라즈를 보게 되면 달라질 거예요……."

어쩌면 그럴지도 모른다.

하지만 이곳에는 꿈속에서가 아니면 볼 수 없을 만큼 거대한 포플러나무들이 있어서, 한 그루 한 그루가 당신이 일생을 행복하게 보낼 수 있을 만한 작은 카페 여러 곳에 그늘을 드리우고 있다. 그리고 특히 이 도시에는 푸른색이 있다. 푸른색을 발견하기 위해서는 이곳까지 와야만 한다. 이미 발칸 반도에서부터 눈은 이 색을 받아들일 준비가 되어있었다. 그리스에서는 푸른색이 주조를 이룰 뿐만 아니라 압도적인 영향을 미친다. 그것은 공격적인 푸른색으로서, 바다만큼이나 활동적이지만 또한 긍정적인 사고방식과 모험적인 계획, 일종의 비타협성을 장려한다. 반면에 이곳에서는 어떤가! 가게 문과 말고삐, 값싼 보석 등 어디를 가나 도저히 모방할 수 없는 이 페르시아의 푸른색은 마음을 고양시키고, 가라앉지 않도록 이란을 받쳐주고, 위대한 화가의 팔레트가 환해지듯 시간이 흐를수록 밝아지면서 고색古色을 띤다. 청금색靑金色으로 된 아카드 동상들의 눈, 파르티아 궁궐의 선명한 청색, 더 밝은 셀주크 도자기의 유약, 세파비드 이슬람 사원의 푸른색, 그리고 이제 모래의 황갈색과 나뭇잎의 먼지 자욱한 연한 녹색, 눈, 어둠과 더불어 편안히 노래하고 날아오르는 그 푸른색……

다리 사이에서 닭들이 모이를 쪼고 호기심 많은 사람들 쉰 명이 식탁으로 몰려드는 싸구려 식당에서 글을 쓰니 몸도 마음도 편안하지가 않다. 그림을 전시했지만(갖가지 우여곡절 끝에) 단 한 점도 팔리지 않으니 역시 몸과 마음이 불편하기만 했다. 어깨에 내리쬐는 뜨거운 태양 아래에서 실패에 실패를 거듭하며 이리저리 도시를 돌아다니는 것도 이제 진력이 난다. 하지만 용기가 부족할 때는 언제라도 민속박물관으로 푸른색의 카샨(테헤란 남쪽에 있는 도시로서 양탄자와 도자기로 유명한데, 특히 14세기의 작품들이 널리 알려져 있다 – 글쓴이 주) 도자기를 보러 갈 수 있다. 이곳에서 만들어진 접시와 사발, 물병은 고요와 평온 그 자체다. 오후의 햇빛이 아주 천천히 흔들리다가 곧 관람객의 마음속으로 파고든다.

신문은 믿을 수가 없었으므로 이란–프랑스협회야말로 우리의 계획을 후원해 주는 데 딱 적합할 것으로 보였다. 우리는 면도를 하고 넥타이를 매고 겨울 양복을 입고 땀을 뻘뻘 흘리며 이번에는 무슨 일이 있어도 뭔가를 얻어내리라 굳게 결심하고 그곳으로 갔다. 이리저리 둘러대던 비서는 결국 마치 우리가 거기에 들어가면 잡혀먹기라도 할 것처럼 숨을 죽이고 우리를 회장 사무실 안으로 들여보내주었다. 회장은 건장한 체격에 혈색 좋은 인물로, 문화 정보를 찾는 프랑스인 관광객인 듯한 사람과 전화통화를 하며 짜증을 내고 있었다. 우리를 재빨리 훑어본 그는 우리가 무슨 부탁을 하러 온 사람이라고 판단하고 우리를 단번에 실망시키기로 결심한 듯, 느닷없이 전화기에 대고 고래고래 소리를 내지르기 시작했다. 협회를 무슨 정보를 제공하는 곳쯤으로 생각하는 건 잘못이라는 것, 여기서는 그런 일말고도 할 일이 많다는 것, 페르시아 여행은 미리미리 준비해야 한다는 것…… 이란 사람들한테 물어보면 간단하다는 것. 이같은 돌변의 원인이 무엇인지 알 도리가 없을 상대방 여성은 어안이 벙벙해서, 그가 행여 쓸데없는 소리라도 하면 가만두지 않겠다는 듯 단호하게 화난 어조로 몰인정하게 쏟아붓는 말을 듣고만 있었다. 수화기를 쾅 소리가 나게 내려놓은 그는 얼굴에 경련을 일으키며 우리 쪽으로 돌아서더니 투덜거렸다.

"이건 말도 안돼…… 미친 여자 아냐? 어이가 없어서, 원……."

이렇게 해서 자기가 얼마나 성깔 있는 사람인지 간접적으로 보여준 그는 우리에게 앉을 자리를 가리키더니 목소리를 착

깔아가며 다시 부드러워진 어조로 물었다.

"자, 무슨 일이신가요?"

그의 검은색 상의 한가운데서 장미꽃 장식이 꼭 짓무른 작은 눈처럼 반짝거리고 있었다. 요컨대 그는 노련한 외교관이었다. 그같은 술책을 부린 덕분에 그는 우위를 확보했다. 잠시 동안 우리는 더듬거리며 도와달라는 부탁을 되풀이했고, 그 부탁은 점점 더 조촐해져갔다. 그는 정중하면서도 단호하게 우리의 부탁을 거절했지만, 우리가 새로운 제안을 계속 내놓았기 때문에(우리는 칠판 닦는 일이라도 할 수 있었다) 점점 더 구차해지는 핑곗거리를 내놓아야만 했다. 그래도 우리는 포기하지 않았다. 그역시 지지 않고 계속해서 상냥하게 거절했다. 엄청나게 더웠다. 뱃속은 비어있었고, 실망감 때문에 숨이 막힐 것만 같았다. 이우스꽝스런 상황이 더 꼬이기 전에 해결책을 찾아야만 했다. 신경이 날카로워질 대로 날카로워졌다. 그가 전시회장의 전구가몇 개 깨졌다는 이유로 반대하자 티에리가 느닷없이 웃음을 터뜨렸고, 나는 꼭 거대한 파도에 휩쓸리는 듯한 두려움에 빠졌다. 자, 이제 회장이 몹시 당황스러워 했기 때문에 우리는 우리가 두 눈에 눈물이 그렁그렁해서 웃는 게 그 때문이 아니라는 사실을 손짓 발짓으로 이해시키려고 애썼다. 다행스럽게도, 잔뜩거만을 떠는 이 인물에게는 재치가 있었다. 그는 재빨리 선택해야만 했다. 비록 이 작은 소동에서 주도권을 잡지는 못했지만 그래도 최소한 방향을 이끌어가기는 해야 했던 것이다. 그것도 지체 없이. 그리하여 그는 우리들보다 더 큰 소리로 웃기 시작했는데, 처음에는 수위를 잘 조절해가면서 신중하게 웃다가, 그 다음에는 진짜로 웃었다. 놀란 비서가 문을 살그머니 열자 그는 잔을 세 개 가져오라고 손짓했고, 우리가 숨을 돌렸을 때는 모든 것이 달라졌다. 한 줄기 햇살이 양탄자를 환히 비추었다. 티에리는 이곳에서 2주일간 전시회를 열기로 했다. 나는 전시회 개막식 때 강연을 하게 될 것이다. 그리고 원한다면 다른 곳에서 강연을 할 수도 있을 것이다. 이 모든 것이 이제는 너무나도 당연하게 느껴졌다. 내가 쓴 글을 읽어도 될까?

"저는 그냥……."

그러자 회장이 내 말을 자르더니 쾌활한 말투로 말했다.

"당신 말이 옳아요. 난 메모된 걸 보며 해야 더 잘할 수 있어요."

그는 완전히 자신감을 되찾았다.

개막식은 무사히 잘 진행되었다. 조명도 훌륭했고 그림 진열도 그럴듯했다.

"프랑스 화파로군그래."

회장이 우리 아버지라도 되는 듯 한편으로는 다정하고 또 한편으로는 걱정스러운 표정으로 이렇게 말했다. 어쨌든 우리를 발굴한 사람은 그가 아니었던가.

"샤하나스 왕비께서 오실 거요, 여러분. 그분이 도착할 때까지 기다렸다가 '전하, 예하, 신사숙녀 여러분'이라고 말하면 될 겁니다."

5분이 지나자 왕비가 오지 않을 거라는 소문이 떠돌았다. 어쨌든 좀 더 있다가 오리라는 것이었다. 그에 따라 지시사항도 바뀌었다.

회장은 내게 말했다.

"내가 당신을 소개할 테니 듣고 있다가 내가 하는 대로 따라 하기만 하면 돼요."

그는 나와 함께 무대로 올라가더니 우리 같은 상황에 놓인 여행자들이 일반적으로 저지르고 싶어하는, 하지만 우리는 아직까지 저지르지 않은 속임수에 관해 몇 분에 걸쳐 자세하게 설명했다. 곧 우리의 신중한 행동은 그가 그날 우리에게 베풀어준 '예외적인' 환대로 보상받은 셈이었다. 내가 보기에 그의 연설은 우리가 그림을 그리거나 글을 쓰는 동기와는 한참 멀게 느껴졌으나, 이란-프랑스협회와 이곳의 훌륭한 도서관이 없었다면 내가 여기서 아무것도 할 수 없었으리라는 건 자명한 사실이었다. 선물받은 말의 입 속까지 들여다볼 수는 없는 노릇이다.

나는 차라리 청중들을 바라보았다. 뒤쪽에는 학생들과 갈렙이 데려온 기자 몇 명, 두건(멋지다!)을 쓴 수녀들(이들은 두 줄을 차지했다), 아나톨 프랑스를 무척 좋아하는 상원의원 두 명, 대포 소리보다는 타르(이란 기타의 일종 – 글쓴이 주) 소리를 더 잘 들을 것 같은 퇴역장군들이 앉았다. 앞쪽에는 사교계 여성들(반지를 낀 손, 가느다란 발목)이 한데 모여 광채를 내고 있었으며, 겉으로 보기에는 정중한 쾌락주의자들처럼 보이지만 사실은 불안해하고 극도로 민감한 매력적인 얼굴들도 여기저기 눈에 띄었다. 타브리즈에서는 이렇게까지 운이 좋지 않았다.

　결국 왕비는 나타나지 않았다. 하지만 여성 청중 중 한 명의 무릎을 빠져나온 폭스테리어 한 마리가 끝날 때까지 연단의 내 책상에 몸을 기대고 있었다. 시모로그라는 새(자신의 주검을 태운 재에서 다시 태어난다는)가 내 어깨에 앉아있었다 한들 그렇게 엄청난 효과는 발휘하지 못했으리라. 티에리는 작품을 여러 점 팔았다. 대학에서는 유료 강연을 해줄 것을 내게 부탁했다. 그리고 바로 그날 밤, 새로 사귄 친구들이 도시 북부에 있는 한 건물의 지붕 밑 원룸을 우리에게 제공했다. 집은 뽕나무 정원에 둘러싸여있었다. 정원에 걸쇠가 없었으므로 건물 관리인은 자신의 침대를 문틀에 비스듬히 걸쳐놓았다. 그는 흰 작업복을 입은 노인이었는데, 우리는 늦게 들어갈 때마다 항상 그를 깨워야 했다. 그러면 그는 우리가 미안하다고 말할 때마다 이렇게 대답하곤 했다.

　"당신들의 그림자가 더 커지기를."

나는 우리가 웃음을 터뜨렸기 때문에 상황이 우리에게 유리하게 바뀌었다는 사실을 잊지 않았다. 그 뒤로 나는 항상 일이 잘 안되어갈 때면 혼잣말로 중얼거릴 수 있는 우스꽝스런 문장들을 마음속에 기억해두었다. 예를 들어서 기한이 지난 당신 여권을 들여다보던 세관원이 알아들을 수 없는 말로 당신 운명을 결정하고, 몇 차례 발언을 했지만 잘못 받아들여진 끝에 당신이 겨우 발끝에서 눈을 들었을 때 말이다. 그럴 때 어이없는 말장난을 하거나 여전히 우습게 느껴지는 상황을 떠올리면 당신은 용기를 되찾게 되고(심지어 당신이 서 있는 모퉁이에서 큰 소리로 웃을 수도 있다), 그러면 이번에는 제복을 입은 사람이 뭐가 뭔지 어리벙벙해서 당혹스러운 눈길로 당신을 바라보고, 눈썹을 치켜올리고, 자신의 바지 앞쪽을 확인해 보고, 얼굴 표정을 바꿔본다……. 그러다가 결국은 당신의 앞길을 가로막고 있던 장애물이 치워진다. 왜 그렇게 되는지는 모르지만.

교토나 아테네처럼 테헤란 역시 박학다식한 도시다. 잘 알려진 것처럼 파리에는 페르시아어를 하는 사람이 아무도 없다. 테헤란에서는 파리에 가볼 기회도 없고, 갈 수 있는 방법도 전혀 없는 수많은 사람들이 프랑스어를 완벽하게 구사한다. 그런데 이것은 정치적 영향이나(인도의 영어처럼) 식민 지배의 결과가 아니다. 그냥 이란 문화가 다른 모든 것에 호기심을 가지기 때문이다. 그리고 페르시아인들은 내용이 가벼운 소설이나 폴 부르제의 종교소설부터 읽지 않는다. 이란-프랑스협회의 도서관에 비치된 프루스트와 베르그송, 라르보의 작품집 여백은 주석으로 뒤덮여있다.

어느 날 아침, 랄레자르 거리에서 어느 향수가게의 문 앞을 지나가는데 큰 소리로 꿈을 꾸는 듯한 둔하고 분명치 않은 목소리가 들려왔다.

……당신은 나 없이 가버리는구나
당신은 떠돌고
나는 한 걸음 내딛기를 여전히 기다리는구나
당신은 다른 곳에서 전투를 치르는구나

나는 발소리를 죽이고 걸었다. 뚱뚱한 남자가 샤넬 향수병들이 반사하는 황금빛 속에서 여닫이 뚜껑이 달린 책상에 몸을 기대고는 미동조차 없이 잡지를 앞에 펼쳐놓고 이 시(앙리 미쇼, 〈밤이 움직이네〉 - 글쓴이 주)를 큰 소리로 읽고 있었다. 그는 너무나도 친밀한 것들을 자신이 받아들이도록 도와주려는 듯 이 시

폴 부르제(1852~1935) 프랑스의 소설가, 비평가.
마르셀 프루스트(1871~1922) 《잃어버린 시간을 찾아서》를 쓴 프랑스의 소설가.
앙리 베르그송(1859~1941) 프랑스의 철학자.
발레리 라르보(1881~1957) 프랑스의 작가, 번역가. 《페르미나 마르케스》가 대표작.

를 읽고 또 읽었다. 땀이 방울방울 맺혔으며 몽골 사람처럼 커다란 그의 얼굴 위로 동의와 즐거움으로 가득 찬 기이한 표정이 퍼져나갔다. 그는 가게 안에 혼자 있었으며 시를 읽는 데 몰두하느라 나의 존재를 알아채지 못했다. 나는 그를 방해하지 않으려고 조심했다. 그렇게까지 감동적으로 시를 읊는 모습은 생전 본 적이 없었다. 시를 다 읽고 난 그는 내가 자기 바로 옆에 서있는 걸 보았지만 놀란 기색도 없었고 내가 뭘 원하는지 묻지도 않았다. 그냥 손을 내밀며 자기소개를 했을 뿐이다. 눈물에 젖은 검은 눈, 바다코끼리의 수염 같은 콧수염, 약간 여리게 느껴지는 기품. 그의 이름은 소흐랍이었다.

지적인 사람은 마치 거울처럼 그의 얼굴이 비쳐내는 나이를 가진다. 실제로는 스물다섯인 소흐랍은 때로는 열여섯 살로, 때로는 마흔 살로 보였다. 어떨 때는 마흔 이상으로 보이기도 했다. 그는 존재가 제공하는 것에 놀라워하기를 이미 그만둔 사람의 말투를 가지고 있었다. 그가 향수가게에서 미쇼의 시만 암송한 건 아니었다. 그는 이미 어렸을 때부터 색다른 일들을 많이 겪었다. 열여섯 살 때 독서에 빠져들었고, 몽유병에 시달렸으며, 어린 나이인데도 그를 받아들인 시인 헤다야트(로트레아몽이나 카프카 계열의 작가로서 소설 〈눈먼 올빼미〉로 알려져 있다 – 글쓴이 주)의 측근으로, 대마초를 피웠다. 헤다야트는 파리의 지붕 아래 방에서 가스를 틀어놓고 자살했지만, 아직까지도 그의 그림자는 이란 청년문학에 드리워있다. 그는 마약을 복용했다. 많은 사람들이 뒤따라 마약을 복용했다. 그가 스스로 목숨을 끊자 몇 사람이 그 뒤를 따랐다. 그는 조화弔花와 무상無償, 방종을 좋아했고, 죽음과 어둠의 감정 속에 살았다. 그리고 그의 추종자들은 이 모든 것을 따라했다. 경찰이 지배했던 전후의 테헤란에서 거의 은밀하게 이루어진 보헤미안 생활은 5년 동안 계속되었다. 아방가르드 활동의 시도와 화랑, 2호까지만 내고 폐간된 초현실주의 잡지……. 소흐랍은 현실로부터 조금씩 멀어졌다. 확실하게 현실을 초월했다고 생각했지만, 그 현실은 엄청난 무게의 벽돌처럼 그를 덮쳤다. 친구들은 이리저리 흩어졌고, 화랑은 망했다. 그림을 살 만한 사람을 끌어들이기 위해서는 춤을 곁들인 티파티를 열고 예쁜 여자들을 불러와야 했다. 그러다가 예쁜 여자들은 돈을 못 받자 사라져버렸다. 어떻게 해서 그렇게 되었는지는 모르지만, 남은 것은 여전히 그에게 빌붙어 살다가 몇 달 동안 설득한 끝에 겨우 떨어져나간 늙은 여자들뿐이었다. 그렇게 해서 그는 겨우 스물한 살의 나이에 혼자 남겨졌고, 신경이 과민해지고 쇠약해졌다.

그후 그는 마란드 고등학교에서 일년간 교사 생활을 했다.

사데크 헤다야트(1903~1951) 20세기 이란의 최고 작가로 평가된다.
로트레아몽(1846~1870) 인간과 신에 대해 불신과 저주를 퍼부은 산문시집《말도로르의 노래》를 남긴 프랑스의 시인.
프란츠 카프카(1883~1924) 《변신》등을 쓴 독일의 실존주의 작가.

아제르바이잔 포플러나무들이 늘어선 이 학교에서 어리고 머리털이 곱슬곱슬한 시골뜨기들(이 둔하고 절망적인 소년들은 자기들이 생각이라는 걸 할 수 있다는 생각을 아예 하지 못했다)로 구성된 학급을 맡았던 것이다. 무감각 상태에 있는 학생들을 격려하고 닦달하다가 결국 각성의 초기 단계에 도달하는 듯했던 그는 결핵에 걸리는 바람에 학교를 그만두어야만 했다. 그러나 그는 병을 앓는 틈을 이용해서 기술자 자격증을 따냈고, 아바단에 있는 영국 정유회사에 들어갔다.

"좋은 시절이었지요. 쿠웨이트가 아주 가까이 있었으니까요. 여권도 필요없었어요. 밀수가 만연했고, 우리는 배를 타고 그곳으로 가서 이것저것 가져왔습니다. 코카인을 채워넣은 라이카 카메라 같은 거 말이에요(그의 목소리가 약간 높아졌다). 그 정도야 용서할 만한 죄지요. 그런데 내가 노동조합을 만들려고 하자 그들은 나를 쫓아냈어요. 당신도 그때 내 옆에 있었으면 좋았을 텐데 말예요. 정말 감명 깊은 연설을 했거든요."

감수성이 예민한 인물로서 조국의 비참한 현실에 분노한 그는 투데당黨(공산주의 경향의 대중 정당으로서 그 당시 활동이 금지당했다 - 글쓴이 주)에 들어가서 이란의 청년들 사이에 널리 퍼져 있던 실험적 마르크스주의를 받아들였다. 많은 사람들이 마르크스주의에 충실했지만 그들이 무조건적으로 맹신한 건 아니었다. 페르시아인들은 러시아인들이 미국인들보다 더 교활하다고 생각했지만, 그들에 대해서 열의 없는 공감만을 느꼈을 뿐이다(구호와 대문자, 평보 행진, 당 노선은 결코 그들의 강점이 아니었다). 절대적인 것에 대한 어느 정도의 향수가 있었으므로,《오고네크》('작은 불꽃'이라는 뜻, 삽화가 실린 소련 주간지 – 글쓴이 주)의 특집란인 〈집단농장에서의 일요일〉도 항상 억압되지만 늘 현존하는 이 향수를 만족시킬 수는 없었다. 강령으로 말하자면, 정말로 그걸 알고 있는 사람들 대부분은 그것이 개략적이고 지나치게 단순해서 섬세함(세계가 항상 너무나 빨리 잃어버리는, 그러나 이란이 거기 크게 기여한)을 지키는 데는 그다지 적합하지 않다고 생각했다. 그러나 자기 잇속만 차리는 냉혹한 보수주의를 더 이상 원하지 않을 때, 보수주의를 지지하는 서방에 대해 더 이상 아무것도 원하지 않을 때, 젊고 혼자일 때, 중도파 정당이 없을 때, 자유주의자들이 두려움으로 인해 침묵할 때, 사람들은 조금도 주저하지 않고 단번에 선택한다. 어쨌든 얼마 동안은 그렇다. 모사데크가 내쫓기자 소흐랍은 모든 걸 포기했다. 지금 그는 화장품가게를 운영하면서 실제로는 한 번도 나가본 적이 없는 정부기관의 전문가로 일하고 있다. 그는 최근에 마약을 끊었고, 그 때문에 몹시 힘들어하고 있었다.

"전 지금 이 상황을 헤쳐 나가려 애쓰고 있습니다. 정상으로 돌아가려는 거죠. 사람들은 절 떠밀고 격려해줍니다. 여자가 한 명 있어요. 그녀를 사랑합니다……. 어리석은 행위를 저지르는 시기지요……."

하지만 그가 이 말을 너무나 무기력하고 초연하게 했기 때문에, 나는 그가 최소한 천년은 더 된 일을 앵무새처럼 되뇌고 있다는 느낌을 받았다. 우리는 오래된 심란 거리에 있는 카페의 거대한 트럭들 사이에 자리잡았다. 우리를 밝혀주는 방풍등防風燈이 부드러운 쉿 소리를 냈다. 하늘에는 별이 총총했다. 소흐랍은 섬세한 목소리로 천천히 말했다. 굵은 땀을 흘리고 있어서, 땀방울이 모근에 맺혔다가 눈 위로 흘러내렸다. 그래서 우리를 거의 볼 수가 없었으리라. 감청색 정장을 입은 스물두 살의 그는 백색의 아세틸렌 불빛 속에서 자신 속의 괴물들과 두려움에 맞서, 파선破船에 맞서 혼자 싸우고 있었다.

이곳에는 거지가 거의 없지만, 큰길 사거리마다에는 누더기를 걸친 젊은이들이 드주(도로 양쪽에 파여진 깊은 도랑으로, 이곳을 흐르는 물은 온갖 용도로 다 쓰인다 – 글쓴이 주) 가장자리에 앉아서 이런저런 얘기도 나누고, 꽃을 잘근잘근 씹기도 하고, 카드놀이를 하기도 한다. 그들은 신호등에 빨간불이 들어오기를 기다리고 있다. 불이 들어오거나 차가 밀려서 교통이 정체되면 그들은 바로 자동차가 서있는 곳으로 달려가서 헝겊조각으로 유리창을 닦는다(침을 뱉어서 닦을 때도 있다). 그러면 운전자들은 그들에게 몇 푼씩 쥐어준다. 그들에게 적대적이지만은 않은 경찰관들은 그들이 다 끝낼 때까지 시간을 준다. 다른 사람들은 자기 집으로 가는 당신에게 길을 가르쳐주고, 짐을 들어다주고, 잔디밭에 물을 주겠다고 자원한다. 매일 아침 소년들과 실업자들, 노인들이 뒤섞인 일행이 이렇게 적선과 자질구레한 일거리를 찾아 시장에서부터 부자동네를 향해 올라간다. 또한 이따금씩은 경찰이 한 사람에 1토만씩 주고 유동적이지만 언제 어느 때라도 징집해서 이용할 수 있는 군중들을 매수해서, '이란 국민'의 대표자로 만들어 소련 대사관 앞에서 시위를 하라고 시키거나, 아니면 당국이 불만을 가지고 있는 어떤 인물의 호화별장에 돌을 던지도록 시킨다. 일이 끝났는데도 소요가 계속되면(그들은 돈을 줄 것을 요구한다) 소화전으로 물을 뿌려 해산시킨다. 그러면 그 다음날, 바로 이 '국민들'이 대학생들에게 둘러싸여 다시 어제의 대사관으로 가서 앞 층계에 꽃다발을 올려놓는 것으로 불만을 표출할 가능성이 높다. 그러면 같은 경찰이 부랴부랴 나타나서 주동자들(특히 대학생들)을 체포하고, 머리를 박박 깎은 다음 군대에 보내거나, 아니면 남쪽으로 보내어 돌을 깨라고 시킨다. 그것은 서글픈 회전목마지만, 실업자 수를 쉰 명이나 줄일 수 있는 탁월한 방법이기도 하다.

그렇지만 이 방법으로는 충분하지가 않다. 자동차를 세웠다 하면 강도나 다름없는 인간들이 우 몰려와서 2분의 1토만만 주면 차를 '지켜주겠다'고 제안한다. 이때는 제안을 받아들이는 게 좋다. 안 그랬다가는 실망한 당신의 감시인이 당신이 없을 때 바퀴를 펑크 내거나, 아니면 스페어타이어를 들고 시장 쪽으로 모습을 감출지도 모르기 때문이다(그러면 당신은 시장에 가서 그것을 다시 사야만 한다). 요컨대 그들은 그들 자신으로부터 당신을 보호해 주겠다고 제안하는 것이다. 처음에 우리는 거절했다. 형편이 빠듯해서 단 1토만도 아쉬웠던 것이다. 그리고 우리는 우리 자동차가 똥차라고 생각했다. 그러던 어느 날 우리는 우리 차가 인도 한가운데 서있는 걸 발견했다. 틀림없이 여섯 명이 덤벼들어 구경꾼들의 도움을 받아 낄낄대고 웃으며 길가의 도랑 너머로 옮겨다 놓았을 것이다. 그 사고가 일어날 때까지만 해도 도둑들은 우리 차를 건드리지 않았다. 틀림없이 우리가 왼쪽 차문에 써놓은 하페즈의 4행시 때문에 그랬을 것이다.

비록 그대가 밤을 보낼 곳이 불확실하고
그대의 목적지가 아직 멀지라도
종착점이 없는 길은 없다는 걸 알고
슬퍼하지 말라

몇 달 동안 이 시는 외국인을 좋아할 이유가 별로 없는 이 나라의 모퉁이에서 우리에게 모든 걸 해결해 주는 주문과 안전장치로 쓰였다. 이란에서 500년 이상 된 신비로운 시는 엄청난 영향력을 발휘하며 큰 인기를 누린다. 길 양쪽에 서로 마주보고 있는 가게의 주인들은 자기 가게 앞에 쭈그리고 앉아서 안경을 쓰고 서로에게 시를 읽어준다. 완고한 손님들로 꽉 들어찬 시장의 싸구려 식당에서는 누더기를 걸친 손님이 친구가 귀에 대고 읊어주는 시를 들으며 만족스러운 나머지, 두 눈을 감고 환한 미소를 짓는 모습을 이따금 볼 수 있다. 깊은 산골에 사는 사람도 오마르 하이얌과 사디, 혹은 하페즈의 가잘(18행까지)을 여러 편 외우고 있다. 프랑스에서 라 빌레트의 인부나 푸줏간 주인이 모리스 세브나 네르발의 시에 빠져들듯.

학생들과 예술가, 우리와 동갑내기들 가운데에는 이같은 취향이 흔히 명정酩酊의 경지에 이른 사람이 있다. 그들은 세계를 환히 밝히면서 동시에 그 세계를 파괴하고, 선과 악이 종국에는 서로 일치한다고 조심스럽게 가정하고, 시를 읊는 사람(깨문 손톱, 보드카 잔을 꽉 쥔 가느다란 손)에게 너무도 빈약한 만족감을 제공하는 이런 현혹적인 시연詩聯을 수백 개씩 알고 있다. 그들은, 서로 교대해가며 몇 시간씩 류트의 저음을 내는 현처럼 '감

오마르 하이얌(1048~1131) 페르시아의 시인이자 수학자, 천문학자, 철학자.
무샤리프 사디(1184~1291) 중세 페르시아의 신비주의 서정시인.
가잘 237쪽 '하페즈' 설명 참고.
라 빌레트 파리 제19지구. 파리에서 가장 큰 소 도축장과 가축시장이 있던 곳이다. 1987년 공원이 조성되어 예술, 건축, 과학 시설이 밀집된 복합문화예술 단지로 탈바꿈했다.
모리스 세브(1501~1564) 프랑스의 시인.
제라르 드 네르발(1808~1855) 프랑스의 시인, 번역가.

정의 일치'에 몸을 떨다가, 한 사람이 동작을 멈춘 뒤 자기는 스스로 목숨을 끊을 생각이라고 말하고, 또 한 사람은 마실 걸 주문하거나 우리들에게 시를 번역해 준다.

페르시아어는 놀랄 만큼 음악적이며, 비교秘敎적인 수피즘을 자양분으로 삼은 페르시아 시는 전세계에서 최고의 세련미를 보여준다. 그러나 지나치게 섭취하면 위험하다. 결국은 삶을 고양시키는 대신 삶을 대신하고, 어떤 사람에게는 신선한 피를 많이 필요로 하는 현실로부터 도피처를 제공하는 것이다. 많은 페르시아 청년들이 오마르 하이얌의 전례를 따라 "이 세상의 비참한 설계도를 몰래 찢어버린" 다음 거기 그냥 머물러있다.

이맘은 손을 음식 속에 집어넣으면서 동시에 단어 하나하나를 끊어서 또렷하게 말했다.

"아뇨, 남쪽으로 이어진 도로는 위험합니다. 차라리 마슈하드로 가는 길을 이용하세요. 그 성스러운 도시를 봐야만 해요. 그리고 난 누구에게나 소개장을 써줄 수 있어요."

이맘 드주메는 이 도시에서 가장 권위가 높은 종교지도자였다. 그는 궁정의 설교자이며, 이란 왕은 그를 지명하여 자신의 성권聖權을 위임하였다. 그는 뮐러도 아니었지만, 유럽의 대학에서 학위를 받았으며 쿠란법의 전문가이자 몇 세대 전부터 왕가를 지지해온 유력한 가문의 우두머리였다. 사람들 말에 따르면

그는 영국인들과도 친분이 두텁다고 했다. 때문에 여러 종파의 광신자들이 여러 차례 이 정치적인 고위성직자를 살해하려고 시도했다. 그가 많은 사람들 앞에 모습을 나타내도 폭탄 테러를 당하지 않을 거라고 자신 있게 말할 수 있는 사람은 아무도 없었다. 그러나 그는 매우 용감했고, 여자들에게 존경받았으며, 눈부시게 아름다운 아내에게도 세심하게 신경을 썼다. 그는 식탁 끝에서, 존경에 찬 침묵에 둘러싸여 식사를 했다.

당의糖衣를 입힌 멜론 조림

잼을 넣고 익힌 쌀

박하를 넣고 삶은 닭고기

오이와 포도를 넣고 응고시킨 우유

그리고 그는 오고, 가고, 고개를 숙여 절을 하고, 한입 먹고, 사라지고, 다시 절을 하고, 다시 돌아오는 열대여섯 명가량의 조카들과 처남들, 이모들이나 사촌들 위에 군림했다. 그는 흰색 터번을 썼고, 통통한 얼굴에는 목걸이 모양으로 턱수염이 났으며, 대화를 나누는 상대방에게서 절대 눈을 떼지 않는 상냥한 몽테뉴와도 같았다. 우리가 어디어디를 통해 가겠다고 말하자 그는 몹시 근심스러운 표정을 지었다. 이곳에서는 도로 두 곳을 통해 아프가니스탄으로 건너갈 수 있었다. 북쪽으로 이어진 도로는 샤루드에 이어 마슈하드를 거치며, 버스가 정기적으로 운행되었다. 남쪽 도로(우리 마음을 끌었던)는 그보다 훨씬 길고, 이스파한과 야즈드, 케르만을 지나가며, 다슈트-에-루트(大모래사막)에 이어 발루치스탄 사막을 죽 따라가며 통과한 다음 파키스탄의 퀘타에 도달한다. 우리는 사람들이 이 길로는 잘 안 다닌다는 사실을 알고 있었다. 그런데 이 길이 위험하다고!?

"유목민들 때문에 그런 겁니까?"

"아니, 아닙니다……. 아무도 없어요! 권태와 태양, 뜨거운 태양 때문에 그러는 거지요."

하지만 우리는 이 도로에 관해 너무나 많은 얘기를 들었다. 그리고 그를 보며 테헤란을 한 번도 떠나보지 못한 사람이 여기 또 한 명 있네, 라고 생각했다.

그가 차분하게 말을 계속했다.

"당신들은 태양이 어떤 건지 전혀 모릅니다. 작년에도 오스트리아 사람 두 명이 이맘때쯤 바로 그 길을 이용하려 했지요. 그들은 국경에 도착하기도 전에 죽었습니다."

이렇게 말하고 난 그는 입을 정성스레 헹구고 나더니 수염을 닦은 다음 자기가 기도를 하는 동안 정원을 구경하라고 말했다.

높은 담으로 둘러싸인 정원에는 장미를 심어놓았고, 한가운데에는 장방형의 못이 있었다. 자줏빛 장미, 흰색 장미, 차빛깔의 장미, 사프란색 장미, 과일나무 담, 작은 수풀, 햇빛에 푹 잠긴 작은 아치 모양의 장미꽃들. 거의 검은색에 가까운 색깔의 꽃을 피우고 얇은 천으로 둘린 나무들이 향기를 멀리까지 퍼뜨렸다. 하인 두 명이 모래로 덮인 작은 길을 맨발로 왔다 갔다 하며 물을 뿌렸다. 그것은 부드러운 색깔들의 천국이었다. 물은 잔잔했고, 정원사들은 침묵 속에서 이리저리 돌아다니며 꽃들을 정확하게 배열하였다. 그러나 그것은 양을 따질 수 없는 추상적인 정원이었다. 진짜 정원이라기보다는 정원의 반영反影이랄까. 유럽 정원은 호화롭고 무성하며 자연을 최대한 많이 점령한다. 이란의 정원들은 그처럼 숨이 막힐 정도의 풍성함을 요구하지 않는다. 그저 그늘과 정적에 의지할 뿐이다. 땅과 연약한 꽃 사이에 있는 줄기의 윤곽은 잘 보이지 않는다. 정원은 떠있는 듯 보인다. 정원은 물의 기적과 가벼운 부유浮遊를 요구받는 것이다.

전시회가 끝나자 티에리는 며칠 동안 길란 지방으로 그림을 그리러 갔다. 나는 마지막으로 한 번 더 강연을 해서 우리 예산을 보충하려고 테헤란에 남았다. 대학과 이란-프랑스협회가 이미 문을 닫았으므로 나는 성聖나자로 수도사들로부터 생 루이 중학교 안에 있는 홀을 빌렸다. 강연 제목이 성직자들과는 별로 상관이 없는 '믿을 수 없는 자 스탕달'이었지만 그들은 상관하지 않았다. 그들은 일을 하라며 분필과 방학의 냄새를 풍기는 교실을 내게 내주는가 하면 찬 맥주와 시가를 가져다주기까지 했다.

스탕달은 성클라라 수녀회 수녀들이 테헤란의 양갓집 규수들을 교육시키는 잔 다르크 여학교에서는 그다지 환영받지 못했다.

교장 수녀는 내게 이렇게 말했다.

"몽테뉴나 툴레는 그래도 괜찮지만…… 스탕달은 안돼요! 어떻게 성직에 반대했던 그런 자코뱅파를! 왜 파스칼은 얘기하지 않는 거죠? 당신은 우울해 보이니까 파스칼을 강연하면 딱 어울릴 거예요. 그러면 내가 청중들을 불러 모아 강연장을 가득 메우도록 해주겠어요."

우리는 커다란 은십자가 아래 자리를 잡고 앉아서 키안티 산 포도주를 마셨다. 그녀는 자기 잔에도 포도주를 가득 따르며 이렇게 덧붙였다.

"물론 우리 수녀원의 수녀들을 강연장에 데려갈 수는 없습

스탕달(1783~1842) 스탕달은 필명이고 본명은 마리-앙리 베일. '아르리고 베일Arrigo Beyle'은 이 탈리아식 표기. 프랑스 사실주의 작가로 특권계급과 전제군주를 비판하는 작품이 많다. 또한 이 탈리아를 좋아하여 묘비명을 이렇게 썼다. "밀라노의 시민 베일 썼노라, 사랑했노라, 살았노라."
미셸 드 몽테뉴(1533~1592) 프랑스 철학자, 사상가. 《수상록》을 썼다. 신보다는 인간 본연의 마음에 의지할 것을 주장했다.
폴 장 툴레(1867~1920) 프랑스의 시인, 소설가.
볼레즈 파스칼(1623~1662) 프랑스의 수학자이자 과학자, 철학자. 《팡세》를 통해 인간의 문제는 초월적인 신에게서 찾을 수 있다고 했다. 프랑스 정통 가톨릭인 예수회와 신비주의 경향이 있는 종파인 포르 루아얄과의 신학논쟁에서 포르 루아얄 편을 들었다.

니다……. 어쨌든 나는 그 무신앙자의 책을 읽어본 적이 없어요. 위험한 인물이니까요."

그녀는 기개와 재기를 갖춘 여성으로서, 탁월한 능력을 발휘하여 학교를 이끌어나갔으며 신랄하게 느껴지는 태도 속에는 몹시 매혹적인 멜랑콜리 같은 것이 감추어져 있었다. 우리는 서로 마음이 잘 맞았다. 그녀는 세르비아 출신이었고 나는 세르비아를 좋아했기 때문이다. 그녀는 자신의 출생에 깊은 애착을 가지고 있었으며, 위험시되어 블랙리스트에 오른 작가들보다는 유고슬라비아의 혁명가들에게 더 관대했다. 내가 베오그라드의 음악 이야기를 하자 그녀는 잠시 어디론가 갔다가 음반 한 장을 들고 다시 나타났다.

"이걸 빌려드릴게요. 정말 좋아요. 하지만 조심해서 다루셔야 해요. 제겐 아주 소중한 거니까요."

그녀는 커다란 붉은색 별 하나가 압인으로 찍혀 있는 〈빨치산들의 노래〉를 내밀었다.

호기심이 발동하여, 교황대리공사관에 가서 블랙리스트를 열람해 본 나는 스탕달의 작품은 《일기》하나만 포함된 반면 파스칼은 거의 모든 작품이 들어가있다는 사실을 알게 되었다. 마침 이탈리아 아풀리아 지방 출신의 교황대리공사가 있기에 그에게 이 불가사의한 일의 이유를 물었다. 그는 이렇게 대답했다.

"스탕달은 별로 위험하지 않습니다. 그리고 '아르리고 베일

Arrigo Beyle '로서의 그는 용서받을 만한 이유를 갖고 있지요. 그는 이탈리아를 사랑했으니까요. 반면에 파스칼은 말하자면 교회의 문지기였습니다. 신교도가 그에게 다가간다면 좋은 일입니다. 그는 교회 안에 들어갈 테니까요. 하지만 가톨릭 신자가 그러면 조심해야 합니다. 나가고 싶어서 그러는 거니까요."

이건 트라니 쪽에서 본다면 제법 훌륭한 논리다.

떠나기 전날 밤

플라타너스 나무 꼭대기는 우리가 잠을 자는 테라스에는 닿지도 않았다. 하늘은 검고 무더웠다. 카스피 해에서 날아온 오리 떼가 노를 젓는 듯한 소리를 내며 지나갔다. 나는 가게 주인들이 밤을 보내기 위해 인도 쪽으로 자리 잡는 것을 헤다야트 거리의 나뭇가지 사이로 관찰했다. 그렇게 하는 게 분위기도 더 우호적이고 시원하기도 더 시원했다. 그들은 인도에 침상을 가져다 놓기도 하고, 심지어는 검은색과 붉은색 담요를 땅바닥에 깔기도 했다. 푸른색 에나멜 찻주전자와 서양주사위놀이 세트, 수연통 水煙筒도 가져와서 서로 얼굴이 보이지 않는데도 아랑곳없이 도로 양쪽에서 대화를 나누기 시작했다. 아시아 도시 어디를 가

트라니 트라니대성당이 있는 이탈리아 남동부의 도시.

나 그 희미하고 잔잔한 전등빛을 볼 수가 있다. 도시들의 전기회로는 지나치게 부하가 걸려있지만 눈이 부실 정도로 빛을 내지는 않는다. 어둠을 파괴하지 않으면서 그것에 적응할 수 있을 정도로만 빛을 낸다. 아니면 먼지 자욱한 나뭇잎을 아래쪽에서 비추어 초록색으로 바꿔놓는 카바이드등의 얼음처럼 차가운 빛도 있다.

　　이 도시는 내 마음을 움직였다. 스탕달을 생각하고 있던 나는 그 틈을 이용하여 그 역시 이 도시를 사랑하게 되기를 바랐다. 그는 이 도시에서 자신의 세계를 다시 발견할 수 있을지도 모른다. 이곳에는 감수성이 예민한 사람들이 많고, 타고난 악당들도 몇 명 있으며, 시장에 가면 그가 즐거운 기분으로 잡담을 나누었던 구두장이들(격언을 입에 달고 사는)을 만날 수 있기 때문이다. 파르마보다 조금 더 부패했으며, 감옥에 가둔 자유주의자들에 대한 두려움 속에서 살고, 피스칼 라씨(스탕달의 작품《파르마의 수도원》에 등장하는 인물 - 옮긴이 주)가 성가대 소년가수처럼 보일 궁정의 그늘(음모, 질 나쁜 커피, 우울한 술잔치)도 존재한다. 이 민족은 남아돌 만큼 수없이 많은 술책을 가지고 있으며, 씁쓸한 기분으로 이러한 과잉을 언급한다. 그들은 양심의 가책을 받는다기보다는 후회하며, 태평스러울 정도로 부도덕하고, 신의 관대함에 많이 의지한다. 영혼의 본질에 관한 가장 매혹적인 성찰을 소곤소곤 이야기하는 시장 안의 신중한 종교 집단이나 수피

파 신봉자들도 잊어서는 안된다. 기본적으로 자신의 영혼에 너무나 깊이 몰두했던 스탕달이라면 당연히 그것에 무관심할 수 없을 것이다.

내게 가장 깊은 인상을 남긴 것은 형편없는 상황에 있는 공무公務가 개인의 미덕에는 거의 영향을 미치지 않는다는 점이었다. 그래서 나는 어느 정도까지는 그런 상태가 개인들의 미덕을 조장하는 것이 아닐까 생각했을 정도였다. 모든 것이 잘못되어 있는 이곳 테헤란에서 우리는, 여행 중인 두 명의 페르시아인들이 모든 게 제대로 이루어지는 나의 도시 파리에서 기대할 수 있는 것보다 더 큰 환대와 호의, 세심한 배려, 도움을 받았다. 우리는 또한 열심히 일해서 최소한 6개월은 지낼 만한 돈을 벌었다. 내일은 시장에 가서 달러를 살 것이다. 올라오느라 너무나 힘들었던 그 랄레자르 거리를 내려가서.

출발

아침 7시

친구들은 여행을 잘 하라는 말을 하려고 도시 저지대의 한 카페에서 우리를 기다리고 있었다. 우리에게 이렇게 친구가 많았던

파르마 스탕달의 작품에 등장하는 이탈리아의 대표적인 음악도시. 베르디, 파가니니, 토스카니니 등 이탈리아 음악의 거장들의 고향이다.

가. 마지막으로 차를 한 잔씩 마시고, 자동차가 움직이기 시작하자, 아…… 아…… 그들은 이렇게 한숨을 내쉬며 안타까운 눈길로 우리들이 멀어져가는 걸 바라보았다. 그렇지만 어쩌면 그들은 우리를 전혀 보고 싶어하지 않을지도 모르며, 우리가 어디어디를 가서 좋겠다며 부러워하지도 않을 것이다. 왜냐하면 테헤란에서 그들은 이스파한 사람들은 다 미덥지 못한 친구이며 카샨 사람들은 악당들이라고 단정지어 말했던 것이다. 또 시스탄의 우물물은 짜고 발루치스탄에는 바보멍청이들밖에 안 산다는 것이다. 아니다, 그들에게 이렇게 근거 없는 추측을 하게 만드는 것은 여행의 개념이었다. 그들에게 여행은 놀라움과 시련, 길의 신비한 분위기다. 여행은 동방 사람들에게는 영원히 매혹적이며, 이런 사실은 우리에게 종종 이점으로 작용했다.

이스파한 가는 길

"첫 번째 여정은 짧은 여정이다."

출발한 날 저녁이면 누구나 집에 뭔가를 놓아두고 왔다는 사실을 깨닫는다는 것을 너무나 잘 아는 페르시아 대상隊商의 짐승 몰이꾼들은 이렇게 말한다. 보통은 첫날에 1파르사르(약 6킬로미터. 이 단위는 크세노폰이 쓴《아나바시스》에 나오는 '패러생'과 일치한다-글쓴이 주)만 간다. 정신 산만한 사람들이 해가 뜨기 전에 갔다가 다시 돌아와야 하기 때문이다. 내가 보기에 부주의에 관한 이런 식의 통찰이야말로 페르시아를 사랑하지 않을 수 없는 또 하나의 이유가 아닌가 싶다. 나는 인간의 근본적인 불완전함을 통찰하는 데 실패한 제도가 이 나라에 단지 하나만 존재한다고 생각하지는 않는다.

테헤란에서 쿰까지의 도로에는 아스팔트가 깔려 있기는 했지만 여기저기 움푹움푹 패여 있었다. 쿰을 지나서부터는 땅이 단단히 다져지긴 했으나, 그래도 울퉁불퉁해서 시속 25킬로미터 아래로 운행해야 했다. 이따금씩 겨자색의 독거미들이 도로를 지그재그로 지나갔고, 아니면 열심히 제 일을 하는 전갈의 짙은 색 반점이 눈에 띄기도 했다. 우중충한 색깔의 독수리들이 전신주 위에 앉아있기도 하고, 아니면 그놈들의 꼬리뼈 부분만 양치기 개나 낙타의 시체 위로 삐져나온 것을 보기도 했다. 낮에는 강렬한 빛과 뜨거운 공기의 진동이 풍경을 완전히 가려버렸기 때문에, 우리는 더더욱 이 짐승들에게 더 큰 관심을 가졌다. 다섯시쯤 되었을 때, 하늘이 붉어지더니 마치 김이 서린 창유리에 횃불을 갖다댄 것처럼 불모의 고원이 믿기 힘들 만큼 또렷하게

이스파한 이란에서 세 번째로 큰 도시로 교통의 요지. "이스파한은 세계의 절반"이라는 이란 속담이 있을 정도로 아름다움을 칭송받는 도시다. 이슬람 시아파의 성원인 '샤 모스크'와 세계 3대 광장인 이맘광장 등 유적들이 많다.

모습을 드러냈다. 그것은 아마 천사가 토비트(《구약성경》 외경인 《토비트의 서》에 등장하는 맹인 - 옮긴이 주)의 손을 잡고 인도했던 그 고원일지도 모른다. 고원은 황색을 띠었고, 엷은 색깔의 덤불 숲이 여기저기 흩어져 있었다. 기기묘묘한 모양의 봉우리들로 이루어진 가지색의 산이 고원을 둘러싸고 있었다. 출중한 산이었다. 이 '출중한'이라는 단어야말로 딱 어울린다. 이란의 풍경은 마치 아주 고운 재를 훅 불어서 수천 킬로미터에 걸쳐 형체를 만들어낸 듯 눈에 확 띌 만큼 건조하고 장엄하게 펼쳐진다. 태곳적의 쓰디쓴 경험이 아주 오래전에 변화무쌍한 지형들(수원水源, 신기루, 먼지 소용돌이)을 너무나 완벽하게 배열했기 때문에 사람들은 그것을 보며 열광하거나 절망할 수는 있어도 그걸 버릴 수는 없다. 오직 죽음과 태양뿐인 남동부 지역의 황량하고 광활한 공간의 지형도 더없이 아름답다.

이곳 사람들은 우리 차처럼 작은 자동차를 거의 보지 못했다. 게다가 차에 온갖 물건들이 잔뜩 실려있었기 때문에, 그들은 가까이 다가와서 정말 자동차가 맞는지 확인하곤 했다. 우리가 지나가면 그들의 눈동자는 동그래지고 입이 딱 벌어졌다. 어느 날 아침 쿰 근교에서는 어떤 노인이 우리 차를 보고 너무나 놀란 나머지 계속 돌아보다가 결국은 입고 있는 가운을 밟는 바람에 "키 에 쉐이탄하(저 악마들은 누구여?)"라고 소리치며 엉덩방아를 찧고 말았다. 우리가 차를 멈추자 호기심 많은 사람들이 우 몰려들었고, 한 경찰은 우리 차의 문에 적힌 시가 반체제적인 것일지도 모른다고 생각했는지 열심히 해석했다. 그가 두 번째 행을 해석할 즈음, 사람들이 입을 모아 중얼중얼 그 시를 암송했다. 그러자 길쭉한 얼굴들이 환해지고, 조금 전까지만 해도 얻을 수 없었던 찻잔들이 마치 마술을 부린 것처럼 어디선가 나타났다. 우리는 또 너무나 광대해서 거의 움직이지 않는 것 같은 지평선을 향해 몇 시간 동안 조심스럽게 운전을 하기도 했다. 두 눈은 햇볕에 탔고, 파리들이 들끓는 곳에서 낮잠을 잤으며, 저녁에는 아브구슈트(레몬, 이집트콩, 후추를 넣은 물에 삶은 양고기)를 먹었고, 찻집의 마룻바닥에서 잠을 잤다. 요컨대 하루 5토만으로 사는 여행자 생활이었다. 엔진 소리(이 소리가 좋아지기 시작했다)가 왠지 불안하게 느껴졌다.

이스파한[34]

차는 뒤쪽 스프링이 부러진 채로 이 도시를 둘러싼 농지를 천천히 통과했다. 흙벽돌로 지은 집들의 지붕 모서리는 완만한 곡선을 이루고, 마을 위로 그림자를 드리우고 외롭게 서있는 키 큰 포플러나무 뒤로 해가 뉘엿뉘엿 넘어가고 있었다. 베어낸 밀밭에서 그루터기들이 햇볕을 머금고 청동처럼 반짝였다. 물소, 당나귀, 검은색 말…… 색깔이 선명한 셔츠를 입은 농부들이 추수를 끝내느라 열심히 일하고 있었다. 이슬람 사원의 둥근 지붕이 넓은 도시 위에 떠있는 것처럼 보였다. 나는 몹시 피곤한 상태에서 병든 자동차의 부담을 덜어주기 위해 보닛 위에 앉아 그 이미지들을 내 것으로 만들 수 있는 단어를 찾다가 나도 모르게 카라바스(샤를 페로의 콩트《장화 신은 고양이》에 등장하는 카라바스 후작을 말한다 – 영어판 옮긴이 주)를 되풀이해서 읊조렸다.

잠시 뒤에 테헤란의 친구들은 내게 "거기 가면 우리 사촌네 집에 들러요. 내가 얘기해놓을 테니까"하며 주소를 적어주었다.

페르시아 사람들이 매우 호의적이라는 것은 잘 알려진 사실이지만, 시간도 늦은 데다가 도착한 날이 하필이면 금요일이었다. 이날 밤에는 가족 모임이 있어서 집은 아이들과 시골에서 올라온 친척들로 발 디딜 틈이 없었고, 사람들은 잠옷 차림으로 왔다 갔다 하고, 말린 살구를 우적우적 씹어먹고, 주사위 놀이를 하고, 담요와 등과 모기장을 가져갔다. 너무나 피곤해서 오히려 잠을 이룰 수 없었던 나는 식당의 탁자 위에 구급상자를 올려놓고는 내용물을 분류하면서 시간을 보냈다. 방을 가로질러 가던 남자들이 사근사근한 태도로 인사했다. 자리를 잡고 앉아서 아무 말없이 나를 바라보기만 하는 사람들도 있었다. 처음 보는 뚱뚱한 남자가 쾌활한 표정으로 계속 내 옆에 머물러있다가 잠시 뒤에 체온계를 한번 써봐도 되겠느냐고 물었다. 그는 체온계를 입에 문 채 계속해서 나를 바라보았다. 너무 많이 먹어서 라마단이 끝나는 걸 축하할 수 없었던 그는 열이 오를까 봐 걱정스러워 했다. 하지만 아니었다. 그의 체온은 37. 5도, 정상이었다. 내가 그에 관해서 아는 사실은 이것 한 가지뿐이었다.

라디오에서는 모든 것으로부터 초연한 세고비아의 음악과도 비슷하고 어떻게 보면 깨진 유리잔이 천천히 굴러 떨어지는 소리와도 비슷한 아름다운 옛 페르시아 음악이 흘러나왔다. 하지만 우리 집주인이 오더니 그런 음악을 들으면 신을 생각할 수 없다며 라디오를 꺼버렸다. 그는 예의바르고 매우 독실하며 하는 일마다 축복받은 시장 상인이었다. 그러고 나서 그는 너무 공손해서 거의 모습을 나타내지 않는 아들들을 자기가 얼마나 엄격하게 키우는지 말했다. 하지만 그가 하는 말은 귀에 잘 들어오지 않았다. 우리가 이곳에 있다는 사실이 문득 터무니없이 느껴졌던 것이다. 테헤란에서 쌓인 피로는 우리가 이 집에 도착하기를 기다렸다가, 이제야 다시 나타나서 나를 모든 것으로부터 갈라놓았다. 우리에게 필요한 건 일주일쯤 잠을 자는 것이었다.

왕립 이슬람 사원의 안뜰은 버스 100여 대는 쉽게 주차시키고, 거기다가 노트르담 성당까지 세울 수 있을 만큼 엄청나게 넓었다. 이 마당은 사실 가로가 500미터, 세로가 거의 200미터나 되는 광장의 작은 한쪽 측면에 지나지 않았다. 옛날에는 이곳에서 격렬한 폴로경기를 벌였고, 황제석 앞을 전속력으로 질주하던 기사들은 이 광장의 끝부분에 도착하기 전에는 대문자로 쓴 O자보다도 더 작아 보였을 것이다. 서른 개의 아치가 받쳐주는 자얀데 루드 강의 다리 밑에서는 개미들이 우표처럼 생긴 것을 교각 쪽으로 끌고 가는 모습이 보였다. 그런데 사실 그것은 한쪽 길이가 10미터나 되는 양탄자를 물에 빨고 있는 남자들이었다.

17세기에 이스파한은 제국의 수도였으며, 인구 6만 명으로 전세계에서 가장 번잡한 도시 중 하나였다. 하지만 지금은 2만 명밖에 살지 않는다. 도시가 축소되어 '시골'이 되어버렸으며, 사파비 왕조의 우아하고 거대한 기념물들은 마치 너무 커져버린 옷처럼 도시 위에 떠있다. 이 기념물들은 풍화하고 손상되었다. 왜냐하면 샤 아바스가 감동을 주려고 너무 서두르다가 미처 견고하게 짓지 못했던 것이다. 우리가 이 기념물들에 쉽게 접근하고 감동받는 것은 바로 시간에 대한 너무나 인간적인 이 취약성, 그 불완전성 때문이다.

"시간에 도전하다."—나는 아케메네스 사람들 이후로는 이란의 어느 건축가도 더 이상 이처럼 어리석은 행동을 하지 않았다고 굳게 확신한다.

이 왕립 사원을 예로 들어보자. 폭풍우가 한번 휩쓸고 지나갈 때마다 진흙으로 된 타일들이 떨어져나갔다. 그래봤자 백만

개가 넘는 타일 중에서 수십 개에 불과하고, 모든 게 너무나 넓어서 뭐가 없어졌다는 표가 좀 나려면 50년은 태풍이 불어야 할 것이다. 조금만 바람이 불어도 타일들이 곧바로 높은 곳에서 아래로 떨어져 튀어올랐다가 깨져 먼지로 변하지만 들리는 건 낙엽이 떨어질 때 나는 것 같은 아주 희미한 소리뿐이다. 타일이 이렇게 천천히 떨어지는 것은 아마도 그 색깔 때문인지도 모르는데, 앞에서도 얘기했던 바로 그 푸른색이다. 다시 이 색깔 얘기를 해보자. 이곳에서는 푸른색이 청록색과 노란색, 검은색과 살짝 섞여있는데, 이 세 가지 색깔 덕분에 푸른색은 진동하면서 대개 신성함과만 연관되는 부양력을 지닌다. 푸른색으로 뒤덮인 거대한 둥근 지붕은 마치 계류기구처럼 하늘을 향해 날아오르는 듯하다. 사근사근하지만 특별히 신뢰하기는 힘든 이스파한 사람들이 예술도시에 사는 주민들 특유의 표정을 지으며 이 지붕 아래와 광장의 궁전 앞을 지나다닌다. 외국인의 눈에는 그들이 절대 이해할 수 없는 시합의 심판들처럼 보인다.

이스파한은 우리에게 약속된 경이로움, 바로 그 자체다. 오

샤 아바스 1세(1571~1629) 사파비 왕조의 5대 군주로 수도를 카즈빈에서 이스파한으로 옮기고 아름다운 이스파한 건설에 총력을 기울였다. 그의 시대에 짓기 시작한 샤 모스크는 타일 1800만개, 벽돌 47만 2500개로 장식된 이란 건축예술의 걸작품이다. 이 책에서는 서둘렀다고 표현하고 있지만 샤 모스크는 26년에 걸쳐 지어졌으며, 아바스 1세 때는 완공을 보지 못했다.
아케메네스 제국 기원전 550년경부터 시작된 아케메네스를 시조로 하는 페르시아 제국으로, 한때는 유럽, 아시아, 아프리카에 걸친 대제국이었다. 그들은 세계 각지에서 건축 재료를 구하고 세계 각지의 문화를 반영하여 건축물을 지었는데, 페르세폴리스 궁은 거의 50년에 걸쳐서 지어졌다고 한다.

직 이 도시만을 보기 위해서라도 여행할 만한 가치가 있다.

어젯밤에는 강을 따라 산보를 했다. 그런데 이게 정말 강이란 말인가? 도시에서 동쪽으로 겨우 100킬로미터가량 떨어진, 수위가 가장 높은 곳에서조차도 강은 모래밭 속으로 자취를 감추어버렸다. 강은 거의 말라붙어 여기저기 얼룩처럼 고여있는 물이 빛을 내면서 넓은 삼각주를 형성했다. 터번을 쓴 노인들이 당나귀를 타고 파리 떼가 윙윙거리는 강을 건너갔다. 우리는 양쪽에서 개구리들이 개골개골 울어대는 무덥고 먼지 자욱한 길을 두 시간 동안 따라갔다. 버드나무와 유칼립투스 사이의 틈으로 하얀색을 띤 사막과 갈색을 띤 자그로스 산맥의 산들이 눈에 들어왔는데, 그 산의 깔쭉깔쭉한 모양을 보니 프로방스 지방이 생각났다. 그리고 여름밤에 때로 아를이나 아비뇽 근처에서 느낄 수 있는 그 위험하면서도 나른한 내밀함이 느껴졌다. 그러나 이곳은 포도주도 없고 허풍도 안 치고 여자들 목소리도 들려오지 않는 프로방스나 마찬가지였다. 요컨대 우리를 죽음으로부터 떼어놓는 장애나 소음이 존재하지 않았던 것이다. 그런데 이런 생각을 하자마자 곧 죽음이 사방에서 느껴지기 시작했다. 마주치는 눈길, 물소에게서 풍기는 음침한 냄새, 불을 환히 켜고 강으로 나 있는 방, 긴 나선 모양을 이룬 모기들. 죽음이 전속력으로 나를 덮쳤다. 이 여행? 엉망진창이다······. 실패. 우리는 여행을 한다. 우리는 자유롭다. 우리는 인도를 향해 간다……. 그러고 나면? 이스파한, 이라고 되풀이해서 말해도 아무런 소용이 없었다. 이스파한은 전혀 아무것도 의미하지 않았다. 만져지지 않는 이 도시, 어디에도 도달하지 않는 이 강, 이런 것들은 현실감을 불러일으키는 데 그다지 적합하지 않다. 모든 건 이제 붕괴와 거부, 부재에 불과할 뿐이다. 강둑이 굽이를 이루는 곳에서 문득 극도로 불안감이 치밀어 오르는 바람에 발길을 돌려야만 했다. 티에리 역시 뭔가 불안에 떨고 있는 듯했다. 그도 나와 같은 감정을 느끼고 있는 것이다. 하지만 나는 그에게 아무 말도 하지 않았다. 우리는 거의 뛰다시피 해서 되돌아갔다.

세상이 순식간에 망가지고 분열되다니, 정말 이상한 일이다. 잠이 부족해서 이러는 것일까? 아니면 그 전날 밤에 맞은 예방주사 때문일까? 그것도 아니라면 알라의 이름을 말하지 않고 밤중에 강물을 따라 걸어가면 공격한다고 전해지는 영귀들 때문일까? 하지만 내 생각은 달랐다. 여행자에게 원한을 품는 풍경이 있어서, 곧바로 그곳을 떠나지 않으면 예측할 수 없는 일이 벌어지는 것이다. 이런 풍경이 많지는 않다. 하지만 어쨌든 존재는 한다. 이 지구상에는 우리들 각자에게 이런 풍경이 대여섯 개씩 존재한다.

자그로스 산맥 이란에서 가장 큰 산맥으로 대체로 이란의 남서쪽 국경을 따라 흐른다.

시라즈 가는 길

지도상에도 표시가 없는 이 마을은 절벽 가장자리에 자리잡고 있었는데, 아래로 바짝 마른 강이 내려다보였다. 그것은 마을이라기보다는 오히려 총안銃眼이 설치된 가공할 개미굴에 가까웠다. 상상할 수 없을 만큼 뜨거운 정오의 태양이 반사하는 빛을 받은 벽이 금이 가고 무너져가고 있었다. 가축이 인근 산의 풀을 뜯어먹기를 기다리는 열다섯 명가량 되는 카슈카이족(이동 목축을 하는 이란의 주요 부족. 그들의 목초지는 시라즈 북서부에 펼쳐져 있다 – 글쓴이 주) 목동들이 누워있는 찻집을 제외하면 버려진 마을이었다. 근사하게 생긴 이 야만인들은 햇볕에 검게 그을린 뾰족한 얼굴에 주교관처럼 생긴 밝은 색깔의 펠트모자(이 모자의 기원은 아케메네스 왕조로 거슬러올라가며, 그들 부족의 표시다)를 썼다. 그들은 열을 지어 선반 위에 앉아있거나, 아니면 무릎 위에 총을 비스듬히 올려놓고 한쪽 구석에 웅크리고 있었다. 왼손에 짙은 색깔의 양털 뭉치를 들고 콧노래를 흥얼거리며 실을 잣는 사람도 여럿 있었다. 우리가 인사를 하자 그들은 처음에는 뭐라고 중얼중얼대더니 곧 깊은 침묵을 지켰다.

그들은 더 이상 아무 말도 하지 않고 때로 우리를 쳐다보기도 하고 또 때로는 문 앞에 서있는 자동차를 쳐다보기도 했다. 담배를 한 개비씩 건네주자 분위기가 좀 부드러워지는 것 같았다. 주인이 우리에게 음식을 내주려고 서두르는 기색이 전혀 아니었으므로, 우리는 태연한 척 카드놀이를 하다가 티에리는 잠이 들었고 나는 엔진을 수리할 때 생긴 찰과상을 치료하기 시작했다. 구급상자를 본 카슈카이족들이 "다박(약)"이라고 중얼거리며 다가오는 바람에 염증이 생겨 쇠똥이나 폐유를 발라놓은 손발톱과 염좌, 궤양이 생긴 피부에 붕대를 감아주어야만 했다. 내가 보기에는 멀쩡한 사람들이 대단치 않은 상처인데도 꼭 치료를 받아야겠다고 나섰다. 한 거구의 사내는 꼭 잠자는 숲속의 공주처럼 씨아(목화의 씨를 빼는 기구 – 옮긴이 주)에 손을 다쳤다. 또 다른 사람은 발에 박힌 아주 작은 가시 때문에 고통스러워했다. 그리고 이들보다 훨씬 더 안 좋아 보이는 세 번째 사람은 울렁증과 우울증으로 고생하는 중이었다.

세시경에 다시 길을 떠났다. 문 앞에서는 암탉 몇 마리가 자신들이 무척 좋아하는 작은 전갈을 찾아내려고 지열로 후끈거리는 땅을 부리로 열심히 쪼고 있었다. 카슈카이족 사람들은 우리를 자동차가 서있는 곳까지 배웅해 주었다. 하지만 차는 시동이 걸리지 않았다. 배터리가 태양열에 전부 다 닳아서 작동되지 않는 것이었다. 기어를 3단에 놓은 상태에서 마을 끝에서 시작되는 내리막 쪽으로 자동차를 밀고 갔다. 카슈카이족 사람들이 우리를 도와주었는데, 잠시 뒤에 우리는 그들이 차를 민다기보다는 오히려 눈을 반짝거리며 붙잡고 있다는 사실을 눈치 챘다. 그렇다, 그들은 물론 우리에게 호의를 느끼면서도 우리가 가진 짐을 무척 마음에 들어했고, 그래서 우리는 너털웃음을 웃는 척하며 우리 짐을 향해 내밀어진 그들의 솥뚜껑만 한 손을 떼어내느라 무척 애써야만 했다. 이렇게 장난을 치는 척해야 주먹다짐이 벌어지지 않는다는 걸 알고 있었기 때문이다. 그와 동시에 우리는 꼭 갤리선을 젓는 노예들처럼 있는 힘을 다해 자동차를 밀었다. 비탈길이 급경사였고 짐이 많이 실려있었기 때문에 자동차는 곧 속력을 냈다. 그래서 우리는 차 안으로 뛰어들었고, 흙벽이 닿을 듯 말 듯 몇 번 지그재그로 달리자 우리를 도와주겠다고 나선 카슈카이족 중에서 가장 열성적인 사람들조차도 결국은 단념하고 말았다.

자동차는 관성에 따라 절벽 아래의 비쩍 말라붙은 강바닥을 건넌 다음 멈추어 섰다. 조금 전보다 더 망가진 것 같았다. 두 시간에 걸쳐 엔진도 살펴보고 차 밑 부분도 들여다봤지만 아무 소용없었다. 기름때가 묻고 먼지투성이인 딱딱한 차체 밑에서 누전된 곳을 찾는데, 땀이 흘러 눈으로 들어갔다. 마을이라고 불러도 될 만한 동네는 거의 100킬로미터나 떨어져 있었다. 해는 뉘엿뉘엿 기울기 시작했고, 우리에게는 구운 흙으로 만든 그 저주받은 성의 그림자 아래서 밤을 보내고 싶은 생각이 눈곱만큼도 없었다. 다행스럽게도 좀 서늘해지자 나다니는 사람들이 몇 명 눈에 띄었다. 가장 먼저 근처에 있는 감시초소에서 나이가 든 장교가 걸어오더니 "알라는 위대하시지만 엔진은 수크흐테(타버렸군)"라는 말 한 마디를 던지고는 바위에 걸터앉았다. 다음에는 이스파한 쪽으로 올라가는 지프차가 나타났는데, 베일을 쓴 남자 두 명이 타고 있었다. 친절하게도 운전사가 우리 연장을 가져가서 우리가 방금 한 동작을 되풀이했지만 성공을 거두지는 못했다. 그러자 차에 탄 여자 승객들이 안달하며 큰소리를 지르고 경적을 울려댔고, 그걸 본 그는 짜증이 났는지 배전기에 무리를 가하다가 부서뜨렸다. 그는 사과를 하고 우리를 거기 그냥 세워놓고는 구름 같은 먼지를 일으키며 지프를 출발시켰다.

어둠이 내렸다. 군인은 바위 위에서 꼼짝도 하지 않았고, 우리는 슬슬 불안해지기 시작했다. 바로 그때, 행운의 여신이 보낸 소형트럭이 우리 옆에 멈추어 섰다. 새로 페인트칠을 한 트럭의 짐칸에는 아무것도 실려있지 않았고, 너비가 우리 차를 싣기에 안성맞춤이었다. 꼭 여우처럼 생긴 세 남자가 운영하는 트럭은 마침 우리처럼 시라즈로 내려가는 길이었다. 이란인 중에서도 특히 시라즈 사람들은 친절하고 성격 좋기로 널리 알려져 있다. 이 세 사람은 솜씨 좋고 기민하며 무슨 일이 일어나도 절대 놀라지 않고 적당히 탐욕스러운 순혈 시라즈 출신들이었다. 그들은 우리와 우리 자동차를 아바데까지 실어다주기로 했다. 셋 중에서 나이가 가장 많은 사람이 핸들을 잡더니 목이 부러질 위험을 무릅쓰고 트럭을 강둑으로 몰고 간 다음 짐칸이 도로와 같은 높이가 되도록 후진했다. 우리 차를 짐칸에 올려놓고 우리도 자리를 잡았다. 그러고 나서 우리는 남쪽을 향해 천천히 출발했다. 사막 가장자리에서 별이 몇 개 떠오르고 있었다.

아바데에 도착했을 때는 이미 모든 게 다 잠든 밤이었다. 하지만 그곳은 벽촌이라서 차를 수리할 수 없었다. 먹을 걸 찾아낸 것만 해도 다행이었다. 사발에 담긴 시큼한 우유에 둥근 빵을 적시면서 나는 함께 트럭을 타고 온 사람들을 관찰했다. 차주와 정비사, 사장 겸 운전사. 바로 이들이 영업용 트럭을 운영하는 3인조였다. 이제 막 테헤란에서 큰돈을 번 그들은 시라즈에 가서 진탕 먹고 마실 얘기를 나누느라 정신들이 없었다. 나는 그들의 얘기에 귀를 기울였다. 아마도 너무 피곤해서였던지 오랫동안 그들과 친하게 지내면서 그런 일들을 겪은 것 같은 느낌이 들었다. 이유를 설명하기는 힘들지만, 특히 사장의 우스운 몸짓은 왠지 친숙하게 느껴졌다. 식사가 끝나자 그들은 계속 자기들과 함께 시라즈까지 가자고 제안했다. 동이 트기 전에 그곳에 도착하고 싶다며, 어쨌든 자기들은 빈 차로 여행을 하는 중이고 우리는 사야(여행자들)이므로 공짜로 태워다주겠다는 것이다. 우리는 한 시간 정도 걸려서 우리 차를 밧줄로 단단히 묶은 다음 뒷좌석에 올라탔다. 앞으로 300킬로미터를 더 가야 했고, 도로 상태가 안좋을지도 몰랐던 것이다. 도로는 해발 2000미터에서부터 높아지기 시작하더니, 윤곽이 들쭉날쭉한 검은 산들이 양쪽에 늘어선 사막 한가운데로 이어졌다. 눈에는 보이지 않았지만 낙타의 목에 매달린 작은 방울이 울리는 소리가 엔진 소리를 뚫고 들려왔다. 그 높이에서는 현기증이 날 만큼 투명한 하늘이 마치 무슨 사발처럼 우리를 덮어씌웠다. 길이 울퉁불퉁해서 트럭이 흔들렸지만 차를 밧줄에 꽁꽁 묶어두어서 우리는 마음을 조이지 않아도 되었다. 그래서 우리는 별들이 몸을 담근 서늘한 공기를 머리에 쐬며 몸이 서서히 흔들리도록 내버려두었다.

원래 예정된 거리를 3분의 2 정도 갔을 때 누군가가 초롱을 흔들어대는 데다가 통나무들이 도로를 가로질러 있는 바람에 어쩔 수 없이 차를 세워야 했다. 사장이 군인과 장황하게 이야기를 나누더니 엔진을 껐다. 어둠에 싸인 군 초소와 헤드라이트를 다 끈 트럭 한 대가 통나무 너머로 보였다. 시라즈에서 출발한 설탕 운송업자가 방금 그곳과 6킬로미터가량 떨어진 곳에서 남쪽으로 이동 중인 카올리족(페르시아에서 유일하게 진정한 의미의 유목민이라 할 카올리 부족은 아주 오래전에 동방에서 왔다 – 글쓴이 주)으로부터 공격을 받았다는 것이다. 운전사는 턱에 총알이 박혔는데도 빠져나오는 데 성공하여 초소에 도착했고, 그래서 군인들이 날이 밝을 때까지 통행을 금지시킨다고 했다. 살을 에듯 추운 날씨였다. 우리는 꾸벅꾸벅 조는 부상자와, 둥글게 모여 앉아 대나무 통에 든 아편을 피우는 바람에 입술이 새까매져서 꼭 유령들처럼 생긴 군인 세 명 사이에 누워 나머지 밤을 보냈다. 사장이 등불을 끄러 갔을 때 나는 처음으로 환하게 밝혀진 그의 얼굴을 보았고, 왜 그 얼굴이 나를 당혹스럽게 만들었는지 깨달았다. 그는 우리 아버지와 판박이였다. 좀 늙고, 새카매지고, 세월에 부대끼기는 했지만, 어쨌든 아버지는 아버지였다. 어찌나 인상적이었던지 나는 이미 오래전에 잊어버렸던 아버지의 음색을 곧바로 기억해냈다(일년 사이에 나는 너무나 많은 다른 음색들을 들었다). 그리하여 아버지가 마지막으로 내게 했던 말이 한마디 한마디 또렷하게 귀에 들려왔다. 뜻밖에도 그것은 어떤 여자들을 조심하라는 경고였다…… 항구에 사는 여자들을.

어쨌든 지금의 상황에는 그다지 어울리지 않는 경고였다. 그렇지만 아버지의 목소리를 되찾게 되어 기뻤다. 목소리라는 짐은 자리를 많이 차지하지 않는 것이다.

동틀 무렵에 다시 출발했다. 달이 희미해졌다. 양쪽에 부드럽고 색깔이 짙은 풀이 띠 모양으로 나있는, 폭이 무척 좁은 개울이 초소 앞을 지나 사막을 향해 구불구불 흘러갔다. 남쪽으로는 푸른색을 띤 높은 산들이 지평선을 뒤덮고 있었다. 운전사가 두 번씩이나 차를 멈추더니 연장을 손에 들고 차체 밑으로 모습을 감추었다. 두 번째는 우리도 무슨 일인가 보려고 차에서 내렸다. 정비사는 부러진 뒤쪽 현가장치를 철사로 묶고, 사장은 배터리를 끄집어내더니 임시로라도 살려내야 한다며 안에다 찔끔 찔끔 오줌을 누었다. 트럭 주인은 근심스러운 표정으로 브레이크액에 물을 약간 섞었다. 하다하다 안 될 때만 사용하는 최후의 수단이 모두 동원되었다. 차체에 새로 페인트칠을 해놓는 바람에 깜빡 속아 넘어갔다. 그들은 이미 폐차가 다된 이 고물 트럭을 끌고 산을 넘겠다는 것이었다.

구불구불한 고개의 첫 번째 굽이에서 우리는 전날 밤의 공격자들을 따라잡았다. 짐 나르는 짐승들이 도로를 끝도 없이 뒤덮고 있었다. 가축들은 산비탈을 곧장 가로질러갔다. 종소리와 사냥개 짖는 소리, 양이 매애 우는 소리, 목구멍에서 나오는 소리가 어슴푸레한 빛 속에서 울렸다. 여자들은 더러웠지만 화려했으며, 은으로 된 보석으로 온몸을 치장했다. 조랑말에 올라탄 젊은 여인들은 온통 먼지를 뒤집어쓴 아기들에게 젖을 먹였다. 꼭 부지깽이처럼 뻣뻣해 보이는 노파들은 라이플총을 어깨에 걸치고, 낙타 등의 양탄자 묶음 사이에서 실톳대를 이용하여 실을 자았다. 남자들은 고함을 지르면서 걷거나 지팡이를 흔들며 빨리 앞으로 나가라고 가축들을 재촉했다. 어린 소년들이 짐보따리처럼 안장에 비스듬하게 얹혀 잠을 자는 모습과, 목둘레 깃털이 곤두선 닭들이 길마의 찻주전자와 작은 북 사이에 매달려 있는 모습도 눈에 띄었다.

이란에 통합되었으며 터키어를 쓰는 부족들(박트리아와 카슈카이족)과는 달리 카올리족은 주변인으로 산다. 그들은 이 나라의 거의 모든 곳에 흩어져 살지만, 대부분은 아직도 매년 시스탄에서 부시르 지역과 이라크 북동쪽으로 내려온다. 그들은 길을 가면서 마른 가축을 방목시키고, 말에게서 피를 빼고, 미래를 예언하고, 냄비를 수선한다. 정착민들은 그들을 '신자'로 여기지 않아 싫어하고 두려워하며, 어린아이들을 훔쳐간다고 비난까지 한다. 도둑질을 하건 아니면 도둑을 맞건 간에 그들은 대규모이며, 그들의 가축은 고개의 양쪽 비탈을 뒤덮을 만큼 수가 많았다.

내리막길의 첫 번째 비탈에서 브레이크가 부러지는 것 같은 소리가 들려왔다(거기에 물을 뿌리는 바람에 그런 일이 벌어진 것이다). 자동차가 너무 빨리 달리고 있어서 뛰어내릴 수도 없었고, 높은 곳에 올라앉아있었기 때문에 심하게 부는 바람이 우리 얼굴을 세차게 때렸다. 운전석에서 욕설이 몇 마디 들려오나 했더니 곧이어 3단 기어의 톱니바퀴가 삐걱거리는 소리, 그리고 나서 핸드브레이크를 넣는 날카로운 소리가 들려왔다. 정비사가 경적을 누른 다음 차 밖으로 뛰쳐나오며 길을 비키라고 소리쳤다. 우리들 앞에 있던 카올리족 사람들이 마치 너무 익은 석류알처럼 사방으로 흩어졌다. 트럭은 한 명도 치지 않고 전속력으로 달려가서 첫 번째 모퉁이를 가까스로 돌았다. 또 다른 비탈에는 장애물이 거의 없었고, 두 번째 커브는 산에 가려있었다. 트럭은 속도가 계속 빨라졌다. 나는 생각했다. 이번 모퉁이만 돌면 틀림없이 평지가 나타나겠지……. 이번 여행을 이런 식으로 끝내고 싶지는 않았다. 우리 앞으로 30미터가량 떨어진 도로는 평지가 아니었고, 동물과 여자들, 어린아이들로 새까맣게 뒤덮여 있었다. 소용돌이치는 누더기 옷, 저주를 퍼붓는 소리, 울려퍼지는 종소리, 당황해서 전속력으로 질주하는 낙타들, 사방으로 달아나는 닭들, 추락, 고함소리, 그렇게 빠르지는 않았지만 갓길로 뛰어내리는 온갖 색깔들. 정비사가 자기 능력으로는 어쩔 수 없다는 듯 어깨를 으쓱거리더니 차문 뒤로 사라져버렸다. 이것이 우리 여행의 마지막이라고 확신한 우리는 악수를 나눈 다음 얼굴을 보호하기 위해 모자를 푹 눌러 썼고, 운전사는 기가 막히게 능숙한 솜씨로 트럭을 산 쪽에 갖다 박았다. 충격에 이어 침묵이 계속되었다. 그리고 다시 넋이 나간 듯한 소녀의 흐느낌이 들려왔다.

정신을 차려보니 나는 온통 먼지를 뒤집어썼다. 카올리족들은 자기들끼리 모여서 저 앞에서 내려가고 있었다. 우리 몸과 차창, 짐은 온통 피투성이였다. 심각한 부상은 아니었지만 피가 많이 흘렀다. 눈으로 사람들을 찾으니 차주와 정비사, 사장은 바위에 등을 기대고 그늘에 몸을 반쯤 묻은 채 작은 오이의 껍질을 벗겨서 소금을 뿌리고 있었다. 물론 이가 몇 개 부러지고 타박상은 입었지만, 이번에는 안 죽는다는 점괘가 나왔으므로 당장 뭘 좀 먹고 원기를 회복하는 게 차라리 나을 것 같았다. 그는 얼굴에 주름이 잡힐 만큼 즐거운 표정으로 오이를 우적우적 깨물어 먹으며 시라즈에 가서 어떻게 먹고 마시며 놀지에 관해 이야기했다. 사고 얘기는 아예 꺼내지도 않았다.

네 시간 동안 우리는 우리가 고개를 올라오며 지나쳐왔던 유목민들이 이글거리는 태양 아래서 머리를 꼿꼿이 세우고 줄을 지어 지나가는 것을 바라보았다. 그리고 드디어 길에 사람이 아무도 없게 되자 트럭 운송업자들은 기지개를 켜고는 차가 얼마나 파손되었는지 계산한 뒤에 짐마차를 고칠 때처럼 돌, 도로를 수리하는 인부들의 대형 쇠망치, 굵은 송곳바늘(터진 타이어에 이용하기 위한)을 사용하여 아무 말 없이 자기네들의 고철덩어리를 다시 펴기 시작했다. 나는 그걸 보며 한 가지 교훈을 얻었다. 우리는 항상 기계뿐만 아니라 다른 모든 것들을 지나치게 존중한다는 것이다. 다섯시가 되자 엔진이 다시 돌아가기 시작했다. 우리는 브레이크 대신 최소한 2분의 1톤은 나갈 것 같은 바위를 끌며 평지를 향해 굴러갔다.

시라즈[36]

같은 날 밤

젠드여관 안뜰의 월계수나무 사이에 앉아 말라붙은 피로 뒤덮인 셔츠와, 한 소년이 방금 가져다준 옥수수, 술병, 그리고 식탁에 꽂혀진 우리 칼 두 개를 믿기지 않는 눈길로 바라보았다. 테헤란에서의 일이 벌써 몇 년이나 지난 것처럼 느껴졌다. 그럼 과연 카불에서는 무슨 생각을 하게 될까? 이제 겨우 우리 여정의 4분의 1밖에 지나지 않았지만, 오늘 하루가 가장 힘들었다며 우리 자신을 설득하려 애썼다. 미친 듯이 달리는 그 트럭의 맨 꼭대기에 앉아있던 우리와, 놀라서 양털뭉치처럼 길 옆으로 뿔뿔이 흩어지던 유목민들, 그리고 이제는 마지막이라고 생각했던 그 기나긴 10초의 시간이 떠올랐다……. 그런데 지금은 레몬 냄새를 풍기는, 페르시아에서 가장 아름다운 페르시아어를 사용하는 이 도시에 와있는 것이다.

이곳에서는 졸졸 물 흐르는 소리가 밤새도록 들려오고, 여기서 생산되는 포도주는 연한 샤블리산 백포도주처럼 땅 밑에 오랫동안 머물면서 순해진다. 별똥별이 빗발치듯 안뜰로 쏟아져 내리지만, 아무리 열심히 찾아봐도 내가 지금 가진 것 말고는 전혀 아무것도 발견할 수가 없다. 티에리로서는, 이 운명의 선물이야말로 또 다른 선물의 예고편에 불과하다고 확신했다. 그는 어떤 선물을 받게 될까 벌써부터 궁금해하고 있었다. 그는 눈에

세상의 용도 421

안 보이는 톱니바퀴가, 곧 하늘에 있는 거대한 기계장치가 자신을 위해 밤낮으로 돌아간다고 생각하곤 했다.

터키탕은 아직 열려있었고, 우리 침대는 테라스에 준비되어 있었다. 하지만 너무나 피곤했던 나머지, 우리는 의자에 꼼짝 않고 앉아있기만 했다. 덕분에 여름이 우리를 위해 마련해놓은, 군주들의 삶과 숭고한 죽음의 그늘 사이에 드리워진 어둠 속에서 차분히 생각에 잠기는 즐거움을 맛볼 수 없었다.

젠드여관

여관 안뜰에서 한 농민 가족이 행복에 겨워 얼떨떨해하는 노인을 둘러싸고 앉아 농담을 주고받고 있었다. 한 여인이 미소를 지으며 노인이 입고 있던 다 해진 옷을 억지로 벗기고 깨끗한 와이셔츠를 입혀주었다. 아이들은 그가 말이라도 되는 양 손으로 어루만졌다. 담배 한 개비가 이 사람 입에서 저 사람 입으로 한 바퀴 돌았다. 모두가 담배 연기를 조금이라도 입 밖으로 흘려보내지 않겠다는 듯 두 눈을 감고 신중하게 한 모금씩 빨았다. 다들 너무나 즐거워서 더 이상 멈출 수 없는 듯 보였다. 그들 가운데 평범한 얼굴을 가진 사람은 단 한 명도 없었고, 그들에게서는 아주 사소한 즐거움이라도 결코 놓치지 않는 능력이 느껴졌다. 그들은 할아버지가 방금 감옥에서 나온 것을 축하하는 중이라고 내게 친절하게 설명해 주었다. 감옥이라고? 저런 얼굴로? 저런 사람을 감옥에 가둬서 도대체 뭘 어쩌려는 심사였을까?

그렇지만 시라즈는 그 온화한 삶의 방식으로 심지어는 경찰까지도 감동시키는 도시였다. 하지만 이곳에서는 차마 눈뜨고 볼 수 없는 부당한 장면을 목도하지 않는 날이 하루도 없고, 동시에 천천히 분비되는, 지혜로운 페르시아의 '정수精髓'에 감동하지 않는 날 역시 하루도 없다. 가난한 사람들도 있고 파렴치한 사람들도 있지만 이 나라에서는 아직도 섬세한 정신이 가장 지속적으로, 그리고 또한 가장 끈질기게 표현된다. 어떻게 모든 걸 빼앗긴 농민이 전혀 시골풍이 아닌 전통시를 감상하고, 어김없이 자기 집 문을 희귀하기 짝이 없는 색조로 다시 칠하고, 혹은 오래된 타이어를 잘라서 이 나라가 5000년의 유구한 역사를 가졌다는 사실을 단번에 암시하는 가느다랗고 정확하고 우아한 모양의 기베(즈크 신발)를 만들 수 있단 말인가?

다 해진 양탄자의 강렬한 빛깔 속에 잠겨 있는 길가의 몇몇 찻집들보다 더 하늘에 가까이 있는 것은 없는 듯 했다.

그 안뜰에서는 몇 계단 밑으로 어둡고 차가우며 바퀴벌레들이 누비고 다니는 지하실이 보이는데, 차도르를 쓴 주부들이 쭈그리고 앉아 스튜를 끓였다.

날카로운 울음소리와 다투는 소리, 진한 냄새. 이건 여자들 방이다. 하지만 내게는 더 좋은 게 있다. 젊은 집시 하녀를 데리고 바레인에서 마슈하드로 순례여행을 가는 가족이 묵는 방이 내가 침대를 펴놓은 테라스 쪽을 향해 있었다. 이것은 내가 오래간만에 본 가장 아름다운 장면이다. 하녀는 머리에 초록색 머릿수건을 매고, 두 팔과 가슴을 붉은색 윗도리로 덮었으며, 머릿수건과 같은 초록색 비단으로 된 헐렁헐렁한 바지는 두 개의 은고리로 발목에 잡아매었다. 밤이 되면 그녀는 차가워지라고 문 앞에 놓아둔 가죽 부대에서 술을 따라 말없이 홀짝홀짝 마시곤 했다. 나는 그렇게 사뿐히 움직이는 사람은 본 적이 없다! 술을 마실 때면 그녀는 무릎을 꿇고 앉아 하늘을 바라보았다. 그녀는 내가 잠들었다고 생각했지만 나는 살그머니 눈을 뜬 채 꼼짝않고 그녀를 바라보았다. 아무것도 신지 않은 발, 나뭇가지처럼 양쪽으로 뻗은 두 허벅지, 부드러운 목선, 달빛 속에서 반짝이는 광대뼈. 자기를 보는 사람이 없다고 생각하기 때문에 그녀는 그처럼 보는 사람을 감동시키고 그렇게 자유로운 자세를 취하는 것이다. 내가 조금만 움직여도 그녀는 모습을 감추어버리고 말 것이다. 나는 죽은 척 꼼짝도 하지 않은 채 나의 갈증을 그녀의 우아함으로 해결했다. 젊고 탐나는 모든 것이 베일로 가려지고 몸을 피하거나 침묵을 지키는 이곳에서는 그렇게 해야만 한다.

가끔씩 우리에게 한 마디씩, 아니면 몇 마디씩 말을 건네는 창녀들 모두가 고약한 것은 아니다. 하지만, 결국 그녀들은 자기 직업에 어울리는 식인귀 같은 목소리를 갖게 되었다.

타흐트 잠쉬드[37](‘잠쉬드의 왕좌’, 페르세폴리스)

이란에서는 가장 잘 만들어진 지도조차도 정확하지가 않다. 버려진 요새로 축소된 작은 마을, 이미 오래전에 말라버린 수원水源, 모래에 뒤덮인 도로가 여전히 지도에 표시되어 있다. 그래서 사이다바드[36]를 통해 시라즈와 케르만[44]을 직접 잇는 도로는 더 이상 존재하지 않았다. 그 바람에 우리는 이스파한에서 주사크까지 이어지는 도로를 따라 올라가다가 거기서 동쪽으로 방향을 바꾸어야만 했다.

왕이 살던 도시의 잔해는 서쪽으로 직사각형의 계단식 지형으로 산에 기대어 마르브다슈트 평원과 접하고 있었다. ‘왕들의 왕’이 장차 왕조의 수도가 될 이곳의 공사를 감독하러 왔던 당시(기원전 6~기원전 5세기)에 이 평원은 수확물로 뒤덮여있었다. 그 뒤 이 유적지와 더불어 관개시설이 노후하는 바람에 오늘날 이 폐허에서 내려다볼 수 있는 것은 바싹 마른 건조한 땅이거나

타흐트 잠쉬드 기원전 6세기, 페르시아제국의 아케메네스 왕조 때 건설된 왕궁으로. 타흐트는 ‘왕좌’라는 뜻이고 잠쉬드는 페르시아의 전설적인 영웅의 이름이다. 다리우스 1세가 건축을 시작하여 이후 아들인 크세르크세스를 비롯 후세의 왕들에 의해 계속 증축되었다. 기원전 333년경 알렉산드로스가 이곳을 점령하여 보물을 약탈하고 왕궁을 불태우고 폐허로 만들 것을 지시했다고 한다. 그리스인들이 이곳을 ‘페르시아의 도시’라는 뜻으로 페르세폴리스라고 불렀다. 알렉산드로스의 침략 이후 점차 폐허로 변했다.

트럭이 남겨놓은 먼지 자욱한 바퀴 자국, 또는 여름이 시작될 무렵이면 아직 남아있는 광장의 벽과 평원의 서쪽을 따라 이어진 자주색 산 사이를 둘이나 넷씩 짝을 이루어 하늘을 향해 똑바로 치솟아오르며 천천히 움직이는 회오리 먼지뿐이다. 도시로 말하자면, 그리스인들이 불을 지를 때까지도 완성되지 않았다. 층이 진 땅에 이르는 웅장한 계단과 얕은 돋을새김으로 뒤덮인 낮은 난간 벽, 오늘날에는 그 외관을 상상하기 어려운 두 개의 거대한 다주실多柱室(기둥이 많은 홀)을 제외하면 그것은 지금으로부터 2400년 전에 약탈당한 대규모 건설공사 현장에 불과하다. 화재의 열기에 무너진 기둥 옆에서는 아직까지도 귀를 기다리고 있는 거대한 황소 머리들이 발견된다. 원래는 따로 조각해서 갖다 붙일 생각이었던 것이다. 미완성된 것과 파괴된 것이 이처럼 공존하기 때문인지 이 폐허에서는 일종의 모순된 신랄함이, 정말로 살기도 전에 파괴되어버렸다는 불행이 느껴진다(아케메네스 페르시아인들은 이곳을 주로 공동묘지로 사용하고, 살기는 수사에 살았다 - 글쓴이 주).

여행자들은 크세르크세스의 아내였던 세미라미스 여왕의 저택을 개조해서 만든 객실에 머무를 수 있다. 방에는 쇠침대 두 개와 아름다운 양탄자, 검은색과 노란색 무늬로 장식된 제2제국 스타일의 욕조가 있다. 이 유적지 관리인(하급 관리인)은 손님을 받으면서도 별다른 열의를 보이지 않는다. 손님이 오면 이런저런 자질구레한 일거리가 생길 뿐만 아니라 서양인들, 특히 그리스 사람들을 좋아하지 않기 때문이다. 그는 알렉산드로스의 정복을 파괴와 약탈을 즐기는 주정뱅이 목동들의 침략으로, 그리고 아르벨라 전투(기원전 331년. 알렉산드로스는 이 전투에서 다리우스 3세에게 결정적인 승리를 거두었다 – 옮긴이 주)를 패배한 카탈루냐 평원의 전투 정도로(451년 아틸라가 이끄는 훈족은 샬롱쉬르마른 근처의 카탈루냐 평원에서 로마인들에게 격퇴당했다 – 옮긴이 주) 생각한다. 익숙해져야 한다. 그것은 단지 불만스러운 민족주의에 불과하지만 워낙 오래되었기 때문에 존경할 만한 것이 되었다. 게다가 우리도 최근에 몇 가지 편견을 갖게 되는 바람에 더 이상 객관성을 발휘할 수가 없게 됐다. 예민한 식민자인 알렉산드로스는 야만인으로 생각되는 사람들에게 아리스토텔레스를 데려다주었다. 그리하여 그리스 로마인들이 이 세계를 창조했다고 믿는 강박관념이 생겨났다. 동양의 문물에 대한 경멸(이집트와 룩소르와 피라미드에 관해서만 아주 조금 가르친다. 아이들이 피라미드의 그림자를 그리는 법을 배우도록 하기 위해서다)은 이렇게 만들어진다(중고등학교 시절). 그리스 로마인들 자신은 그렇게까지 국수적이지

크세르크세스(기원전 519년경 ~ 기원전 465년) 고대 페르시아 제국의 아케메네스 왕조의 황제. 다리우스 1세의 아들로서 아버지에 이어 페르세폴리스 궁전 건축에 심혈을 기울였고, 그 궁전에서 호화스런 생활을 즐겼다.
룩소르 나일 강변에 있는 고대 이집트의 대표적인 도시. 1600년 동안 이집트 왕국의 중심도시였기 때문에 신전과 탑 등 고대 이집트의 유물과 유적이 많다.

않았으며(헤로도토스의 저술이나《키루스의 교육 Cyropaedia》을 읽어보라), 점성학과 말, 역참제도, 많은 신, 여러 가지 훌륭한 매너, 그리고 물론 "현재를 즐기라"(이란인들이야말로 이것의 대가다) 등 자신들이 너무나 많은 걸 빚진 이란에 대해 깊은 경외감을 표했다.

그렇지만 이 관리인은 나보다도 훨씬 몰랐다. 그는 그리스인들이 6세기에 다리우스 1세의 궁정에 있었다는 사실을 단호하게 부인했다.

"아닙니다, 아녜요, 손님……. 그들은 훨씬 나중까지도 있지 않았다고요. 그들은 모든 걸 손상시켰어요."

너무나 오랜 세월이 지나고 또 그처럼 널리 알려진 유적지를 돌보다 보니 머리가 돌아버렸음에 틀림없다. 자기가 없을 때 누가 거기를 돌아다니는 것을 원하지 않았던 그는 크세르크세스 왕 때 파여진 수로에 둥지를 틀고 사랑을 나누는 고슴도치들을 조심하라고 우리들에게 거듭 경고했다. 그는 고슴도치가 마치 활을 쏘듯 가시를 쏜다고 주장하면서 만년필로 시늉까지 내보였다. 게다가 그의 입술은 검었고, 눈에는 한참 맛있게 담배를 피우다가 때를 방해받은 골초처럼 노기가 서려있었다. 알아들을 수 없는 말을 중얼거리던 그는 사과를 하더니 나야 말을 하든 말든 내버려둔 채 예쁜 손녀의 팔을 잡고 자신의 파이프와 공상적인 연대기, 그리고 가시를 쏘아대는 고슴도치들에게로 돌아갔다.

페르세폴리스 7월 7일

새벽에 일어났다. 짐은 다 꾸려놓았다. 싱싱한 활기가 온몸에 돌아다니는 듯한 느낌이었다. 우리는 차를 몰고 인도와 인도의 나무들, 인도의 물, 인도의 다른 면모를 향해 달려가고 싶다는 은밀한 욕망을 각자 갖고 있었다. 그런데 티에리가 핸들을 잡고 시동을 걸어보더니 몹시 실망스러운 표정을 지었다.

뭐가 문제인지 한번 봐달라고 트럭 운전사를 불렀다. 그가 고개를 들더니 "아우토마트 수크흐테" 라고 중얼거렸다. 그 말이 꼭 점화플러그가 타버렸다는 걸 의미하지는 않았다. 하지만 차 아랫부분이나 옆부분의 접근할 수 없는 어느 지점, 혹은 눈에 안 보이는 코일에서 전선(스무 개 중에서 하나)의 절연체가 떨어져나갔거나, 아니면 작은 백금 접속부가 유럽의 정비소에서는 결코 다시 열어볼 엄두를 내지 못할 만큼 견고하게 땜질된 장치 안에서 녹아버렸다는 것은 분명했다. 그렇다면 그것은 우리 계획을 몽땅 연기하고 일정을 뒤로 미루어야 한다는 걸 의미했다. 도대체 얼마나 오래 미루어야 한단 말인가?

그것은 또한 짐을 다 풀어헤치고, 배터리를 끄집어내고, 이곳에서는 그늘 속으로 들어갈 방법이 없으므로 쩽쩽 내리쬐는 태양 아래서 일을 하고, 더러운 기름 속에 감추어진 누전 부위를

《키루스의 교육》 고대 그리스의 정치철학자 크세노폰의 역사소설. 그리스인으로서 페르시아의 왕 키루스의 정치철학에 관해 쓴 책이다. 한국어판이 나와있다.

찾고, 크기가 꼭 손톱깎이만 해서 손가락 사이로 빠져나가면 불타듯 뜨거운 모래나 박하풀 덤불 속으로 떨어지는 바람에 네 발로 기어 다니며 찾아야 하는(왜냐하면 그런 나사못은 시라즈에나 가야 구할 수 있는데, 우리는 통행증이 만료되어 거기로 돌아갈 수 없었다) 나사못을 다루어야 한다는 걸 뜻하기도 했다.

그것이 의미하는 건 또 있었다. 차를 노대露臺 아래쪽의 마을까지 밀고 간 다음 맨 처음에 오는 트럭을 세워서 온갖 감언이설로 두 번째 트럭이 나타날 때까지 붙들어두어야 하는 것이다. 그러고 나서 이 두 트럭의 배터리를 연결시켜 우리 차의 시동을 걸어보는 것이다. 우리 차는 12볼트라야 작동되는데 트럭들은 6볼트에 작동되기 때문이다. 자동차를 움직여보려 했지만 아무 소용이 없었으므로 그것은 차를 끌고 평원을 가로질러 얕게 돋을새김된 '샤푸르의 승리상'까지 가야 한다는 걸 의미했다. 그러나 이곳에서는 이 마그네트 발전기의 미스터리 때문에 위가 더 부룩한 상태라서 사산 왕조의 정복자 앞에 무릎 꿇은 발레리아누스 황제의 모습이 눈에 잘 들어오지 않았다.

그것은 또 다른 사실을 의미했다. 우리가 근처 찻집에 가서 데려온 노련한 기계공학의 대가들이 한 명씩 차례로 완전히 해체된 자동차 주위에서 아세틸렌 불빛을 받으며 고쳐지지 않으면 그걸로 끝장인 이 지역의 고장 수리 요령을 한 가지씩 차례로 시도해 보고, 마치 불길한 점괘가 나온 간肝을 들여다보는 점쟁이처럼(이건 민속의 영역이다) 고개를 저으며 점화불꽃 분배장치와 점화코일과 시동장치와 발전기를 들여다보다가 결국은 눋은 내가 난다는 둥 포인트에 검은 얼룩이 생겼다는 둥 하면서 아마도…… 아마도…… 확실치는 않지만…… 이라는 말만 늘어놓을 때까지 결코 포기하지 않고 뜨겁게 달구어진 철판 사이에서 이것저것 만져보아야 한다는 사실이다.

또한 처음 보는 트럭 운전사에게 돈과 배터리, 고장이 난 것 같은 부품들을 맡겨서 시라즈로 보낸 다음 몇 시간 동안 기다렸으나 그가 돌아오는 순간 희망이 절망으로 바뀐다는 걸 의미했다. 왜냐하면 그 부분이 고장 난 게 아니라는 게 분명해졌기 때문이다. 그래서 다시 조립하고, 해체하고, 머리를 긁적이고, 달아오를 대로 달아오른 뇌 속에서 아직 찾아내지 못한 아이디어를 찾아내야 하는 것이다…….

아침 여섯시에서 그 다음날 저녁까지 서른 시간 동안 이런 일이 계속되었다. 그 태양의 무게 아래서 문득 이란이라는 나라가 몹시 음흉하게 느껴졌다. 나는 우리의 체류 허가 일자를 연장하려면 또 얼마나 끈기 있게 기다려야 될지 생각해 보았다. 티에

샤푸르의 승리상 페르시아의 샤푸르 1세(재위 241~272)가 시리아를 침략하자, 로마 황제 발레리아누스(재위 253~260)는 이를 물리치기 위해 출정했으나 전투에서 패하고 포로가 되어 260년 처형당했다. 샤푸르 1세는 이를 기념하기 위해 로마 황제가 무릎을 꿇고 있는 승리의 부조상을 곳곳에 만들었다.

리는 약속된 날짜에 실론(스리랑카의 옛 이름)에 갈 수 없다는 사실에 절망했고, 나는 그가 그 전날 밤 유적지 관리인이 키우는 암탉 중 한 마리에게서 슬쩍 훔쳤다가 잊어버리고 있던 달걀이 호주머니 속에서 깨지는 순간 울음을 터뜨릴 것이라고 믿었다.

태양이 붉게 물들었을 때 우리를 도와주다가 깜빡 모래밭에서 잠들었던 사람이 어정쩡한 미소를 지으며 기지개를 켜더니 계기판의 결선結線을 뽑아내고 그걸로 일종의 긴 끈을 만들어서 엔진을 다시 가동시켰다. 그래서 우리는 지체된 시간을 만회하기 위해 전선을 뒤죽박죽 둥글게 뭉쳐놓은 것에 불과한 우리 차로 밤새도록 달려 케르만 사막을 통과하기로 했다.

기계공학도 좋고, 기술 발전도 좋고, 다 좋다! 하지만 우리는 우리가 얼마나 의존적인지 깨닫지 못하고 있다. 기계공학이나 기술 발전이 우리를 포기할 경우, 우리는 여자 유령이나 퉁명스런 수도사를 믿거나 아니면 큰 수확을 거두기 위해서 여간해서는 말을 잘 안 듣는 마귀들에게 의지해야 하는 사람들보다도 더 곤란한 상황에 빠지게 된다. 최소한 이런 사람들은 히타이트인들처럼 유령이나 수도사, 마귀들을 호되게 꾸짖을 수 있었으리라. 아니면 마사게타이인들처럼 화살이 하늘을 향하게 하든지, 혹은 의례용 음식을 제단에서 잠시 치움으로써 게으른 자들을 벌줄 수도 있었으리라. 하지만 전기에 대해서는 도대체 어떻게 앙갚음을 할 수 있단 말인가?

우리는 지금까지 단 한 번도 찻집에서 술을 발견한 적이 없었지만, 그날 밤에는 포도주 한 병이 마을 찻집에서 우리를 기다리고 있었다. 지나가는 한 트럭 운전사가 우리를 위해 일부러 맡겨둔 것이었다. 또 다른 운전사는 우리에게 주라며 얼음덩어리와 견인용 밧줄을 놔두고 갔다. 계속 끊임없이 움직이는 이 사회에서는 소식이 금방 퍼지기 때문에 시라즈에서 올라오는 트럭 운전사들은 다들 우리가 얼마나 큰 어려움을 당했는지를 들어서 잘 알고 있었다. 우리는 선반을 덮고 있는 붉은색과 흰색의 양탄자 위에서 천천히 술을 마시며 기운을 되찾았다. 오이와 양파, 진한 포도주, 그리고 그런 역경 속에서 너무나 소중하게 느껴지는 우정. 밖에서 바람이 불기 시작해서 폭풍으로 변해가는 동안 우리는 타브리즈에서부터 계속해온 주사위놀이에 빠져들었다.

페르세폴리스의 잔해로 잠을 자러 올라가려니 성가신 게 한두 가지가 아니었다. 유적지는 밤에 특히 아름다웠다. 샛노란 색의 달, 먼지가 소용돌이치는 하늘, 벨벳처럼 부드러워 보이는 회색 구름. 문을 지키고 서있는 스핑크스의 머리장식과 잘려나

히타이트 153쪽 '하투사스' 설명 참고.
마사게타이 고대 이란의 유목민 집단으로 스키타이와 같은 계통이라는 설도 있다. 키루스 2세가 마사게타이족 정복전쟁에 나섰다가 여왕의 아들을 포로로 잡았는데 아들이 자살하자, 결국 여왕의 군대가 매복 끝에 키루스 2세를 살해하고 그 시체로 잔인하게 왕자의 복수를 했다고 전한다.

간 둥근 기둥 위에 올빼미들이 앉아있었고, 귀뚜라미들이 낮은 벽의 어둠 속에서 노래했다. 푸생이 그린 한 폭의 음울한 그림처럼 느껴졌다. 그렇다고 해서 알렉산드로스를 지나치게 원망할 수는 없었다. 이 도시는 이렇게 해서 아직도 그를 기억나게 하며, 파괴되었기 때문에 한층 더 가깝게 느껴지기 때문이다.

돌은 더 이상 우리의 시대에 속하지 않았다. 그것은 우리가 아닌 다른 사람들과 대화를 나누며, 우리와는 다른 주기를 가지고 있다. 우리는 돌을 다듬어서 돌에게 우리의 언어로 말하도록 할 수는 있다. 하지만 그것은 잠시뿐이다. 그러고 나면 돌은 결별과 포기, 무관심, 그리고 망각을 의미하는 자신만의 시간으로 돌아간다.

수르마크[38] 찻집

있는 것이라곤 초라한 집과 건너편의 경찰서, 그리고 끝없이 펼쳐진 연한 장밋빛 사막을 비추는 달뿐이었다. 하지만 이란의 모든 트럭들이 다 거기에 모여있는 것 같았다.

지친 얼굴들, 미국에서 잉여군수물자로 들여온 털모자 밑의 회색 머리칼, 아제리족의 챙 달린 검은색 모자, 그리고 이따금은 쿠르드족이나 발루크족의 터번. 피아니스트의 손을 가진 비쩍 마른 유령들이 엔진 소리와 거대한 밤 풍경 때문에 아직도

정신이 멍한 상태로 눈 먼 사람처럼, 문을 지나 빠른 걸음걸이로 아편을 피우는 담뱃대가 따뜻하게 덥혀지고 있는 화로 주변으로 간다. 이제 곧 얼음처럼 차가워질 밤에 엄청나게 거대한 것들(시속 10마일의 속도로 끝없이 이어지는 여정을 달리는 20~25톤짜리 트럭들)은 흙집 주위에 어둠의 성채를 쌓아올린다. 그 안에서 눈이 아플 정도로 밝은 카바이드 불빛에 일단 익숙해지면 죽을 만큼 피곤한 이 유목민들은 서로를 알아보고 인사하고 묻는다. 그렇게 하고 어디를 가나? 그러면 손가락을 슬며시 움직이며 낮은 목소리로 대답한다. 페르시아 만에서 호라산까지 가네. 아나톨리아의 에르주룸으로[25] 호두를 가지러 가네. 인샬라, 그 빌어먹을 반다르 아바스 도로를 지나 호르무즈 해협으로 내려갈 걸세. 사모바르 주전자 위에서는 벽에다 핀으로 꽂아놓은 그림들을 볼 수 있다. 이맘 레자의 죽음, 세 가지 색깔로 그려진 여황제, 그리고 전쟁이 일어나기 전에 발행된 이탈리아 잡지에서 찢어낸 빈약한 가슴의 신출내기 여배우 사진. 말이 드물어진다. 아편이 지글지글 끓으면서 야윈 몸뚱이들 주변의 공간이 확대된다. 그 다음날 쓰려고 꽃무늬 천으로 싸서 천장에 매달아놓은 고기에 파리들이 몰려들어 흔들어댄다.

이따금씩 오만하게 생긴 캐딜락 자동차가 트럭 가운데 멈춰 서서 찻집을 향해 마구 경적을 울려댔다. 사무실로 돌아온 총독이거나, 아니면 목숨이 오락가락하는 아르밥이 병원으로 황급히 실려가는 것이었다. 혼잡과 알록달록한 담요의 혼란 속에서 금반지와 금시계 때문에 두 팔이 무거워 축 늘어진 죽기 직전의 노인을 차에서 내려놓기도 했다. 차도르를 쓴 아내들이 그에게 아무 쓸모도 없는 부채질을 연신 해주는 동안 운전사와 조수는 무표정한 얼굴로 체리를 집어넣은 쌀을 한 움큼 입 속에 넣고 씹어먹었다.

또 이따금씩은 살짝 열린 문을 통해 경찰이 길고 뾰족한 쇠붙이로 트럭에 실린 짐을 되는 대로 푹푹 찔러대는 모습 (세월 좋을 때 통과세를 받으며 그랬던 것처럼)을 별빛 아래에서 볼 수도 있었다.

"저치, 지금 신을 찾고 있는 거야……."

아편을 피우던 한 사람이 이렇게 말하자 옆에 있던 다른 사람들이 보일 듯 말 듯 미소를 지었다.

그러나 수르마크는 아직 간선도로에 있다. 이 도로를 떠나면 동쪽으로 방향을 바꾸게 되는데, 여기서부터는 앞으로 가면 갈수록 생명체가 점점 더 드문드문해지고 트럭을 보기가 힘들어지며 주민들은 점차 뿔뿔이 흩어지고 태양은 더 뜨거워진다.

호르무주 해협 이란과 사우디아라비아 사이의 페르시아 만과 오만 만을 잇는 좁은 해협.
이맘 레자(765~818) 이슬람의 십이이맘파 제8대 이맘. 818년 아바스왕조 칼리프의 마문에게 독살되었다고 전해진다. 마슈하드에 있는 그의 묘는 이란 최대의 성지다.

야즈드로 이어지는 도로

수르마크를 떠날 때는 우선 여기저기 소금이 뿌려진 검붉은색의 광활한 땅을 지나게 된다. 100킬로미터가량 가면 온통 소금뿐이어서 눈을 보호할 만한 도구를 가지지 못한 사람은 화를 입을지도 모른다. 우리는 오후 네시에서 일곱시까지 이 근사한 흙길을 달렸지만 아무도 만나지 못했다. 건조한 공기 덕분에 까마득히 먼 거리까지 볼 수 있었다. 홀로 서있는 나무 밑의 저 건물은 도대체 몇 킬로미터나 떨어진 걸까? 티에리는 14킬로미터, 나는 17킬로미터라고 말했다. 내기를 하기로 하고 차를 몰았으나 승부가 나기도 전에 날이 어두워지고 말았다. 그 건물은 직선거리로 48킬로미터 떨어져 있었다. 여러 날을 여행해야 닿을 듯한 높은 산들도 눈에 들어왔다. 눈(이 지독한 무더위 속에!)과 암벽의 경계선이 완벽하게 구분되었다(야즈드 남동쪽에 있는 이 산들 중 일부는 4000미터를 훨씬 넘는다 - 글쓴이 주). 활 모양으로 굽은 땅이 기슭을 감추고 있었으므로, 보이는 건 꼭대기뿐이었다. 손가락, 이빨, 총검, 유방. 널리 그리고 멀리까지 흩어진 크고 작은 섬들이 사막을 온통 뒤덮은 안개 위에 둥둥 떠다니는 듯했다. 앞으로 나가면 나갈수록 또 다른 기괴한 실루엣들이 바다만큼이나 광대한 지평선에서 불쑥불쑥 나타나 손짓하였다.

아바크우우[39]

흙으로 지은 이곳의 건축물은 규모가 크고 기상천외하다. 쉽게 부서지는 높은 노란색 벽, 긴 종유석처럼 보이는 것들이 비죽비죽 솟은 정사각형 모양의 이슬람 사원들, 깊이 파묻힌 골목. 자신만만하고, 도도하고, 어쩌면 조금 겉멋을 부리는 사람들만이 이런 걸 지을 수가 있을 것이다. 옛 지리책을 보면 아바크우우에는 1만 8000명이 산다고 나와있다. 카자르 왕조 때 이 도시는 꽤 컸음에 틀림없다. 그러고 나서는……?

　허물어지고 인적이 끊기고 침묵에 싸인 이 미로가 아직도 도시란 말인가? 어디 서있든 간에, 같은 집의 깊숙한 곳에서 같은 맷돌이 돌아가는 소리가 들려온다. 어디를 가든 간에, 맨발에 검은 옷옷을 입고 부끄러워서 말을 못하는 것처럼 보이는 나귀 몰이꾼을 만난다. 한 시간 동안 돌아다닌 끝에 겨우 달걀 네 개를 구한 우리는 반쯤 무너진 이슬람 사원(기도 시간을 소리쳐 알리는 승려가 사원 꼭대기에 아슬아슬하게 매달려있는 나무 상자 안으로 방금 들어가 자리를 잡았다)을 마주 바라보며 날달걀을 꿀꺽 삼켰다. 승려가 마치 제물로 바쳐질 희생자처럼, 흥분한 귀뚜라미처럼, 창살 사이에서 몸을 움직이는 것이 멀리 희미하게 보였다. 그러고 난 그는 대규모 흑사병과도 같은 침묵이 지배하는 이 도시를 향해 열정적인 목소리로 기도문을 읊조리기 시작했다. 그런데 그것은 기도라기보다는 성난 불평과 거친 푸념처럼 들렸다.

자동차 옆에서는 잠을 제대로 잘 수가 없어서 새벽에 다시 출발했다.

"……?"

멀리 떨어진 길 가장자리에 케이크 모양으로 흙을 쌓아올린 게 과연 무엇일까 몹시 궁금했다. 주사위 통을 엎어놓은 것 같기도 했고, 달걀을 받침돌 위에 올려놓은 것 같기도 했다. 하지만 그 것은 소금사막 위로 총안이 뚫린 꼭대기가 30미터가량 솟아있는 정사각형의 폐쇄된 성곽이었다. 죽음처럼 깊은 침묵, 수직으로 내리쬐는 태양. 길을 가로지르는 개울이 안장을 얹은 나귀가 겨우 지나갈 만큼 좁은 문 아래를 지나 성곽 안으로 흘러들어갔다. 문을 밀고 들어섰더니 그 뒤에 껍질을 벗긴 양 한 마리가 둥근 천장에 매달려있고, 아이들의 고함소리가 들리고, 양쪽에 여러 층짜리 집들이 늘어선 골목길이 나타났다. 그리고 골목길을 지나자 호두나무와 옥수수, 연못이 나타났는데, 연못은 성벽 높이까지 계단식으로 오르막을 이루는 작은 밭으로 둘러싸여있었다. 간단히 말하면 온 도시가 이 물줄기에 의존하여 살고 있는 것이다. 고개를 들자 총안 흉벽까지 지그재그로 올라가는 좁은 계단과 우물 밑바닥에서 올라온 것 같은 태양이 보였다. 이 요새에서 사는 몇몇 사람들은 우리를 보자 처음에는 놀랐으나 곧 침착해졌고, 그중에서 가장 대담한 사람은 차 한 잔 마시고 가라며 우리를 집으로 초대했다. 100여 명가량 되는 주민들이 파크라바드라고 불리는 이 장소에 아직도 밀착해서 살고 있으며, 걸어서 이틀 걸리는 산에 방목하는 몇 마리 안되는 양떼 덕분에 생계를 이어나가고 있다. 야즈드에서 온 식료품 트럭이 이따금씩 성문 앞에 멈추어 설 뿐, 성벽 아래로 전혀 아무것도 지나가지 않은 채 한 주일이 흘러갈 때도 있었다.

심지어 이곳에는 바람조차 들어오지 않는다. 떨어진 지 몇 년씩 지난 낙엽이 지붕과 테라스, 아슬아슬하게 이어진 계단을 뒤덮은 채 발밑에서 바스락거렸다.

야즈드[40]

야즈드에는 대부분의 물품이 트럭에 실려 서쪽에서 도착한다. 이곳의 생활비는 비싸다. 그리고 야즈드 사람들(이란에서 가장 겁 많고(나디르 왕 때 인도 정복을 마치고 무기와 짐을 가지고 돌아오던 야자드 보병 연대는 반란을 일으킨 발루치스탄 지방을 통과하기 위해 호위 병력을 요청했다 - 글쓴이 주), 가장 훌륭한 정원사와 가장 능숙한 상인으로 통하는)은 서로 합의해서 그 생활비를 더 올려놓는다. 하지만 7월 초가 되면 적어도 무더위와 갈증, 파리는 공짜로 가질 수 있게 된다.

야즈드 사막에서는 챙 있는 모자와 선글라스만으로는 충분하지 않다. 베두인족들처럼 온몸을 포근하게 감싸야 하는 것이다. 하지만 우리는 셔츠 단추를 풀고 두 팔을 드러낸 채 차를 타고 달렸다. 낮에는 태양과 바람이 몇 리터나 되는 수분을 우리 몸에서 몰래 빼앗아갔다. 우리는 밤에 가벼운 차를 스무 잔쯤(금방 땀으로 빠져나가버리는) 마시면 균형을 다시 회복할 수 있으리라 믿었고, 그런 다음엔 잠을 잘 수 있으리라는 희망을 갖고 불타듯 뜨거운 침대에 몸을 던졌다. 하지만 잠을 자는 중에 건기乾氣가 활동을 시작하더니, 마치 가시덤불을 태우는 불길처럼 타올랐다. 온갖 신체기관들이 혼란 속에서 아우성치자 우리는 벌떡 자리에서 일어나 거친 숨을 몰아쉬었다. 코는 건초를 쑤셔넣은 듯 꽉 막혔고 손가락은 양피지처럼 쭈글쭈글해졌다. 약간의 수분과 물 한 방울, 혹은 얼굴에 대고 문지를 수 있는 참외 껍질 같은 것들을 어둠 속에서 더듬더듬 찾았다. 이런 일이 밤새도록 서너 차례나 되풀이되다가 이제 좀 눈을 붙일 수 있으려나 싶었지만 날이 밝아오면서 파리들이 윙윙거리기 시작했고, 여관 안뜰에서는 파자마를 입은 노인네들이 첫 담배를 피우며 날카로운 목소리로 잡담을 나누기 시작했다. 그러고 나자 태양이 떠오르더니 다시 우리 몸의 수분을 쥐어짜기 시작했다……

너무 더워서 머리도 제대로 건사할 수가 없었다. 우리는 도시 초입에 있는, 연기가 모락모락 나지만 다 무너져가는 동네의 플라타너스 그늘에서 일하는 이발사에게 머리를 깎았다. 그가 내 턱을 만지는 동안 나는 이 도시에 많이 사는 조로아스터인들이 옛날에 죽은 사람을 놔두었다는(죽은 사람을 흙이나 불로 더럽히지 않기 위해 그곳에 내놓으면 독수리들이 먹어치웠다 – 글쓴이 주) '침묵의 탑'을 바라보았다. 그리고 플라타너스 나무도 바라보았다. 잘 기억해두어야 한다! 동쪽으로 가면 앞으로 오랫동안 그 나무를 볼 수 없을 테니.

케르만 가는 길

두 시간 전부터 우리는 마치 무슨 부조리한 물체처럼 쇳빛 회색을 띤 사막 한가운데 놓인 그 찻집을 계속 지켜보았다. 모래바람이 불어 찻집을 숨기면 우리는 그것을 시야에서 놓치지 않으려고 차의 속도를 낮추었고, 그러다가 시야가 트이면 우리에게서 수십 킬로미터 떨어진 앞에서 항해하는 그 찻집을 다시 발견할 수 있었다. 느릿느릿 달리기는 했지만 어쨌든 우리는 오전 열한 시경에 그 찻집에 도착했다. 마른 흙으로 쌓아올린 둥근 지붕의 내부는 연기 때문에 검게 변했고, 꼭대기에 뚫어놓은 구멍으로 빛이 조금 새어들어왔다.

적지 않은 것들이 허용되는 페르시아에서도 방귀 뀌는 것은 금지다(비록 사막 한가운데서라도 방귀를 뀌어서는 안된다). 너무나 피곤해서 넋이 나갈 정도가 된 티에리가 꾸벅꾸벅 졸다가 그 같은 관습을 위반하자 여주인이 꼭 살무사처럼 고개를 홱 돌리더니 검지손가락으로 그를 위협했다. 이 늙고 더럽고 왈패 같은 여자는 뼈가 앙상할 정도로 비쩍 말랐다. 엄청나게 큰 수고양이 두 마리가 뒤꽁무니를 쫓아다니는 가운데, 그녀는 자신의 허름한 찻집 안을 왔다 갔다 하면서 사모바르 주전자를 데우는 숯불을 쑤석거려 불길을 키우며 쉰 목소리로 노래를 불렀다. 차를 내주고 난 그녀는 등을 대고 눕더니 드르렁드르렁 코를 골기 시작했다. 그녀의 남자로 말하자면, 파리가 들끓고 아편 냄새가 찌든 담요를 덮고 문에 기대어 자고 있었다.

희미한 어둠에 눈이 익숙해지자 찻집 한가운데의 땅에서 물줄기가 솟아올라 작고 둥근 수반을 채운 다음 거기서 조금 떨어진 땅속 깊은 곳으로 흘러들어가는 것이 보였다. 투명해서 속이 보이는 물고기 몇 마리가 이 지하수맥을 타고 올라와 수반 속에서 느릿느릿 헤엄치거나, 아니면 차가워지라고 넣어놓은 수박 껍질을 조금씩 갉아먹었다. 응고시킨 우유가 든 자루에서는 물기가 졸음을 불러일으킬 만큼 천천히 물 위로 떨어지고 있었다. 정오가 지난 게 틀림없었다. 밖에서는 여전히 모래바람이 불고 있었으며, 태양은 쨍쨍 내리쬐었다. 기다려야만 했다. 다섯시 전에 차를 몰았다가는 타이어가 터져버릴지도 모르기 때문이다. 이따금씩 물고기 한 마리가 튀어올라 파리를 꿀꺽 삼키고는 풍덩 소리를 내며 다시 물속으로 들어가는 경이로운 장면을 연출했고, 그럴 때마다 우리는 기억을 멀리멀리 더듬어 거슬러올라가곤 했다.

칶 군사기지[41]

저녁 7시

용마루가 무너져 내린 작은 보루堡壘. 모진 비바람이 불어와 마치 암초를 부숴뜨리듯 그것을 부쉈다. 한 여인이 입구에 나타나더니 차를 세워놓고 들어오라고 손짓했다. 그녀는 금귀고리를 하고 이란 동부에서 흔히 볼 수 있는 통이 좁은 검은색 바지를 입었으며, 손에는 모래바람이 휘몰아칠 때마다 마치 징처럼 울리는 구리 냄비를 들고 있었다. 우리는 목도 마르고 바람도 견딜 수가 없어서 성 안으로 뛰어들어갔다. 높은 흙벽 안으로 몸을 피하고 보니 아몬드나무와 복숭아나무, 네모난 채소밭, 그리고 책상다리를 하고 앉아 손만큼이나 큰 글자를 써가며 알파벳을 배우고 있는 백발을 한 군인 세 명이 눈에 들어왔다. 눈병에 걸린 이 늙수그레한 학생들은 전초부대 대장이 우리가 그 자리에 있다는 것을 이용해 그들에게 받아쓰기를 시키는 바람에 더더욱 음절에 애를 먹었다.

"바그-다드, 쉐-레-자-드……."

그건 분명히 아름다운 이야기였다. 하지만 그가 속도를 빨리하는 바람에 결과는 그다지 좋지 않았다. 그중에서 가장 나이가 많은 병사는 두 줄밖에 안 썼는데도 틀린 곳이 여섯 군데나 되었다. 하지만 살다 보면 이런 실수야 늘 하게 되는 법. 웃음, 혼란, 즐거운 환대. 그들은 우리를 위해 라벤더 색깔의 작은 카펫을 깔고 차를 준비했다. 함께 사는 키 큰 여인이 갓난애를 안고 어르자 그들은 풀잎으로 간질여 아이를 웃기기도 하고 달래기도 했다. 그러고 나서 각자 아기를 팔에 안고 자랑스러운 표정으로 사진을 찍었다. 자고새 무리가 모래바람에 눈이 멀어버렸는지, 우박이 쏟아지듯 정원으로 우르르 날아들더니 채소밭에서 짹짹거렸다.

아나르[42]

밤 11시

헤드라이트는 겨우 10미터 앞도 비춰주지 못했고, 소용돌이치는 먼지는 별들을 가렸다. 도로를 따라 200미터 이상 이어진 편편한 벽이 우리가 기다리던 작은 마을을 보여줄 때까지 천천히 차를 몰았다. 성벽 문은 아주 작았고, 파크라바드에서처럼 마을 전체가 철제 빗장이 질러진 문 뒤에 자리잡고 있었다. 주먹으로 문을 두드렸다. 침묵. 그래서 도랑에서 주운 돌로 다시 오랫 동안 문을 두드렸다. 그러자 발자국소리가 가까워지는 듯하더니 멀어졌다가 다시 돌아와 누군가가 쉰 목소리로 물었다.

"누구……시오?"

우리는 설명했다. 자물쇠 부딪치는 소리가 한참 들리고 결국 문이 살짝 열리더니 수염이 덥수룩한 농부 한 사람이 한 손에는 등을, 또 한 손에는 곤봉을 들고 나타났다. 그는 이곳에서는 뭘 먹을 수도, 잠을 잘 수도 없다고 말했다. 그는 거기서 두 파르상 정도 떨어진 어둠 속에 떠있는 불빛 하나를 손으로 가리키고는 잠과 안전을 지키겠다는 듯 재빨리 문을 닫아버렸다.

작은 찻집이 있었으므로 그곳의 어둠 속에서 몇 시간 동안 드러누워 있었지만 눈을 감을 수가 없었다. 그 누추한 찻집 앞에 동쪽에서 온 트럭 한 대가 서있었고, 안에서는 맑은 눈에 턱수염을 길르고 주홍색 터번을 쓴, 이곳에서는 우리들보다 더 낯설어 보이는 운전사가 무슨 말인지 도저히 알아들을 수 없는 사투리로 혼자서 중얼거렸다. 퀘타에서 왔다는 말을 하는 것 같았다. 우리와 반대 방향으로 여행한 것이다. 그 이상 알아낼 수가 없었다. 인도 세계가 우리에게 손짓한 것은 이번이 처음이었다.

동이 트기 전에 출발했다.

파르상 1파르상은 약 6킬로미터.

라프산잔[43]

아침 여섯시 우리가 지난 밤에 한숨도 자지 못했기 때문에 더더욱 이 도시는 아침 일찍 깨어있는 것처럼 보였다. 이발사가 피스타치오 더미 사이에서 이 빠진 면도기로 우리 수염을 밀어주고 나서야 우리는 반쯤 잠에서 깨어났다. 나머지는 터키탕이 맡았다. 그것은 초록색 물이 고여서 썩어가는 저수통 주변에 지어진 그윽하고 시원한 누옥陋屋이었다. 우리는 축축한 타일 바닥 위에 누워 때밀이에게 몸을 맡겼고, 그는 모래를 넣은 비누로 우리 몸에 비누칠을 하고, 마치 방광처럼 부풀어오른 수세미로 거품을 내고, 손과 발을 이용해 관절들을 주물러주었다. 눈을 살짝 뜨자 위로는 열심히 일하고 있는 그의 야윈 얼굴이, 그리고 그의 허리를 두르고 있는 천 아래쪽으로는 벌써부터 물웅덩이를 반짝이게 만드는 햇볕에 금빛으로 물든 불알 두 쪽이 흔들거리는 것이 보였다. 물에 반쯤 빠진 바퀴벌레들이 얼굴 위로 휙 지나갔다. 쾌감의 신음을 내지르면서 우리는 차츰 피로가 통제력을 잃고, 밤이 우리를 떠나는 것을 느꼈다. 말로는 표현될 수 없는 삶으로 되돌아온 것이었다.

케르만[44]

케르만에 도착하는 순간 우리는 가장 힘든 일이 아직 남아있다는 사실을 깨달았다. 찌는 듯한 무더위 속에서 사람이 거의 살지 않는 산악지대를 지나 국경까지 600킬로미터를 가야 하고, 그러고 나서 퀘타까지 가기 위해서는 발루치사막[50]을 통과해 또 한 번 그런 길을 가야 하는 것이다. 그래도 옛 밤Bam[45] 요새까지 처음 200킬로미터 정도 도로에는 차들이 자주 다닌다. 하지만 그 너머부터는 도로가 모래에 묻히고, 차량의 왕래가 뜸해지고, 생명이 고갈되고, 풍경은 멈추어 설 힘이 더 이상 없다는 듯 길게 이어진다. 태양에 관해서는 아예 아무 말도 하지 않는 게 낫다! 잠자리와 우연한 만남에 관해 말하자면, 그 밀도가 모진 비바람 속에 흩어지는 쌀알 정도이리라.

지금으로부터 150년 전만 해도 케르만은 숄과 맹인들(초대 카자르 황제가 이곳 주민들 중 2만 명의 눈을 파내버렸다)로 널리 알려져 있었다. 지금은 분홍색과 푸른색 꽃가지 무늬가 들어간 양탄자와 정원으로 유명하다. 이곳에서 우리는 연장을 손에 들고 '포인트 IV'의 시원한 정비용 구덩이 속, 자동차 아래서 이틀을 보냈다. 그 안에 있는 건 그다지 나쁘지 않았다. 힘들게 사막을 지나고 나면 약간의 그늘과 좁고 닫힌 공간을 원하게 되는 것이

발루치 파키스탄의 발루치스탄. 발루치족은 동부 이란, 아프가니스탄에 살고 있는 수니파 이슬람을 믿는 사람들.

다. 둘째 날(금요일)에는 친구도 생겼다. 피란지(이방인) 두 명이
엔진을 고치며 신神의 날을 보내고 있다는 사실을 이 도시 주민
전체가 알게 되었고, 그러자 트럭 운전사들이 나들이옷 차림으
로 나타나서 정비소를 살롱으로 바꿔놓았다. 반들반들 윤이 나
게 닦은 구두를 신고 새 터번에 칼라가 빳빳한 흰색 튜닉이나 멜
빵바지를 입은 아르메니아인, 조로아스터 교도, 이슬람교도들.
뭔가 쓸모있는 생각을 해낸 사람들은 깨끗한 소매를 조심스레
걷어부친 다음 스패너나 스크루드라이버가 될 만한 것을 집어
들었다. 자기 연장을 찾으러 가는 사람들도 있었다. 어떤 사람들
은 사라졌다가 과자나 보드카를 들고 다시 나타나기도 했다. 정
말 유쾌했다. 부족한 건 음악뿐이었다.

　우리는 강렬하게 내리쬐는 정오의 햇빛이 동부 이란의 모
든 도시에 부여하는 약탈과 파괴의 분위기(마치 몽고의 티무르 대
왕이 방금 휩쓸고 지나간 것처럼)만을 느꼈을 뿐, 낮에는 케르만을
거의 보지 못했다. 하지만 밤에는 케르만을 볼 수 있었다. 몸을
씻고 휴식을 취하고 난 우리는 자전거를 타고 우리를 지나쳐갔
다가 다시 돌아와 한자리에서 페달을 밟으며 똑같은 영어 문장
을 귀가 닳도록 되풀이하는 젊은이들과 함께 시내를 거닐었다.
밤이 되자 케르만은 아름다워졌다. 타는 듯 뜨겁고 붕괴되고 부
서진 것 같은 분위기가 이 세상에서 가장 드넓은 하늘의 부드러
움으로, 그리고 푸른 나뭇가지와 물소리, 광대한 공간에서 환하

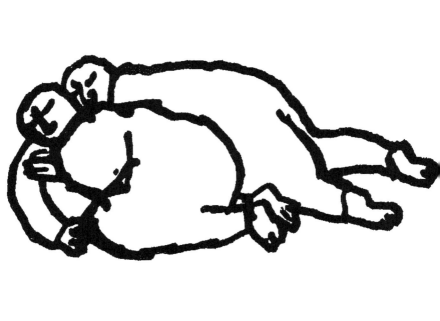

게 빛나는 회색을 배경으로 부풀어오른 둥근 지붕의 모습으로 바뀌었다. 우리를 호위하던 젊은이들과는 도시 변두리에서 헤어졌다. 거대한 나무 세 그루, 마른 진흙으로 쌓아올린 벽, 그리고 바다보다 더 광활한 모래 고원이 나타났다. 아직도 미지근한 모래 위에 드러누운 우리는 언젠가는 그것의 끝을 보게 될 수 있으리라 생각하며 아무 말 없이 담배를 피웠다. 깨진 손톱, 성냥을 켜자 반짝 비쳤다가 순식간에 꺼져버리는 불빛, 우아한 곡선을 이루며 모래 속으로 떨어져 바작바작 타는 담배꽁초, 별들, 별들, 동쪽 지평선을 가로막고 있는 산들이 윤곽을 드러낼 만큼 환하게 빛나는 별들……. 그리고 평화가 서서히 찾아든다.

케르만을 떠나며

7월 17일

이틀하고 한나절이 지난 뒤에 고장난 부분을 찾아내어 수리했다. 우리를 도와준 사람들은(밤새도록 우리 곁을 떠나지 않은 사람들도 있었다) 돈을 받으려 하지 않았다. 그들은 음악이나 한 곡 들려달라고 했지만, 아코디언은 온통 모래투성이였다. 해가 질 무렵 그들은 식량이 꽉꽉 들어찬 털털이 자동차에 우르르 올라타더니 도시가 훤히 내려다보이는 고개까지 우리를 배웅해 주었다. 그곳에는 폭이 겨우 50센티미터나 될까 말까 한 개울이 흐르고 있었는데, 미신 때문에 그러는 것인지는 모르겠지만 그들은 그 개울을 건너기를 두려워했다. 그래서 그들은 서쪽 개울가에 앉아 맑은 개울물 속에 발을 담갔다. 우리는 반대편 개울가에 앉았다. 그리고 끝없이 펼쳐진 풍경 위로 보름달이 떠오르는 걸 보며 오랫동안 술판을 벌였다. 그러고 나서 아르메니아인들은 우리와 악수를 나누었고, 다른 사람들은 이슬람식으로 우리와 포옹했다. 그들은 악을 쓰듯 노래를 부르며 자동차에 올라타더니 케르만 쪽으로 사라져갔다.

마실 수 있는 물과 휘발유, 멜론, 코냑 한 병(사막을 횡단하려면 꼭 필요한), 그리고 죽은 사람도 깨어나게 할 만큼 독한(최소 15도. 케르만을 둘러싸고 있는 포도밭에 가면 물을 더 잘 공급받도록 포도나무를 수 미터 깊이의 도랑에 심어놓은 걸 볼 수 있다 - 글쓴이 주) 말라붙은 피 색깔의 케르만산 적포도주 여러 병을 실은 우리 차도 동쪽을 향해 다시 출발했다. 도로는 상태가 좋았고 완만한 오르막을 이루고 있었다. 헤드라이트를 꺼도 될 만큼 달빛이 환해서 배터리를 아낄 수 있었다. 불을 모두 끄고 산홋빛을 띤 그 적막하고 광활한 계곡을 시속 15킬로미터 정도를 유지하며 달리는 기분은 정말 환상이었다.

같은 날 밤

100킬로미터쯤 갔더니 찻집이 나타났다. 여기서 일하는 소녀

세 명은 졸려 죽겠다는 표정으로 눈에서 주먹을 거의 떼지 않고 우리에게 차를 내왔다. 옆자리에서 담배를 피우던 운전사 두 명도 우리를 그다지 경계하는 것 같지 않았다(우리가 그날 밤 만난 몇 몇 유령들은 100년 동안이나 잠을 못 잔 것처럼 보였다). 우리로 말하자면…….

안개처럼 자욱한 이 아편 연기 속에서 어떻게 잠을 잔단 말인가? 이란 동부에서는 아편을 많이 피웠다. 늘 피곤한 장거리 트럭 운전사들이 특히 그랬다. 페르시아 사람에게 아편 얘기를 하면 격렬하게 항의한다. 그래도 계속 이야기하면 그는 영국 사람들이 아편을 이 나라에 들여와서 판매를 장려했다는 식으로 설명한다. 이곳에서는 우박이 논에 쏟아지고 버스가 협곡으로 굴러 떨어져도 영국사람 탓을 한다는 말을 해야겠다. 이런 이야기가 얼마만큼 사실인지는 알 수 없다. 영국인들은 분명히 아편 때문에 중국에서 전쟁을 했다. 그리고 이 관습은 여전히 지켜지고 있어서, 수르마크에서 밤으로 이어지는 도로에 있는 찻집 두 곳 중 최소한 한 곳에서는 사람들이 아편을 피우는 걸 볼 수 있었다. 나는 아편 연기는 좋아한다. 기회만 있다면 얼마든지 그 연기는 들이마실 수 있을 것 같다! 하지만 냄새는! 대마초 냄새는 유쾌하고 성스러운 반면 아편에서는 초콜릿이 살짝 타서 눌어붙거나 누전되었을 때의 냄새가 난다. 그리고 그것은 절망을, 박엽지博葉紙로 된 허파를, 자주색 벨벳으로 된 창자를, 쉽게 속아 넘어가는 자들의 장터를 곧바로 연상시킨다. 그것은 파리조차 쫓지 못하는 냄새이다.

아편중독자들은 파이프로 두세 번 피우고 나면 생각이 더 빨리, 더 잘되고, 자신의 이미지를 더 조화롭게 조절할 수 있다고 주장한다. 하지만 대개는 자신의 이미지를 자신만을 위해 간직할 뿐 그의 이웃은 그걸 거의 이용하지 못한다. 반대로 그의 동작은 서투르고 둔해져서, 그는 참을 수 없을 만큼 느린 동작으로 당신의 무릎 위에 커다란 찻잔을 엎지른다! 아편중독자와 그의 생활 리듬을 이해하기 위해서는 아편을 직접 피워봐야겠지만, 호기심도 결코 나를 그렇게 하도록 이끌지는 못했다. 그래서 우리는 찻집에 오래 머물지 않았다.

두시, 트럭 헤드라이트가 멀리 보였다. 하지만 정작 이 트럭과 마주친 건 네시였다. 다섯시가 되자 벽에 여기저기 총안이 뚫린 웅장한 밤Bam 요새와 종려나무 숲이, 줄무늬처럼 길게 이어진 초록색 여명을 배경으로 떠올랐다. 깊이 파묻힌 골목길을 낙타와 염소들이 김을 내뿜으며 줄지어 지나갔다. 거대한 흙벽과 지그재그로 된 문들이 모든 집을 지켜주고 있었다. 이곳은 글로 쓰인 천년의 역사가 부여하는 차원까지 갖추고 있어서 일종의 위엄 있는 아프리카처럼 보였다.

수 세기 동안 밤은 발루치족의 침략과 아프가니스탄의 위협에 맞서 전진 기지와 요새 역할을 해왔다. 이 요새에는 장군이 이끄는 부대가 주둔했고, 이 부대는 때때로 토벌군을 동쪽으로 파견했는데, 과연 살아서 돌아올 수 있을까 하고 병사들이 두려워하는 바람에 그때마다 눈물이 비 오듯 쏟아졌다고 한다. 발루치스탄이 조용해진 지금은 이같은 슬픔이 장군과 더불어 사라졌고, 밤 요새는 이제 견고한 요새에 둘러싸인 모자이크식 정원으로 특히 케르만의 아르밥들이 별장으로 쓰고 있다.

밤Bam[45], 한 정원에서

7월 18일

그날에 여호와께서 신호를 보내시어
이집트 강 끝에 있는 파리 떼를 부르시고
또 아시리아 땅의 벌 떼를 부르실 것입니다.

《이사야서》, 제7장 18절)

그분께서는 바로 여기서 파리들을 부르셨음에 틀림없다. 나는 아시아 파리에 관해 언젠가 한번 이야기하게 될 것이다. 그늘도 있고, 샘물 흐르는 소리도 들려오고, 푹신푹신한 양탄자도 깔려있고, 피로는 극에 달했다……. 모든 게 다 갖추어졌으니 이제 잠을 잘 수 있으리라. 하지만 파리가 한 마리라도 나타나면 그 계획은 연기해야 한다. 그렇게 되면 어쨌든 나는 잠을 자보겠다는 계획을 미룰 수밖에 없고, 그런 밤이 네댓새 계속되면 욕구 불만이 쌓일 대로 쌓인다 (하지만 티에리는 세상모르고 쿨쿨 잠들어 있다. 그렇게 깊이 잠든 그를 보면 내 가슴은 반감으로 가득 찬다). 그럴 때면 자동차의 포인트와 점화 플러그도 청소하고 스프링에 기름도 칠하면서 완전히 녹초가 될 때까지 죽어라 일하는 것밖에는 달리 방법이 없다. 다시 짐을 싸고, 양철통에 마실 물을 채우고, 삽에 손잡이를 만들어 붙인다. 시장에서 이것저것 먹을 것을 흥정해서 사다 보면 낡은 검은색과 푸른색 옷을 걸친 여인들이 산책하며 그늘을 걷다가 햇빛이 비치는 곳을 지나갈 때는 발을 태우지 않으려고 후다닥 뛰어가는 바람에 길거리의 리듬이 이어졌다 끊어졌다를 되풀이하며, 그렇게 이어지는 걸 알 수 있었다.

배터리를 충전시키기 위해 정비소에 들렀다. 이곳에는 정비사가 그리스인 한 명뿐인데, 이 사람은 이 모래 항구의 유일한 선주로서 이따금 자기 트럭들을 태양이 파도치는 자혜단 쪽에 띄웠다. 그는 지난 2주 동안은 모래 언덕이 슈르가즈 초소 너머의 도로를 뒤덮는 바람에 수포로 돌아갔지만 그래도 통과할 수 있을 것이라고 내게 자신 있게 말했다. 그는 그런 날씨에도 운행하는 것으로 알려진 'Ⅳ 지프차'에 관해서는 전혀 모르고 있었다. 그렇지만 우리는 이 지프차가 우리 바퀴 자국을 보고 따라올 수 있도록 일부러 먼저 출발했다.

파라^{46•}

그날 저녁

밤^{Bam} 동쪽에서 도로는 한 몽고인 족장의 무덤이 꼭 손가락처럼 솟아있는 노란색 모래분지를 통과했다. 우리가 분지 꼭대기에 도달했을 때 도로를 따라 걷던 유목민들이 우리 차를 세우더니 찢겨진 신문조각을 건네주었다. 그것은 '포인트 IV' 운전사의 메모였다. 먼저 지나간 지프차가 가능하면 오랫동안 파라의 초소에서 우리를 기다리겠다는 내용이었다. '가능하면'이라는 단어가 의미하는 건, 이슬과 추위로 모래가 조금 더 단단해지는 새벽 전에 슈르가즈 모래언덕을 통과해야 하므로 밤 열시까지 기다리겠다는 것이었다. 우리는 속력을 냈다. 밤 아홉시경, 파라까지 30킬로미터가량 남은 지점에서 3단 톱니바퀴(경제속도)가 부러져버렸다. 거의 시속 10킬로미터로 달리면서 비탈길이라도 나오면 바로 엔진에 압력을 가하고 속력을 늘리고 높은 기어로 바꾸면서 버텨내달라고 기도했다. 하지만 빨리 갈 수가 없었다. 열한시에 파라에 도착하니 지프차는 방금 출발했다는 것이었다.

파라는 누군가가 당신을 기다리는 곳이다! 당신은 마을이 나타날 거라고 상상했으리라. 하지만 나타난 것은 외딴 전신국으로, 위성류 한 그루가 바람에 가볍게 떨고, 카바이드 등 아래서는 유목민 세 명이 잠든 경찰을 둘러싸고 침묵을 지키고 있었다. 경찰을 깨워서 지프차를 세워 우리에게 다시 보내달라는 내용의 전보를 쳐달라고 부탁했다. 만일 전보가 제대로 간다면 지프차는 새벽 두시쯤에 이곳에 도착할 것이다. 잠을 잘 수는 없었다. 초초하게 기다렸으나 아무것도 나타나지 않았으므로, 우리는 전보를 저주하며 코냑을 마셨다(비몽사몽 간의 기다림, 현기증을 불러일으키는 사막, 가죽신발로 전갈을 짓밟아 죽이는 유목민의 느린 동작……).

20세기가 시작될 무렵, 마지막 카자르 왕조에서 새로 가설된 전신기는 각 지방의 오지에서 왕궁으로 보내는 보고서로 윙윙거리며 잡음을 냈는데, 이 보고서들은 거의 항상 "왕들 중의 왕이시여, 이 세계의 중심 되는 분이시여, 위대한 지도자시여……"라는 글귀로 시작됐다. 그러고 나서야 반란과 기근, 금전에 관한 이야기를 시작하는 것이다. 이 얼마나 거창한가! 하지만 지금 우리가 목을 매달고 있는 이 대수롭지 않은 내용의 전보는 도착할 가능성이 없었다.

두시가 되었지만 여전히 감감무소식이었다. 하지만 알코올이 용기를 불어넣어주어서 우리는 빈사 상태의 자동차를 타고 슈르가즈로 출발했다. 지프차가 되돌아온다 해도 우리가 그 차

파라 아프가니스탄 남서부 파라 강 연안에 있는 도시.

를 놓칠 우려는 없다. 지구상에서 여기만큼 사람이 적은 곳은 그다지 많지 않기 때문이다.

　　　　　　　　　　　　　　　　　　　　　　　나중에 동틀 무렵까지 운전을 하면서 내가 잠을 자는 걸 가로막는 이 매듭을 잘라버리려고 애썼다. 사막은 불길한 잿빛을 띠고 있었다. 모래바람이 도로를 지워버렸을 때 달이 트럭 운전사들이 지표로 삼는 거대한 원추형 돌무덤과 지평선을 환히 비춰주었다. 그곳은 차축이 부러지거나 배터리가 햇빛에 건조되는 바람에 매년 평균 대여섯 명의 운전사들이 목숨을 잃는 루트 사막의 맨끝 부분이었다. 어쨌거나 이 루트는 악명이 높다. 롯(이 사막의 이름은 롯에게서 따왔다)은 아내가 소금기둥으로 변하는 것을 보았던 것이다. 수많은 마귀와 송장 먹는 귀신들이 이곳을 떠돌았고, 페르시아인들은 이곳에 악마의 거처 중 한 곳을 마련했다. 만일 지옥이라는 곳이 오직 파리가 윙윙거리는 소리만이 정적을 깨뜨리는 이 위험한 침묵 속의 반反세계라면 그들이 옳다.

　1000킬로미터에 걸쳐 우리를 위협하던(우리는 테헤란에서부터 조심하라는 소리를 들었다) 슈르가즈 사구가 이제는 그다지 위험해 보이지 않았다. 도로가 약 300미터가량 사라져 보이지 않았고, 부서져서 새까맣게 변한 트럭의 잔해는 위험을 무릅쓰고 들어가서는 안되는 곳이 어디인지를 보여주었다. 하늘은 이미 초

록색으로 변했다. 지지^{ちち} 표면을 늘리기 위해 타이어의 공기를 완전히 빼버렸고, 부서진 차체 주변에서 잠을 자고 있던 아이들 셋(이들은 도대체 어디에서 떨어진 것일까?)이 우리와 함께 차를 밀어주었다.

아침, 5시에서 7시까지 마지막 군사기지가 있었다.

나는 이 지옥 같은 곳에서 살아가는 군인들을 존경한다. 두 차례의 고독, 안장을 얹은 낙타 두 마리, 반합 두 개, 잠두콩이나 밀가루를 담은 마대자루 하나, 그리고 연발권총 두 정. 아니, 그보다는 권총을 넣는 가죽 케이스 두 개라고 말해야 하리라. 왜냐하면 대개는 그 안에 무기가 들어있지 않았기 때문이다. 무기를 가진 사람을 너무 오랫동안 혼자 내버려두면 위험하다. 햇볕을 너무 많이 쬐면 아무 데나 대고 마구 쏘아댈지도 모르기 때문이다. 아니면, 누가 알라? 자기 자신에게 쏠지도 모를 일이다. 게다가 무기는 선망을 불러일으킨다. 만일 부랑자가 총 가진 사람을 죽이고 그것을 빼앗아간다면? 아니다, 차라리 선수를 쳐서 감시하라는 임무를 부여받은 바로 그 사람에게 권총을 팔아버리는 게 더 나을 것이다. 그러면 아무도 그를 의심하지 않기 때문에, 편안하게 잠을 잘 수 있다. 돈이 있으면 먹을 것이나 아편을 좀 사서 시간을 보내며 다른 부대로 전속되기를 기다리면 될 것이다. 이것이야말로 견뎌낼 수 있는 가장 좋은 방법이며, 삶이 아무리 팍팍하다 해도 이같은 전망은 항상 매혹을 불러일으킨다.

도로 상태를 그들에게 물어보고 싶었다. 티에리가 차에서 내리더니 초소로 향했다. 나도 그를 따라가기 위해 차에서 내려 두 번째 발걸음을 내딛다가 쓰러져서 얼굴을 모래에 처박은 채 (모래는 아직 뜨겁지 않았다) 잠이 들고 말았다. 초소에서 돌아온 티에리는 내 팔을 잡고 차 문까지 끌고 가서 운전사 옆 좌석으로 끌어올렸지만 나는 잠에서 깨어나지 못했다. 얼마 안 있어 티에리 대신 태양이 나를 깨웠다. 일곱시밖에 안됐는데 벌써 태양이 주먹을 움켜쥔 것처럼 떠올랐고, 이윽고 철판이 덥혀지기 시작했다. 태양에 관해 자주 생각했지만, 사람을 죽일 수도 있겠다는 생각을 한 건 이때가 처음이었다. 다시 정신을 되찾고 보니 티에리가 혼잣말을 하듯 중얼거리는 소리가 들려왔다.

"여기서 떠나야 해……. 여기서 떠나야 한다구!"

그는 노스라타바드[47]까지 가려면 또 다시 사막을 통과해야 한다는 말도 내게 했다. 경찰이 그렇게 얘기해 주었다는 것이다.

아침 10시

거의 액체나 다름없는 모래가 30미터가량 이어져서, 우리는 자동차를 가볍게 하기 위해 짐을 다 내려야 했다. 그리고 삽으로 모래를 퍼내 땅을 평평하게 만들고 잔가지와 조약돌을 주워 도로에 깔았다. 그 다음 갖고 있는 옷가지를 모조리 꺼내 그 위에 덮었다. 타이어의 바람을 빼고, 클러치를 넣고, 공기가 허파 속으로 들어올 만큼 큰 소리로 고함을 지르며 차를 밀었다. 그러고 나서 다시 타이어에 바람을 넣고 짐도 다시 실었다.

　태양은 결국 우리가 모든 걸 검은색으로 보게 만들었다. 그렇지만 우리는 우리의 팔과 얼굴, 가슴이 온통 소금으로 뒤덮인 것을 알아차렸다.

정오

우리는 못 본 척했지만 그건 분명히 산이었고, 도로는 아슬아슬한 경사를 이루며 그 산을 통과했다. 그것은 가울라크 고개였는데, 나는 이 가울라크라는 이름을 이때로부터 2년 뒤에야 낡은 독일 지도에서 찾아냈다. 연기에 그을린 것처럼 거무죽죽하고 커다란 바윗덩어리들과 우수 어린 수염처럼 이끼로 뒤덮인 앙상한 위성류 세 그루, 황량하고 구불구불한 길 몇 군데뿐이어서 그다지 위압적이지는 않았다. 별로 높지도 않았다. 하지만 그 산은 포기하고 싶고, 용기가 사라지고, 마치 깨진 화분에서 물이 빠져나가듯 그렇게 삶이 몸에서 새어나가는 바로 그 장소에 정확히 있었다. 게다가 이 계절, 이 시간에 그 고개를 지나가다니! 꼭대기까지 짐을 모두 끌고 올라가기 위해서 우리는 고개를 네 번이나 올라야만 했다. 그런 다음 너무나 뜨거워서 맨손으로는 철판을 만질 수가 없었기 때문에 낡은 헝겊으로 손을 감싼 다음 자동차를 붙잡았다. 기아를 1단에 놓고, 클러치를 넣고, 차에서 뛰어내리고, 밀고…… 하다 보니 결국은 모든 것이 어두워졌다. 고개 꼭대기에서 피스톤이 소름끼치는 소리를 내며 부러지고, 우리 눈에서는 눈물이 뚝뚝 떨어졌다. 나는 흐느껴 우는 티에리를 자동차 그늘에 앉혔다. 이제야말로 어딘가에 도착할 때다.

두 시간 뒤, 노스라타바드 찻집에서 잠을 자던 사람들은 이 금지된 시간에 자동차 엔진 소리를 듣고 자기들이 지금 꿈을 꾸고 있는 게 틀림없다고 생각했을 것이다. 루트 사막 남쪽에서 7월에 해가 뜬 다음에 차를 몰고 다니는 사람은 아무도 없기 때문이다.

노스라타바드[47] 찻집,

오후 두시에서 네시까지

우리는 선반 위에 구부정하게 누웠으나 너무나 피곤한 나머지 잠도 오지 않아서 물단지에서 굵은 물방울이 스며나오는 것을 바라보고만 있었다. 단지는 마치 무슨 신이라도 되는 듯 가시나무에 둘러싸여 제단 같은 곳에 놓여있었다. 우리는 또한 차를 마시는 사람들의 흰색 튜닉이 어슴푸레한 빛 속에서 물결치듯 연속적으로 요동치면서 낮 동안에 머금은 빛을 토해내는 것을 볼

수 있었다. 그 저주받은 낮은 고개가 세상을 바꿔놓은 것인지, 사람들의 얼굴도 더 이상 우리가 알고 있는 얼굴로 보이지 않았다. 흰색 터번에 술장식처럼 늘어뜨린 머리, 카드의 잭을 연상시킬 만큼 그을린 얼굴, 불에서 끄집어낸 장작 같은 표정, 그들은 이미 발루치인들이었다.

시간이 흘러갔다……. 우리는 현실의 흐름을 놓쳤다. 우리가 정신을 되찾은 건, 주인이 닭의 목을 치려고 쫓아다니고 공포에 질린 그 새 뒤에서 주인의 두 손이 불티처럼 떨리는 모습을 보고 나서였다.

그리고 이번에는 어깨 밑으로 보이는 양탄자의 꺼끌꺼끌한 결이나, 함정에 빠진 동물처럼 뺨 아래에서 수축되는 작은 근육에 관심이 갔다. 그러고 나자 신경이 이완되고, 해가 질수록 축적된 피로가 치솟아오르고, 숭배하고 싶은, 자신의 운명을 걸고 싶은 욕망이 평상시에는 몰랐던 깊은 곳에서 별안간 우리를 사로잡았고, 도대체 어떻게 사용해야 될지 모르는 격렬한 생의 과잉분過剩分이 방출됐다. 만일 한 뼘이라도 팔을 움직일 수만 있다면 춤이라도 추리라. 조금 있으면 심장(이 감정의 펌프)이 진정되리라. 심장이 여전히 갈비뼈 아래에서 마치 단단해진 근육처럼 더 폭넓게 뛰는 것이 느껴진다.

나중에

자혜단으로 가기 위해 무연탄 색깔을 띤 산을 가로질러 여섯시에서 자정까지 차를 몰았다. 비쩍 마른 유칼립투스, 무대에 걸려 있는 것 같은 달, 그리고 기타의 목과 술병의 목이 비죽 튀어나오고 소금물에서 방금 나온 것 같은 두 유령이 모는 자동차가 헤드라이트도 켜지 않고 이런 시간에, 이 세상 끝에 나타나는 걸 보자 깜짝 놀라는 경찰.

자혜단[48]

7월 20일 저녁

이 도시에 딱 한 명밖에 없는 정비사는 시장 한 모퉁이에 책상다리를 하고 앉아서 채소까지 이것저것 파는 일종의 위엄 있는 은자隱者였다. 조금 전부터 그는 우리 차의 부러진 톱니바퀴가 무슨 보석이라도 되는 듯 새하얀 자기 옷 위에 올려놓고는 이리저리 살펴보고 있다. 나는 살찐 그리스도를 연상시키는 그의 얼굴과 어린아이의 그것처럼 깨끗하고 토실토실한 갈색 발가락을 바라보았다. 이 성자가 기계를 다룬다고는 생각하기 힘들었다. 그는 결국 톱니바퀴를 우리에게 돌려주며 말했다.

"퀘타도로스 미쉐(이건 퀘타에나 가야 고칠 수 있소)."
기차에 마실 물을 싣고 일주일에 한 번씩 퀘타와 자혜단을[52•]

왔다 갔다 하는 북서철도회사는 우리 차를 실어다주는 데 은화로 1000루피나 되는 거금을 요구했지만, 우리에게는 단 1루피도 없었다. 그래서 우리는 기어를 2단에 놓고 700킬로미터나 되는 발루치 사막을 달리기로 했다. 우리는 하루 종일 등을 바닥에 대고 누워서 엔진을 꺼내고 변속기를 분해했다. 조립은 내일 하기로 했다. 그때까지는 휴식을 취할 수 있었다.

찰키디스 여관으로 돌아갔다. 이 여관도 그리스인이 주인이었다. 부드럽고 은은한 빛이 비치는 가운데 여관 주인과 그의 가족(흰머리를 틀어올린 어머니와 어린 두 딸)이 피스타치오 열매의 껍질을 벗기며 안뜰의 호두나무 아래서 식사를 하고 있었다. 그들은 그리스어를 썼다. 파이$^\phi$와 프사이$^\psi$, 테타$^\theta$가 식탁 주위에서 윙윙거리며 미지근한 공기 속에서 둥글게 감기다가 더 과장된 오메가$^\Omega$에 의해 끊기고, 이 오메가들은 마시는 물이 담긴 하늘색 통에 부딪쳐 울렸다. 마른 올리브 나뭇가지가 문에 걸려 있었고, 흰 벽을 따라 오래된 식탁 몇 개가 놓여있었다. 잿빛 얼굴을 한 발루치족 하녀가 우물가에서 냄비를 씻고 있었다. 이 모든 것이 마치 공중에 매달려있는 것처럼 경쾌한 균형을 이루었다. 어둠으로 바뀐 하늘 한 모퉁이 아래의 그 안뜰은 테살리아의 일부분이었다. 수박, 달걀, 양고기 다리, 맥주, 차. 나는 스푼으로 잔을 이리저리 휘저으며 피로와 추억을 뒤섞었다. 퀘타로 가는 도로가 안고 있는 위험은 짐짓 잊어버린 채 세이렌들에게 몸을 맡겼다. 트럭이나 삼단노선들이 빈번하게 모이는 아시아 지방 어느 외진 곳의 그 타베르나(그리스 전통의 대중식당 – 옮긴이 주)는 옛날에 틀림없이 크림 반도에서 이아손이 드나들었던 곳과 흡사하리라.

미르자베 세관[49]

7월 21일 저녁

세관 건물은 모래 광장을 둘러싸고 있었다. 옷차림이 단정치 못한 병사 몇 명과 수염이 바람에 나부끼는 세관원이 상관이 올 때까지 여기서 기다리라고 우리에게 말했다. 그들 중 누구도 그 상관을 찾으러 갈 엄두를 내지 못했고, 우리도 그가 도대체 뭘 하기에 나타나지 않는지 묻는 걸 금방 그만두었다. 술병을 잔뜩 든 하녀가 방금 안뜰을 지나갔던 것이다. 머리가 헝클어지고 얼이 빠진 듯한 여인의 얼굴이 석유등을 켜놓은 방의 창유리에 나타

퀘타 저자들은 아프사니스탄에서 바로 카이바르 고개를 넘어 인도로 갈 예정이었지만, 자동차 수리 때문에 파키스탄의 퀘타에 들리게 된다. 파키스탄은 제1차 아프간전쟁(1838~1842) 이후 100년 가까이 영국의 식민지였다가 1947년 독립하였다. 퀘타는 파키스탄 중서부 발루치스탄에 있는 도시로서, 교역의 중심지이자 중요한 군사거점이라 영국군 사령부가 있었다.
이아손 그리스 신화의 영웅. 이아손의 아버지는 이올코스의 왕이었으나 이아손이 어릴 때 죽고 숙부가 왕위를 물려받는다. 성년이 된 이아손이 숙부에게 왕위를 달라고 하자, 숙부는 황금 양모를 가져오면 그렇게 하겠다고 한다. 이아손은 아르고호라는 커다란 배에 헤라클레스를 비롯한 그리스의 영웅 50명을 태우고 모험을 떠나 결국 황금양모를 가져온다. 아르고호의 모험 경로는 에게 해 → 다르다넬스 해협 → 마르마라 해 → 보스포루스 해협 → 흑해이며, 크림 반도는 아르고호의 수많은 영웅들이 활약한 무대였다. 부록 지도 참고.

났고, 이제는 도무지 사실 같지 않은 쾌락의 신음이 어둠 속에서 커지기 시작했다.

아, 그 세관! 그 거친 고함소리는 마치 잠을 자다가 악몽을 꾸기 시작한 사람이 내지르는 것 같았다. 이곳에는 여자들이 살지 않는다. 나는 틀림없이 그녀가 트럭에서 보냈을 시간을 생각했다. 태양 아래서 얼마나 기묘한 운명들이 실현되고 있는가!

나중에 장교가 한 손으로는 입을 닦고 또 다른 손으로는 옷매무새를 고치며 나타났다. 우리는 묘석만큼이나 큰 기록부에 서명한 다음 20년 전에 그곳을 지나간 아우렐 스타인이라는 사람이 써놓고 간 글 아래 몇 줄 적어넣었다. 우리는 노인이 정중하게 권하는 차를 마셨다. 도로에 관해 묻자 그는 길이 6킬로미터가량 유실되어 과연 지나갈 수 있을지 의심스럽다고 차분하게 대답했다. 하지만 우리는 이미 출국한 것으로 기록되었기 때문에 되돌아갈 수도 없었고, 첫 번째 파키스탄 초소는 동쪽으로 100킬로미터가량 떨어져 있었다. 우리가 묻지 않았다면 세관장은 우리에게 경고조차 하지 않았을 것이다. 그는 아직도 흥분이 가라앉지 않은 상태였다. 우리는 오랜 시간에 걸쳐 그를 설득한 끝에 병사들이 우리와 함께 가서 차를 밀어주어도 좋다는 허락을 받아냈다.

헤아릴 수 없을 만큼 많은 별들이 반짝이는 광활한 발루치

사막 앞에 이제 우리 두 사람만 남았다. 우리는 지칠 대로 지쳤고, 밤이 끝나가고 있었다. 다른 상황에서라면 이란을 좋아할 수도 있었으리라. 하지만 지금 이 상황에서는 이란이 정말 싫었다. 이란, 너무나 많은 것을 창조했고 너무나 많은 것을 사랑했으나 자부심으로 인해 지나친 과오를 저지르고 너무나 많은 속임수를 쓰고 너무나 고통받았던 이 병든 노인. 때로 정신이 맑을 때는 매혹을 발산하지만 또 때로 기억이 지워지는 무감각 상태에서는 자신을 죽음의 신에게 내맡기기도 하는, 상아의 손을 가진 이 늙은 족장. 이제 그는 자신보다 더 강하고 덜 세련된 채권자들의 손아귀 안에 들어갔다. 쇠퇴해가는 것에 대해 엄격하게 굴어서는 안된다. 늙은 병자에게 늙고 병들었다고 비난하지는 않는다. 다만 떠날 순간이 되면 깊은 안도감을 느끼며 그들로부터 멀어질 뿐.

발루치 사막[50]

밤은 푸르고, 검은 사막은 깊은 침묵에 빠져 있다. 도로 가장자리에 앉아있는데 이란에서 온 트럭 한 대가 우리 옆에 멈추어 선다. 인사를 하고 이런저런 이야기를 나누었다. 마대 위에서 여행 중이던 남자들 중 하나가 천으로 된 여행가방을 품에 꼭 안고 굴러 떨어지듯 트럭에서 내려와 우리 쪽으로 다가왔다. 그는 가방을 열더니 고르반드 담배 한 갑씩을 우리 두 사람에게 내밀었다. 끝부분에 담배 이름이 페르시아어로 보일락 말락 하게 쓰여 있는 이 가느다란 담배는 마치 페르시아처럼 비탄과 쇠약, 망각의 맛이 또렷하게 느껴지는 것 같기도 하고, 좀 떫은 것 같기도 해서 맛이 미묘했다.

국경에서 이틀 거리 정도로 멀어지자, 우리는 페르시아를 다시 생각하며 애정을 느꼈다. 우리가 보기에 페르시아는 아주 연하고 아늑한 푸른색을 띤 광대한 밤의 공간 같았다. 이미 우리는 페르시아를 인정한 것이다.

그는 아시아를 사랑했고, '몹시 걱정스러운 근심거리'가 없는 사람들은 결코 알지 못할, 심오하고 씁쓸한 즐거움을 맛보기 위해 값비싼 대가를 치러야만 했다.

여행은 나선처럼
그 자체 위를 지나간다

여덟 번째 이야기 **사키 바 주변에서**

퀘타[52]

동틀 녘에 본 표지판에 "여기서부터는 아스팔트가 깔린 도로입니다"라고 쓰여 있었다. 이제는 고생이 끝났나 보다 했으나, 누슈키[51]를 지나서부터 온통 먼지투성이에 가파르기 짝이 없는 비탈로 이루어진 고개가 시작되는 바람에 굄목을 받쳐가며 1미터씩 전진해야 했고, 그래서 우리는 흥분제를 복용할 수밖에 없었다. 정오에 퀘타 성문을 통과했다. 사막 대신 흰 포플러나무와 가시나무에 둘러싸인 정사각형의 멜론 화단이 나타났다. 거대한 유칼립투스 가지들이 이리저리 흔들리는 가운데 비포장도로는 포장도로로, 그리고 이어서 가로수 길로 바뀌었다. 이 도시는 서늘한 그늘과, 수레에 맨 회색 물소, 파수막과 구리로 만든 대포가 양쪽에 위치한 빅토리아풍의 성문 몇 개, 터번을 쓴 풍채 좋은 노인들이 기름을 잘 쳐서 소리가 거의 안 나는 멋진 자전거를 타고 돌아다니는 모래 덮인 골목길 들을 간격을 두고 띄엄띄엄 우리 주변에 배치했다. 인구가 별로 많지 않고 꿈처럼 덧없어 보이는 이 도시에는 휴식과 연기처럼 가벼운 싸구려 물건과 과즙이 풍부한 과일이 넘쳐났다. 우리의 도착도 가벼웠다. 우리 둘을 합쳐봤자 100킬로그램도 채 나가지 않았던 것이다. 혹시 잠이 들어버릴까 봐 살을 꼬집었다. 약효가 서서히 사라져가면서 일종의 밤이 낮의 한가운데로 퍼져나갔다.

석회를 바르고, 웨딩케이크처럼 모양이 구부러진, 100년은 되어 보이는 뽕나무 주위에 지어놓은 작은 스테이션뷰 호텔은 딱 우리가 원하는 호텔이었다. 아스트라한산産 모직 모자를 쓰고 무슨 성상聖像만큼이나 얼굴색이 짙은 주인은 작은 안뜰로 통하는 입구의 돋을무늬 세공이 된 놋쇠 금전등록기 뒤에 자리잡고 있었다. 이 금전등록기에서 나는 딸랑딸랑 소리가 수탉보다 먼저 우리를 잠에서 깨웠다. 작은 객실은 기초적인 시설(수도꼭지 하나, 축축한 땅바닥에 뚫어놓은 구멍 하나)만 갖추어진 화장실 옆에 있었다. 옛 인도의 유물인 이 화장실의 거대한 의자식 변기(팔걸이가 반들반들 윤이 나고부드럽게 반짝이는) 앞에 나무통을 갖다놓고 그 안에서 몸을 씻는 것이다.

테라스 겸 지붕도 있어서 도착한 날 저녁에는 이곳 식탁에

앉았다. 우리는 정말로 한 도시에 도착했고, 그날 밤 이곳에 우리의 침대가 준비되었다. 위스키가 동정의 물결을 이루며 우리들 위로 쏟아졌다. 우리에게 내려졌던 루트 사막의 저주는 풀린 듯했다. 침대 위에 책상다리를 하고 앉은 손님 두 명이 각자의 모기장 안에서 이따금씩 조심스럽게 이야기를 나누었고 안뜰에서는 오디가 굴러 떨어지는 소리가 들려왔다. 우리는 나른한 행복감에 취해 침묵을 지켰다. 잔가지들이 여기저기서 와삭거렸다. 세상이 나무들로 가득 차 있었다.

티에리가 말했다.

"식탁은 자네가 쓰게. 난 욕실에서 그림이나 그릴 테니."

하지만 나는 글을 쓰려고 서두르지 않았다. 앞으로 며칠 동안은 '퀘타에 도착했다'는 사실이 내 일을 대신할 테니 말이다.

58·

카불에서 내려온 매우 유명한 성자 한 사람 때문에 호텔은 뒤죽박죽이었다. 방과 복도가 신자들로 발 디딜 틈이 없을 정도였다. 아침식사가 끝나자마자 식당은 작은 예배당으로 바뀌었고, 여기서 밀러는 영어판 삽화 잡지더미와 급히 내온 설탕절임 과일 사이에 앉아 신자들을 맞이했다. 외출복을 차려입은 신자들이 그의 손에 입을 맞추고, 그로부터 축복받고 치료받고 조언을 얻기 위해 몇 시간씩 줄을 서서 기다렸다. 웃음소리, 라이터를 찰카닥거리는 소리, 계속해서《쿠란》을 암송하는 소리, 병 안의 탄산수가 부글거리다가 가라앉는 소리(차를 실컷 마셔서 배가 불룩한데도 우리는 아직 목이 말랐다)가 들려왔다. 사막을 지나와서 이렇게 사교적인 소리들을 들으니 문득 현기증이 일었다. 우리는 도시생활을 조심스럽게 다시 시작해야만 했다.

스테이션뷰 호텔 입구 맞은편에는 건장한 걸인 한 사람이 플라타너스 그늘 아래 신문지를 깔고(이 신문지는 매일 아침 바뀌었다) 드러누워있었다. 하루 종일 잠을 자는 건 매우 힘든 일이었다. 잠 전문가로서 오랜 경력을 쌓았으면서도 우리의 이 이웃은 웬만한 사람은 살아생전에 발견하지 못할 이상적인 자세를 아직까지도 찾고 있었다. 그는 기온의 변화라든지 파리가 있는지 없는지를 봐가면서 젖 먹는 자세라든지 높이뛰기 자세, 유대인 박해 자세, 사랑을 나누는 자세 등을 연상시키는 여러 가지 변형된 자세들을 차례차례 실험해 보았다. 잠에서 깨어나면 그는 이란의 걸인들이 취하는 예의 그 초췌하고 예언자적인 태도 없이 정중한 인물로 변했다. 이곳에는 빈곤이 거의 존재하지 않는다. 삶을 한 줌의 재보다도 더 가볍고 더 순수하게 만들어주는 검소함이 존재할 뿐이다.

문 오른쪽에 있는 과일 노점 앞에는 홀라당 벌거벗은 소년이 벽에 고정된 고리에 발이 묶여 있었다. 그는 자신을 묶어놓은

카불 아프가니스탄의 수도. 카이바르 고개의 기슭에 있으며, 카불 강이 흐른다. 고대부터 문명의 십자로였다.

밧줄을 잡아당기며 콧노래를 부르기도 하고, 먼지 속에 이런저런 모양을 그리기도 하고, 옥수수 줄기를 조금씩 갉아먹거나 가게 주인이 불을 붙여 물려준 담배를 피우기도 했다. 호텔 주인이 내게 말했다.

"무슨 잘못을 해서 벌을 받는 게 아니라 미쳐서 저러는 겁니다. 풀어주면 도망쳐서 굶으니까 하루는 이 집에, 또 하루는 저집에 저렇게 묶어두는 거지요. 그렇게 해야 안 잃어버리니까 말입니다. 합리적이죠, 안 그래요?"

루트 사막을 건너며 쌓인 피로는 아직 말끔히 사라지지 않았다. 그래서 어디를 가든 우리는 잠만 잤다. 이발소에서도 잤고, 우체국에 가서는 창구에 기댄 채 잠을 잤고, 여기서 택시를 대신하는 낮은 노란색 마차를 타고 가면서도 잤다. 작은 크리스탈 극장 안에서는 등나무로 만들어진 좌석에 앉아 옆에 앉은 관객들의 부채질을 받아가며 찻잔이 놓인 받침접시를 무릎 위에 올려놓은 채 꾸벅꾸벅 졸았고, 성능이 떨어지는 영사기 때문에 더 어둡고 더 아름다워 보이는 엘리자베스 테일러는 그동안 사랑에 눈을 떠갔다. 종일 그러던 우리는 막상 밤이 되자 잠을 자려고 애써야 했다. 기어를 2단에 놓은 끔찍한 엔진 소리가 시트를 눈까지 끌어올린 우리의 귀를 가득 메웠고, 우리는 아침이 될 때까지 사막을 건넜다. 녹초가 된 우리는 벌써부터 해가 쨍쨍 내리쬐는 도시를 늘어지게 하품을 하며 어정버정 걸어 다녔다.

1935년 5월 31일, 지진이 이 도시를 완전히 초토화시키면서 주민의 3분의 1이 목숨을 잃었다. 하지만 나무들은 잘 버텨냈고, 이곳의 물과 그늘은 광장을 만들어내기에 충분하다. 퀘타 사람들은 다시는 이런 일을 겪지 않으리라고 단호하게 결심하고, 그 나머지를 다시 건설했다. 기초공사도 하지 않고 석재도 쓰지 않았다. 짚을 가득 채우고 벽토를 바른 벽, 우아하게 배열된 목재, 돗자리, 양철통, 색깔이 바랜 양탄자. 발루치족이 모여 사는 동네의 노점들은 너무나 좁고 금방이라도 무너질 것처럼 부실해서 건장한 남자라면 등에 짊어지고 다닐 수 있을 정도. 심지어 이 도시의 중추랄 수 있는 '현대적'인 진나 거리는 단층짜리 건물들과 니스 칠을 한 나무로 된 그 건물들의 정면이 함께 떠다니는 것처럼 보일 정도다. 밤새 만들어놓은 서부영화의 배경처럼 보이기도 한다. 오직 키 큰 나무들과 작은 안뜰의 두엄 위에 기대어진 호박들, 그린들레이즈 은행의 청동 문만이 어느 정도 영속적이고 진지하게 보였다. 콘플레이크, 행복하세요, 스모크 캡스탄, 좌측통행, 데드 슬로우 등 넘쳐나는 공고公告와 간판, 엉뚱한 명령과 광고가 이 소박한 도시생활을 숨막히게 만들었다. 아닐린 물감으로 휘갈겨 쓴 이러한 수사修辭에도 불구하고 도시는 전혀 무게가 나가지 않았다. 고착이 이루어지지 않은 것이다. 바람이라도 세차게 불면 이 도시는 날아가버릴지도 몰랐다. 바로 이 도시의 허약함이 매력을 발산하는 것이다.

퀘타. 해발 1800미터. 인구 8만 명. 낙타 2만 마리.

서쪽으로 800킬로미터 떨어진 철로 끝에는 페르시아가 모래망토를 걸치고 잠자고 있다. 페르시아는 세계의 반대쪽 비탈이며, 이곳에서는 아무 것도(밀수를 제외하고는) 페르시아를 상기시키지 않는다.

도시 북부의 좁은 군용도로는 경작지대를 통과한 다음 건조한 평원으로 접어들었다가 코자크 고개[53]와 퀘타 인근의 부족들이 여름 방목지를 가지고 있는 아프가니스탄 국경의 산악지대까지 오르막을 이루며 올라간다. 국경에서 칸다하르[55]까지의 비포장도로는 상태가 아주 좋았지만 실제로 다니는 차는 거의 없었으며, 차만 세관은 시간 말고는 전혀 아무것도 지나갈 수 없는 한증막이었다.

북동쪽으로는 철로의 지선을 통해 와지리스탄 산맥 기슭의 포트산데만까지 갈 수 있다. 이곳에 사는 파탄족은 전 국경에서 가장 완고하고, 극도로 공격적이고, 약탈의 전문가이며, 툭하면 약속을 깨기 때문에 주변 부족들은 그들에게 이슬람교도의 자격을 부여하는 것에 일제히 반대했고, 그들이 더 이상 유리한 입장이 아니라는 사실을 납득시키기 위해서 열네 차례에 걸친 토벌전을 벌여야 했다.

마지막으로 남쪽으로는 상태가 좋지 않은 도로를 따라 난 간선도로가 볼란 고개를 지나 인더스 평원과 카라치로 내려가는데, 볼란 고개는 이동목축기가 되면 추위로 벌벌 떨며 따뜻한 날씨와 가을 풀을 향해 몰려가는 엄청난 숫자의 양 떼로 몹시 혼잡해진다.

자, 이제 이 도시의 동서남북에 무엇이 있는지 다 말했다. 그곳들은 멀리 떨어져 있다. 이 사방은 공간적으로만 존재할 뿐, 제2제정기의 장난감처럼 생긴 기차역과 모래에 파묻혀 모기들만 들끓는 운하, 높고 날카로운 백파이프 소리가 아침을 알리는 군軍 주둔지들 사이에서 홀로 살아가는 이 도시에는 영향을 미치지 않는다.

우리는 람잔 정비소의 분해된 트럭 사이에서 열 시간 동안 작업한 끝에 결국 우리 차의 엔진을 제자리에 돌려놓았다. 날이 어두워졌다. 이웃 찻집의 소년이 더러운 찻잔들을 회수해가기 위해 잭(자동차 같은 무거운 물체를 들어올리는 도구 - 옮긴이 주) 사이를 돌아다녔다. 그가 찻잔을 다 찾아내자 정비사들이 그 아이를 붙들어서는 무슨 공이라도 되듯 다정하게 툭툭 치며 서로에게 밀어냈다. 그러고 나서 그들은 정수리에 우스꽝스러운 모양의

포트산데만 지금의 파키스탄 이름은 조브. 영국 신민지였던 1889년부터 1970년대까지 영국 장군이었던 로버트 샌디먼의 이름을 따서 포트산데만이라고 불렸다.
파탄족 아프가니스탄 국민의 대부분을 구성하는 수니파 이슬람을 믿는 아리안계 민족. 전통생활을 고수하고 용맹성을 중요하게 여긴다. 아프간족이라고도 한다.
제2제정기 나폴레옹 3세 통치기의 프랑스. 1852~1870.

작은 수가 놓여진 모자를 쓰고 가죽신발을 질질 끌며 붉은색 먼지를 구름처럼 일으키고 안뜰을 떠났다. 우리는 머리에 더러운 기름을 묻힌 채 차체 밑에서 모습을 드러냈고, 야간 경비원은 얼굴과 손에 묻은 때를 닦으라며 석유에 흠뻑 젖은 걸레를 우리에게 내밀었다(엔진을 곧바로 돌려보지는 않았다. 우리의 행운을 과신하고 싶지 않아서였다. 엔진은 내일이 되면 더 잘 돌아갈 것이다).

람잔 사히브는 유리가 끼워진 창구 안에서 꾸며낸 목소리로 흥얼거리며 영수증을 분류하고 있었다. 그는 피치만큼이나 검은 거한으로, 장밋빛 손바닥과 사자의 갈기를 연상시키는 머리털, 균형 잡힌 멋진 용모의 소유자였다. 단단한 청동판을 누가 과자를 자르듯 쑥쑥 자르는 탁월한 실력의 정비사에다, 재력을 갖춘 인물이기도 했다. '카이바르 파스 메카니컬 숍Khyber Pass Mechanical Shop'(석유통으로 만든 창고와 작은 마당, 기중기 한 대)이라는 그 위풍당당한 상호에 어울릴 만했다. 람잔과 그의 정비사들은 뭐든지 다 수리할 수 있어서, 반경 400킬로미터 안에서는 경쟁자가 없었다. 아프가니스탄과 포트산데만, 시비에서까지 고장난 자동차를 그의 정비소로 보냈고, 이 차들은 부활하기 위해서 고개를 넘는 데 마지막으로 남은 힘을 썼다.

기계를 다시 팔겠다는 생각 없이 완전히 망가질 때까지 사용하는 이곳의 정비사들은 우리나라에서라면 '고물 자동차'의 주인을 부끄럽게 만들어 새 차를 사게 만드는 당황스럽거나 경

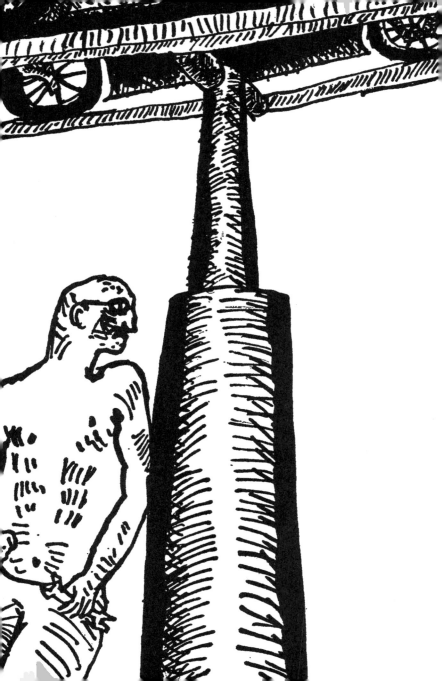

멸스런 제스처를 모른다. 그들은 장인匠人이지 세일즈맨이 아닌 것이다. 깨진 실린더 헤드, 산산조각 난 캠축, 강철가루 같은 것이 가득 찬 기름통. 그들은 이 정도로는 눈 하나 깜짝하지 않는다. 그들은 멀쩡한 부품들(헤드라이트, 닫히는 문, 견고한 차체)에 먼저 주목한다. 나머지 부품들로 말하자면, 그것들을 고치기 위해 자기들이 거기에 있는 것이다. 그들은 고철덩어리에 불과해 보이는 고물 자동차들을 분해한 다음 트럭에서 떼어낸 부품들로 보강하여 무적의 장갑차로 바꿔놓는다. 그들이 임시변통으로 이런 작업을 하는 걸 보면 참으로 감탄스럽다. 그들은 단 한 번도 같은 식으로 작업하지 않는다. 조립이 특별히 잘되었다는 생각이 들면 스크루 드라이버를 가지고 자기 이름을 새겨놓기도 한다. 그들은 이런 일을 하면서 지루해하지 않는다. 돈도 잘 번다. 용접을 하고 정비를 하면서 화덕의 숯 위에 토스트를 노릇노릇하게 굽기도 하고, 피스타치오 열매를 까먹고 내뱉은 껍질들이 작업대 위에 수북이 쌓이기도 하고, 펄펄 끓는 찻주전자도 그다지 멀리 있지 않다. 이 정비사들 대부분은 전국 방방곡곡을 돌아다녔던 트럭 운전사 출신들이다. 그들의 집과 그들의 추억, 그들의 사랑은 광활한 지역에 골고루 퍼져 있다. 그래서 그들은 나름대로 식견을 갖추고 웬만한 일에는 껄껄 웃어넘길 줄 알게 되었다. 그들과 함께 일을 하다 보면 친구가 되지 않을 수 없다.

몸을 깨끗이 씻고 나자 루트 사막을 건너며 활력을 잃었던 몸뚱이 안에서 심장이 부풀어오르는 게 느껴졌다. 우리는 연장을 치운 다음 홍등가의 한 찻집에 자리를 잡았다. 우리는 노점상 앞에서 크림빛 찻잔을 무릎 위에 올려놓고 앉아, 저녁기도를 마친 골목길 세 개가 활기를 띠어가는 것을 바라보았다. 모래에 반쯤 덮인 둥근 포석鋪石이 있었고, 노란 설탕과 비누, 은종이 위에 놓인 한 줌의 살구, 운세도運勢圖, 작은 여송연을 파는 찬장만 한 규모의 노점들이 있었다. 몇몇 가냘픈 실루엣들이 붉은색과 황금색 사리를 걸친 몸을 꼿꼿이 세우고 집 앞에서 바람을 쐬고 있었다. 창살을 치고 창구를 뚫어놓은 푸른색 문들도 있어서, 검은색 베일을 두른 젊은 얼굴들이 손님을 기다리는 게 보였다. 이 구멍을 통해 은밀한 대화가 시작되었다가 구혼자를 향해 문이 열리고, 만일 구혼자가 관대함을 베풀고 싶은 기분이면 차 쟁반이나 음악가를 들여보냈다. 닫힌 문 뒤편에서 류트가 음악을 흘려보내자, 사막에서 쇼핑을 하려고 온 온화한 성격의 대도大盜가 들장미를 모자에 꽂고 어슬렁어슬렁 밤의 향기를 맡으며 어두운 입구에서 누가 부르는 대로 이리저리 발걸음을 옮기는, 이 시골풍의 동네 위로 별들이 떠올랐다.

이곳에는 광채도 없고, 서두르는 기색도 없다. 사람들은 쾌락보다는 여유를 찾는다. 나는 네온과 끈적끈적한 포석, 유럽 일부에서 '향연'이라고 부르는 것에 열중하는 방탕아들을 생각했다. 그것은 너절한 인간들을 위한 것이다. 발루치 사람들의 주변에는 너무나 넓은 공간과 너무나 많은 인종들이 있다. 그들과 관련되는 모든 것(심지어는 현금으로 지불하는 사랑까지도)은 어느 정도의 세련됨과 절제를 암시한다.

기계를 만지다 보면 목이 마르다. 마지막 남은 루피로 차와 망고주스, 레몬주스를 사 마셨다. 일년이 지난 《파리-마치》 잡지를 읽으며 세상 돌아가는 소식을 접하고, 눈에 뒤덮인 산악지방을 여행하는 데 필요한 비자 대여섯 개를 등기우편으로 신청했다. 퀘타는 교차로에 위치한 도시였으므로 다음에 어디로 갈지 선택할 수 있었다. 우리는 혀가 얼얼할 만큼 뜨거운 카레라이스를 땀이 이마에서 뚝뚝 떨어질 때까지 게걸스럽게 먹어치운 다음 곧바로 온갖 종류의 과자를 다 주워먹었다. 가을 길에 나서기 전에 잔뜩 먹어서 몸을 만들고, 작아진 그림자를 부풀리고, 모래 위에서 울리는 우리의 발걸음에 귀를 기울일 필요가 있었다. 건강은 돈 같은 것이어서, 그것을 누리기 위해서는 먼저 소비해야 하는 것이다.

스테이션 뷰

호텔 앞에 앉아 크레이프 빵을 파는 사람들이 어깨에 숄을 짊어지고 지나가는 것을 바라보았다. 날카로운 소리가 나는 음계를

부느라 뺨이 잔뜩 부풀어오른 사람들도 지나갔다. 피리를 파는 사람들이었다. 그리고 낙타를 끄는 사람들이 나타나더니 부랴부랴 낙타들을 매어두고 탐욕스런 표정을 지으며 담배 한 개비를 사러 갔다. 발루치족은 계속해서 나를 즐겁게 해주었다.

《발루치족이 사용하는 페르시아어 연구》에서 발산이 제안하는 어원에 따르면 '발루치'는 불운을 의미하며, 그들은 이렇게 자신들을 발루치라고 부름으로써 그 불운을 피할 수 있다고 생각한다는 것이다. 마찬가지로 티베트 사람들도 어린아이들에게 옴이라든가 똥, 쓴맛 같은 이름을 붙여주는데, 그것은 젖을 뗄 때까지 아이들을 귀신들로부터 보호하기 위해서다. 이런 식으로 불행을 다루는 태도에는 적잖은 낙관론과 용기가 깃들어있다. 단순한 반어법 사용으로 악마들을 속여 넘기기 위해, 신에게는 일체의 전능을 예정해두고 악마들에게는 통찰력을 거의 부여하지 않는 것이다. 발루치족은 이런 방법으로 매우 큰 성공을 거두었다. 발루치족만큼 불운을 암시할 의향이 없는 민족은 거의 본 적이 없다.

발루치족은 상당한 자신감을 갖고 있다. 그들의 정신적 자유로움은 수염 높이에서 떠도는 미소와, 낡았지만 항상 깨끗한 의복의 주름 속에서 표출된다. 그들은 손님을 극진히 맞이한다. 사람을 귀찮게 하는 경우도 잘 없다. 예를 들면 자동차 바퀴를 갈고 있는 외국인 주변에 떼거리로 모여들어 바보처럼 히죽히

죽 웃지 않는다는 것이다. 그러기는커녕, 가서 차와 자두를 가져
오고, 통역을 찾아오고, 이것저것 적절한 질문을 퍼붓는다.

그들은 자기 일에 미친 듯이 몰두했을 때가 아니면 언제라
도 페르시아 국경을 넘어 밀수품을 운반할 준비가 되어있다. 그
들이 샤가이 국경수비대의 정예 순찰대를 유인하기 위해 초록
색 불꽃을 쏘아올리는 동안, 신이 지켜보는 가운데 사막의 건너
편에서 자루의 임자가 바뀐다.

저녁기도 시간이 되면 이곳의 잔디밭은 각자 자신의 꾸러
미를 옆에 두고 엎드린 형체들로 뒤덮인다. 그것은 허풍을 배제
하지 않는 열렬한 신앙행위다. 발루치족은 광신의 기미를 보이
지 않는 독실한 수니파 이슬람교도들이다. 그들은 족제비만큼
이나 호기심이 많아서 같은 종교를 믿는 사람으로서 그리스도
를 받아들이고 약간의 관심을 보이며 이런저런 질문을 던진다.
편협함, 코맹맹이 소리, 남의 이목을 끄는 태도, 이런 것들은 그
들의 장점이 아니다. 유목민으로서 옥스퍼드를 졸업한 사르다
르이거나 아니면 구두장이인 그들은 굳이 딱딱한 의식儀式만 고
집하지는 않고 우스꽝스러운 것도 곧잘 받아들인다. 보나파르
트 시대에 변장을 하고 이 나라를 돌아다니다가 발루치족에게
정체가 탄로났던 동인도회사의 포틴저 대위는 몇 차례의 어려
운 상황에서 그들을 웃김으로써 목숨을 건졌다. 이같은 유쾌함
은 주요한 미덕 중의 하나다. 나는 퀘타에서 지체 높으신 노인들

이 롤리 자전거에서 떨어졌다가 웃음소리를 듣고 또 다시 쓰러지는 걸(왜냐하면 가게에서 누군가 던진 농담을 듣고 웃음이 터졌기 때문이다) 여러 번 보았다.

'카이바르 파스 메카니컬 숍' 정비소에서 연마했던 3단 기어 톱니바퀴가 테스트를 하자 부서져버렸다. 람잔은 우리를 이 도시에 붙잡아두는 이 손상된 쇳조각을 손 위에서 이리저리 돌려보았다. 이해가 안 간다는 표정이었다. 주둔 부대의 재고품 중에서 빌려온 장갑 철판 위에 놓고 모양을 만들었던 것이다. 그는 자기가 직접 담금질을 하면서 다시 작업하겠다고 제안했으나, 그랬다가는 일주일을 허비하는 건 물론이고, 또 다시 깨질지도 몰랐다. 부품을 주문하기 위해 카라치로 전화했다. 바닥이 베텔 껌으로 더럽혀진 좁은 전화박스 안에 틀어박힌 우리 귀에 800 킬로미터 떨어진 곳에서 우리의 휴가를 멈추게 할 가격을 제시하는 코맹맹이 소리가 들려왔다. 호텔을 떠나야 할 것이다. 우리는 아직까지도 완전히 체력을 회복하지 못했다. 그리고 이번에는 가난이 두려워졌다.

기름으로 얼굴이 더럽혀진 채 고개를 숙이고 우체국에서

사르다르 리더나 왕자, 귀족을 뜻하는 페르시아어. 인도와 터키 등에서도 널리 사용된다.
헨리 포틴저(1789~1856) 19세기 서양 열강들이 아시아를 침략할 때 군인으로서 동인도회사를 대표하여 조약을 체결한 인물. 강경파였으며, 영국과 중국의 제1차 아편전쟁 후 홍콩을 영국에 내준다는 난징조약시에도 영국 쪽 협상대표였다.

돌아오는데 기삿거리를 찾는 신문기자 두 사람이 우리 앞을 가로막고 나섰다. 우리는 위성류 아래서 담배를 피우며 걱정을 늘어놓았다.

"그렇다면 루르드 호텔로 가보세요. 주인이 페르시아에서 온 여행객들은 그냥 먹여주고 재워준다고 합니다. 얼마 전에 개업했는데, 말하자면 홍보를 하려는 거지요. 당신들도 가면 환영받을 겁니다."

그리고 우리에게 친절을 베푼다는 즐거움에 말이 많아진 그들은 온갖 종류의 요리를 열거했다. 그들 말은 사실이었다. 거구에 두 가지 색 실로 짠 멋진 모직 옷을 걸치고 적갈색 얼굴이 땀으로 뒤덮인 지배인은 우리에게 식사 시간을 알려준 다음 유칼립투스가 그늘을 드리우고 있는 방의 문을 열어주었다. 한 시간 뒤, 우리는 여기로 짐을 옮겼다. 티에리는 캔버스를 틀 위에 걸었다. 나는 어느 날 밤 페르시아에서 받은 양탄자(청회색을 배경으로 오렌지색과 레몬색의 작은 꽃무늬가 점점이 흩뿌려져 있었다)를 책상 앞에 깐 다음 타자기를 겨드랑이에 끼고 람잔을 찾아갔다. 대문자 몇 개를 용접해달라고 부탁하기 위해서였다. 바로 그날 밤, 우리는 이 도시에 있는 유일한 바에서 일했고(기타, 아코디언, 대중적인 댄스, 왈츠), 생활은 전혀 다른 양상으로 바뀌었다.

사키 바

나는 사키 바와, 우리를 3주일 동안 고용해 줬던 주인 테렌스를 오랫동안 기억하게 될 것이다. 그가 세상을 떠났다는 소식을 들은 뒤로 나는 헐렁한 플란넬 바지와 끈기 있어 보이는 눈, 쇠테 코안경, 감정이 드러나는 두 개의 붉은 부스럼이 광대뼈 위에 남아있는, 동성애자들의 구릿빛 피부를 가진 그가 다시 모습을 나타내기를 줄곧 기대했다. 그는 주의가 산만하고 호의적이며, 뭔가 명석하면서도 의욕을 상실한 것처럼 보이는 사람이었다. 비록 이런 점에서는 매우 신중했지만 그는 이 도시의 많은 사람들이 갖고 있는 성향(요리사인 사딕이 불을 뒤적거리며 콧노래로 부르는 파탄인들의 노래는 그것이 어떤 성향인지를 잘 보여주었다) 때문에 고통받는 듯했다.

> ……한 청년이 강을 건너가네
> 얼굴은 한 송이 꽃 같고
> 엉덩이는 복숭아 같아
> 하지만 이럴 수가! 난 수영을 못한다네…….

테렌스는 후추를 넣은 수프, 숯불에 구운 스테이크, 불에 달군 주걱으로 휘저어 거품을 낸 초콜릿 수플레 과자 등 기막힌 요리를 직접 만들어냈다. 그는 이런 요리들을 영감을 받은 솜씨와 아낌없이 뿌리는 향신료, 잘게 자른 식용식물, 소박한 열정으로 공들여 마무리했다. 그의 메뉴는 오즈의 마법사와 사랑에 빠진 접시 여인을 연상시켰으며, 그의 여성적인 성격은 이렇게 요리를 준비할 때, 그리고 그의 탁월함(자기가 하고 있는 일을 완벽하게 마무리 짓는)을 향한 강렬한 열망(그것은 또한 자신에게 닥친 온갖 불운을 이겨내겠다는 열망이기도 했다) 속에서 가장 잘 드러났다.

사키, 그것은 페르시아 시에 등장하는 가니메데스이며, 천국에서 술잔을 올리는 사람이고, 열락을 받아들이는 사람(입구 위에 매달린 나무 간판에 아름답게 그려져 있는)이다. 간판에는 목이 긴 포도주병과 수연통水煙筒, 류트, 포도송이(포도알 하나하나가 잘 닦아놓은 유리창처럼 반짝였다)가 부드럽고 세련된 톤으로 그려져 있었다. 이 간판 뒤에서부터 테렌스가 피부색이 거무스레하고 초췌한 요리사 조수들을 다스리는 사키 바의 놀랍고 신비로운 영토가 시작되었다.

그곳은 석회를 바른 테라스 겸 안뜰이 옆에 붙어있는 좁고 시원한 장소였다. 이곳에는 밤이 되면 이 도시의 몽상가들이 월계수나무 향기를 맡으며 탁자에 자리를 잡았고, 우리는 밤 9시부터 자정까지 콘티넨털 아티스트(사람들은 이 이름에 현혹될 수도 있으리라)라는 이름을 내걸고 서툰 솜씨로 악기를 연주했다.

테렌스는 안뜰을 프랑스식 정자로 바꿔놓으려고 애썼다. 화분에 심은 나무 두 그루, 여기저기 좀먹은 파라솔을 세워놓은 댄스플로어, 등나무 안락의자, 뒤틀린 촛대가 놓여있는 피아노…… 벽에는 머리를 곱슬곱슬하게 말고 아름다운 젖가슴을 가진 여인들이 추파를 던지는《파리 생활》표지 네 장이 붙어있었다. 하지만 테렌스의 추억은 너무 오래되고 유행에도 뒤떨어져서 이 야외 술집을 마치 추상화처럼 단조롭게 만들었고, 태양이 뒤틀어놓은 황금색 형상들도 주변을 온통 둘러싼 건조하고 창백한 분위기를 바꿔놓지는 못했다. 테렌스는 자기가 실패했다고 느꼈다. 안뜰을 둘러싸고 있는 휑뎅그렁한 담은 그를 괴롭혔고 그에게 목마름을 안겨주었다. 첫 번째 날 밤, 그는 물고기와 정어리 떼, 잔물결 등 뭔가 축축하고 푸른 것이 등장하는 벽화를 벽 전체에 그려주면 안되겠느냐고 우리에게 제안했다. 하지만 도대체 그런 걸 어떻게 그린단 말인가? 우리는 마지막으로 본 물고기들의 모양을 기억해내려고 애쓰며 동틀 무렵 호텔로 돌아갔다. 그것은 아바구의 찻집에서 맑은 물줄기를 따라 땅속에서 올라왔던 속이 훤히 비치는 수염 난 메기였다. 그러나 그 다음 날, 비늘과 돌고래는 꿈속에서처럼 홀연 사라져버렸다. 테렌스는 우리가 떠난 뒤 누군가의 방문을 받았다. 그는 근심스러운 표정이었다. 그리고 벽화는 잊어버리고 새로운 계획을 세웠다. 퀘타를 떠나겠다는 것이었다.

가니메데스 그리스 신들을 위해 술을 따르던 미소년. 인간들 중에 가장 아름답다고 하며 그를 유괴하면 동성애 감정을 가지게 된다고 한다.

테렌스는 다른 식으로 살아가는 방법을 알았고 있었다. 왜냐하면 그의 손님들(발루치족이나 파탄족 족장, 망명중인 아프가니스탄 자유주의자들, 펀자브 지방의 상인들, 파키스탄을 위해 일하는 스코틀랜드 장교들) 대부분은 그를 다른 곳에서 알게 되었던 듯 '대령님'이라고 불렀던 것이다. 그가 날이 밝기를 기다리며 우리에게 해준 이야기를 조각조각 연결해 보면 이런 상상이 가능하다. 그는 아버지가 영국 영사로 있었던 페르시아 남부에서 자라나 영국의 근위 연대에서 진급에 진급을 거듭했고, 파리에서 러시아 발레를 보고 스포츠카를 타며 물려받은 유산을 탕진했다. 아비시니아에 정착했으나 몇 년 뒤 나타난 이탈리아인들에게 쫓겨났다. 고생고생 하다가(그는 이 부분에 대해서는 침묵을 지켰다) 파탄 지역에서 다시 대령이 되어 '정치 담당 정보원'을 지냈다. 말하자면 거의 접근 불가능하며 제멋대로 발사될 수 있는 총이 곳곳에 장착된 100여 킬로미터의 산악지대를 맡은 책임자가 된 것이었다. 그는 위험하기는 하지만 건강에는 좋은 이 국경지대(그는 이곳의 지도를 잠을 자면서도 그릴 수 있을 정도였다)에서 졸지에 인도의 독립과 영토 분리로 인한 소요를 맞이했다. 소규모 카슈미르 전쟁이 일어나자 테렌스는 자신의 능력을 조금 더 발휘할 수가 있었다. 그리고 지금은 모래에 뒤덮인 이 오지에서 프랑스인과 인도인 사이의 혼혈인 사진사가 운영하는 사진관과, 시크교도가 주인인(이 사람은 마지막 손님이 떠나자 안도의 한숨을 내쉬고는 마치 자기가 잠자는 동안 먼 곳에서 찾아온 손님을 놓칠까 봐 두려운 듯 잠자리에 들 시간을 뒤로 미루었다) 자전거포 사이에 있는 바의 주인이자 요리사가 되어있었다.

홍등가의 예쁜 여자들을 어떻게 데려오는지 우리가 묻자 그는 당황스러운 표정을 지으며 사키 바로 술을 마시러 오는 파탄족 포주들에 관해 뭐라고 몇 마디 중얼거리더니 우리가 여자들에 관한 대화를 하고 싶어한다고 생각하고는, 자기가 꽁무니를 빼는 것처럼 보일까 봐 두려운 듯 30년 전으로 돌아가 피츠 부인이라는 사람의 이야기를 들려주었다. 그가 근무하던 연대의 사관 후보생들이 존경에 가득 찬 목소리로 찬양하던 이 여인은 그 당시 런던의 사우스오들리 거리에서 상류층을 고객으로 받는, 접근하기가 만만찮은 러브호텔을 운영하고 있었다. 5월의 어느 날 밤, 몹시 기분이 좋아서 술을 진탕 마신 테렌스는 호텔을 향해 비틀비틀 걸어갔다. 부유한 동네였다. 가정부가 아무 장식도 없는 문을 살짝 열면서 누구며 무얼 원하느냐고 물었다. 한껏 애를 써서 진지하고 정색한 얼굴을 하고 '스폰서'의 카드를 내밀었다. 그는 아름답고 고급스러운 조각품 아래서 기다린 끝

아비시니아 에티오피아의 옛 이름.
카슈미르 전쟁 카슈미르 지역이 1947년 인도와 파키스탄령으로 분리되면서 이 지역에 대한 인도와 파키스탄의 지속적인 영유권 분쟁으로 인한 전쟁. 지금도 계속되고 있다.
시크교 인도의 나나크가 창시한 종교로 힌두교와 이슬람교가 합쳐진 종교다.

에 피츠 부인의 집 안으로 안내되었다. 레이스가 달린 실내복을 입은 노부인이 사방으로 기둥이 있는 침대 위에 꼿꼿한 자세로 앉아있었다. 테렌스는 주눅이 들었다. 그녀는 그의 가족과 그가 근무하는 연대, 그가 다닌 학교를 물어보더니 한결같이 냉담한 어조로 어떤 스타일의 여자를 좋아하는지 물었다. 베트남 여자? 알자스 출신 여자? 엄마 같은 스타일의 여자? 아니면 음탕한 여자? 피츠 부인은 또한 자기가 돈을 기대하고 있음을 암시했다. 정확한 액수는 밝히지 않았다. 사교계 남성이라면 이처럼 널리 알려진 집에서 베풀어지는 친절에 어떻게 보답해야 하는지 알아야 한다는 것이었다. 하지만 그는 알 수 없었다. 되는 대로 10파운드짜리 수표를 써서 자신 없는 표정으로 내밀었다.

"좋아요, 젊은 친구. 하지만 파운드가 아닌 기니로 표시를 해주겠어요?"

테렌스가 우리에게 소리쳤다.

"기니로 말이오, 기니로!"

그는 지금도 그 생각만 하면 놀랍다는 표정을 지었다. 나는 영국이라는 나라를 알지 못했다. 그래서 그런 현실적인 거래에서까지 그처럼 '사회적 신분'을 따지는 열정, 잔돈푼에까지 미묘한 사회적 차이를 적용하는 그런 취향은, 보름달이 뜰 때 수탉을 제물로 바친다든가 이슬람교 금욕파 수도승들이 빙빙 도는 것만큼이나 기묘해 보였다. 돋보기를 연상시키는 발루치의 태양이 비치는 가운데 우리는 마치 갈로로마인들이 프랑스의 마르세유에서 그리스를 발견했듯이, 퀘타에서 영국이라는 나라를 발견했다. 그것은 어떤 정신상태가 단순화되고 확대된 이미지라 할 수 있었다. 블록과 안개로 이루어진, 원래의 맥락을 벗어난 이 상황은 우리가 지금까지 만났던 그 어느 것보다 더 사람을 당황스럽게 만들었다. 만일 투르키스탄이 지겨워지면 우리는 언제라도 플리머스에 가서 살 수 있을 것이다.

테렌스는 이런 살아온 배경 덕분에 가장 수월하게 가지고 다닐 수 있는 미덕들을 간직했는데, 그것은 바로 유머와 신중함, 극도의 냉정함이었다. 자신의 길을 가기 위해 나머지 미덕들은 모두 버렸다. 그리하여 온갖 역경을 겪은 끝에, 다른 경쟁자들과 다를 바 없이 부패한 관청의 변덕과 어쩔 수 없이 타협하면서 위험을 무릅쓰고 하루하루 살아가다 보니 스스로 '광대-식당 주인'으로서의 진정한 사명이라고 부르는 것을 달성하게 되었다. 이 모든 것이 테렌스의 견해와 취향에 무게를 부여했다. 우리는 우리가 의존하는 것들만을 진정으로 사랑할 수 있다. 우리는 3

기니 1663년에서 1814년까지 사용된 영국의 금화 혹은 화폐 단위. 1기니를 만드는 데 금 4분의 1온스 정도가 들어갔다고 하며, 돈 가치로는 파운드와 비슷하다.
갈로로마인 기원전 5세기 로마의 카이사르가 켈트인이 살던 갈리아 지방(남프랑스, 스위스, 이탈리아 북부 등)을 정복하고 그 지역에 이주시킨 로마인. 로마와 같은 도시국가로 만들기 위해 로마의 언어, 체제, 문화를 도입했다.
플리머스 영국 남서부에 있는 항구 도시. 1620년 미국으로의 첫 이민단을 태운 메이플라워호가 출항한 곳이다.

주일 동안 사키 바에 의존했고, 그곳을 좋아했다. 테렌스는 자신의 삶을 바친 아시아에 의존하면서도 거기서 떠나기를 꿈꾸었다. 하지만 그는 아시아를 사랑했고, '몹시 걱정스러운 근심거리'가 없는 사람들은 결코 알지 못할, 심오하고 씁쓸한 즐거움(양탄자의 그림을 보거나 페르시아 시를 읽으면 느껴지는)을 맛보기 위해 값비싼 대가를 치러야만 했다.

규모가 큰 거래를 성공시키기에는 지나치게 낙천적인 발루치 사람들은 진나 거리의 상점들을 엉덩이가 크고 자부심이 강하며 아스트라한 모자를 쓴 펀자브 출신의 몇몇 상인에게 내주었다. 이들은 엘리자베스 여왕의 초상화를 카운터 위에 압정으로 붙여놓는가 하면 바퀴가 큰 소형 스탠더드 자동차를 타고 다니며 허풍을 떤다. 사키 바에 드나드는 이들은 우리에게 음료를 사주면서 페샤와르나 라호르에 오면 꼭 자기네 집에 묵으라고 말하면서 가게에도 반드시 한번 찾아와줄 것을 신신당부했다.

진나 거리에 있는 그들의 상점을 가까이서 바라보면 참으로 유감스럽다. 장인의 솜씨가 느껴지지 않기 때문이다. 서양에서 날림으로 만든 값싼 물건들이 물밀듯이 밀려들어와 이 지역 상업을 망쳐놓았다. 도끼빗, 셀룰로이드로 만든 예수상, 볼펜, 하모니카, 짚보다 더 가벼운 양철로 만든 장난감. 이 보잘것없는 물건들을 보고 있노라면 유럽인이라는 사실이 부끄럽게 느껴진다. 군부대 예배당의 페달식 오르간에서 시작되어 순회 공연하는 악사들에게까지 영향을 미친 장長 3도의 남용은 그만두고라도 말이다. 그리고 발루치 사람들이 풍성한 옷차림으로 아슬아슬한 균형을 유지하며 타고 다니는 비싸고 비실용적인 자전거는 차치하더라도 말이다. 하지만 시장은 이런 식으로 형성되는 것이다.

나는 최소한 이 점에서는 인도도 자신들의 쓰레기를 우리 유럽인들에게 슬쩍 떠넘김으로써 복수했다는 생각을 하며 스스로를 위안했다. 브라만들의 강장용 향유, 조악한 힌두교 도사들, 모조품 탁발승, 최근의 요가 열풍. 하지만 그거야 자업자득 아니겠는가.

우리가 행복해지기를 바라고, 우리의 재능을 시장에 팔려고 애썼던 테렌스는 그랜스탠리 카페의 주인인 브라간자를 만날 수 있게 다리를 놓아주었다. 금니를 여러 개 해넣은 브라간자는 부풀어오른 천을 허리에 두르고 휘청휘청한 막대기를 가지고 다녔는데, 자신들의 얼굴빛이 몇 세대 만에 연한 흑갈색에서 적갈색으로 변해가는 것을 두려움과 좌절 속에서 지켜보았던 포르투갈 출신 가문에서 태어났다. 그는 사키 바 맞은편에 탁자가 마흔 개가량 있는 어두컴컴한 찻집을 운영하고 있었다. 파탄족 고객들은 그곳에 와서 발을 까딱거리며 탄산수를 마셨다.

그는 우리에게 125루피를 주며 자기네 가게의 양쪽 벽을 장식해달라고 부탁했다. 손님을 끌 수 있게 이국적인 주제(예를 들면, 프랑스적인)를 그려달라는 것이었다. 낮에는 장사를 해야 하므로 그는 자정부터 아침 일곱시까지 우리에게 가게를 맡겼다. 브라간자는 가게를 보여주었다. 식당 뒷방을 통해 들어간 그가 찬장을 열자 파리들이 벌써 맛을 본 도넛 몇 개가 눈에 띄었다……

"기름이 많이 들어가서 몸에 좋을 거요. 많이들 들어요."

같은 날 저녁, 티에리는 두 가지 계획을 세웠다. 오른쪽 벽에는 귀족들이 경박한 여성들에게 샴페인을 따라주고 있는 초롱이 매달린 교외의 술집을 그리고, 왼쪽 벽에는 스페인 신사들과 집시들이 열심히 몸을 흔들며 도발적인 하바네라 춤을 추고 있는 스페인 바를 그린다는 것이었다. 전체적인 스타일은 구상화가 될 것이며, 피곤한 방탕아가 "몽마르트!"나 "올레!"라고 외칠 때 머릿속에 떠오를 법한 것들이 그려질 것이다. 나는 밋밋한 색깔로 된 넓은 두 부분(큰북과 암말의 궁둥이)을 칠할 때 티에리를 도와줄 수 있으리라. 브라간자는 우리 계획을 마음에 들어했다. 그래서 우리는 테렌스의 바에서 일을 하고 난 뒤 끔찍하게 더운 그 카페에서 며칠 밤을 새면서 이런저런 색깔들을 혼합했다. 우리는 얼룩진 식탁보에서 올라오는 카레 냄새를 없애기 위해 줄담배를 피워야만 했다. 내가 풀이 담긴 그릇을 불 위에 올려놓고 휘젓는 동안 티에리는 구체적으로 표현된 이 탱고와 영국식 왈츠를 마주보고 서있었는데, 이 지역의 잡화상에게서 사온 악취 나는 물감들과 네온 불빛 때문에 이 두 그림은 마치 쾌활한 악마가 그려놓은 것처럼 보였다. 우리는 이따금씩 일을 멈추고, 땀을 뻘뻘 흘리며 굵은 검은색 나뭇가지를 넣고 차를 달여 우려냈다. 카운터 뒤쪽에서 매트를 깔고 자다가 꿈을 꾸는 발루치족 요리사의 중얼거림이 들려왔다.

밤은 놀라우리 만큼 천천히 지나갔다. 이렇게 밤을 새다 보니 몸은 지칠 대로 지쳤지만 반대로 머릿속은 맑아지면서 한없이 행복해졌다. 나는 브라간자가 준 돈을 보면서 우리의 출발과 칸다하르, 가을을 상상했다. 우리는 아프가니스탄에서 잠을 자게 될 것이다.

몽유병 환자들처럼 호텔로 돌아갔다. 고운 모래가 반짝이는 좁은 길을 따라 유칼립투스 향기가 물결치듯 퍼져나갔다. 문이 닫힌 상점들 앞에서 새끼 흑염소들이 그들을 매어놓은 밧줄을 잡아당기고 있었다. 우리는 말라붙은 운하를 따라가다가, 무릎 위에 라이플총을 올려놓은 파탄족 야간 경비원이 긴 콧수염 밑에서 접힌 우산처럼 자고 있는 그린들레이 은행을 지나갔다. 다리에 도착한 우리는 찬장에서 가져온 도넛을 동틀 무렵에 항상 같은 장소에서 만나는 거지(꼭 개처럼 몸을 옹송그리고 누워있었다)에게 주었다. 오직 탐욕스러운 눈길과 민첩한 두 손만이 이 누더기 옷 뭉치를 송장과 구분시켜 주었다. 그는 너무나 궁핍했

던지라 뭘 봐도 절대 놀라는 법이 없었다. 옷 여기저기에 페인트
가 묻은 이 외국인들이 신문지에 싼 도넛을 들고 동틀 무렵에 나
타나는 걸 봐도 눈 하나 깜짝하지 않는 것이다. 꼭 잉어처럼 아
무 말 없이 손을 내밀었다가 다시 움켜쥘 뿐이었다. 도넛을 다
삼키고 나면 그는 자신이 가진 유일한 물체에 머리를 올려놓았
다. 그것은 십자 뜨기로 'Sweet Dreams'라는 글자를 고딕체로 수
놓은 작고 더러운 방석이었다.

우리는 모기들이 아침 일찍 일어나 부르는 노랫소리를 들
으며 발걸음도 가볍게 키 큰 나무들 아래를 지나갔다. 붉은 태양
이 회색빛 하늘로 떠오르고 있었다. 우리가 침대에 드러눕자마
자 속죄하는 듯한 날카로운 백파이프 소리가 부드러운 먼지 위
로 느닷없이 군 막사에서 터져나왔다. 마치 예리코 를 되찾아야
한다는 듯. 그렇지만 북쪽에서 들려오는 이 빅토리아풍의 나팔
소리는 이곳에서는 너무나 잘 울렸다.

이 청교도들은 유머 감각 외에도 구약舊約에 어느 정도 애착
을 가지고 있기 때문에 이처럼 멀고 먼 사막에 집착하게 된 것이
틀림없다.

우리에게 너무나 비싼 대가를 치르게 했던 자동차는 이란
의 사막에서 번호판을 잃어버렸다. 반입 허가서도 이미 기한이
지났기 때문에 법적으로 보면 우리 차는 더 이상 존재하지 않는

셈이었다. 우리는 기차역 옆에 있는 작은 사무실을 찾아가서 세관 책임자에게 이 문제를 해결해줄 것을 부탁했다. 피부색이 검은 그는 돼지처럼 생겼는데, 양쪽 귀는 가늘고 윤기 나는 긴 털로 가득 덮여있었다. 그는 찌는 듯 무더운 공기를 휘젓고 있는 선풍기 아래서 자고 싶은 절실한 욕망과 싸우고 있었으며, 손바닥에서 땀이 나는 바람에 압지에 달 모양의 자국이 남았다. 그는 스탬프를 두 번 찍어서 우리의 근심걱정을 말끔히 씻어준 다음, 이곳의 행정절차가 페르시아의 행정절차보다 더 간편하다고 한마디 하더니 그랜스탠리 카페의 벽화가 잘 그려졌다고 칭찬했다. 결국 그는 잘못을 저지른 소년처럼 기어들어가는 듯한 목소리로 티에리에게 자신의 '컬렉션'을 위해 누드 몇 장만 그려달라고 부탁하고서는 그 다음날 차를 대접하겠다고 말했다.

손해 보는 거래는 아니었다. 개당 10루피면 새 타이어를 네개 살 수 있었기 때문이다. 날이 밝자마자 우리는 일을 시작하여 테렌스에게 빌려온 《파리 생활》을 베껴 그렸다. 펼쳐놓은 잡지들이 마룻바닥을 뒤덮었다. 1920년에 나온 잡지들이었다. 화장먹으로 검게 칠한 눈, 튀어나온 턱에 분을 지나치게 바른 작은 얼굴의 연자주색 입, 허리가 없이 술장식이 달린 드레스, 가냘픈 어깨, 그리고 활처럼 휜 발목. 세상에! 이렇게 매력적인 인종이

예리코 여리고. 《성경》에 나오는 인류 최초의 도시. 기원전 8000년경 이스라엘들이 나팔소리와 고함소리만으로써 이 도시를 점령했다고 한다.

또 있을까! 나는 이 시대를 잘못 판단했었다. 여자들이 흰 베일을 얼굴에 두르고 징 박힌 가죽신발로 구름처럼 먼지를 일으키며 지나다니는 이곳에서 어린 아가씨들의 우아함은 우리를 완전히 매혹시켰었다. 하지만 그건 우리의 관심사가 아니었다. 시간을 벌기 위해서 나도 종이를 몇 장 가져다가 서툰 솜씨로 그림을 그려보았지만 만화나 낙서 수준을 벗어날 수가 없었다. 인체를 그리는 것은 언어를 통해 자신의 뜻을 분명하게 표현하는 것처럼 천부적인 능력이 있어야 하는 것이다. 울피아누스(로마의 법학자-영어판 옮긴이 주)나 베카리아(이탈리아의 범죄학자-영어판 옮긴이 주) 때문에 골머리를 썩이느니 차라리 그림 그리는 걸 배우는 게 나을 뻔했다. 자기가 좋아하는 것을 그릴 수 없다는 건 심각한 결함이요 굴욕적인 무능이다. 30분 만에 티에리는 도발적인 자세를 취하는 아름다운 처녀를 세 명이나 창조해냈고, 나는 차례차례 색칠을 했다. 짚빛깔의 머리칼과 연보랏빛 눈은 서구의 이국취미였다. 아침 이른 시간인 데다가 그 옛날 잡지들을 보자 행복한 우울병이 도지는 바람에 음란하다기보다는 애절한 그림이 그려졌다. 세관 책임자는 그림을 보고 만족스러워할까? 나는 어떤 것도 그 산山 같은 인물을 감동시키지 못할 것이라 생각했지만, 우리는 그보다 더 나은 그림을 그리기에는 아직 너무 젊었다. 포르노는 나이든 사람이 그려야 하는 그림인 것이다.

세관장은 공작의 깃털로 장식된 어두운 응접실 입구에서

우리의 손을 잡고 놓아줄 줄을 몰랐다. 그는 그 전날 누드화를 주문했다는 사실이 난처하게 느껴지는 듯 자기가 난봉꾼이 아니라는 것을 증명하기 위해 거듭해서 아이들을 소개해 주겠다고 말했다. 주름장식이 달린 드레스를 입은 검고 다리가 안쪽으로 휜 어린 소녀 셋은 학교에 관해 묻자 아무것도 신지 않은 발을 내려다보며 계속 킥킥 웃기만 했다. 우리는 프랄린 과자와 설탕을 입힌 아몬드, 끈적끈적한 케이크가 놓인 탁자 앞에 앉아 지루한 대화를 나누었다. 그러다가 집주인은 딸들을 쫓아낸 다음 우리의 창작품을 자세히 살펴보며 가슴이 에이는 듯한 한숨을 내쉬었다. 우리는 손을 무릎에 올려놓고 입 안에 음식을 잔뜩 집어넣은 채 그의 감상을 방해하지 않으려고 애썼다. 30루피면 큰 도움이 되련만.

"다른 그림은 없소? 더 많은……."

"없는데요."

"한 장도 없단 말입니까?"

그는 그림들을 다시 가져가더니 자기 마음속에 각인시킨 다음, 기름투성이 손자국을 잔뜩 묻혀서 되돌려주었다.

"지나치게…… 예술적이군요. 아시다시피 나는……. 그래도 좀 드세요."

그는 우리 접시에 먹을 걸 덜어주며 이렇게 말했다.

우리는 모욕당했다는 기분을 느끼며 그 커다란 화첩을 겨드랑이에 끼고 걸어서 호텔로 돌아왔다. 호주머니에 사탕과자를 잔뜩 집어넣고 뜨겁게 내리쬐는 햇빛을 받으며 적어도 한 시간은 걸었으리라. 나는 생각했다. 자, 공부를 하면 결국 이렇게 된다니까. 티에리가 같은 말을 되풀이했다.

"내 그림, 안 팔 거야. 다른 건 팔아도 이건 안 팔 거라구!"

그래서 우리는 사키 바의 웨이터인 사딕에게 주방에서 가벼운 음료를 마시곤 하는 파탄족 마권업자들에게 이 그림들을 은밀히 팔아보라고 부탁했다. 그는 이것들을 마권업자들에게 파는 대신 사흘 동안이나 우리 친구들의 코 아래 갖다대고 한장 한장 넘겨가며 사라고 들볶았다. 그림에 관심 없는 사람이나 소심한 사람들에게 그렇게 했다고 그는 분명히 말했다. 멋진 숙녀분에게…… 그는 엄지손가락으로 티에리를 가리키며 말했다. 이 신사분이 그리셨다고 말씀드렸지요…….

영국인들은 이곳에서 오래 살았다. 그들은 19세기에 그 당시 큰 마을에 불과했던 퀘타를 이 지역의 실력자로부터 사들여서 아주 힘들게 카라치로부터 철도 노선을 끌어들이고, 나무를 수백 그루씩 심었다. 또 일부 도로에 아스팔트를 깔고, 남부 아프가니스탄과 파탄족이 사는 산악지대로 통하는 고개를 지키기 위해 군악대와 교회, 폴로경기용 말을 보유한 만 명 규모의 군대를 주둔시켰다. 군대가 이렇게 주둔하게 된 것은 포틴저나 샌디

먼 같이 탁월한 실력을 갖춘 협상가들 덕분이었다. 이들은 별다른 어려움 없이 발루치족 사르다르들과 합의하여 부족 구조를 강화하는 한편, 그들이 성실하고 충성스럽게 봉사를 해준 데에 감사하는 뜻으로 멀리 있는 빅토리아 여왕을 대신하여 그들에게 훈장을 수여하고 소박하고 행복한 생활을 보장해 주었다. 말 타는 솜씨가 뛰어나며 오래된 나무총으로 종달새를 맞출 수 있는 발루치족이 반란을 일으키지 않은 것은 인근에 살며 소란을 피우는 파탄족을 무찔러주겠다며 일부러 지구 반대편에서 찾아온 이 군인들에게 망아지와 과일, 가축을 파는 것이 자기네들에게 이익이 된다고 생각했기 때문이다. 발루치족과 영국인들 모두 말을 좋아했고, 삶의 희극적인 측면을 추구했으며 합리적인 해결 방법을 원했던 덕분에 결국 이 '보호령'은 식민지 역사상 보기 드문 낙원으로 바뀌게 되었다. 수많은 톰과 존들은 이곳의 유칼립투스 그늘 아래서, 그리고 모래밭과 영국에서 온 편지, 요란한 백파이프 소리 사이에서 새로운 형태의 행복을 발견했다. 영국령 인도가 멸망하자 그들은 이곳을 떠났고, 그토록 경쾌하던 이 도시는 이곳으로 집중되는 온갖 노스탤지어로 인해 부풀어 오른 듯 보였다.

　남아서 파키스탄을 위해 일하는 사람들은 매일 밤 사키 바를 찾아왔다. 소령 몇 명과 흰 턱시도를 입고 위스키에 젖은 푸른 색 눈에 머리가 희끗희끗해져가는 대령 두 명은 구워서 부풀린 초콜릿을 보자 점잖게 탄성을 지르며, 우리가 번안해 부른 〈우울한 일요일〉이나 〈고엽〉을 듣고 환호하며 박수갈채를 보냈다. 그리고 우리의 레퍼토리를 늘려주기 위해 유리보다 더 가느다란 목소리로 스코틀랜드의 오래된 민요들을 불렀다. 그들은 다들 우르두 말을 조금 했고, 그들의 연대를 사랑했으며, 영국보다는 아시아를 더 좋아했다. 하지만 아시아는 바뀌었다. 이제 겨우 7년밖에 안된 공화국에서 그들의 옛 피통치자들은 이제 그들의 고용주가 된 것이다. 군주들이 부하가 되었다는 얘기다. 이러한 변화에는 항상 어려움이 뒤따른다. 전통에 기반을 둔 차별 관습은 어느날 갑자기 받아들일 수 없는 것이 되었다. 새로운 관계를 곧바로 수립해야 했으며, 그런 관계를 발전시키는 것에는 단순한 선의 이상의 것이 필요하다. 다리를 놓기 위해서는 상상력이 필요하고 테렌스 같은 아웃사이더가 필요하다. 사키 바의 안뜰은 민속의 샘이었고, 테렌스는 여기에 품격을 부여했다. 그가 지친 표정으로 허물없이 술잔을 손에 들고 탁자 사이를 돌아다니기만 하면 몇 명 안되는 술꾼들은 자기가 다른 사람들과 조화를 이룬다고 느꼈다. 적당한 때가 되면 그는 마치 그물을 들어올리듯 안뜰을 살펴보러 갈 것이다. 경마에 관한 정보를 알려주는 이 지역의 말 장수와 체스 경기를 하거나, 군대에 있을 때는 쌍안경으로만 보다가 이제는 레모네이드 잔을 앞에 두고 편안하게 다시 만날 수 있게 된 파탄족 유격대원 출신과 인사를 나누는 것이다.

현행법에는 음주가 금지였지만 테렌스는 이슬람교도들에게 술을 제공했다. 하지만 억지로 권하는 법은 결코 없다. 나름대로 요령을 발휘하면 손님들이 거기 따를 뿐이다. 그들은 세 잔째 주문한 위스키 대신 차가 나와도 항의를 하기는커녕 자기가 그처럼 신중한 진단과 통제(경찰이 야간순찰을 하다가 수상쩍은 냄새를 풍기는 신자들을 어김없이 붙잡아가기 때문에 더욱 필요한)의 대상이 되었다는 데 대해 오히려 감사해했다. 이따금씩은 그의 감시를 교묘히 피해가며 정해진 음주량을 초과한 역장이라든지 우체국장 같은 유지들이 문을 닫고 나서도 한참이 지나도록 한쪽 구석에 남아 커피원두를 씹다가, 짐짓 단호한 표정으로 위험을 무릅쓰고 인적이 끊긴 길거리로 사라지기도 했다.

장식과 관련한 창의력이 과일 파이에 설탕을 그물처럼 뿌려낸다든지, 진나의 풍경을 곤약판으로 찍어낸다든지, 반들거리는 털을 가진 뻣뻣한 고양이를 벨벳 방석에 그려넣는 정도에 그치고 마는 이곳에서, 호기심 많은 사람들이 단 이틀 만에 그랜스탠리 카페의 벽 위에 출현한 인물들에 관심을 가지는 건 지극히 당연한 일이었다. 브라간자는 그림이 히트를 치자 더 많은 걸

우르두어 아프가니스탄의 공용어로 인도유럽어에 속한다.

원했다. 안쪽 벽 앞에 놓여있던 병들을 치우고 나서는 30루피를 줄 테니 환상 산호섬과 코코넛 야자수, 해수욕을 하는 타히티 여인들을 그려달라고 부탁했다. 푸른색 페인트가 아직 많이 남아 있어서 이 주제들은 더욱 안성맞춤이었다. 그림은 하룻밤 사이에 완성되었다. 푸른색 하늘, 담배 색깔의 세이렌들이 머리를 빗고 있는 군청색 바다. 그리고 페인트를 다 써버리기 위해 한쪽 구석에는 알록달록한 색깔의 여객선 한 척을 그려 넣었다. 그것은 아바나 여송연 담뱃갑에 그려진, 깃 장식을 단 선한 야만인만큼이나 보는 사람을 안심시키는 참신한 그림이었다. 이제 운하의 걸인은 마지막 도넛을 얻어먹을 수 있게 될 것이다. 브라간자는 평소에는 바다를 지겨워했으나 그림을 보자 금세 즐거운 표정을 짓더니 가는 막대로 해수욕하는 여인들을 가리키며 이곳 사람들은 풍만할 걸 좋아하니 좀 더 둥글둥글하고 살쪄보이게 그려달라고 부탁했다. 티에리는 붓질 세 번 만에 그들의 엉덩이를 부풀려놓은 다음, 조금 전까지 그리고 있던 이란 그림(비스듬히 기울어진 구름 아래의 메마른 사막 일부)으로 조용히 되돌아갔다.

저녁이 되어 람잔 자동차수리소에서 나오면 나는 잠시 사진가인 텔리에에게 들러 사진 현상법을 배웠다. 사키 바 옆에 가게가 있는 텔리에는 지진이 일어나기 전에 이 도시에 정착했고 혼자서 사진 기술을 터득했다. 군대가 주둔한 이 도시의 영국인들에게 그는 '연조軟調'와 '흐릿한 배경', 그리고 암실의 끔찍한

더위 덕분에 완벽하게 성공하는 독특한 모아레(규칙적으로 분포된 점이나 선이 겹쳐서 생기는 물결무늬 모양 - 옮긴이 주) 효과의 전문가로 통했다. 그는 장교 부인들의 얼굴 사진에서 완전한 성공을 거두었다. 윤기 없는 얼굴에 간결한 머리 맵시, 진주목걸이를 차고 다니는 금발머리 여성들…… 아라비아산 고무를 한 방울 떨어뜨리면 두 눈이 로맨틱하게 빛났다. 그리고 나서 텔리에는 산화아연과 작은 붓을 가지고 마법을 부리듯 그들의 목걸이에 눈처럼 하얀 광채를 부여했다. 밤이 되면 얼굴은 알아보기 힘들었지만, 목걸이는 꼭 가느다란 초승달처럼 어두컴컴한 쇼윈도우 안에서 환하게 빛났다.

독립을 하고 영국인들이 떠나자 텔리에의 기술도 크게 바뀌었다. 과다하게 노출된 듯한 예전의 주황색 후보자들이 떠나고 짙은 색 피부의 고객들이 밀려들었던 것이다. 지금은 환한 색깔을 배경으로 하여 검은색으로 사진을 뽑으며 매끈한 종이를 사용한다. 초췌해 보이는 자신의 사진을 여러 장 침대 위에 압정으로 꽂아놓는 젊은 양가 자제들(여자친구가 없는)은 가르마를 타고서 그의 사진관 진열창 앞에서 어슬렁거렸다.

카라치에서 받는 인화지에 이것저것 문제가 많았으므로 그는 나중에 돈을 줄 테니 스위스에서 인화지를 주문해달라고 내게 부탁했다. 나는 그렇게 했다. 도합 50루피였다. 그 뒤에 나는 이 돈만 있었다면 놀라운 효과를 발휘했을 법한 처지에 여러 번

빠졌다. 그때마다 나는 영어로 "플리즈 미스터 텔리에(텔리에 씨, 제발 부탁이니)……"라든가 불어로 "실 부 플레, 몽 세르 텔리에(텔리에 씨, 제발 부탁이오니……)"라고 썼다. 그는 퐁생에스프리 출신이었다. 그에게서는 일체 연락이 없었고, 나는 카불과 콜롬보 사이에 있는 여러 곳의 싸구려식당에서 그를 저주할 수밖에 없었다. 어쩌면 그는 인화지를 못 받았을지도 모른다. "반드시 어두운 곳에서 개봉할 것"이라고 쓰인 봉투가 우리 음탕한 세관장 나으리의 손을 거쳤을 것이고, 그는 그게 무슨 도색잡지 같은 것일지도 모른다고 의심하여 남몰래 자기 사무실에서 열어보았다가 아무것도 없이 눈발처럼 깨끗한 그 종이가 눈앞에서 광택 나는 회색으로 변해가는 것을 보았을지도 모른다.

사키 바에서 일하는 웨이터 세 명은 잘 돌아가는 눈을 이리저리 돌리며 콧노래를 흥얼거리고, 맨발로 돌아다니고, 자신의 전 재산을 손수건에 싸서 가지고 다니는 변덕스러운 인종에 속했다. 그들이 사랑하고 헤어지고 다시 상대를 만나는 데는 보름이면 충분했다. 도주, 불화, 열정, 우울, 결별. 심지어는 바에서 일하는 사딕조차 평소에는 호인이고 현실적이지만 일단 '여자에게 차이자' 일주일 동안 식음을 전폐했을 정도였다. 이런 위기의 밤이면 마음이 심란해진 테렌스는, 땀으로 흠뻑 젖은 얼굴로 테라스에 찬 바람을 쐬러 나갈 때를 제외하고는 절대 오븐 곁을 떠나지 않았다.

"그 곡 좀 빨리 연주해줘요. 뭔지 알지요?"

그것은 세르비아 노래였다.

내 가슴 속에 꽃 한 송이 있었네

그 꽃이 세상을 바라보고 있었네

페르시아 노래일 때도 있었다. 어쨌든 그것은 가슴을 갈기 갈기 찢어놓을 만큼 애절한 노래였다. 우리는 그가 우는 것도 두어 번 보았다.

결국 그 나이 또래의 남자가 이런 일과 거듭되는 부침浮沈, 너무나 경박하고 모든 것으로부터 아득히 멀리 떨어져 있는 이 도시, 교활한 납품업자 등 그 모든 것들을 견뎌낸다는 것은 결코 쉬운 일이 아니었다. 테렌스는 자기가 이곳에서 재능을 낭비하며 제자리걸음을 하고 있다고 생각했다. 이따금씩 우리 부품이 도착했나 안 했나 보려고 기차역으로 가다 보면, 사덕이 수선하다가 무릎 부위까지 길게 늘려놓은 호주머니 속에 주먹을 찔러 넣은 테렌스가 허리를 숙이고 작은 안뜰을 신경질적으로 왔다 갔다 하면서 엄한 목소리로 웨이터들을 야단치는 걸 볼 수 있었다. 금방이라도 누군가를 머리로 받아버릴 것 같은 기세였지만, 그러지는 않았다. 그냥 좀 외로워서, 그리고 아시아라는 곳이 심장에는 너무나 좋지만 신경에는 너무나 안 좋기 때문에 그러는 것이었다.

테렌스는 우리에게 프랑스에 관한 질문을 자주 던졌다. 언젠가는 프랑스에 호텔(나뭇가지 사이에 반쯤 가려지고, 참나무 널벽에 무도회장이 있으며 말을 빌려주는 호텔)을 열 꿈을 갖고 있었던 것이다. 우리는 거의 헐값에 땅을 얻을 수 있는 오트프로방스 지방에 이어 사부아 지방(관광객이 더 많으니까)을 추천했다. 그는 상태가 아주 좋은 미슐랭판 사부아 지방 지도를 자기 집에서 찾아냈다고 말했다. 마지막 손님을 문까지 배웅한 다음 악기를 벽에 기대어놓은 우리는 강둑과 붉은 지붕들, 눈에 익은 뿔 모양의 숲을 바라보며 우아한 모양의 무성한 나뭇잎과 아무 장식도 없이 오직 우수만이 깃들어있는 초벽初壁, 모호한 쾌락주의(무척이나 '테렌스'적인!)를 찬양했다. 우리는 약간 과장했다. 그를 격려하기 위해서, 그리고 그 지역들에 있는 투아리와 네르니에, 혹은 이브와르 같은 지명들이 우리가 출발하기 전에 여행 계획을 짰던 카페의 철제 식탁과 라일락을 연상시켰기 때문에.

우리는 며칠 밤을 연이어 잔 나뭇가지가 길게 뻗어나간 듯한 별들 아래서 동이 트기를 기다리며 싱그러운 녹음에 싸여있는 이 지방을 우리의 술잔 사이에 펼쳐놓았다. 테렌스는 이런저런 질문을 던지며, 그를 이곳에 붙들어두는 관습이나 빚쟁이들로부터 멀리 떨어진 곳에 도피처를 마련하겠다는 꿈을 꾸도록

도와주는 이 사랑의 지도에 정성스레 주석을 달았다. 그 다음 날 우리는 그가 이 지도를 바에 깜빡 놓아두고 간 걸 발견했다. 그는 지도 여기저기에 굵고 붉은 선으로 표시를 해두었고, 몇 군데 마을에 십자가 표시를 했으며, 몇몇 외딴농장에는 느낌표를 붙여놓았다(이곳에 사는 사람들은 자기들이 운이 좋다는 걸 알까?).

테렌스는 바와 지붕 겸 테라스를 잇는 계단 아래의 벽감에 그가 시련의 와중에서도 절대 버리지 않았던 물건들을 차곡차곡 쌓아두었다. 작은 뾰족탑이 있는 건물 정면에서 사냥개들을 모아놓고 찍은 사진, 테니슨의 작품 몇 권, 초록색 천으로 제본된 프루스트의 작품, 3년 치《파리 생활》, 무려 40킬로그램이나 나가는 '거장의 목소리' 음반들(알프레드 코르토, 글루크 의 〈오르페우스〉〈마술피리〉). 이따금 그는 거기서 나와서 음반을 전축에 건 다음 다시 그 골동품 속으로 사라지곤 했다. 음악 뒤편으로 물건들을 옮기고 혼잣말을 하며 쌓인 것을 하나씩 치우고 오래된 편지를 읽는 소리가 들려왔다. 하지만 오후가 되자 그의 모습은 더 이상 보이지 않았다. 방으로 쓰이는 지붕 밑 공간으로 올라가서 추억과 함께하다가 깜빡 잠이 든 것이다. 한 파탄족이 바에서 그를 꼭 만나야겠다고 고집을 피우기에 그를 찾으러 이곳으로 가보니, 그는 마음속의 여정을 서둘러 따라가기라도 하는 듯 은근한 표정을 지으며 흔들리는 야전용 침대 위에 몸을 쭈그리고 누위있었다. 커다란 포병용 쌍안경이 옆에 놓여있었다. 나는 도대체 그가 테라스에서 무엇을 관찰할 수 있었을지 궁금해하면서 발소리를 죽이고 살금살금 내려가 급한 용무가 있다는 그 손님에게 저녁에 다시 한 번 들러달라고 말했다.

한가한 시간이면 테렌스는 장외마권을 채워넣으며 좋아하는 아리아를 듣기 위해 스피커를 안뜰로 내갔다. 태양과 모래의 영향을 상당히 많이 받은 이 전쟁 전의 감탄할 만한 레코드를 듣다 보면 몇 번씩 놀라게 된다. 바이올린과 목관악기, 매혹적인 여가수의 목소리가 일종의 기관총소리 비슷한 소리 위로 날아올랐다가 갑자기 끔찍한 소리와 함께 바늘이 중앙으로 튀고 잘려나간 가사(의미가 모호한 신탁의 일부처럼 이해할 수 없는)가 느닷없이 사키 바 위로 흩어졌다. 테렌스는 누군가가 아주 가까이서 자신에게 총을 쏘기라도 한 것처럼 소스라치면서, 증인으로 삼기 위해 우리를 쳐다보았다. 사물이 우리 등뒤에서 닳아 없어지고 노후되어가는 방식이 그에게 큰 충격을 안겨준 것이다.

바에 갖다놓으려고 높이 쌓아올린 더미 속에서 우리는 부드럽고 감상적인 미국 가요들(도리스 데이, 레나 혼)을 발견했는

알프레드 테니슨(1809~1892) 영국 빅토리아 시대를 대표하는 계관시인. 죽은 친구에게 바치는 애가《인 메모리엄》이 대표작.
알프레드 코르토(18747~1962) 프랑스의 낭만주의 피아니스트. 당대 최고의 인기를 구가했다.
크리스토퍼 글루크(1714 ~ 1787) 독일의 오페라 작곡가. 근대 오페라 형식을 연 개혁가이기도 했다. 대표작은 〈오르페우스와 에우리디케〉.

데, 그걸 들으니 돈을 벌겠다는 꿈을 꾸지 않을 수가 없었다. 나는 번쩍거리는 커피메이커와 빳빳하게 풀을 먹인 와이셔츠, 그리고 아름다운 목소리를 가진 그 세이렌들을 유혹하기 위한 돈의 뒤편에서 완벽한 용모를 갖춘 젊은 여성들을 상상했다. 나는 아직은 제대로 보장되지 않는 이 새로운 자유를 리본처럼 1미터씩 끊어서 팔겠다는 생각을 했다. 그 생각은 오래가지 않았다. 너무 피곤해서였다. 잠을 좀 자야 했다.

티에리는 우체국 밖에서 나를 기다리며 처음으로 떨어진 나뭇잎을 청소하는 청소부와 잡담을 나누었다. 그러고 난 그는 우체국 건물을 한 바퀴 돌아보고 나서 아까 이야기를 나누었던 청소부와 다시 마주쳤는데, 청소부는 그를 알아보지 못하고 이렇게 소리쳤다.

"당신 친구가 당신을 찾다가 저쪽으로 갔어요!"

내가 가보니 그는 조금 전부터 자기를 찾아 빙빙 돌고 있었다. 자연스러운 일이었다. 모든 것은 돌고 도는 법. 피곤하기도 하고 잠도 제대로 못 자다 보니 꿈의 회전기제가 우리 삶 속에 도입된 것이다. 게다가 그 눈부신 불빛 속에서 파리들과 함께 잠잘 수 있는 방법도 없었다. 계속 침대를 옮겨 다니고 줄곧 이야기를 나누며 땀을 흘리고 밤을 새우다 보니 삶의 두께가 얇아지면서 우리는 결국 옆모습으로만 살게 되었다. 최소한의 감동(한

번의 미소, 뺨 위의 섬광, 노래 한 가락)도 우리의 가슴을 에인다. 말라리아열도 나흘이나 닷새 만에 한 번씩 찾아온다. 내 온몸이 나뭇잎과 소금물로 뒤덮여있다는 느낌과 함께 나를 자동차 밑에서 나오도록 만드는 허약함과 오한. 전혀 심각하지 않다. 무료함을 달래기에 딱 좋을 정도다.

우리는 낮에는 정비소와 테렌스의 사키 바, 그리고 밤이 되면 페인트 통 사이에서 일한 뒤에 녹초가 되어 입을 꼭 다문 채 루르드 호텔로 돌아갔다. 그것은 혜택을 준 사람 입장에서는 보고 싶은 태도가 아니었다. 주인인 메타로서는 헛고생을 한 셈이었다. 우리는 그의 고객들을 돋보이게 만들어주지 못했던 것이다. 그는 우리가 자기 호텔에 아예 눌러앉을까 봐 걱정되는 듯 아침인사를 해도 건성으로 대답했다. 사딕과 조수들이 신문지를 건초더미처럼 쌓아올리고 그 위에서 밤을 보내는 사키 바의 지붕에서 떠날 때까지 지내는 게 차라리 나을 듯 했다.

나는 짐을 꾸리다가 겨울 내내 쓴 원고가 사라져버렸다는 사실을 알아차렸다. 웨이터가 방을 청소했다. 나는 책상을 비우기 위해 원고가 든 큰 봉투를 바닥에 놓아두었었다. 정오였다.

도리스 데이(1942~) 미국의 가수. 아름다운 목소리 때문에 인기가 많았다. 히치콕의 영화에 출연하는 등 영화배우로도 활동했다.
레나 혼(1917~2010) 미국의 흑인 재즈 가수. 배우와 시민운동가이기도 했다.

해는 나무들 사이를 빠져나가고 있었다. 모든 것이 휴식을 취하고 있었다. 떨리는 손으로 부엌의 쓰레기통을 뒤지다가 한숨소리와 코 고는 소리가 사방에서 들려오는 사무실을 지나가서 보니 그 웨이터가 더러운 식탁보 아래 잠들어있었다. 그는 그 봉투를 기억하고 있었고, 그가 생각하기로는…… 그는 눈을 비비며 나를 큰길 옆에 위치한 쓰레기 버리는 곳으로 데려갔다. 아무것도 없었다. 검은 펠트 마스크를 쓴 해골처럼 비쩍 마른 청소부들이 구름 같은 먼지를 일으키며 청소차를 몰고 새벽녘에 나타났다가 내 원고를 갖고 사라진 것이었다. 그들이 어디로 갔는지 아는 사람은 호텔에 아무도 없었다. 다음 청소차가 나타날 때까지 기다렸다가 그 차를 타고 가서 장소를 알아낸 다음 원고를 찾아봐야 했다. 그동안 나는 다시 시간을 거슬러올라가서 내 재산을 되찾을 수만 있다면 얼마나 좋을까 생각하며 되돌릴 수 없는 시간을 죽여야만 했다. 나는 먹은 걸 토한 다음 우리 차의 엔진을 손보았다. 눌어붙은 볼트를 분해하면서, 5톤 트럭이 울퉁불퉁한 비포장도로 위에서 덜컹거리고 먼지를 일으키며 온갖 오물과 양배추 줄기와 함께 내 원고를 사방에 뿌려놓는 장면을 상상했다. 첫 페이지와 단락들, 타이프를 치다 보니 손가락이 마비되어 더 희미해 보이는 행行들, 타브리즈, 꽁꽁 언 땅 위에 드리워진 포플러나무 그늘, 나쁜짓을 해서 번 돈을 아르메니아 선술집에 와서 술값으로 다 써버린 야바위꾼들이 추위에 얼어붙은 실루엣을 재구성해야 하리라. 석유등 불빛 아래서, 혹은 싸움자고 새들이 새장 안에 잠들어있는 시장의 식탁 위에서 더 이상 내가 아닌 누군가가 쓴, 그 숨막히고 어둡고 돌이킬 수 없는 겨울의 기록들을.

그날 밤 사키 바에서 티에리는 일을 다 마쳤다. 테렌스는 친절하게도 우리 잔이 비는 족족 술을 따라주었다. 그는 이해하고 있었다. 자기가 이해할 수 없는 건 거의 아무것도 없다는 것을. 하지만 나는 그 다음날 트럭을 놓칠까 봐, 실현되기 힘든 내 희망이 새로운 쓰레기 더미 속에 묻혀버릴까 봐 술 마시는 것을 자제했다. 나는 발코니의 안락의자에 누워 담배꽁초를 주변에 집어던지며 밤을 보냈고, 그 어떤 꿈도 내 원고뭉치가 어디 있는지 예언해 주지 않았다. 다섯시가 되자 밝은 황록색이 하늘에 번져나가더니 유칼립투스나무 잎사귀들이 수은처럼 반짝거렸다. 그러나 냉혹한 태양이 곧 모든 것을 휩쓸어가버렸다. 호텔 주인이 삽 두 개를 가져다주었다. 그는 내가 처한 상황을 들어서 알고 있고, 내 경우와 비슷한 일화를 하나 들려주기까지 했다. 친구 한 명이 분리 독립 당시 벌어진 대학살의 와중에서 원고를 잃어버렸다는 것이었다.

"그 친구, 몇 년에 걸쳐 원고를 재구성했지요. 다시 기억하고, 다시 쓰고……. 아시겠지만 그거, 쉬운 일이 아닙니다."

뜨거운 차로 배를 불린 우리는 무릎 위에 삽을 올려놓고 길가에 앉아 쓰레기차를 기다렸다. 테렌스에게서 훔친 프루스트의 책을 읽으려고 했지만, 알베르틴의 불행이 마음에 잘 와닿지 않는 데다가 웬일인지 그날 도로에서는 여러 가지 다른 재미있는 일들이 많이 벌어졌다. 그날은 독립기념일이었다. 나들이옷을 차려입은 군중들이 축제가 벌어지는 광장으로 몰려가고 있었다. 흡족한 표정으로 색깔이 알록달록한 자전거대를 잡고 실려 가는 수염 난 남자들, 탐욕스러운 웃음, 장식 깃털이 달린 터번, 턱에 온통 설탕을 묻히고 곰 조련사 주위에서 시끄럽게 떠들어대는 어린아이들, 그리고 카불을 포위하고 공격하는 데 사용했던 대포들 사이에 끌고 온 물소를 눕혀놓고 껄껄 웃어대는 농부들. 유쾌하고 즐거운 아침이었다. 지나가는 사람들마다 뜬금없긴 하지만 진심 어린 인사를 우리에게 보냈다. 트럭은 나타나지 않았다. 쓰레기차도 축제에 합류한 것이다. 말을 탄 경찰이 쓰레기 하치장이 어디에 있는지 가르쳐주었다. 피친으로 가는 비포장도로를 10킬로미터가량 가다 보면 악취가 엄청나게 풍기기 때문에 그냥 지나치려야 지나칠 수가 없다는 것이었다.

낮 12시, 우리는 헐벗은 산으로 둘러싸인 분지 한가운데, 깨진 유리조각이 여기저기 흩어진 거무스레한 쓰레기 벌판에서 일할 준비를 갖추었다. 마치 잠자는 사람이 숨을 내쉬는 것처럼 유해한 불길이 규칙적으로 거대한 태양을 향해 확확 솟아오르며 지평선을 뿌옇게 가렸다. 털이 다 빠진 당나귀들이 종종걸음으로 걷다가 보이는 대로 아무거나 머리로 치받거나, 아니면 악취를 풍기는 그 계곡에서 비통한 소리로 울어대며 뒹굴었다. 그 악취 속에서 홀딱 벌거벗은 노인이 혼자서 납 찌꺼기를 체로 거르고 있었다. 그 전날 내 원고를 싣고 간 쓰레기차에 관해서 물었지만 별다른 성과를 얻을 수 없었다. 벙어리였던 것이다. 우리가 질문을 던질 때마다 흙 묻은 집게손가락을 입 속에 집어넣고 어깨를 으쓱거릴 뿐이었다. 우리를 가장 최근에 실어온 쓰레기 더미로 안내한 것은 갈색 독수리들이었다. 100여 마리는 될 것 같은 독수리들은 마지막으로 사냥해온 먹이 주위에 앉아 소화 시키고 배설하고 트림하는 중이었다. 그놈들을 향해 광석을 제련하고 남은 찌꺼기인 용재덩이와 뼛조각, 녹슨 깡통을 던졌다. 그들은 우스꽝스럽게 옆걸음질 쳐서 확 피하더니 도대체 우리가 왜 자기네들이랑 싸우려고 하는지 영 이해가 안 간다는 듯 다시 날개를 펴며 썩은 고기처럼 생긴 목을 우리 쪽으로 내밀었다. 우리는 고래고래 소리를 지르고 삽을 휘둘러대며 그놈들을 향해 돌진했다. 독수리들은 더러운 빨랫거리가 퍼덕거리는 것 같은 소리를 내며 날아오르더니 조금 더 멀리 떨어진 곳에 앉아 우리가 일하는 걸 지켜보았다.

가까이서 보았더니 그 쓰레기는 이상하게도 결핍을 드러내 보여주었다. 누군가가(하녀, 넝마주이, 몸이 온전하지 못한 걸인, 개, 까마귀 들) 연이어 수거를 해가서 쓸 만한 부분은 남김없이 추려내어진 것이었다. 트럭이 지나가기 훨씬 전에 우표, 담배꽁초, 껌, 나뭇조각들이 다른 사람들을 행복하게 만들어주었다. 오직 도 대체 무어라 이름붙이기가 민망할 만큼 형편없는 것과 형태 없 는 것들만이 독수리들이 마지막으로 청소를 한 뒤에, 위험한 생 선 가시로 가득 찬 칙칙한 색깔과 재투성이의 시큼한 반죽으로 졸아들어 이곳에까지 도달하는 것이었다. 웃통을 벗고 입마개 를 쓴 우리는 가능하면 숨을 들이마시지 않으려고 노력하면서 깨진 백열전구와 바닥까지 알뜰하게 긁어낸 멜론 껍질, 핏발이 묻어 붉게 변한 신문 조각, 불에 반쯤 탄 생리대 쪽으로 코를 가 까이 갖다대고 원고를 찾았다. 우리는 이 쓰레기 속에서 이 도 시 구조의 쇠잔한 이미지 같은 것을 발견했다. 가난이 만들어내 는 쓰레기는 부富가 만들어내는 쓰레기와는 다르다. 각 계급은 그 나름의 오물을 가지고 있으며, 일시적인 불평등을 보여주는 사소한 지표들이 여기에도 존재했다. 우리가 삽질을 한 번 할 때 마다 구역이 바뀌었다. 크리스탈 극장의 주황색 극장표가 지나 가고 나자 새우와 뒤섞인 낡은 필름조각들이 텔리에의 사진관 과 사키 바를 표시했다. 몇 미터 더 가서 칠튼 클럽의 더 사치스 런 광맥(외국 신문, 항공용 봉투, 카멜 담뱃갑)을 찾아낸 티에리는 우 리 호텔 쪽으로 신중하게 파고 들어갔다. 무더위와 지독한 악취, 그리고 무엇보다도 독수리들 때문에 수색작업은 진척될 기미를 보이지 않았다. 우리가 일손을 멈추고 삽에 몸을 기댄 채 숨이라도 돌릴라치면 그놈들은 우리가 그처럼 꼼짝 않고 있는 게 뭔가 바람직한 징조라고 지레짐작하고는 우리 쪽으로 종종걸음쳐 오면서 우리가 흙덩어리로 그놈들을 정확하게 겨냥하여 그놈들의 생각이 잘못되었다는 걸 알려줄 때까지 역겨운 고함을 내질렀다. 다른 놈들은 또 우리가 판 구덩이 위에 암소 크기만 한 그림자를 드리우며 우리 머리 위를 천천히 떠돌았다. 그놈들이 안달한다는 걸 어렵잖게 알 수 있었다. 우리가 뒤집어엎어놓은 걸 보고 그렇게 안절부절못하는 것이다. 이른 오후 무렵, 티에리가 고함을 치자 독수리들이 한꺼번에 날아올랐다. 티에리는 몹시 뜨겁고 더럽혀진 봉투를 자랑스럽게 흔들어 보였다. 하지만 그 안에는 아무것도 들어있지 않았다. 그로부터 한 시간에 걸쳐 미친 듯이 뒤진 끝에 찢겨져나간 1페이지의 네 단락을 찾아냈고, 이어서 삽은 아무 가치도 없는 검은 골재에 부딪쳤다. 우리는 루르드 호텔에서 멀어졌다. 더 찾아봤자 소용없는 일이었다. 쉰 장에 달하는 크고 길긴 종이는 이곳에서는 아무 위치도 차지하지 못하는 자산을 의미했다.

지칠 대로 지친 우리는 삽을 질질 끌며 그 똥 묻은 봉투와 꼭 불에 눌어붙은 듯한 네 장의 종잇조각을 들고 자동차로 돌아갔다.

필발 후추과의 상록식물의 열매. 햇볕에 말린 것을 향신료나 한약재로 사용한다.

마지막 종잇조각에는 이렇게 쓰여 있었다.

"입을 막고 우리를 잠재우는 11월의 눈."

이곳에서는 모든 것이 부글부글 끓었다. 핸들은 손바닥을 태웠고, 우리 얼굴과 팔은 비 오듯 흘린 땀 때문에 소금으로 뒤덮였다. 그리고 기억은 어둠에 어렴풋이 둘러싸였다. 추위의 무게, 타브리즈, 한겨울?……. 나는 이 모든 것을 상상해내야만 했다.

저녁 여섯시, 축제가 저녁기도 때문에 중단되었다. 도시는 생과일향이 나는 빛 속에서 휴식을 취하는 중이었다. 운하를 따라서 산보객들이 뒤집혀진 자전거 사이에 엎드려 기도문을 중얼거렸다.

테렌스는 밤에 사키 바 문을 열 준비를 했다. 그는 전구와 작은 국기를 매단 꽃장식을 테라스에 비스듬히 내걸었다. 문에 걸어놓은 석반에는 '보물찾기(상품 있습니다), 메리메이커즈 밴드(브라간자가 빌려준 세 명의 파탄족 악사들)'라고 쓰여 있었고, 우리는 파리에서 온 천재 예술가들로 과대선전되었다.

우리는 파키스탄 축가로 포문을 열었다. 그리고 이번 기회에 써먹으려고 일부러 익힌 곡들을 잇달아 연주했다. 사람들이 많았고, 처음 보는 얼굴도 눈에 띄었다. 아프가니스탄에서 망명한 사람들이 한 테이블을 차지했고, 스팽글이 달린 드레스를 입은 아르메니아 출신 할머니는 술이 약간 취해서 상상 속 파트너

의 어깨에 머리를 기댄 채 혼자 비틀비틀 춤을 추었으며, 그동안 근처 골목길을 지나가던 행인들이 공연을 보려고 몰려들었다. 가족적인 분위기였다. 우리가 힘이 빠져가자 메리메이커즈 밴드가 멋지게 드럼을 굴려 치면서 우리를 받쳐주더니 순서를 이어받았다. 사람들은 계속해서 〈체리의 시절〉을 다시 들려달라고 우리들에게 부탁했다.

 ……진홍빛을 띤
 사랑의 체리가
 피를 방울방울 흘리며
 이끼 위로 떨어지네……

테렌스는 이웃들을 위해 번역을 해주었다. '체리'를 '석류'로 바꾸니 오마르 하이얌의 시와 같은 느낌이 났다. 이 명징한 슬픔이 발루치 사람들을 매혹시켰다. 사딕은 계속 우리의 잔을 채워주면서, 손을 가슴에 얹고 탁자에서 허리를 굽히는 말쑥한 차림의 노인들을 가리켜 보였다. 바람이 살짝 일었다. 아르메니아 여성이 더러운 손바닥으로 눈물을 닦으며 다시 자리에 앉았다. 사키 바는 이제 더 이상 만족스런 한숨과 정성들여 다듬은 수염, 새 터번, 차가운 발만이 아니었다.

 냄새가 아니었다면 나는 그날을 잊어버릴 수도 있을 것이다. 하지만 비누칠을 하고 샤워를 하고 깨끗한 와이셔츠를 걸쳤는데도 쓰레기의 악취가 풀풀 풍겼다. 숨을 내쉴 때마다, 그 검은 평원이 연기를 피우며 최후의 불안정한 미립자들을 내뿜어 해방시키고 결국은 부동 상태로 돌아가 꼼짝하지 않던 모습이 떠올랐다. 설사 100년 동안 계절풍이 불고 햇빛이 비친다 한들 시련의 끝에 도달하여 마지막으로 환생한 그 물질에서는 풀 한 포기 나지 않으리라. 이 무가치한 것을 쪼아 먹는 독수리들의 신경은 여전히 건재하다. 썩은 고기의 풍미는 이미 오래전에 독수리의 기억 속에서 떠나버렸다. 재미나지만 일시적인 배합의 산물에 불과한 색깔과 맛, 심지어는 형체까지도 대부분은 메뉴에 없었다. 그들은 이 일시적인 개화를 무시한 채 완전히 무감각한 상태로 거기에 영원토록 앉아 데모크리토스의 냉혹한 금언을 곱씹는다.

달콤한 것도, 쓰디쓴 것도 존재하지 않는다. 오직 원자와, 원자들 사이의 빈 공간만 존재할 뿐이다.

이따금씩 테렌스는 그가 많은 것을 기대하고 있는 신들의 반감을 사지 않기 위해 문제들에 정면으로 맞서고, 좀 수상쩍어 보이는 거래를 하고, 기회를 최대한 이용하는 등 불현듯 현실적 태도를 취하기도 한다. 그럴 때면 그는 파티를 열거나 아니면 사키 바 전체(오케스트라, 웨이터 두 명, 소다수 여러 궤짝, 얼음이 든 나무통)를 일요대경마가 열리는 10킬로미터가량 떨어진 경마장으로 옮겨간다. 그것은 매우 인상적인 원정이었다. 모든 사람들이 노란색 드로슈키(지붕이 없는 4륜 마차 – 옮긴이 주)에 발 디딜 틈 없이 올라타서, 기타는 다리 사이에 끼워넣고 오래된 《카라치 트리뷴》신문지에 싼 구워 먹을 스테이크용 고기가 들어있는 상자는 무릎 위에 올려놓았다. 바짝 몸을 갖다 붙인 웨이터들은 낮은 목소리로 말다툼을 벌였으며, 마부는 시골 식료품점에서 볼 수 있는 맑고 우울한 놋쇠종을 울렸다. 우리는 우여곡절 끝에 간신히 출발하여, 양쪽에 포플러나무들이 늘어선 흙길을 따라 경마장으로 달려갔다.

우리는 기수의 체중을 재는 장소 근처, 유칼립투스나무로 둘러싸인 곳에 간이식당을 차렸다. 말 옷이 반짝거리는 그늘에는 퀘타의 유목민들이 자리를 잡았다. 얼굴이 얽은 파키스탄 출신의 뚱뚱한 지주들은 터번 대신 경마용 모자를 쓰고, 호박으로 된 염주 대신 작은 쌍안경을 들고 있었다. 짧은 줄무늬 조끼를 입은 경마 기수들 주변에서 콧소리가 섞인 영어로 최종 타협이 이루어졌다. 그보다 더 먼 곳에서는 내기꾼들이 '경마에 건 돈 표시기' 주변을 빙빙 돌고 있었고, 그동안 우리는 뒤피˙ 가 다시 그린 이 모굴 제국의 세밀화 한가운데에 병들을 내려놓았다. 구경거리는 볼 만했고, 경마에는 속임수가 등장했다. 이따금 가장 뛰어난 말이 '우승마'를 건성으로 지나쳐갈 때마다 기수가 거칠게 고삐를 당기는 바람에 관중석에서 웃음이 터져나오기도 했다. 그렇다고 내기의 흥미가 반감되는 건 전혀 아니었다. 사람들은 말 주인들에게 돈을 걸었고, 경마를 하려면 섬세함과 직관을 갖추어야 했다.

경기 사이사이에 우리는 가능한 한 가장 큰 소리로 악기를 연주했다. 초라한 아르페지오와 성긴 베이스가 아이들의 고함과 말 울음소리, 뽕나무 뒤에서 열병 준비를 하는 발루치 연대 군악대의 백파이프 소리에 뒤덮여 묻혀버렸던 것이다.

콘티넨털 아티스트가 청중들을 끌어모았다는 기억은 없다. 웨이터가 콧노래를 흥얼거리며 발목을 주물렀다. 테렌스는 진이 여기저기 묻어있는 프루스트의 《게르망트 쪽》을 다시 읽으며 우리가 그에게 수없이 반복해서 가르쳤던 탱고곡을 듣고 새삼스레 감탄스런 표정을 짓거나, 아니면 손님이라도 몇 명 끌어볼 수 있을까 하는 생각에서 흥분한 표정으로 손바닥을 두드려가며 곡에 박자를 맞추었다. 아무 소용없었다. 발루치 연대가 계속 행진을 하는 바람에 우리의 수입은 목이 타는 듯 갈증이 심해지는 시간보다 오히려 더 줄어들었다. 아무도 이 구경거리를 놓치려 하지 않았다. 맨앞에는 머리가 당근 색깔인 스코틀랜드 출

라울 뒤피(1877~1953) 프랑스의 화가, 디자이너, 직조 예술가. 경쾌한 색채와 선으로 된 독특한 회화가 특징이며, 경마장은 주요 소재였다.

신 군악대장이, 그 뒤를 호랑이 가죽을 걸친 고수鼓手들이 2열로 행진했고, 이어서 킬트를 입고 연대의 창설자인 로버트슨 대령의 큼지막한 면직 망토를 두른, 칠흑만큼 새까만 백파이프 연주자들이 따랐다. 마지막으로 칼과 가죽 각반을 차고 은색 깃털 장식이 달린 초록색 터번을 쓴 연대가 나타났다. 병사들은 활기차고 명랑하게 열 지어 행진했다. 얼굴에는 함박웃음을 짓고 있었다. 우리나라에서 군인들이 분열 행진을 할 때의 엄숙하고 완고하며 가식적인 표정은 어디에서도 찾아볼 수 없었다. 휴식 시간에 나는 그들의 북을 빽빽이 채운 헌사를 자세히 살펴보았다. 델리, 아비시니아, 아프가니스탄, 중국 1900년, 이프르 1914년, 메시나, 버마, 이집트, 뇌브샤펠, 킬리만자로, 페르시아, 아르덴, 그리고 백파이프의 지원이 분명히 큰 도움이 되었을 평판 나쁜 수많은 다른 장소들. 활력을 주는 음악. 긴장되고, 신랄하고, 아이러니하고, 홀로코스트의 분위기를 물씬 풍기는 음악. 파키스탄인들이 자신들을 위해 일해달라며 붙잡는 바람에 눌러앉은 영국 장교들은 연대의 선두에 서서 행진하는 것이 마냥 행복해 보였다. 태양이 반짝이는 가운데 사키 바의 단골손님들이 지나갔다.

……개똥벌레. 나뭇잎 향기. 찰나의 차가움. 어둠이 내리고 있었다. 페르시아산 마의를 입은 순종마들이 퀘타로 가는 길로 다시 접어들었다. 졸음이 밀려올 정도로 술을 마시고 손가락

이 얼얼해진 우리는 경주를 끝내려면 아직 100미터는 더 달려야 하는 경주자처럼 아주 조용하게 연주했다. 테렌스는 한숨을 내쉬며 안 팔린 술병의 숫자를 세었다. 그는 이처럼 현실 속으로 진출했던 자신을 벌써부터 나무라고 있었다. 이렇게 움직일 필요가 없었는데 말이다. 그는 어떻게 다시 활기를 되찾을 것인가? 경마장 주변에는 바둑판 모양으로 오솔길이 난 시골이 사막까지 완만하게 펼쳐져 있었다. 선인장 울타리가 시골을 가로지르고, 점점이 서있는 파라솔 모양의 굵은 소나무들에서는 초록색 앵무새들이 잠을 자고 있었다.

나는 더러운 잔들이 담긴 통을 가슴에 꼭 부둥켜안고 마차 뒤편으로 돌아갔다. 서서 잠을 자던 말이 이따금씩 우리 앞을 가로막곤 했다. 진줏빛 수증기가 깃털처럼 역 위로 올라오고 있었고, 역에서는 밀수입한 차와 마실 물을 가득 실은 노스웨스턴레일웨이의 화물열차가 자혜단을 향해 떠날 준비를 했다.

"테렌스, 당신은 영국인이지요."

"내가 영국인이라고요? 영국인이 되느니 차라리 권총 자살을 하고 말지……"

이프르 벨기에 서부 플랑드르에 있는 도시. 에페르라고도 한다.
뇌브샤펠 벨기에와의 국경 부근에 있는 프랑스 도시. 제1차 세계대전에서 '서부전선'상에 있었다.
아르덴 프랑스와 벨기에의 국경 근처에 있는 지역으로 프랑스 북동부, 벨기에 남동부와 룩셈부르크 일부에 걸친다.

그리고 그는 차분한 목소리로 이렇게 덧붙였다.

"나는 상인이 아니고 웨일스 사람이오. 그리고 그 점에서 아주 멋진 남자지요……."

정말 그랬다. 예를 들면 그는 빚쟁이들을 혼내줄 수 있을 만큼 수도에 친구들이 많았지만, 이런 관계를 싱싱한 새우가 든 바구니(결국 그중 반은 버리게 될)를 카라치에서 우선적으로 얻어내는 데 이용했다. 모래의 한가운데서 멜빵 달린 아코디언 소리에 맞추어 '참새우'를 손님상에 내놓는 것, 바로 이것이야말로 그의 명성에 어울리는 듯 했다. 이것이 그의 성공 방식이었다. 하지만, 그가 설렁설렁 관리를 하는 바람에 사키 바는 마치 지나치게 세련되어 오래 지속될 수가 없는 문명처럼 쇠퇴해가고 있었다. 최소한 테렌스의 친구들은 자기들이 마신 술값을 계산했지만, 친구의 친구들은 돈도 안 내고 그냥 가버렸다. 그러다가 경찰과 마권영업자들이 찾아오면 또 신경을 써서 접대해야만 했다. 그러고 나면 이번에는 그들의 친구들이 찾아왔다. 이 사슬의 맨끝에는 파탄족 포주들과, 터번을 대충 묶고 한쪽 구석에 서서 술을 마시는 낯선 사내들이 있었다.

어느 날 밤 일이 생각난다. 새벽 두시였다. 마지막 손님은 이미 오래전에 나갔다. 테렌스가 우리를 위해 이제 막 구워온 고기 조각을 바에서 열심히 먹고 있는데, 한 남자가 성큼 성큼 바안으로 걸어 들어오더니 인사도 하지 않고는 우리 앞을 홱 지나쳐서 어두운 주방 안으로 사라져버렸다. 그리고 주방은 다시 완전한 침묵에 휩싸였다. 남자는 키가 컸고 천장은 낮았으므로 그는 틀림없이 허리를 구부리고 꼼짝도 하지 않은 채 어둠 속에 서있을 터였다. 테렌스는 여전히 책을 읽고 있었다. 나는 왠지 불편했다.

"저 사람 도대체 누굽니까?"

"그걸 내가 어찌 알 수 있겠습니까? 인사도 안 하는데."

테렌스가 살짝 짜증난다는 듯 대답했다. 하지만 테렌스는 불안하다기보다는 재미있다는 표정이었다. 그때 냄비가 부딪치는 소리에 이어 음식을 씹는 소리가 들려왔다. 그러자 테렌스의 얼굴은 미소와 함께 편안해졌다.

이날 밤에 나타난 유령의 뒤를 이어 굶주린 유령들이 은밀하게 출현할 것이다. 그리고, 얼마 있지 않아 흰색 스모킹 양복을 입고 저녁식사를 하러 와서 옥스퍼드 억양으로 말하는 사람들이 이곳에서는 하나의 추억에 불과해지리라. 어떤 집요한 힘이 사키 바를 매일매일 아래로 끌어내리고 있었다. 변화와 놀라움을 좋아하는 취향, 그리고 방종에서 비롯된 부드러움이 그 힘을 따르도록 사키 바에서 테렌스를 부추겼다.

우리가 사키 바를 떠나기 전전날 밤에는 손님이 한 명도 없었다. 잠을 자러 올라가는데 누군가가 들릴락 말락 두 번 문짝을 두드리는 소리가 들려왔다. 소형 오르간을 겨드랑이에 낀 쿠치족 악사였다. 그는 원숭이를 어깨에 얹고 인도 대륙 전역을 떠돌며 말의 목을 따서 죽이고 주문을 외고 횡재와 좀도둑질, 혹은 노래로 먹고 살다가, 사원을 피해 다니면서 인간은 떠돌아다니고 죽고 썩고 잊혀지기 위해 태어난다고 설파하는 떠돌이 광대 중 한 명이었다. 심지어는 브라간자조차도 그를 받아들이려 하지 않았다. 하지만 테렌스는 그에게 들어오라고 말하더니 술을 권했다. 그가 안뜰 한가운데 쭈그리고 앉더니 악기를 연주하기 시작했다. 왼손은 옆쪽에 위치한 송풍장치를 다루었고, 햇볕에 타서 새까맣게 그을린 큼지막한 오른손은 감미로운 소리를 내는 2옥타브 건반 위를 움직였다. 뜻이 분명치 않고 암시적이고 떨리는 음악은 송풍장치의 헐떡거리는 듯한 소리 때문에 들릴 듯 말 듯 했다. 중단된 악절과 조각난 멜로디가 아무것도 아닌 것에 꿰매지고, 큰 손가락이 키 두 개를 동시에 누르면 한 음이 마치 충실한 그림자처럼 다른 음을 쫓아갔다. 그러다가 그는 눈을 내리깔고 마치 붉은색 양털처럼 오르간의 비음 사이를 지나가는 허스키한 목소리로 노래부르기 시작했다. 일종의 탄식이랄 수 있는 그 노래는 보스니아의 세브다 노래들을 강렬하게 상기시켰다. 우리는 빨간 고추 냄새와 모스타르나 사라예보의 플라타너스 나무 아래 놓인 탁자들, 그리고 마치 이 세상을 견디기 힘든 무게에서 시급히 해방시켜야 한다는 듯 악기를 연주하던 다 해진 정장 차림의 집시들을 다시 떠올렸다. 그것은 그처럼

거칠고 무상한 슬픔이자, 변덕이며, 원산초 열매였다.

페르시아 전설에 따르면, 퀘타에서는 사산왕조의 바흐람 구르가 자신의 궁신들을 흥겹게 만들어주기 위해 만 명이나 되는 집시 곡예사들과 악사들을 모집했는데, 이들은 일단 돈을 받자 그를 속이고 서쪽으로 달아나 지난해에 우리가 백조가 머무는 계절에 그들의 후손들과 같이 하염없이 술잔을 비웠던 발칸 지역의 시골에 정착했다고 한다.

정비소에서 피곤한 하루를 보내고 나서 그렇게 추억을 더듬으니 그야말로 천국이나 다름없었다. 여행은 마치 나선처럼 그 자체 위를 다시 지나가면서 올라간다. 그것이 우리에게 신호를 보냈으므로 우리는 그냥 그것을 따라가기만 하면 되었다. 행복에 무척 민감한 테렌스는 마지막으로 남은 오르비에토산 술병의 마개를 땄다. 병마개가 튀어 오르면서 사키 바의 빚이 23루피 늘어났다. 그에게는 대수롭지 않은 일이었다. 그는 효율성의 단계를 초월한 무소유의 인간이었던 것이다. 휴직 중이고, 파산한 이 식당에서 옴짝달싹 못하고 있는, 도시 전체의 비밀과 빚과 낡은 모차르트 음반이라는 짐을 지고 있는 그는 우리보다 더 멀리, 더 자유롭게 여행하고 있었던 것이다. 아시아는 경력을 희생하는 대신 운명을 선택하라고 사람들을 유인한다. 그렇게 하면 심장은 더욱 관대하게 맥박치고, 많은 것의 의미가 한층 더 명확해진다. 잔 속에서 포도주가 묽어지고 테렌스가 마치 밤새처럼

꼼짝도 하지 않고 주의를 기울여 별들이 제 갈 길을 가는 것을
바라보는 동안 하페즈의 시구가 떠올랐다.

……신비주의자도 이 세계의 비밀을 여전히 모르는데
도대체 술집 주인이 어떻게 그걸 그렇게
잘 가르쳐줄 수 있는지 궁금하네…….

쿠치족 아프가니스탄의 유목민족.
세브다 보스니아의 집시 음악.
원산초 지중해 지역에서 나는 식물로 정신병 치료제에 쓰인다고 한다.

별다른 증오심이 없다면 나는 오래 살 것이다. 하지만 지금 나는 파리에게 증오심을 가지고 있다. 그놈들 생각만 해도 눈에 눈물이 맺힐 정도다. 그놈들을 없애는 데 헌신하는 삶이 아주 멋진 운명으로 보일 정도다.

뭐든 천천히 하는 것이
시간을 허비하지 않는 가장 좋은 방법이다

아홉 번째 이야기 아프가니스탄

카불 가는 길

"코자크 고개[53] 말이우? 당신들은 안돼요!"

"식은 죽 먹기보다 쉬워요!"

"그 차로는 도저히 넘을 수가 없습니다."

"도로 상태가 아주 좋아요."

"도로가 여기저기 파헤쳐져 있다구요."

"오른쪽으로 돌아가요."

"무슨 일이 있어도 오른쪽으로 가서는 안 됩니다!"

이건 우리가 퀘타와 아프가니스탄 국경을 잇는 고개에 관해 이 도시에서 들었던 의견들 중 일부에 불과하다. 여기서는 항상 이런 식이다. 같은 길을 가본 유럽인들은 제멋대로 어려움을 과장하여 이야기한다. 발루치족들로 말하자면, 듣는 사람을 의기소침하게 만드는 정보는 절대 제공하지 않는다. 상대를 언짢게 만드는 건 그들의 본성이 아닌 것이다. 가장 좋은 방법은 자기가 직접 가서 보고 최악의 경우에 대비하는 것이다.

코자크 고개는 군에 의해 정성스레 관리되고 있었으며, 연기가 나는 돌더미 사이로 가파른 오르막을 이루고 있었다. 그런데 두 번째 비탈길 아래쪽에서 차의 엔진이 멈춰버렸다. 걸어서 여행을 하는 수밖에 없게 된 것이다! 자동차는 줘버리고 싶었다. 하지만 누구에게 준단 말인가? 반경 30킬로미터 이내로는 쥐새끼 한 마리 보이지 않았다. 우리는 별다른 확신 없이 배전기와 스파크 플러그를 청소하고 전선을 조절했다. 태양은 중천에 떠있었다. 담배도 다 떨어졌다. 게다가 열 때문에 동작이 미숙해져서 왼손이 냉각 팬 속에 끼어 손가락 네 개를 뼈가 보일 정도로 깊이 베이는 바람에, 숨이 턱 막힐 만큼 끔찍한 고통을 참지 못하고 도로 위로 나동그라졌다. 티에리가 출혈을 멈추기 위해 내 손을 수건으로 감쌌고, 우리가 가져온 모르핀은 이때 딱 한 번 사용되었다. 모르핀은 놀라운 효과를 발휘했다. 쓸모없는 그 손으로 굄목을 밀고 잡아당기고 설치하는 것이 쉬운 일로 느껴졌던 것이다.

다섯시, 우리는 정상에 도착했다. 시원한 바람이 얼굴을 스치고 지나갔다. 정상에서는 나병환자의 얼룩처럼 생긴 차만 시市와 뿌연 빛 속에 북쪽으로 끝없이 펼쳐진 아프가니스탄 평원이 눈에 들어왔다.

라스쿠르동[54], 아프가니스탄 국경

아프가니스탄을 방문한다는 것은 아직까지도 하나의 특권이다. 불과 얼마 전까지만 해도 그것은 일종의 모험이었다. 인도의 영국군은 아프가니스탄을 확실하게 장악할 수가 없자 동쪽과 남쪽에서 이 나라를 접근하는 통로를 완전히 봉쇄해버렸다. 한편 우르두아프가니스탄인 들은 누가 되었든 유럽인들이 자기 나라 영토에 접근하는 것을 일체 불허하겠다고 맹세했다. 그들은 이 약속을 거의 지켰고, 그 점을 매우 만족스럽게 생각했다. 1800년에서 1922년까지 겨우 10명의 무모한 사람들(벵갈 연대의 탈영병, 계시를 받은 사람, 차르의 밀정이나 순례자로 변장한 여왕의 첩자)이 금지령을 어기고 이 나라를 여행하는 데 성공했을 뿐이다. 카이바르 고개를 넘을 수가 없었기 때문에 파탄족 민속 전문가인 인도의 연구자 다르메스테테르는 어쩔 수 없이 아톡이나 페샤와

우르두아프가니스탄인 우르두어를 쓰는 아프가니스탄인.

르 감옥에서 정보를 얻어야 했다. 고고학자인 아우렐 스타인은 21년 동안이나 카불에 갈 수 있는 비자를 기다려서 겨우 받아내고는 이곳으로 갔으나 얼마 뒤 거기에서 죽고 말았다.

지금은 약간의 기지와 참을성만 있으면 된다. 그러나 해질녘에 우리가 이 소중한 비자를 들고 퀘타와 칸다하르를 잇는 도로에 위치한 라스쿠르동 국경마을에 나타났을 때는 그걸 보여줄 사람이 아무도 없었다. 사무실도 방책도 아무런 검색도 없이, 오직 흙집들 사이로 난 비포장도로뿐이었다. 이 나라가 마치 방앗간처럼 활짝 열려있는 것이었다. 자벌레나방이 구름처럼 날아다니는 가운데 찻집에서 차를 마시던 병사 세 명은 세관과는 아무 관계가 없었다. 세관원은, 저녁기도를 드리려고 집에 간 것 같았다.

티에리가 그를 찾으러 갔다. 나는 완전히 얼이 빠져서 한 발자국도 옮길 수가 없었으므로 그냥 차 안에 남아있었다. 끝없는 기다림이 계속되었다. 마을은 마치 화덕처럼 검고 무더웠다. 나는 바구니 세공품을 어마어마하게 실은 트럭이 어린아이가 안내하는 대로 광장에서 운전하는 것을 지켜보는 데 잠시 몰두하다가 머리를 무릎 사이에 처박은 채 깜빡 잠들었다. 몸에 열이 올라 다시 고개를 든 나는 한 병사가 호의적이면서도 어리둥절한 표정을 지으며 코가 납작한 얼굴을 차창에 갖다 붙이고 있는 걸 보았다. 나는 다시 더 깊은 잠에 빠져들었다.

차문 열리는 소리가 나는 순간 나는 화들짝 놀라며 잠에서 깨어났다. 한 노인이 랜턴을 내 코밑에 들이대고 페르시아 말로 열심히 뭔가 재촉하고 있었다. 그는 흰색 터번을 두르고 길고 흰 옷을 입었으며, 정성스레 다듬은 수염에 주먹만큼이나 굵은 은 도장을 목에 두르고 있었다. 순간적으로 나는 그가 세관원이라는 것을 깨달았다. 일부러 자동차가 서있는 곳까지 와서 우리들에게 잘 가라는 인사도 하고 칸다하르의 의사 주소도 가르쳐준 것이다. 그의 의상과 위엄, 공무를 수행하며 보여준 친절한 모습 때문에 그가 너무나 호의적인 인물로 보였던 나는, 그만 바보같이 우리 비자가 이미 6주 전에 만료되었다고 말해버리고 말았다 (그가 곤란을 당하지 않도록 하기 위해). 하지만 그는 그 사실을 이미 알고 있었고, 그렇다고 해서 걱정 따위는 전혀 하지 않았다. 아시아에서는 꼭 정해진 대로 하지는 않으며, 게다가 6월에는 허용했던 우리의 통행을 8월이라고 해서 허용하지 않을 이유가 어디에 있단 말인가? 인간은 두 달 만에 그렇게까지 바뀌지는 않는 것이다.

우렐 스타인(1862~1943) 영국의 고고학자이자 탐험가. 둔황을 발굴하고 중앙아시아를 세 차례나 탐험했다. 82세에 카불에서 사망했다.

칸다하르[55]

그날 밤의 칸다하르, 침묵에 잠긴 차가운 그곳의 길거리와 텅 빈 노점, 그곳의 플라타너스 나무, 나뭇가지가 그림자 속에서 더 무거운 그림자를 만들어내는 비틀린 뽕나무, 우리는 이 모든 것들을 보았다기보다는 꿈꾸었다. 도시는 한숨을 내쉬지 않았다. 단지 여기저기서 드주(도로 양쪽에 파여진 깊은 도랑으로, 이곳을 흐르는 물은 온갖 용도로 다 쓰인다 – 글쓴이 주)가 희미하게 반짝이거나, 아니면 우리 차의 헤드라이트 때문에 깨어난 작은 까마귀가 깍깍거렸을 뿐이다.

특히 나의 관심을 끈 것은 잠을 자는 것이었다. 우리가 호텔을 찾아 시속 10킬로미터로 돌아다니고 별들이 하나씩 사라져가는 동안 '칸다하르'라는 단어는 연속적으로 베개와 털 이불, 예를 들어 앞으로 100년 동안은 누워있을 정도로 깊고 깊은 침대의 형태를 띠었다.

칸다하르 호텔

의사가 도착하자 나는 잠에서 깨어났다. 그리스계 이탈리아 사람인 것 같았다. 이런! 전혀 다른 사람이 올 줄 알았는데! 그는 반바지와 샌들 차림의 키 큰 미남으로서, 표정이 그것들과 일치하지 않을 때는 너무나 불편해지는, 아름답고 위풍당당한 용모를 가지고 있었다. 나는 마치 박공이 매달린 문 뒤의 작고 보잘것없는 안뜰처럼, 그 엄숙한 얼굴 저쪽에 내적 삶의 그물이 있다는 것을 눈치 챌 수 있었다. 그는 그것 때문에 불편해하고 거기에 속박된 듯 보였다. 불안한 표정을 지으며 오만하게 방 안을 성큼성큼 걷던 의사는 의자 하나를 확 낚아채 걸터앉았더니 놀랄 만큼 낭랑한 목소리로 내게 소리쳤다.

"자, 어떻게 된 겁니까?"

나는 너무나 피로했던 나머지 간략하게 설명했다. 그러나 그같은 침착함은 이 의사가 좋아하는 스타일이 아니었다. 극적인 효과가 없는 것이 그를 당황하게 만들었다. 그는 어느 정도 남성적인 어조를 취하는 데는 성공했지만, 만일 우리가 거기에 응수하지 않을 경우 어떻게 그 어조를 계속 유지할 수 있는지는 알지 못했다. 그는 서둘러 나를 진찰하는 것으로 그러한 상황에서 벗어났다. 손? 2주일 뒤면 괜찮아질 거요. 열? 그냥 단순한 삼일열三日熱 말라리아에 불과합니다. 아니, 이건 농담이고, 금방 나을 테니까 수선 떨 거 없어요. 더 악화될 뻔했어요. 나도 여러 번…… 내가 자신의 목 아랫부분에 있는 이상하게 생긴 흉터를 보고 있다는 사실을 눈치 챈 그가 말을 멈추더니 웃으며, 꼭 나폴레옹 시대의 근위병이 팔이 잘려나가 그 안에 아무것도 없는 옷소매를 가리키며 "아우스터리츠 전투 때 이렇게 된 겁니다"

라고 말하듯, 간단하게 "바이올린을 너무 켜서 그런 겁니다"라고 말했다. 그러더니 우리에게 도발당하고 민감한 부분에 상처받고 무시당해서, 마치 들어왔을 때만큼이나 요란하게 나가고 싶다는 희망을 은밀하게 간직하고 있는 듯, 과장되다 싶을 만큼 강렬한 눈빛으로 나를 뚫어지게 쳐다보았다. 나는 이제 막 서른 시간 동안 잠을 잔 뒤였으며, 아무도 모욕할 생각이 없었다. 우리는 그를 모욕하기는커녕 반갑게 맞아들이고, 그의 프랑스어 실력을 칭찬하고, 그에게 발루치산 담배를 권했으며, 그동안 그는 멍한 표정으로 의자를 두드려 박자를 맞추며 콧노래를 흥얼거렸다.

그가 자신에게 부여한 이 역할에서 그를 난처하게 만드는 것은 과연 상대가 누구인지 정확히 알지 못한다는 사실이었다. 나는 그가 자신이 적절하다고 판단되는 언어로 우리에게 말하기 위해 우리를 분류하려고 애쓴다는 것을 느꼈다. 나는 그의 눈이 방을 재빨리 둘러보고, 우리의 짐을 살피고, 침대 아래 내던져진 꾀죄죄한 옷가지에 오랫동안 머무는 것을 보았다. 그가 별안간 아첨기를 띤 굵고 귀에 익은 목소리를 낼까 봐 두려웠다. 몇 가지 것들(티에리의 화판들, 녹음기)이 아직도 그를 어리둥절하게 만들고, 그가 결정을 내리는 걸 가로막고 있었다. 그렇지만 시간은 흘러갔고, 그가 들어온 지 벌써 10분이나 지났다. 그는 일종의 공포에 사로잡혔다. 결국 그는 포기했다. 그러자, 콜윈의 얼굴이 문득 위안과 고독, 젊음이 뚫고 나오는 더 수수한 차원의 얼굴로 바뀌었다. 유능하고, 쉽게 상처받고, 누가 곁에 있어주기를 갈망하고, 우리에게 책을 빌려주고 여기 와서 이야기를 나누고 무료로 나를 치료하겠다고 말하는 또 다른 인물이 나타났다. 문득 모든 것이 그에게는 너무나 쉬워 보인 것이었다. 그가 담배를 만지작거리던 손을 멈추자, 연기가 떠오르는 태양을 향해 똑바로 올라갔다. 그는 내 피를 뽑더니 샘플을 준비하면서 계속 혼잣말을 했다. 와일드를 좋아하는가? 그는 일이 없을 때는 와일드의 시를 이탈리아어로 번역한다고 했다. 그리고 코렐리는? 코렐리가 쓴 유명한 〈크리스마스 협주곡〉의 감미로움은 자기에게 큰 위안이 된다고 했다. 그것은 내가 예술가이기 때문입니다, 라고 그가 우리에게 말했던가? 그가 엄청나게 많은 음반에 너무나 열정적으로 몰두해서 그의 젊은 아내는 칸다하르에서 함께 살기를 포기했다고 한다. 차라리 그게 나았다. 여자들은 극단에 대해서는 전혀 아무것도 알지 못하기 때문이다. 그는 병원 꼭대기에서 혼자 밤을 보내며 아프가니스탄어로 소설을 쓰고 있었는데, 그는 이 방대한 심리 소설의 줄거리가 너무나 기발하다고 생각해서 아직도 우리에게 들려주기를 망설이고 있었다. 그는 몇년 전부터 이 일에 매달리고 있었으며 그것은 그의 골칫거리였

아르칸젤로 코렐리(1653~1713) 이탈리아의 바이올린 연주가, 작곡가. 바이올린 명인으로 불렸으며, 대표작은 〈크리스마스 협주곡〉〈트리오 소나타〉.

다. 그 작품을 마치기만 하면 그는 스스로 목숨을 끊을 것이라고
했다……

"뭐라고 하셨죠?"

그는 꼭 그렇게 할 것이라고 했다. 그는 이 말을 입 밖에 내
자마자 곧 후회했다. 하지만 이미 늦었다. 우리에게서 어렴풋한
미소 같은 것이 지나가는 것을 본 그는 어김없이 다시 허세를 부
리기 시작했다. 턱이 앞으로 나오고, 얼굴 표정이 굳어졌다. 그
는 다시 모차르트로 돌아가 현학자인 척 위엄을 과시하면서 쾌
활하게 콧노래로 주선율을 흥얼거리고, 우리들은 읽어봤자 이
해도 못하는《쾨헬》과 월호를 우리에게 건네주고, 관현악 편성에
관한 아주 사소한 사항에 관해 퀴즈를 냈다. 무슨 시험이라도 보
는 것 같았다. 우리는 아시아에서 떠들썩하게 뛰어노는 쾌활하
고 분별없는 바보들이었다. 좋다. 그렇다고 해서 그가 예술과 바
이올린에 대한 열정을 목에 상처가 남을 정도까지 추구했다는
사실을 잊어서는 안 될 것이다. 게다가 그건 보통 바이올린이 아
니었다. 기병총으로 무장한 헌병의 호위를 받아야만 여행할 수
있다는 이탈리아 아마티가^象에서 제작한, 전세계에 다섯 대밖에
없는 바이올린이었다.

그러나 시간은 흘러가고 있었고, 그는 여기에서 너무 오래
머물렀으며, 일이 그를 부르고 있었다. 아마도 산을 몇 개는 넘
어야만 할 것이다. 우리에게 날카로운 눈길을 던지고 난 그는 시

체를 성큼 뛰어넘는 것 같은 표정으로 방을 가로지르더니 짧은 미소를 던지고 나갔다.

"자네를 위해서 저 사람이 너무 빨리 글을 써버리지 않기를 바라자구."

티에리가 문을 닫으며 말했다.

그래도 그는 좋은 의사였고 진찰료 이야기를 꺼내는 것을 완강하게 거부했다. 그는 며칠간 계속 아침에 찾아왔다. 그럴 때마다 항상 쇠파리에게 괴롭힘을 당하는 순종 말처럼 불필요한 매력을 발산하며 정신없이 방 전체를 정신없이 휘젓고 다니는가 하면, 사실은 신비주의적인 니체적 인물을 구현하고 싶어 하면서도 겉으로는 자신을 존경해줄 것을 강요했다. 너무 외로워서 그러는 게 틀림없었다. 나는 거울 앞에 선 그를 보고 싶었다. 그동안 나는 침대에 누워 그를 바라보며 일종의 부러움을 느꼈다. 요컨대 그 불안한 나르시시즘은 피로로 인한 나의 무감각보다는 더 가치 있었다.

열이 오르락내리락했다.

밤이 되면 나는 꼭 술 취한 사람처럼 휘청거리는 다리를 끌고 중앙 광장의 가장자리에 자리를 잡았다. 사모바르 주전자의 수증기와 물담배 연기가 연한 노란빛으로 가을을 예고하는 고요한 하늘로 솟아올랐다. 소소리가 잘 울리는 이 서늘한 도시에서는 마치 바구니에 수북이 담아놓은 것처럼 무화과와 포도가 넘쳐났고, 녹차 냄새와 양기름 냄새가 풍겼다. 박박 깎은 머리와 터번, 아스트라한 모자, 성을 잘 내는 단호한 표정의 얼굴들 위로 드리워진 찻집의 그늘 속에 설탕을 미친 듯이 좋아하는 말벌들이 늘어서있었다. 이따금씩 염소 떼나 담황색 사륜마차가 구름 같은 먼지를 일으키며 광장을 가로질렀다. 서부 페르시아 분위기도 조금 났는데, 산악지방에 사는 부족들이 고집스럽게 오가는 것을 보면 그런 분위기가 더 강하게 느껴졌고, 또 페르시아인들이 지나치게 긴 자신들의 과거를 권태로워하는 걸 보면, 말하자면 정신적으로 점차 부식되어 야망을 억제하고 격정을 완화하다가 결국에는 신 자신을 지치게 만드는 걸 보면 그런 분위기가 조금 덜 느껴졌다.

어둠이 내리자 다시 몸에서 열이 나기 시작했다. 그러자 목소리들, 상점들, 실루엣들, 빛들이 마치 물레방아의 날개처럼 빙빙 돌기 시작하더니 곧 귀가 윙윙거리고 양쪽 팔꿈치 밑에는 땀이 흥건해서 내가 붙잡고 있던(나는 몸이 너무 약해졌다. 그래서 내 느낌에 지구력을 부여할 수가 없었다. 그래야만 기억에 흔적이 남게 할 수 있는데 말이다) 탁자를 쓸어가버렸다. 그렇지만 나는 광장 한가운데의 작은 기념물과 '영국인에게서 탈취'해서 광장 주변에 진열해놓은 여섯 문의 대포 앞을 쾌활한 표정으로 말없이 지나가고 또 지나가는 흰옷 차림의 산보객들을 아주 또렷하게 보았다.

"말라리아는 이제 독감만큼도 위험하지 않습니다."

당신을 처음 진찰하러 온 의사는 이렇게 자신 있는 어조로 말할 것이다. 그렇기는 하지만 말라리아는 우리가 말라리아에 관해 가지고 있던 생각을 이용한다. 그것은 말라리아 환자를 떨게 만들고, 약하게 만들고, 모든 일이 엄청나게 쉬워지기를 바라도록 만든다. 그저 잠잘 생각만 하고, 침대는 아주 안락해 보인다. 하지만, 파리들이 있다!

별다른 증오심이 없다면 나는 오래 살 것이다. 하지만 지금 나는 파리에게 증오심을 가지고 있다. 그놈들 생각만 해도 눈에 눈물이 맺힐 정도다. 그놈들을 없애는 데 헌신하는 삶이 아주 멋진 운명으로 보일 정도다. 내가 말하는 건 아시아의 파리다. 유럽을 벗어나보지 못한 사람들은 할 말이 없다. 유럽의 파리는 창문과 시렁, 복도의 그림자를 벗어나지 않는다. 이따금씩은 꽃 위에서 헤매기도 한다. 그것은 내부의 악령을 쫓아낸, 말하자면 순결한 파리 자신의 그림자에 불과하다. 죽은 것의 풍부함과 살아 있는 것의 방종에 버릇이 없어진 아시아의 파리는 끔찍할 정도로 후안무치하다. 끈기 있고 악착 같은 이곳 파리들은 아침에 일어나면 세상을 온통 자기네들 것으로 만든다. 낮에는 더 이상 잠을 잘 수 없을 정도다. 단 1분이라도 쉬려고 하면 이놈들은 당신을 죽은 말로 간주하고는 입 주변이나 결막, 고막 등 가장 좋아하는 부위를 공격한다. 당신이 잠들었다고 생각하면? 이놈들은 모험을 벌인다. 처음에는 불안해하지만 결국은 자기만의 방법으로 콧구멍의 가장 민감한 점막 속을 탐험하여 결국은 후다닥 일어나서 구토하도록 만든다. 하지만 아직 아물지 않은 상처나 궤양, 절개 부위가 있다면 당신은 어쩌면 잠깐 눈을 붙일 수 있을지도 모른다. 왜냐하면 그놈들은 서둘러 그 부위로 모여들 것이기 때문이다. 그리고 밉살스럽게 여기저기 휘젓고 다니는 대신 그놈들이 술에 취한 듯 꼼짝 않고 있는 걸 보아야 한다. 그때가 되면 한가해진 파리를 볼 수가 있다. 그놈들은 생긴 게 우아함과는 영 거리가 멀고, 몸도 완전한 유선형이 아니다. 그리고 신경을 잔뜩 거슬리게 하는 그놈의 끊어졌다 이어졌다 불규칙하고 우스꽝스런 비상에 대해서는 아예 언급할만한 가치도 없다. 옆에 없어도 전혀 아쉽게 느껴지지 않는 모기는 파리에 비하면 예술가다

바퀴벌레와 쥐, 까마귀, 메추라기 한 마리 죽일 만큼의 용기도 없는 몸무게 15킬로그램의 독수리들. 썩은 고기를 먹는 세계가 이렇게 존재한다. 여기서는 모든 것이 이빨로 잘근잘근 씹어 놓은 것처럼 초라하고 추레한 갈색과 회색을 띠고 있다. 이 세계의 동물들은 꼭 제복 차림에 언제 어느 때라도 시중들 준비를 갖춘 하인들 같다. 그렇지만 이 하인들에게도 약점은 있으며(쥐는 햇빛을 두려워하고, 바퀴벌레는 겁이 많고, 독수리는 손바닥에 서있지 못

할 것이다), 파리는 자기가 이 말단들보다 낫다는 것을 아무 어려움 없이 보여준다. 그 무엇도 파리를 멈출 수는 없다. 나는 에테르를 체에 거를 때에도 거기에서 파리 몇 마리를 발견할 수 있으리라고 확신한다.

생명이 오고 가는 곳이라면 어디서나 파리는 혐오스런 무리를 이루어 분주하게 움직이면서 더 적게 가지라는 복음을 전도하고(끝내자…… 숨을 쉬려는 이 바보 같은 노력을 그만두자…… 그리고 위대한 태양에게 맡겨두자……), 저주받은 다리를 가지고 간호사처럼 헌신적으로 자기 자신을 깨끗이 한다.

인간은 지나치게 까다롭다. 그는 선택받은 죽음(삶의 그것을 보충하는 윤곽인)을, 뭔가 완성되고 개인적인 것을 꿈꾼다. 그는 그 꿈을 이루려고 노력하고, 때로는 그 꿈을 이룬다. 아시아의 파리들은 이런 구분을 하지 않는다. 이 혐오스런 생물체에게는 죽거나 살거나 마찬가지이며, 시장에서 잠을 자는 아이들(떼를 지어 조용히 움직이는 검은 파리 떼 아래에서도 죽은 것처럼 잠을 자는)을 보면 이놈들이 형체 없는 것의 완전한 하인이 되어 모든 걸 제멋대로 혼돈한다는 것을 알 수가 있다.

이를 분명하게 이해했던 옛사람들은 언제나 파리가 악마의 자손이라고 생각했다. 하찮음(겉으로만 그래 보일 뿐이다)과 편재성, 놀라운 번식 능력, 게다가 집 지키는 개보다 더한 충성심(모두가 당신 곁을 떠나도 파리는 계속 당신 옆에 남아있을 것이다)까지, 파리는 악마의 모든 속성을 가지고 있다.

파리는 그들의 신을 가지고 있다. 사람들은 시리아의 베엘제붑, 페니키아의 멜카르트, 엘리스의 제우스 아포미오스에게 제물을 바치고, 그들에게 이 혐오스러운 파리 떼를 데리고 더 먼 데로 가달라고 간절히 기도했던 것이다. 중세 사람들은 파리가 똥에서 태어나고 재에서 부활한다고 믿었으며, 죄를 짓는 자의 입에서 그놈들이 나온다고 생각했다. 클레르보의 베르나르 성인께서는 높은 설교단 위에서 파리 떼에게 벼락을 내린 다음 미사를 집전했다고 한다. 루터로 말하자면, 악마가 자신에게 파리 떼를 보내어 "내 서류에 똥을 싸게 했다"고 편지에 쓰기도 했다.

중국의 위대한 시대에는 파리를 퇴치하는 법을 제정했는데, 나는 모든 강건한 국가들이 어떤 식으로든 나름대로 이 적에게 관심을 두었다고 확신한다. 미국인들의 병적인 위생법을 조롱하는 것은 당연하다. 그렇지만 DDT 폭탄을 적재한 비행기가 아테네의 파리를 단번에 죽여 없앴던 날, 그들의 비행기는 조르주 성인의 자취를 정확히 따라갔다.

무쿠르[56] 가는 길

아프가니스탄에는 철로가 없지만 흙을 다져 만든 도로가 몇 군데 있으며, 이 도로를 이용하면 욕이 절로 나온다고 한다. 하지만 나는 그런 태도에 동조하지 않을 것이다. 칸다하르에서 카불로 올라가는 도로에서는 가축이 방금 눈 똥, 나막신의 흔적, 먼지 들 속에서 마치 커다란 네잎클로버처럼 보이는 낙타의 발자국이 여기저기 눈에 띄었다. 도로는 높은 하늘 아래 넓게 펼쳐진 비탈길 사이로 이어졌다. 9월의 대기는 투명해서 멀리까지 전망이 탁 트여, 주조를 이룬 산뜻한 갈색을 배경으로 여기저기 날아다니는 자고새, 잎사귀 하나하나가 선명하게 드러나는 작은 포플러나무 숲, 어느 마을에서 솟아오르는 연기가 모두 뚜렷이 구분되었다. 제대로 자라지 못해서 오그라든 나무들도 도로를 따라 서있었다. 그래서 우리 차는 서양모과와 노랗게 변한 작은 배들이 양탄자처럼 깔린 길 위를 달려갔고, 차 바퀴에 으깨진 과일들이 풍기는 향기는 이 고적한 장소를 시골로 바꾸어놓기에 충분했다.

고적한 곳이라고? 반드시 그렇지만은 않았다. 물론 이곳에서는 인간에 앞서 자연을 느낄 수 있었다. 하지만, 한 시간가량 가다 보면 장난감처럼 연보랏빛과 연초록색으로 칠해놓은 높

베엘제붑 '파리떼의 왕'이란 뜻으로, 고대 시리아에서는 파리를 악령 혹은 악령을 옮기는 동물로 보았다.
멜카르트 페니키아의 항해의 신 혹은 바빌로니아의 죽음의 신을 의미한다.
엘리스 그리스 신화에 나오는 고대 도시국가.
제우스 아포미오스 '파리를 쫓아내는 자'라는 뜻으로 그리스의 엘리스인들은 정기적으로 파리 퇴치자에 대한 숭배의식을 거행했다고 한다.
클레르보의 베르나르(1090~1153) 시토회를 창립한 수도사. 중세회화에서 발 밑에 사슬로 묶인 악마가 함께 그려진다.

은 트럭들이 그 갈색의 세계 속에서 반짝반짝 빛나는 것을 이따금씩 볼 수 있었다. 햇빛에 뜨거워진 낫을 겨드랑이에 끼고 나귀 등에 올라탄 농부, 고슴도치, 혹은 곰과 앵무새, 방울 달린 붉은색 조끼를 입은 원숭이 두 마리를 데리고 버드나무 아래 자리잡은 쿠치족 떠돌이 집시들. 여자들(버럭버럭 소리를 질러대는 키 크고 뚱뚱한 여자들)은 잘 타지 않는 불 주위에서 분주히 움직였다. 차를 멈춘 우리는 그들이 우리를 놀리는 만큼 그들을 놀리다가 다시 출발했다.

이런 식의 만남이 적당한 간격을 두며 이어졌고, 도로 상태도 그다지 나쁘지 않아서 아무런 문제 없이 시속 30킬로미터로 달릴 수 있었다. 게다가 급한 일도 전혀 없어서, 차 지붕을 열어놓은 채 팔꿈치를 차창에 괴고 아침 일찍 별다른 말 없이 그 황량한 시골 분위기에 젖어 차를 달리는 것은 참으로 경이로운 체험이었다.

그런 속도대로라면 밤이 되어도 겨우 작은 언덕 하나밖에는 못 넘을지도 몰랐다. 하지만 우리 머릿속에는 오직 그 작은 언덕뿐이었다. 그것은 일종의 소유지가 되었다. 저녁을 먹으며 그 이야기를 다시 했다. 고개 위에서 잠을 잤고, 고개에 관한 꿈을 꾸었다. 우리가 올라오면서 추월했던 대상이 밤중에 도착했고, 우리는 거기에 탄 사람들이 랜턴을 요란하게 흔들며 다투는 바람에 잠을 깼다. 그것 역시 고개에 관한 것이었다. 그러나 이

고개는 지도에 나와있지도 않았고, 산이라고 이름 붙일 만한 산들은 북쪽으로 훨씬 더 멀리 있었다. 그것은 노랗게 변한 산악 목초지 한가운데의 마흔 개가량 되는 비탈길에 불과했다. 꼭대기에는 마른 돌로 지은 사원이 있어서 초록색 깃발이 보병총처럼 바람 속에서 펄럭거렸다. 하지만 우리가 이 고개에 도달하고, 넘고, 우리 것으로 만드는 데는 꼬박 하루가 걸리게 될 것이다. 여기에서는 뭐든 천천히 여유를 갖고 하는 것이 시간을 허비하지 않는 가장 좋은 방법이다.

사라이[57]

사라이의 찻집 주인은 지나가는 사람이 안 보려야 안 볼 수가 없는 광고 수단을 사용하고 있었다. 도로에 비스듬하게 통나무를 올려놓은 것이었다. 차를 세우고(그럴 수밖에 없었다) 보았더니 마른 나뭇잎으로 엮은 닫집 아래에 김이 모락모락 나는 사모바르 주전자 두 개가 양파 사이에 놓여있었고, 화로 위에는 장미꽃으로 장식된 다기茶器가 일렬로 늘어서있었다. 우리는 찻집 안으로 들어가서 통나무에 걸려든 사람들과 합류했다. 이들은 예의를 차려 잠시 우리에게 관심을 기울이더니 곧 다시 낮잠을 자거나 체스를 두거나 식사를 했다.

　이런 조심스러운 태도가 얼마나 예외적이며 고마운 것인지

평가하기 위해서는 다른 아시아 지역에 널리 퍼져 있는 끔찍하게 경솔한 분위기를 접해봐야만 한다. 이곳 사람들은 지나친 공손함은 예의가 아니라는 생각을 갖고 있다. 아프가니스탄의 대중가요에 따르면, 손님을 접대하면서 어디서 왔느냐고 묻는 것을 시작으로 "온갖 시시콜콜한 질문으로 손님을 녹초로 만드는" 사람은 괴상한 사람이다. 아프가니스탄 사람들이 서양 사람을 대하는 태도는 전혀 달라지지 않았다. 나약함의 흔적도 없고, 일부 시시한 인도인들이 내세우는 엉터리 같은 심리 능력의 흔적도 없다. 산의 영향을 받아서 그런 것일까? 아니, 그보다는 식민화된 적이 단 한 번도 없어서일 것이다. 영국인은 두 차례에 걸쳐 아프가니스탄 사람들을 무찌르고 카이바르 고개를 힘으로 밀고 넘어가서 카불을 점령했다. 그러나 아프가니스탄 사람들은 두 차례에 걸쳐서 바로 이 영국인들을 저지하고 상황을 원점으로 돌려놓았다. 그러므로 되갚아야 할 모욕을 당한 적도 없고, 치유해야 할 콤플렉스도 없다. 외국인이라고? 피란지라고? 다 같은 사람이지, 뭐! 아프가니스탄 사람들은 그에게 자리를 내주고, 그 사람이 제대로 대접받는지 살펴본 다음에는 모두들 자기 일을 보러 간다.

망설임이라곤 허용하지 않는 그 통나무로 말하자면, 상식 그 자체다. 도대체 어떻게 이런 우스꽝스런 행동에 저항할 수 있단 말인가? 우리는 바가지요금을 낼 준비가 되어있었다. 하지만 그럴 필요가 없었다. 차는 뜨겁고, 멜론은 잘 익었으며, 가격은 그리 비싸지 않았던 것이다. 게다가 우리가 나가려고 하자 주인이 일어나더니 정중하게 통나무를 치워주었다.

영국과 아프가니스탄 영국은 러시아의 패권을 저지한다는 명목으로 두 번에 걸쳐 아프가니스탄을 공격했다. 제1차 영국-아프가니스탄 전쟁(1839~1842), 제2차 영국-아프가니스탄 전쟁(1878~1880). 그러나 제1차 전쟁은 영국이 2만여 명의 사상자를 내며 결국 퇴각으로 결론났고, 제2차 전쟁 후 영국이 아프가니스탄을 지배하는 듯했으나 제3차 영국-아프가니스탄 전쟁(1919년) 후 아프가니스탄은 영국으로부터 완전히 독립했다.
피란지 외국인을 의미하는 인도의 속어. 인도가 영국에게 점령당했을 때 영국인을 가리키는 말이었다.

아프가니스탄은 서양과 서양의 유혹에 대해 견고한 정신적 독자성을 유지하고 있다. 그들은 우리가 아프가니스탄에 대해서 그러는 것과 거의 똑같은 신중한 관심을 가지고 서양을 고찰한다. 자신들이 서양의 강요를 받도록 내버려두지는 않는 것이다.

아시아의 시간은 유럽의 시간보다
넓게 흘러간다

열 번째 이야기 카불

남쪽에서 온 여행자가 카불과 그곳을 에워싼 포플러나무, 얇게[58] 쌓인 눈 때문에 김이 모락모락 나는 엷은 자주색 산, 그리고 시장 위 가을 하늘에 둥실둥실 떠다니는 연을 보면 자기가 이 세상 끝에 도착했다는 생각에 우쭐거리게 된다. 하지만 그 반대다. 그는 이제 막 세상의 중심에 닿은 것이다. 심지어는 어느 황제도 그 점을 언명한 바 있다[인도 무굴 왕조를 창시한 자히르 웃 딘 무함마드 바부르(호랑이)황제,《회고록》, 파리, 1904].

무함마드 바부르(1483~1530) 칭기스 칸과 티무르의 후예로 뛰어난 군인이자 일기작가. 1504년 아프가니스탄의 카불에 공국을 세우고 이를 기초로 해서 인도를 공격해 무굴제국을 세웠다. 무굴제국은 오늘날의 인도 북부와 파키스탄, 아프가니스탄에 이르는 지역을 아우르며, 1857년 영국이 인도를 침입하여 멸망할 때까지 인도 역사의 황금기를 구가했다.

"카불공국은 제4기 후대에 있으며, 고로 인간이 거주하는 세계의 중심에 자리잡고 있다. 카슈가르와 페르가나, 투르키스탄, 사마르칸트, 박트라, 보카라, 바다크샨에서 온 대상隊商들은 모두 카불로 향한다. 카불은 힌두스탄과 호라산의 중간에 있어서, 이곳에서 장사를 하면 많은 이문을 남길 수가 있다. 심지어는 이곳 상인들이 카타이(중국 북부와 그 속국)나 룸(터키)까지 물건을 싣고 간다 해도 이 정도의 이익은 보지 못할 것이다……3할에서 4할까지 이익을 남기고도 만족하지 못하는 상인들이 많이 있다.

카불과 주변 마을에서는 포도와 석류, 살구, 사과, 마르멜루, 배, 자두, 아몬드 등의 과일이 난다. 호두는 아주 풍부하다. 이곳에서 생산되는 포도주는 아주 독하다. 카불의 기후는 쾌적하며, 기후면에서 카불과 비교될 수 있는 도시는 이 세상에 존재하지 않는다. 사마르칸트와 타브리즈도 기후가 좋은 걸로 널리 알려져 있지만, 이 두 곳은 무척이나 춥다.

카불공국에는 다양한 부족이 산다. 계곡과 평원에는 투르크족과 아이막족, 아랍족이 산다. 도시에는 주로 사르트족이 살고, 지방의 다른 마을들에는 타지크족과 베레키족, 아프가니스탄족이 정착하였다. 카불에서는 아랍어와 페르시아어, 투르크어, 몽골어, 힌두어, 아프가니스탄어 등 열한두 개의 언어를 사

용한다. 이처럼 다양한 민족과 방언을 발견할 수 있는 나라는 이 세상 어디에도 없다."

바부르 황제가 카불을 다스릴 당시 이 도시를 둘러싸고 있는 언덕에서는 33종이나 되는 야생 튤립이 자랐고, 그가 풍차와 반풍차, 4분의 1 풍차 등의 이름을 붙인 수많은 시냇물들이 흐르고 있었다. 그는 이 정도에서 기록을 멈추지 않는다. 카불국으로 피신하여(1501년) 별다른 어려움 없이 정권을 장악하고 나서 집필했던 《회고록》에서는 최소 열 쪽 이상 이처럼 세세한 목록이 계속된다. 당시 그는 채 스무 살이 되지 않았으며, 아무것도 그에게 좋은 결과를 가져다주지 않았다. 그의 친척들은 그가 페르가나에 갖고 있던 영지를 몰수해버렸다. 사마르칸트의 우즈벡 제후들은 그를 추적했다. 몇 년 전부터 그는 아무 결과도 나오지 않는 계획을 꾸미고, 지지자들을 모으고, 적과 싸우고, 끊임없이 도망치고, 몇 마리의 말들이 숨을 내쉬는 가운데 그에게 여전히 충성하는 부하들과 함께 한데서 잠을 자느라 녹초가 되어 있었다.

그는 카불에서 처음으로 편안하게 잠잘 수 있었다. 그는 곧바로 이 도시를 좋아하게 되었다. 도시의 성벽을 수리하고, 정원을 조성하고, 목욕탕을 더 많이 짓고, 못을 파고(맑게 흐르는 물에 대한 이슬람교도들의 이 열정), 술잔치(그는 여기에 드는 비용을 주저 없

이 다 냈다)에 모자라지 않을 만큼의 포도주를 빚을 수 있는 포도
나무를 새로 심었다.

그는 많은 날들을 낮에는 매를 팔 위에 올려놓고 말을 탄 채
도처에 자고새와 개똥지빠귀들이 바글거리는 카불리스탄 과
수원을 다니고, 더 유쾌한 저녁에는 사과나무 밑이나 비둘기장
의 편편한 지붕 위에서 밤이 깊어지기를 기다리며 하시시를 피
우기도 하고, 너무나 학식이 높아서 '발만 뻗으면 시인의 엉덩이
에 가닿는' 인근의 헤라트 제후 앞에서 정부의 신하들이 얼굴을
붉히지 않도록 머리가 좋은 동행들과 함께 수수께끼 놀이를 하
거나 짧은 시를 지어야(티무르 사람들 특유의 그 '장식적裝飾的인 지식'
에 대한 애착) 했다. 이같은 추억은 그의 뇌리를 떠나지 않았다. 그
래서 바부르가 자신에게 맞는 제국 하나를 인도에서 떼어 가졌
을 때 20억 5000만 루피에 달하는 수입(눈이 휘둥그레진다)도 카
불을 떠나는 그를 위안하지는 못했다. 그를 위시한 그의 병사들
은 지루해했다. 그러자 그는 급히 기병 두 명을 보내 아그라에서
카불까지의 정확한 거리를 측정하게 한 다음, 이 거리를 가능한
한 빨리 통과할 수 있도록 중간중간에 갈아 탈 낙타와 말들을 배
치시켰다. 이렇게 해서 그는 몇 년 동안 아프가니스탄산 포도주

박트라 현재의 발흐.
보카라 우즈베키스탄에 있는 지역의 이름.
힌두스탄 힌두교의 땅이란 뜻으로, 여기서는 인도를 가리킨다.
호라산 이란 북동부. 실크로드의 중요한 교역로였다. 부록 지도 참고.

와 향기만 맡으면 감격해서 눈물을 흘렸던 멜론을 자신의 새로운 수도로 실어오게 했던 것이다. 하지만 그는 인도에서 할 일이 너무나 많았기 때문에 다시는 카불에 갈 수 없었다. 그는 죽고 나서야 그곳으로 돌아가게 됐는데, 시장 서쪽에 위치한 정원 안의 거대한 플라타너스나무 그늘에 그의 무덤이 있다.

이같은 자질을 가진 인물이 이성을 잃을 정도로까지 매혹된다는 것은 그 도시의 가치를 보여주는 증명서라 할 수 있다. 평상시에는 너무나 신중하던 그는 순진하게도 그것에 관한 모든 전설들을 기록했다. 곧, 카인이 이 도시를 건설했고, 노아의 아버지인 라멕이 이곳에 묻혔으며, 파라오가 자신의 후손들을 이곳에 살게 했다는 식이었다.

하지만 '이 세상의 중심'으로 말하자면, 그가 옳았다는 사실을 인정해야만 한다. 그런 주장은 어디를 가나 들을 수 있지만, 지금 그 정당함이 인정되는 것은 오직 이 경우뿐이다. 힌두쿠시의 고개와 인더스 평야를 향해 내려가는 고개를 지배하는 카불 지방은 몇 백년 동안 인도와 그리스화된 이란, 중앙아시아를 통한 중국의 문화 사이에서 체의 역할을 해냈다. 이곳을 아주 오랫동안 장악했던 디아도코이가 네거리를 관장하는 여신인 '머리가 셋인 헤카테'를 숭배한 것은 결코 우연이 아니다. 그리고 기독교 시대가 시작될 무렵 그리스인으로는 아프가니스탄에서 마지막으로 작은 왕국의 왕을 지낸 헤르마이오스는 앞면에는 인도 글자가, 뒷면에는 중국 글자가 쓰인 자신의 주화를 제작하도록 했다. 그리하여 그것은 정말로 '사람이 사는 세계'의 중심이 됐다.

게다가 알렉산드로스가 이끄는 마케도니아인들(포도밭이 나타날 때마다 고향에 돌아왔다고 생각하며 "디오니소스 신이시여!"라고 외쳤던)의 시대 이후로 얼마나 많은 사람들이 오고 갔던가! 셀레우코스 니카토르가 서쪽의 라이벌들을 물리치기 위해 인도에서 사온 500마리의 코끼리. 조각된 상아와 티루스의 유리 제품, 이란의 향수와 화장품, 소아시아의 작업장에서 대량으로 만들어진 조악한 실레노스나 바쿠스 동상을 잔뜩 실은 대상. 환전상들, 고리대금업자들, 집시들. 어쩌면 동방박사 중 한사람인 카스파르는 인도-파르티아계의 펀자브 왕으로서,《토마 행전》의 집필자들은 그의 이름을 잘못 썼는지도 모른다. 중앙아시아에서 쫓겨 쏜살같이 도착한 스키타이나 쿠치 유목민들은 오늘날의

디아도코이 '후계자'라는 뜻. 알렉산드로스가 후사 없이 죽자 휘하 장군들이 서로 후계를 자처하며 싸웠는데, 이 장군들을 가리켜 디아도코이라고 부른다. 이들은 약 40년간 전쟁을 계속하며 결국 제국을 분할통치한다.

헤카테 달의 여신, 대지의 여신, 지하의 여신 등 세 신이 한몸이 되어 하늘, 땅, 바다를 다스렸다고 한다.

셀레우코스 니카토르(기원전 358~기원전 281) 알렉산드로스 사후 분열된 제국의 승계권을 두고 싸웠던 디아도코이들 중 한 명. 바빌론의 총독으로 임명되었고, 나중에 시리아와 이란 지역에 셀레우코스 제국을 세웠다.

티루스 고대 페니키아의 항구도시.

실레노스 그리스 신화에서 바쿠스의 양부 또는 스승으로, 대개 술에 취한 모습으로 표현된다.

바쿠스 디오니소스. 그리스 신화에서 풍요와 술의 신.

토마 예수 12사도 중 한 명. 인도에 가서 전도를 하다가 그곳에서 죽었다고 전해진다.

화폐 전문가와 고고학자들에게 행운을 안겨주기 위해 각자 자기가 가진 돈을 미친 듯이 땅속에 파묻었다. 또 다른 상인들, 단순히 호기심이 많은 사람(이런 사람은 늘 있다)과 따라다니며 기록(이 기록은 아마도 발견될 것이다)을 하는 하인들…… 유감스럽게도 역사가들은 없다. 인도에서 돌아와 그곳에서의 위험한 순례에 관해 투덜거리는 중국 불교도들, 경전이 잔뜩 든 그들의 짐. 다른 유목민들, 그중에서도 훈족은 가장 먼저 정착하여 그 사이에 문명화된 사람들에게 난폭한 야만인의 인상을 남겼다.

그후 17세기에 엄격한 이슬람교가 출현했으나 기억을 남기지는 못했다. 그 이후에도 이 교차로는 다른 많은 사람들을 보았으나…… 이쯤에 그만두련다. 그러므로 다른 수많은 사람들의 뒤를 이어 이곳에 도착하는 오늘날의 여행자들은 겸허하게 행동할 것이며, 누구든 다른 사람들을 놀라게 하려는 생각은 하지 말기 바란다. 그러면 그는 자기네들의 역사를 거의 완전히 잊어버린 아프가니스탄 사람들에게 진심으로 환영받을 것이다.

아프가니스탄은 서양과 서양의 유혹에 대해 견고한 정신적 독자성을 유지하고 있다. 그들은 우리가 아프가니스탄에 대해서 그러는 것과 거의 똑같은 신중한 관심을 가지고 서양을 고찰한다. 그것들을 높이 평가하면서도, 자신들이 서양의 강요를 받도록 내버려두지는 않는 것이다.

카불에는 독립선언 이후 프랑스 고고학자들이 발굴한 유물들로 만든 작은 박물관이 있다. 그외 다른 유물도 있는데, 소장품의 파편과 박제가 된 족제비, 하수구를 보수하다가 발견한 주화, 투명한 수정 등 거의 모든 것이 다 있다. 1954년 관람객들은 따로 떨어진 1층의 의상 진열창 안에 있는 마오리족의 깃털 치마와 신강 지역 목동의 외투 사이에서 '아일랜드'나 '발칸'이라는 상표가 붙은 아주 평범한 스웨터를 보았다. 그것은 손으로 직접 짜서 빨간색으로 물들인 스웨터였다. 하지만 스웨터라니, 세상에! 우리나라에서 10월이 되면 전차 안에서 볼 수 있는 그런 스웨터라니! 실수로 진열된 것일까? 그렇지 않기를 바란다! 나는 새로운 눈으로 오랫동안 그것을 바라보았으며, 고백하건대 객관적인 관점에서 볼 때 이 포도주 색깔의 윗도리는 극락조의 깃털과 카자흐족의 외투 옆에서 영 초라하게 느껴졌다. 그저 유감스러워하는 수밖에 별 도리가 없었다. 어쨌거나 사람들이 그걸 입고 다니는 나라에 가보고 싶은 생각은 들지 않았다.

이 전시물은 나를 매혹시켰다. 스위프트식 반전이 일어나서 심장을 더 빨리 뛰게 만들고, 더 잘 이해하도록 한다는 느낌이 들었던 것이다. 이 유럽의 24년이 계속되는 동안 우리는 맘루크에 관해서는 언급하지 않은 채 십자군 병사들을 연구하고 신

조너선 스위프트(1667~1745) 《걸리버 여행기》의 작가.
맘루크 투르크계 백인 노예 출신 군인으로 십자군전쟁에서 이슬람을 위해 싸웠다.

화들 속에서 원죄를 발견하려 애썼다. 하지만 신화 속에 무슨 원죄가 존재한단 말인가? 그리고 무역회사와 서방에서 온 몇몇 용감한 악당들이 인도에 마수를 뻗치기 시작하자 이 나라에 관심을 기울였다. 그러나 이 시기가 지나자 아프가니스탄 중심주의가 조금씩 태동하여 환영받았다.

도착하고 나서 일주일 뒤에 우리는 둘 다 병이 났다. 루트 사막을 건너고, 퀘타에서 과도하게 신경을 쓰고, 사키 바에서 밤을 새운 것에 대해 언젠가는 대가를 치러야 했던 것이다. 의욕도 생기지 않았고, 기력도 없었으며, 활기도 느껴지지 않았다. 우리는 모든 걸 지나치게 비관적으로 생각하는 경향을 보이며 잘못되어가는 것만을 눈여겨 보았다. 가서 사람들을 귀찮게 굴고 세미나를 개최하고 수채화를 전시하겠다는 생각, 그런 생각 중 어느 것도 우리 가슴을 기쁘게 하지 않았다. 우리가 이렇게 어찌할 바를 모르고 있을 때 행운의 여신이 나타나 한 스위스 의사를 만나게 해주었다. 이곳에 혼자 살던 이 유엔의 전문가는 우리가 건강을 회복할 때까지(오래 걸릴지도 모를) 자기 집에 묵으라고 제안했다. 그는 모든 것에 개방적이고, 관대하고, 세심한 이해심을 발휘하여, 늘 건성인 듯한 표정을 지었지만 사실은 자상한 인물이었다. 그는 자신의 친절함이 거북하게 느껴지는 듯했다. 온갖 폼을 다 잡던 그 칸다하르의 의사와는 정반대였다. 반대로 이 카불의 의사는 마치 자신의 가슴에 달린 주머니에게 말하는 것처럼, 자신의 주장이 몹시 의심스럽다는 듯 고개를 숙이고 이야기했다. 그는 웃는 걸 좋아했고, 감탄스러울 만큼 우리를 정성껏 보살펴주었다. 요컨대 그는 친구였다.

이처럼 하느님이 도와주신 덕분에 나는 카불에 관해 바부르 황제가 그렸던 매우 유쾌한 초상에 가까운 추억을 간직할 수 있었다. 그런데 단 한 가지 예외가 있었다. 만일 간이 좋지 않다면 이 도시 전체에 밴 양기름 냄새를 참아내기가 힘들 것이다(모든 아프가니스탄 요리에는 이 기름이 사용된다 - 글쓴이 주). 그리고 한 가지 수정사항이 있는데, 포도주에 관한 것이다. 바부르의 시대에는 포도주가 철철 넘쳐흘렀다. 법은 매일같이 위반되었고, 터번을 벗어던지고 풀밭에 쓰러져 자는 주정뱅이들이 헤아릴 수 없이 많았다. 하지만 현재 아프가니스탄 사람들은 세계에서 가장 품질 좋은 포도를 생산하면서도 다시 금주시대로 돌아갔다. 카불에서는 술을 한 방울도 마실 수가 없다. 오직 외교관들만이 술을 수입할 수 있도록 허용된다. 다른 외국인들은 시장에서 파는 포도를 대량으로 사서 직접 포도주를 담가먹을 수밖에 없었다. 프랑스인들이 이 유행을 퍼뜨렸고, 몇몇 오스트리아인들이 그걸 따라했다. 9월이 되면 지질학자와 교수, 의사들이 포도주 제조업자로 변신했다. 이웃들끼리 서로 도와가며 포도송이를 짓이기거나 아니면 포도즙을 항아리에 담는 것이다. 그리하여 저녁식사 시간이 되면 밀랍으로 봉한 포도주병들이 식탁 위에 올려졌다. 스페인산 포도주의 하나인 만사닐라 맛이 나는 그 포도주들은 그럭저럭 마실 만했고 때로는 단맛이 거의 안 나기도 했지만, 그래도 Z씨네 집이나 B씨네 집 것보다는 나았다(누군가가 잔에 술을 따라주며 이렇게 귀에 대고 속삭였다). 그러나 가장 훌륭한 포도주는 여전히 이탈리아 대사 전속 신부의 포도주로서, 그는 몇 년 전부터 미사용 포도주를 만들어왔고, 그가 축복하는 것을 잊어버린 병들을, 그걸 받을 만한 자격을 갖춘 사람들에게 나눠주었다.

이웃을 실컷 약탈하고 난 우르두아프가니스탄인들은 외국인들도 자기들을 약탈하려 할 것이라고 오랫동안 의심했다. 이런 생각은 크게 어긋나지 않았다. 19세기에 그들은 유럽인을 향해 총을 쏘았다. 1922년이 되어서야 문을 살짝 열어 몇 명의 유럽인만 들여보냈다. 이런 절충적 태도는 나름대로 이점을 지니고 있었다. 왜냐하면 서양제국은 자신들의 악질 상인과 특무 상사, 싸구려 물건을 강요할 수 없는 곳에는 외교관이라든지 동양학자, 의사 등 호기심과 요령을 지녔으며 어떻게 아프가니스탄 사람처럼 행동해야 하는지를 아주 잘 아는 유능한 인물들을 보내는 것으로 만족했던 것이다.

카불의 작은 서양인 거리는 다양성과 매력, 기회를 제공한

다. 이 도시에서 이틀 걸리는 곳에서 어떤 서양인도 발을 디뎌본 적 없는 계곡을 발견한 덴마크 사람, 옛 적敵으로서의 역할을 아시아에서 아주 잘 해내면서 편안함을 느끼는 영국 사람들, 몇 명의 유엔 전문가, 그리고 특히 이 사회의 중심 노릇을 하면서 유쾌한 분위기를 만들어주는 프랑스 사람들. 이 프랑스 사람들(마흔 명가량 되는)은 주임신부 사택의 정원 안쪽에 일종의 클럽 같은 것을 가지고 있어서, 일주일에 한 번씩 그곳에서 시원한 음료수도 마시고, 레코드도 듣고, 도서관에서 책도 빌린다. 또 이 나라를 구석구석 훤히 알고 있으면서도 잘난 척하지 않고 거기에 관해 이야기해 주는 사람을 만날 수도 있다. 그곳에 가면 즐겁고 활기차고 정중하게 환대받을 수 있는 것이다. 책도 읽지 못하고 길에서 14개월을 보내버린 나는 예를 들자면, 아라코시아나 박트리아에서 발굴작업을 마치고 돌아온 한 고고학자가 술잔을 손에 들고 자신이 연구하는 주제에 관해 입에 침을 튀기며 설명하고, 주화의 명각銘刻이나 작은 조각상의 회반죽에 관해 흥미로운 이야기를 늘어놓는 것을 보며 즐거워했다. 재치 넘치는 여성들도 있었고, 우리가 아주 관심 있게 지켜본 아름다운 여성들도 있었으며, 마치 자신들이 아직도 몽타르지나 퐁타무송에 살고 있기라도 한 것처럼 상석권上席權이라든가 뜨개질 견본, 작은 파이에 관해 은밀하게 얘기를 나누는 부인들도 있었다. 요컨대 그것은 각 개인들이 자신의 존재를 뚜렷이 드러낼 수 있을 만큼의 자유와 공간을 가진 활기차고 즐겁고 흥미로운 사교계로서, 보마르셰나 지로두, 혹은 페도가 쓴 작품의 배경처럼 보였다.

이따금씩은 욕구불만이 발작을 일으키기도 하고 즐거운 소문이 떠돌기도 했으며, 그럴 때면 죄지은 사람들은 라호르나 페샤와르에 가서 '격정'을 충족시키거나(이 작은 세계에는 가십거리가 그만큼 많았다), 아니면 국경까지 이어지는 300킬로미터의 무시무시한 비포장도로에서 일탈에 대한 대가를 미리 치르기도 했다.

이념적 갈등이 카불에서는 지방 수준으로 축소된 듯하며, 러시아의 외교관들은 다른 곳보다 입이 덜 무거운 것 같다. 이것은 그들이 옥수스 국경 지역에서 심으려고 애썼던, 농사를 짓

아라코시아 아프가니스탄 남동부와 파키스탄 중북부에 걸친 지역으로 박트리아와 힌두쿠시 산맥을 접하고 있다. 가장 큰 도시는 칸다하르. 알렉산드로스가 건설했다고 한다.
박트리아 아프가니스탄 북쪽에 있던 고대 왕국. 힌두쿠시 산맥과 인도 사이에 있었다. 고대 중앙아시아 청동기 문명을 지칭하기도 한다.
몽타르지 프랑스 중부의 도시.
퐁타무송 프랑스 북동부의 도시.
피에르 드 보마르셰(1732~1799) 프랑스의 극작가. 《세비야의 이발사》《피가로의 결혼》등이 대표작.
이폴리트 장 지로두(1882~1944) 프랑스의 극작가이자 소설가. 대표작은 소설 《시골 여자들》과 희곡 〈지크프리트〉〈트로이 전쟁은 일어나지 않는다〉 등.
조르주 레옹 페도(1862~1921) 프랑스의 극작가. 일상을 소재로 한 해학적인 작품을 많이 썼다. 대표작은 《자유교환 호텔》《막심에서 온 여인》등.
라호르 파키스탄 펀자브 지방에 있다. 교통의 요지이자 무굴제국 이슬람 지배 시대의 중심지였다.
페샤와르 실크로드의 중요한 도시 중 하나로서 문명의 교차로였다. 파키스탄과 아프가니스탄을 연결하는 카이바르 고개에서 동쪽으로 50킬로미터 떨어져 있다.

는 태평스러운 이웃의 이미지와도 관련이 있는 듯하다. 덜커덩 거리는 움푹움푹 팬 차도를 구름 같은 먼지를 일으키며 그들이 단체로 이 도시에서 유일한 극장 앞 이발소에 가는 모습을 볼 수 있었다. 미용사들이 가위질을 하는 동안 그들은 긴장을 약간 풀며 감히 몇 마디라도 토막토막 대화를 시도해 보려고 애쓰기도 했다. 진지하고 고집스런(그들은 밀짚모자를 눈 바로 위까지 눌러 썼고, 그들의 넥타이 매듭은 주먹만큼이나 굵었다) 그들은 어떤 기본적인 호의를 찾으려고 애썼으며, 그들에게 호의를 보이지 않는 사람은 아무도 없었다.

독일 치과의사인 J씨의 병원에서도 그들을 만날 수 있었다. 이 의사의 아내가 기가 막히게 매력적이었기 때문에 드릴이 페달식이고 시설이 불완전했지만 병원은 늘 환자들로 붐볐다. 하지만 그들은 이곳에서 경계를 게을리 하지 않았다. 아프가니스탄의 가게에는 중립지대도 없고 타협적인 분위기도 느끼기 힘들기 때문이다. 이 대기실이 그들에게는 이미 서방이요, 서방의 함정이었다. 그래서 그들은 고개를 푹 숙인 채 그들을 위해 탁자 위에 놓아둔 잡지《오고네크》의 과월호를 읽었다. 그들은 광고와 주부 일기, 교리를 다룬 칼럼을 한 페이지도 건너뛰지 않고 꼼꼼하게 읽다가, 마침내 정장을 입고 구두를 거울처럼 반들반들 윤이 나게 닦은 농부 한 사람이 사진기 앞에서 독자들을 향해 이를 드러내고 환하게 웃으며 트랙터를 운전하는 투르크멘 집단농장의 컬러사진에 이르렀다. 오랫동안 기다렸다가 이제야 마주보게 된 것이다. 어쩌면 여러분은 웃는 법을 잊어버렸으며 그 때문에 너무나 없어 보이는 이 사람들에게 호의 어린 흥미를 느끼게 될 지도 모른다. 이 강한 여성들에게 유행에 관한 몇 가지 조언을 한다거나, 아니면 볕에 그을린 남자들에게 "자! 광고는 건너뛰어요. 그렇게 중요한 건 아니니까. 얼굴 펴고 담배나 한 대 피우면서 우리 얘기나 좀 하자고요! 여기서 2킬로미터 떨어진, 세상에서 가장 이상한 나라에서는 그게 아무에게도 해를 끼치지 않아요"라고 말한다는 건 상상조차 할 수 없는 일이다. 어쩌면 그들은 그냥 우리를 보고 있지 않았는지도 몰랐다. 아마도 그들은 우리처럼 생각할지도 몰랐다. 우리는 그들과 접촉하려 할 수 있을지도 모른다. 하지만 그들은 그럴 수가 없다. 이것은 큰 차이다.

이따금 젊은 사람들이 그 '프랑스관'에 와서 후다닥 한잔 마시고는 사라졌다. 작지만 다부진 체격, 근육이 발달된 얼굴을 하고 너무 작아서 꽉 끼는 양복을 입은 남자들이 짝을 지어 나타났다. 그들은 포병학교나 비행학교, 지뢰제거학교에서 배운 프

옥수스 아무다리야 강 주변의 지역을 일컬으며, 고대 중앙아시아 문화의 요람이자 가장 오래된 경작지 중 하나.
투르크멘 투르크메니스탄. 카스피 해에 접하고 있는 중앙아시아 남단의 나라. 1990년 소련으로부터 주권선언을 했다. 따라서 이 책의 저자들이 여행을 한 시기는 옛 소련의 일부였을 때다. 수니파 이슬람을 주로 믿는다.

랑스어를 약간씩 구사했다(학교에서 프랑스어를 배우는 경우는 없었다). 그들은 환대를 받으며 온갖 것과 아무것도 아닌 것에 관한 질문을 받았는데, 대부분은 아무것도 아닌 것이었다. 왜냐하면 고리키와 소련의 작곡가인 하차투리안, 은자隱者 박물관을 제외한 주제는 어떤 것이라도 여전히 수상쩍게 느껴졌기 때문이다. 어쨌든 그들은 엄청나게 큰 손에 가려 보이지도 않는 샴페인 잔을 들고 신중한 자세로, 그러나 유쾌한 표정을 지으며 서있었다. 그렇다고 어리둥절해하는 것 같지는 않았다. 디드로는 농업 혁명의 아버지이고 몰리에르는 부르주아의 철천지원수이며 토레즈(1930년에서 1964년까지 프랑스공산당의 서기장을 지냈다 – 영어판 옮긴이 주)는 세련된 스타일리스트라고 교과서에서 이미 읽었던 것이다.

1868년, 에미르 아브도르 라흐만은 "곰 같은 러시아와 사자 같은 영국 사이에서 꼼짝 못하는 염소처럼 불쌍한 아프가니스탄"이라고 말하면서 위선적인 어조를 취했다. 사실은 그의 통치에서 염소 아프가니스탄은 종종 두 이웃을 가지고 놀면서 속여 넘기는 데 성공했고, 이 놀이에서 그가 보여준 정치적 능란함은 추종자들을 만들어낼 정도였다. 아프가니스탄은 성가신 이웃들에게 익숙했고, 혁명이 일어났다고 해서 별다른 변화가 일어나지는 않았다. 아프가니스탄인들은 원칙과 사실 사이의 모순에 난처해하지 않았다. 좋은 동양인으로서의 그들은 원칙이라는 것을 믿지 않았기 때문이다. 이 사회주의적이며 세속적인 공화국이 이슬람이 국교인 왕국의 군주에게 말 여덟 마리를 선물하는 것을 보고 놀라는 사람은 아무도 없었다. 사람들은 현재는 뭔가를 요구하기 위해 던지는 미끼이며 필요할 경우 러시아인들은 이슬람 사원이라도 지어주겠다고 제안할 것임을 알고 있었다.

미국인들로 말하자면, 보기가 좀 힘들다. 그들은 보통 교외에 살면서 책을 통해 이 나라를 배우고, 거의 돌아다니지 않으며, 툭하면 그들을 위협하는 바이러스와 병이 무서운 나머지 끓인 물을 마신다.

티에리와의 작별

바이러스와 병은 우리도 가만 놔두지 않았다. 티에리는 그림 몇 점을 전시하고 팔았을 뿐인데도 황달에 걸리는 바람에 여러 주

막심 고리키(1868~1936) 러시아의 작가. 가난한 사람들 편에서 작품을 썼다. 대표작은 《어머니》《어린 시절》 등.
아람 하차투리안(1903~1978) 아르메니아 출신의 소련 작곡가.
드니 디드로(1713~1784) 프랑스의 계몽주의 사상가.
몰리에르(1622~1673) 프랑스 극작가. 본명은 장 밥티스트 포클랭.
모리스 토레즈(1900~1964)
아브도르 라흐만(1844~1901) 아프가니스탄의 왕. 영국에 의해 왕으로 추대되었고 아프가니스탄을 통일시켰다. '에미르'는 아랍어로 '사령관' '총독'이란 뜻으로, 이슬람권에서 왕족과 귀족의 칭호로 사용된다.

일 앓고서야 겨우 나았다. 친구인 의사 클로드가 없었더라면, 그리고 어디를 가나 우리에게 호의를 베푸는 사람들이 없었더라면 과연 어떻게 티에리가 완치되었을지 알 수 없다. 11월 중순, 그는 뉴델리행 비행기를 탔다. 이곳으로 올 연인 플로를 위해 뉴델리에서 기차를 타고 실론으로 가서 이것저것 준비해놓기 위해서였다. 그는 날짜에 맞추어 가기 위해 너무 급했던 나머지 내가 병에서 회복될 때까지 기다릴 수 없었고, 게다가 몸이 너무 허약했기 때문에 자동차로 고개를 넘을 수도 없었고, 차로 인도를 내려가며 쌓일 피로를 견뎌낼 수도 없었다. 나는 몇 달 뒤 결혼식을 올리는 날짜에 맞추어 짐과 자동차를 가지고 가서 그들과 다시 만나기로 했다.

그 당시 아프가니스탄의 민간항공기는 '인도메르'라는 이름을 가진 작은 기업에서 운항하는 것이 유일했는데, 순례자들을 메카로 실어 나르는 이 기업은 수입의 대부분을 카펫 밀수로 얻고 있었다. 늘 신중한 정부는 이 항공사의 경영자 중 한 명을 항상 감옥에 가둬놓았다. 공항은, 그저 항공 표지가 설치된 들판에 불과해서 조금만 날씨가 안 좋으면 비행기가 뜨지 않았고, 첫눈이 내리면 바로 폐쇄될 정도였다. 날씨가 괜찮아지면 에어 인디아와 KLM의 쌍발기가 이 공항을 이용했다.

나는 동틀 무렵 티에리와 함께 공항으로 갔다. 날이 추웠고,

도시 남쪽에 넓게 펼쳐진 갈색의 긴 미개간지는 우리가 타브리즈에서 보낸 처음 몇 달을 연상시키는 흰 서리로 뒤덮여있었다. 턱수염을 기른 시크교도가 조종하는 인도 항공기는 벌써 활주로에 도착해 있었다. 차단기를 통과하기 전에 우리는 이곳에서 티에리가 번(나는 여기서는 단 한 푼도 벌지 못했다) 돈을 나누었다.

나는 지프를 타고 돌아왔다. 떠오르는 태양이 포플러나무 꼭대기와 술레이만 산에 쌓인 눈을 스치고 지나가는 동안, 수확해서 시장의 편평한 지붕 위에 널어놓은 보리가 반짝반짝 빛났다. 카불까지 절반쯤 갔을 때 초록색과 푸른색이 칠해진(이 두 색은 언제나 기막힌 조화를 이룬다) 버스 한 대가 구덩이 속으로 굴러떨어져 뒤집혀 있었다. 승객들은 버스 주변에 쭈그리고 앉아 담배를 피웠고, 그럴 줄 알았다는 듯 침착한 표정으로 어슬렁어슬렁 걸어 다니는 사람들도 있었다. 나는 이 나라가 좋았다. 티에리가 생각났다. 아시아의 시간은 우리의 그것보다 더 넓게 흘러가고, 우리의 완벽한 결합은 내 느낌으로는 십 년은 지속된 것 같았다.

며칠 뒤, 클로드는 일 때문에 아프가니스탄 남부로 내려갔다. 나는 프랑스 고고학자들이 얼마 동안 일을 좀 해달라고 내게 부탁한 북쪽의 박트리아를 향해 산을 지나갔다.

우리는 유일신을 믿는 '경전의 사람들'과 종교상의 사촌들쯤에 있었다. 우리가 천년 동안 서로를 학살했다는 사실도, 종종 가족 간에도 서로를 죽이고 '타부르'라는 단어가 사촌과 적을 동시에 의미하는 이곳 아프가니스탄에 비하면 그다지 대수롭지 않았다.

떨어지고 떨어지는 모든 물,
그것은 내 눈에서 흐르는 눈물이어라

열한 번째 이야기 힌두쿠시

카불에서 북쪽으로 60킬로미터 되는 곳에는 힌두쿠시 산괴가 펼쳐진다. 평균 높이가 4000미터에 달하는 이 산괴는 아프가니스탄을 동에서 서로 가로지르며 6000미터 높이에서 누리스탄 빙하를 융기시켜 두 세계를 갈라놓는다.

남쪽 경사면에는 초목이 시들어버린 고원이 아름다운 계곡과 만났다가 발루치 국경의 산까지 넓게 펼쳐진다. 햇빛은 강하고, 사람들의 수염은 검으며, 코는 갈고리처럼 구부러져 있다. 사람들은 파슈토어(파탄족이 쓰며 언어 - 옮긴이 주)나 페르시아어로 말하고 생각한다. 북쪽 경사면에서는 대초원지대의 안개에 걸려진 햇빛과 둥근 얼굴, 푸른 눈, 말을 타고 자신들의 오두막촌을 향해 빠르게 달려가는 우즈베키스탄 사람들의 퀼팅 천으로 안을 댄 외투를 볼 수 있다. 멧돼지와 능에(겨울새), 곧잘 마르는 물줄기가 옥수스 강과 아랄 해 쪽으로 완만한 경사를 이루며 골풀이 우거진 이 평원을 누비고 다닌다. 사람들은 입이 무겁다. 그들은 중앙아시아의 간결한 터키 방언을 사용한다. 그들이 아니라 그들의 말들이 생각하는 것처럼 보인다.

11월이 되면 매일 밤 카불로 북풍이 갑자기 강하게 불어 내려와서 시장에서 풍기는 온갖 악취를 쓸어가는데, 높은 산의 섬세한 향기는 거리에 남겨놓는다. 힌두쿠시가 손짓을 한다. 산괴를 볼 수는 없다. 하지만 마치 망토처럼 어둠 속에 펼쳐진 맨 앞의 산들 뒤편에서 그것을 느낄 수가 있다. 힌두쿠시는 하늘 전체를, 그리고 마음까지 온통 차지한다. 일주일이 지나면 머릿속에는 오직 산과 그 뒤에 펼쳐진 전원뿐이어서 그것들을 생각하다 보면 결국은 떠나지 않을 수가 없다.

힌두쿠시를 넘어 아프가니스탄령 투르크메니스탄(옛 박트리아)으로 가기 위해서는 카불 경찰서에서 내주는 통행증과, 아프가니스탄 우편버스나 북쪽으로 올라가는 트럭에 자리가 있어야 한다. 통행증은 자주 거부된다. 하지만 상대하는 경찰을 설득시킬 수 있을 만큼 단순하고 분명한 이유(이 지역을 구경하면서 여기저기 돌아다닌다든가 하는 등의)를 대면 그 경찰도 고개를 끄덕이며 통행증을 내준다. 모든 이슬람교도들은, 심지어는 경찰들까지도 잠재적인 유목민인 것이다. '드자한'(세상)이나 '샤흐라'

(탁 트인 길)라고 말해 보라. 그들은 모든 것으로부터 해방되어 진리를 찾고, 가느다란 초승달 아래서 먼지를 밟는 자신의 모습을 벌써부터 상상할 것이다. 그렇게 급하지 않다는 말을 덧붙이자, 내 통행증은 즉시 발부됐다.

카불시장. 저울 위에서 돌들이 부딪쳐 소리를 낸다. 싸움을 하는 자고새들이 부리를 버드나무 새장에 문질러 날카롭게 만든다. 철공소가 모여있는 곳에 가면 앞 돌출부를 화덕 위에 올려놓은 트럭들이 세워져 있다. 백열의 금속이 식는 동안 운전사들은 무릎을 꿇고 앉아서 잡담을 나눈다. 물담배가 손에서 손으로 옮겨지고, 전하는 말과 정보가 차가운 대기 속에서 울린다. 쿤두즈 버스가 강으로 굴러 떨어졌대…… 라타반 고개에 붉은 자고새들이 우글거린다는군…… 가르데즈에서는 샘을 파다가 보물을 발견했다나 뭐라나. 새로 도착한 운전사들이 각자 자신의 일화와 짧은 소식을 가지고 이들과 합류하며, 시간이 지날수록 왕국의 '카더라' 신문은 연기를 피우며 트럭들의 거무칙칙한 동체들 사이로 올라간다.

이 트럭들에 관한 한 마디. 아프가니스탄 사람들은 어떤 결정을 내리기까지는 오랜 시간 뜸을 들이지만, 일단 결정하면 그것을 끝까지 밀고 간다. 이를테면 트럭을 한 대 사면 그는 시장 사람들이 깜짝 놀랄 만큼 어마어마한 짐을 거기에 실으려 한다.

그 엄청난 짐을 싣고 대여섯 번만 왔다 갔다 하면 큰돈을 벌게 될 것이다. 모든 사람들이 그에 관해 이야기할 것이다. 6톤짜리 맥이나 인터내쉬는 그의 야망을 만족시키기에 충분하지가 않다. 엔진이나 차대車臺는 아직 괜찮다! 하지만 짐칸은 좀 좁은 것 같다. 그러면 그는 짐칸을 떼어내 땔감으로 팔아버린 다음 그 자리에 페르슈산産 말이 열 마리 정도는 여유 있게 서있을 만큼 넓고 지붕이 없는 일종의 방을 설치한다. 그러고 나서 화가를 찾으러 간다. 아프가니스탄에서 트럭 외부는 전체가 작은 붓으로 장식된다. 이슬람 사원의 첨탑, 하늘에서 뻗어 나오는 손, 스페이드의 에이스, 사방으로 뚤뚤 말린(왜냐하면 화가가 빈 공간을 구성한다기보다는 그것을 채운다는 생각을 갖고 코를 철판에 갖다댄 채 작업했기 때문이다)《쿠란》인용문으로 둘러싸인 기이하게 생긴 가슴을 꿰뚫는 단도. 작업이 끝나면 트럭은 이 경박한 장식 아래로 모습을 감춘다. 그러고 나서 남아있는 곳은 흡사 성상聖像과도 좀 비슷하고, '비유 베를린Vieux Berlin'이라는 상표가 붙은 과자 상자와도 좀 비슷하다.

그러고 나면 트럭운전사는 짐을 싣는다. 짐을 다 싣고 난 그는 트럭이 지나가게 될 도로를 마음속에서 달려본다. 만일 도로의 7미터 앞에 낮은 호두나무 가지가 있으면 그는 6미터 앞까지 갈 것이다. 그의 트럭은 처음에는 제법 빠르게 달린다. 하지만 트럭을 야외시장의 진흙탕에서 빼내는 건 정말 힘든 일이다. 그의 트럭은 양호한 상태를 유지할 수 있을까? 그럴 것 같지 않다. 그는 교외에 차를 멈추고 북쪽으로 가는 승객을 모집해서, 한 사람에 50아프가니를 받고 자루 사이에 앉힌다. 그리고 나자 트럭은 힌두쿠시와 마자르, 혹은 쿤두즈를 향해 덜그덕거리며 출발하고, 이틀이나 나흘, 혹은 이레 뒤면 연이은 기적(이같은 기적을 놀라워하는 사람은 아무도 없다. 신은 우르두아프가니스탄인이며 이슬람교도이기 때문이다) 덕분에 그곳에 도착한다. 트럭이 깊은 계곡 저 아래 어딘가로 굴러 떨어지지만 않는다면.

어두워질 무렵 철공소가 모여있는 시장에 들렀다. 집게로 화덕에서 끄집어낸 부품들에는, 눈을 끌 만큼 붉은 후광이 둘러쳐져 있었다. 목소리가 뜸해졌다. 아직 일하고 있는 운전사들은 그날 밤이나 그 다음날 아침 일찍 출발할 것이다. 나는 아무런 어려움 없이 북쪽으로 가는 트럭 한 대를 발견할 수 있었다.

다음날, 나는 동틀 무렵에 일어났다. 타브리즈에서 배낭에 넣어놓고 꺼내지 않았던 겨울옷을 걸치고 커피포트가 노래하는 소리를 들으며 구두에 기름칠을 했다. 몹시 추웠다. 나는 먼지로 뒤덮인 작은 마가목 숲을 통해서, 사과 도둑 두 명이 그들이 멘 자루만큼이나 크게 웃으며 담을 따라 도망치는 집 바깥의 과수원으로 갔다. 시장 쪽에서는 연기만 솟아오르고 있을 뿐 엔진 소리는 들려오지 않았다. 운전사가 일곱시라고 말했는데, 이 시간을 꼭 지키겠다는 생각은 그다지 없는 듯했다. 이곳 사람들은 생각보다 말을 덜 중요하게 생각한다. 그러니 그가 내일 무슨 생각을 할지 도대체 누가 장담할 수 있겠는가? 시간은 오직 신만의 것이며, 아프가니스탄 사람들은 미래를 침범하는 약속을 쉽사리 하지 않는다. 내일 아침…… 내일 밤, 혹은 사흘 뒤, 혹은 영영. 나는 미리 출발했다. 태양이 높이 떠오르자 트럭이 경적을 울리며 나를 따라잡았다. 나는 짐 위에 올라앉은 서너 명의 혈기왕성한 노인들과 합류하여, 깍지 낀 두 손을 베개 삼아 스페어타이어들 사이에 누워 오전을 마쳤다. 트럭이 커브를 돌 때마다 함께 탄 사람들의 가는 다리와 슬리퍼, 수염이 내 시야에 들어오는 하늘을 가렸다. 우리는 카불 계곡과 차리카르 계곡을 잇는 작은 고개를 오르고 있었다.

트럭에 같이 탄 사람들과 함께 정오에 차리카르에서 차를[59] 마시고 쌀밥을 먹었다. 이 작은 마을은 왕이 사냥을 마치고 돌아오기를 기다리고 있었다. 그래서 마을은 정신이 하나도 없을 정도로 혼란스러웠다. 군인들이 통나무로 도로를 차단하고 왕의 행렬이 도착할 때까지 힌두쿠시 쪽으로 가는 차량통행을 일체 중단시켰다. 이건 트럭 운전사로서도 어쩔 수 없는 일이었으므로 그는 물병에 든 물로 씻은 손을 바람에 말리며 트림을 하기도 하고 곰곰이 무언가 생각하기도 했다. 그러다 그는 보초들 사이에서 사촌을 발견했고, 이 사촌이 운전대를 잡고 신중하게 운전한 끝에 트럭은 바리케이드 반대편에 가있게 됐다. 아프가니스탄에서는 손쉽게, 그리고 항상 적절한 순간에 사촌을 발견할 수 있다.

해가 기울기 시작할 무렵, 트럭이 서쪽으로 커브를 돌더니 고르반드[60] 계곡으로 들어섰다. 밤나무와 호두나무, 포도나무를 심어놓은 검은 땅이 길게 뻗어있었고, 그 나무들에서 과일을 물리도록 먹은 찌르레기와 개똥지빠귀 같은 새들이 우박이 쏟아지는 듯한 소리를 내며 떼를 이루어 날아올랐다. 왕이 지나가게 될 길에서는 기대감이 넘쳐흐르는 듯했다. 도로 위의 모든 찻집은 이미 청소를 다 마쳤고, 안뜰에는 배가 쌓아올려진 식탁을 내다 놓았다. 흰색 아마포가 덮인 식탁 위는 국화와, 바닐라향이 나는 야생 난초를 한 움큼씩 뿌려 장식했다. 찻집 주인들은 김이 모락모락 나는 찻주전자 뒤편에 쭈그리고 앉아 엄지발가락으로 슬리퍼를 연신 긁어대면서 왕의 행렬이 먼지를 일으키며 어둠을 향해 천천히 내려오기를 초조하게 기다렸다. 왕께서 그의 안뜰을 고르시면 축복이 있으리니. 왕께서 식탁에 앉으시면 두 번 축복이 있으리니. 왕의 시종이 떠나면서 돈을 내면 세 번 축복이 있으리니.

계곡을 올라가는 도중에 우리는 밤나무 아래 멈추어있는 왕의 행렬과 마주쳤다. 말을 탄 남자 몇 명이 대구경 화승단총을 어깨에서 허리로 비스듬히 매고 말의 등자에 창을 고정시키며 왕이 탄 지프를 호위하고 있었다. 트레일러에는 아직 온기가 남아, 검은 피가 길 위로 흘러 떨어지는 야생 양과 흰 반점이 있는 사슴, 능애들로 가득했다. 왕은 앞에 있는 긴 좌석에 두 명의 장교와 함께 앉아있었다. 세 사람 모두 똑같이 올리브색 튜닉을 입은 데다가 얼굴이 어둠 속에 있어서, 시장에 걸려있는 사진들이 너무나 친숙하게 만들어놓은 그 섬세한 용모를 구분해내기가 힘들었다. 호위병들은 바리케이드 너머에 서있는 이 떠돌이 트럭을 보자 불안한 생각이 들었는지 거친 말투로 이것저것 캐묻더니 타고 있는 말로 차 문을 막고 의심스러운 눈길로 운전석을 훑어보았다. 꼭 무슨 대살육이 벌어지기라도 한 것처럼, 짐승들의 털과 깃털이 어지러이 널려있기는 했지만 그렇다고 해서 사냥을 끝내고 돌아올 때의 그 기진맥진하고 태평스런 분위기는 전혀 느껴지지 않았다. 거친 태도로 질문을 던지는 호위병, 신경이 날카로워진 말, 꼼짝 않고 있지만 신경을 곤두세운 세 개의 실루엣은 오히려, 그다지 안전하지 않는 국경을 통과하는 여행자들에게 신중하게 행동하라고 암시하는 듯 했다.

그렇지만 계곡은 평화로웠고, 왕국은 그 어느 때보다 더 조용했다. 아프가니스탄에 왕위가 존재한 이후로는 늘 이처럼 신중한 태도가 견지되어왔으며, 그 덕분에 세 왕 중 한 명은 침대에서 숨을 거둘 수 있었던 것이다. 땅에 대한 애착과 부족들 간의 적대관계, 피의 복수가 서슴없이 방아쇠를 당기게 만드는 이 열정의 나라에서는 '어느 정도 선수를 치지 않으면' 통치하기가 힘들고, 적을 한 명 제거하면 여러 명이 복수를 하겠다고 덤벼든다. 축출된 장군의 추종자가 근거리에서 쏜 총에 아버지 나다르 왕이 맞아 즉사하고 아이가 고문을 당해 말 한마디 못하고 죽은 뒤로, 모하메드 자혜르 왕은 늘 경계를 게을리 하지 않았고, 잠을 잘 때도 한쪽 귀는 열어놓고 잤다. "이슬람 수도승 열 명은 닳아빠진 외투 하나만 입고도 편히 잘 수 있지만, 왕 두 명에게는 이 세상도 넓지가 않다"라는 속담이 있다. 이 목가적인 영지는 훨씬 더 좁은데도 그걸 탐내는 자들이 적지 않았다.

날이 어두워질 무렵 우리는 쉬바 고개의 남쪽 초입에 자리 잡은 샤르데흐 고르반드 마을에 도착했다.[61] 짚을 섞어 벽토로 지은 집을 넓적다리만큼이나 굵은 포도나무 그루들이 뒤덮고도 모자라 골목길 위로 아치를 이루고 있었다. 포도송이 사이로 올라서면 마을이 훤히 내려다보이는 툭 튀어나온 암벽과 초저녁 별이 눈에 들어왔다. 꽤 높이 올라와서 그런지 추위가 살을 에는 듯했다. 고개를 내려온 대상隊商이 작은 광장을 차지하고 있었다. 두껍고 곱슬곱슬한 털로 뒤덮인 중앙아시아산 낙타 스무 마리가량이 물통 주변에서 김을 뿜었다. 그 뒤쪽에서는 이 짐승들을 몰고 가는 투르크멘 남자가 말 등의 안장 놓는 부분에 서서 고삐를 움켜쥐고 새가 지저귀는 듯한 소리를 내어 말을 흥분시켰는데, 말은 제자리에서 뱅뱅 돌았다. 째진 눈이 그의 붉은 얼굴에서 반짝거렸고, 외투는 부채꼴로 펼쳐졌다. 그는 서툰 페르시아어로 운전사들에게 정보를 주었다. 왕이 사냥하는 동안 반대쪽 비탈에 붙들려 있던 러시아 트럭 여덟 대가 오늘밤 지나가리라는 것. 높은 산에는 새로 눈이 내리지 않았다는 것. 우리는 손을 호호 불며 찻집으로 몸을 피했고, 그처럼 반가운 소식을 듣고 기분이 좋아진 운전사는 모든 승객들에게 설탕과 차를 대접했다. 꾸러미에서 둥근 빵이 꺼내졌고, 처음에는 씹는 소리와 한숨소리만 들려왔으나 이윽고 귀가 뚫리자 강물 흐르는 소리가 더 가까이 들려왔다. 고개를 넘어다니는 사람들을 모두 아는 찻집 주인은 트럭 운전사와 승객들과 함께 그들이 지난번에 지나갔을 때의 이야기를 하기 시작했다. 말을 하면서 그가 아세틸렌 등의 불꽃을 올리자 서서히 찻집이 환해졌다. 불빛이 내게 미치자 그는 말을 멈추더니 이 외국인이 어디서 왔느냐고 물었다.

"스위스에서 와서 마자르로 가는 길입니다."

스위스? 그는 잘 알고 있었다. 스위스의 성이 그려진 카불 트럭이 자기 찻집 안마당에 주차한 적이 여러 번 있었다는 것이다……. 난공불락의 성이 바위로 둘러싸인 호수에 모습을 비춘다. 오만 해안의 소형 범선과 비슷하게 생긴 열십자 모양의 안테나가 달린 보트들이 푸른 물 위를 떠다닌다. 이 물은 시장에서 일하는 화가들은 잘 그리지 못한다. 특히 이곳 사람들 대부분이 소문으로만 아는, 파도가 등장하는 이 주제는 아마도 그들이 가장 아끼는 레퍼토리 중 하나일 것이다⋯⋯. 그는 덧붙였다. 스위스의 산들은 꼭 바늘처럼 뾰족뾰족하게 솟아있는데, 얼마나 높고 계곡은 또 얼마나 깊은지 밤과 낮을 잘 구분할 수가 없다지요? 그래서 스위스 시계가 그렇게 돋보이는 게 아니냐는 말씀이었다. 그는 스위스의 장미와 멜론은 어떤지 내게 물었다. 나는 장미는 품질이 아주 뛰어나지만 멜론은 카불의 멜론과는 비교도 안된다고 말해 주었다. 그 말을 듣자 모두가 즐거워했다. 투르키스탄에서 코카서스까지 땅뙈기의 성공은 거기서 생산되는 멜론의 품질에 따라 좌우된다. 그것은 논쟁과 자부심, 위신의 주제다. 멜론 때문에 목이 잘리기도 했고, 존경받는 사람들은 부하라의 그 유명한 흰 멜론을 만져보기 위해 일주일씩이나 걸리는 여행을 기꺼이 하기도 한다. 내가 스위스의 멜론을 그렇게 말한 건 그들을 즐겁게 해주기 위해서였다. 스위스의 병사들은 누구나 자기 집에 총과 탄창 40개를 보관해둔다(이거야말로 엄청난 특권 아닌가!)는 말을 하려고 하는데, 운전사와 승객들은 그새 서양에 관해서는 말끔히 잊은 듯 외투를 펴더니 잠에 빠져들었다. 무두질이 제대로 안된 가죽에서 풍기는 염소 냄새는 심한 악취는

<hr>

부하라 우즈베키스탄에 있는 도시. 이슬람 성지 중 한 곳이다. 멜론이 유명하다.

아니었지만 어쨌든 악취는 악취여서, 견디기 힘들었던 나는 안 마당으로 나왔다.

밤은 얼음처럼 차가웠다. 보름달이 벼랑과 벼랑의 바위턱 위에 얹혀진 모양의 마을을 환히 비추자, 트럭의 돌출부와 집집 마다 고리모양으로 엮어 발코니에 걸어놓은 고추가 반짝거렸 다. 우리들 위쪽으로는 광활하게 펼쳐진 산들이 춥고 외롭다며 딱딱 소리를 냈다. 엔진 소리는 들려오지 않았고, 고개는 생명의 기미를 보여주지 않았다. 하지만, 생명이 끈기 있게 어둠을 뚫고 지나가는 것은 느낄 수 있었다.

경쟁관계에 있는 고개들(살랑 고개. 그리고 특히 쉬바 고개의 동 쪽에 있는 하와크 고개는 더 높지만 옛날에는 더 많이 이용되었다 – 글쓴 이 주)이 있기는 했지만 그래도 쉬바 고개를 넘어 다니는 사람들 은 늘 있었다. 인도에서 돌아가는 중국 불교도들이 바미안 성지 로 순례를 가기 위해 이 고개를 넘었다(눈꽃이 천 리를 날아가네). 바부르는 이 고개를 수차례 넘어 다니다가 귀가 꽁꽁 얼어 '사과 처럼' 크게 부어올랐다. 오랫동안 사람들은 갑자기 덤벼드는 하 자라족 강도들(아라크술을 마시고 서쪽의 산악지대에 숨어있는 분리 주의자들. '하자라'는 페르시아어로 천이라는 뜻. 천 명씩 집단을 이루어 사는 중앙아시아 부족으로서 칭기즈 칸의 후손이라고 믿어졌다. 그러나 지금은 오히려 옛날에 파미르 고원에서 살던 중국-티베트계 주민들의 후손이라고 간주된다 - 글쓴이 주) 때문에 여러 명이 무장을 하고서야 이 고개를 넘는 위험을 감수했다. 그러자 이번에는 사나운 산악 게릴라들이 나타나 고개 양쪽 비탈에 사는 사람들 사이에서 싸웠다. 그리하여 이곳에는 배신과 산 타기, 백 배는 더 크게 메아리쳐 들리는 화승총 소리가 끊임없이 이어졌다. 토벌전도 벌어져서 대포가 지나갈 수 있도록 낙타들이 눈길을 다져 단단하게 만들었다. 하지만 이건 과거의 일이다. 지금 고개는 평온하다. 이성을 되찾은 하자라족은 카불시장에서 외투 안쪽에 포도주를 숨기고 다니며 판다. 트럭 꼭대기에 올라타 고개를 넘는 사람들이 걱정할 것은 이제 가벼운 동상과 돌풍, 눈사태뿐이다.

물고기가 많은 강처럼 쉬바 고개는 지류들을 먹여 살린다. 고르반드 여관 주인은 뭘 좀 아는 사람이었다. 정확히 여정의 중간지점에 자리를 잡았던 것이다. 북쪽에서 오는 트럭 운전사들은 절반을 무사히 왔다는 이유로, 남쪽에서 오는 트럭 운전사들 역시 고개를 오르기 전에 다시 한번 용기를 내기 위해 이곳에서 진탕 먹고 마셨다. 트럭 운전사들과 승객들, 대상을 이끄는 사람들은 그의 안마당에서 이런저런 물건과 소문, 소식을 교환했고, 이 유목민들을 통해서 그는 자기 집 문턱을 넘지 않고도 세상에 눈을 크게 뜨고 있을 수 있었다. 그가 아프가니스화貨와 루블화, 루피화로 가지고 있는 돈, 그의 라호르산 커리, 주물 제조한 러시아산 난로, 그의 메카 순례, 그의 수완, 그가 단편적으로 기억하는 지식, 이 모든 것을 그는 이 고개에 빚지고 있다. 그는 거기에 관해 경건하게 이야기한다. 그러나 어떤 날 아침이면 동쪽 하늘 높은 곳에서 소리를 내며 지나가는 타슈켄트와 카불을 오가는 러시아 우편기에 관해서는 큰소리로 말하지 않는다. 그는 요컨대, 산을 무시하며 자신의 밥벌이를 위협하는 이 탈것을 찻집 벽에 벽화로 그려놓기까지 했다. 그에게는 전혀 유리한 게 아닌 것 같았지만, 비행기는 마치 뾰족한 산봉우리 사이에서 길을 잃은 파리처럼 보였다. 비행기가 기울어진 정도나 거기에서 솟아나오는 불길로 보아 이번에도 산이 이긴 것으로 보였다.

나는 개들을 깨우지 않으려고 조심하며 살금살금 물 마시는 곳까지 올라갔다. 그 투르크멘 사람은 염소가죽을 몸에 둘둘 말고 자신의 짐승들과 함께 땅바닥에서 자고 있었다. 마을은 조용했지만, 쉬바 고개는 이제 막 침묵에서 깨어났다. 간헐적인 엔진 소리가 별들이 떠있는 하늘만큼이나 높은 곳에서 우리를 향해 내려오고 있었다. 나는 온몸이 꽁꽁 얼어서 여관으로 돌아갔다. 돈을 구두 속에 집어넣고 구두는 머리 밑에 놓아둔 다음, 옆에서 자는 사람의 수염 위에 두 발을 올려놓고 잠이 들었다.

아침이 되었다. 밤 사이에 도착한 러시아 운전사들이 잠을 자는 사람들 사이에 길게 드러누워있었고, 우리는 그 이방인들 사이에서 깨어났다. 그들은 타지크 이슬람교도들로서 먼지투성이 작업복 차림에 검은색 반장화를 신고 있었다. 그들은 나흘 전스탈리나바드를 출발, 테르메스에서 나룻배로 옥수스 강을 건너 다음 카불에 새 트럭을 인도해 주러 내려가는 것이었다. 키가 작고 민첩하고 말수가 적은 그들은 무척이나 마음이 편한 듯 잠이 덜 깬 커다란 눈을 비비며 이마에 손을 대고 절을 했다.

국경이 1500킬로미터에 달하고 경제적 의존도는 점점 더 높아지고 있었기 때문에, 우르두아프가니스탄인들은 강대한 이웃나라들과의 관계에 신중을 기할 수밖에 없게 되었다. '철의 장막'이 열리면서 한쪽으로는 석유와 시멘트, 소련 담배가, 또 다른 쪽으로는 말린 과일과 특히 타지키스탄에서 가공하는 아프가니스탄산 생사生絲가 통과했다. 철의 장막은 힌두쿠시에 여름 목초지를 가지고 있는 몇몇 유목민 부족 앞에서도 열렸으며, 이들의 이동 목축 문제는 협정에 따라 조정되었다. 공식적으로 알려지지는 않았지만, 옥수스 강을 건너 아프가니스탄으로 피신하는 타지크 탈영병들이 있었다. 이 이민자들은 일년 동안 감시를 받은 다음 동화가 되면 광활한 박트리아 평야에 자리잡고 농산물을 재배하는데, 몇 년 전부터 이곳에는 그들의 마을이 우

스탈리나바드 타지키스탄의 수도. 두샨베.
테르메스 우즈베키스탄 남부, 아프가니스탄과 국경을 맞대고 있는 도시.
철의 장막 당시 유럽이 북대서양 조약 중심의 세력(미국, 소련을 제외한 제2차대전 연합국측)과 소련연방 중심의 세력으로 나누어진 것을 뜻한다.
타지키스탄 1929년 소련공화국에 속했다가 1992년 독립했다. 섬유산업이 발달했으며 아프가니스탄과 국경을 맞대고 있다. 두 나라는 역사적으로 유대가 깊어서 타지키스탄보다 아프가니스탄에서 사는 타지크족들이 더 많다. 대다수가 수니파 이슬람을 믿는다.

후죽순처럼 생겨나고 있다. 이처럼 불법적인 왕래가 이루어지고, 그 때문에 우즈베키스탄 '밀수업자들'과 소련 국경수비대 사이에 소규모 교전까지 벌어지는데도 웬일인지 강 양쪽에 사는 사람들의 관계는 이상할 정도로 느슨하다. 아프가니스탄 사람들은 소련에 대해 두려움도, 증오도, 매혹도 느끼지 않으며, 오직 핀란드만이 그에 필적할 만한 자립적인 이웃의 지위를 유지하고 있었다(이 글은 물론 소련이 아프가니스탄을 침략한 1979년 이전에 쓰였다 – 영어판 옮긴이 주).

타지크 사람들은 아주 자연스럽게 우리와 함께 물담배를 피웠다. 이슬람교를 믿는 트럭 운전사들 사이에서는 인간도, 교리도 아무 문제가 되지 않으며, 파이프가 쉴 새 없이 입에서 입으로 전해진다. 아프가니스탄 사람들은, 라마단 단식기간 중에도 일을 해야 하며 부하라보다 먼 곳으로 순례여행을 가는 것이 허용되지 않는 이 불행한 신도들을 악의 없이 놀려댔다. 이들은 이미 대답을 아는 질문들을 서로에게 던졌다. 떠날 때 타지크 사람들은 마치 높은 데서 잘못 내려온 명령에 마지못해 복종한다는 듯 정치적 구호가 박힌 조잡한 비스킷을 몇 개씩 나눠주더니 트럭 시동을 걸고 구름 같은 먼지를 일으키며 카불 쪽으로 사라져갔다.

여관 주인은 난감한 표정으로 우리 짐을 살펴보았다. 그러더니 물론 나름대로 애를 쓰기는 했지만 빈틈없는 운전사라면 더 잘 실었을 것이라고 말했다. 주인은 마자르이샤리프로 보낼 짐보따리 여러 개를 트럭 운전사에게 맡기려고 생각하고 있었다. 그는 열심히 제스처를 취해가며 귀가 솔깃할 만한 조건을 운전사에게 제시했고, 운전사는 짐을 더 실을 경우의 이점을 서서히 이해하기 시작했다. 그들은 정오가 될 때까지도 협상을 하고 있었으며, 그 과정이 너무나 재미있었기 때문에 날이 어두워지기 전에는 해결될 것 같지 않았다. 나는 그냥 혼자 출발했다. 귀를 기울이며 몇 킬로미터가량 고개를 올라갔지만 다시는 그들을 보지 못했다.

오후 내내 11월의 쇠 냄새를 맡으며 고갯길을 걸었다. 밤이 되자 마른 돌담 위에 앉아 러시아인들이 주고 간 비스킷을 먹었다. 몸은 지칠 대로 지쳤으나 산은 조금도 가까워지지 않은 듯했다. 도로는, 밤이 재빠르게 어둠 속에 파묻어버리는 눈구덩이 사이를 통과했지만, 해발 5000미터를 넘는 코이바바 산맥의 높은 경사면에는 아직 여기저기 햇볕이 남아있었다. 나는 깜빡 잠이 들었다가 트럭이 이리저리 부딪치고 경적을 울리며 올라오는 소리에 다시 잠에서 깨어났다. 그건 내가 타고 갈 트럭이 아니었다. 하지만 트럭이 속도를 늦추면서 신호를 하기에 나는 트럭 뒷

코이바바 산맥 힌두쿠시 산맥과 이어지는 아프카니스탄 카불 남서쪽의 산맥.

부분을 잡고 기어올랐다.

조심스럽게 균형을 잡으며 짐을 만져보았다. 둥글게 말린 카펫들이 이슬에 젖어 축축해진 채 쌓여있었다. 이런 행운이! 힌두쿠시를 지나가는 건 무엇이든 그다지 좋아 보이지가 않았던 것이다. 악취가 풍기고 습기가 축축하게 배어나오는 러시아산 석유통과 함께 트럭을 타고 갈 수도 있고, 아니면 척추를 시리게 만들 시멘트 부대와 함께 갈 수도 있는 것이다. 트럭의 흔들림이 덜한 짐 앞쪽을 보니 담요로 온몸을 감싼 두 형체가 가장 좋은 자리를 벌써 차지하고 있었다. 이가 다 빠진 노인이 낡은 양털 옷 봇짐 사이에서 불쑥 나타나더니 의례적인 질문을 던졌다.

"도대체 어디를 이렇게 가는 거유?"

또 한 승객은 양탄자 아래로 완전히 모습을 감추었는데, 징이 박힌 슬리퍼 두 개만 삐져나와 계속 떨고 있었다. 하지만 짐 보따리를 보니 그가 어떤 사람인지 알 수가 있었다.《쿠란》, 구식 라이터, 수박, 뾰족한 꼭대기에 쇠테 안경이 고무줄로 고정된 작은 양산…… 이슬람 율법학자였다. 제바크까지 간다고 했다. 그러니 앞으로도 추위에 더 떨어야 했다. 이곳에서 쿤두즈까지는 최소한 하루가 걸리고, 그러고 나면 도로가 동쪽으로 방향을 바꾸어 파이자바드까지 간 다음, 상태가 좋지 않은 비포장도로를 통해 제바크에 닿게 된다. 별다른 일이 일어나지 않는다면

2~3일 걸릴 것이다. 그리고 제바크는 짚을 섞은 벽토로 지은 이슬람 사원과, 와칸 북부와 중국 국경으로의 접근을 통제하는 기마 순찰대가 그 안을 연기로 가득 채우는 오두막집 스무 채로 이루어져 있다. 그 너머에는 파미르 고원의 황량한 비탈만이 펼쳐져 있으며, 이곳에서는 몇 명 안되는 덫 사냥꾼들이 푸른 여우나 눈표범을 사냥한다. 그것은 누구도 바라지 않는 여행, 이 세상 끝으로의 여행이다. 제바크, 그곳은 피오그르(스위스 설화에 등장하는 상상의 도시 - 영어판 옮긴이 주)다.

트럭은 엄청나게 흔들거리며 더러운 눈으로 뒤덮인 비탈을 올라갔다. 차체를 뒤집어버릴 것처럼 들어올리는 짧고 위험한 비탈길을 보니 고개가 얼마나 좁은지 짐작할 수 있었다. 운전사는 갑자기, 그리고 자주 기어를 바꾸며 느린 속도를 유지했다. 모두들 신경을 잔뜩 곤두세우고 있지만 모든 건 다 운명이므로 불안해지는 않았다. 하지만 쉬바 고개를 이용하는 사람들에게 자주 닥치는 고장과 파열, 낙반, 붕괴 같은 사태가 일어나 전에 인내심과 체념할 수 있는 능력, 경계심을 다시 발동시켜야 한다.

아시아에서 트럭을 타고 장거리여행을 하다 보면 '승무원'의 구성은 거의 동일하다. 차의 진짜 주인은 알라이시며, 차체를 뒤덮는 글들은 그가 이 트럭에 책임이 있다는 것을 상기시킨다. 지상의 소유자는 '모타르 사히브'라고 불린다. 뭘 실어야 할지를 선택하고, 어려운 상황에서 운전대를 잡고, 어떤 코스로 가야 할지, 어디에서 숙박해야 할지, 식사는 어떻게 해야 할 지, 그리고 대초원 지대 한가운데 어디에 트럭을 멈추고 총을 쏴서 사정거리 안에서 모이를 쪼는 너새를 잡을 것인지 결정하는 것이 바로 이 사람이다. 나팔총과 주사위놀이 세트, 좌석 밑에 있는 기도용 양탄자는 그의 소유다. 그의 조수이자 보좌관은 '메스테리'라는 직함을 가지고 있다. 그는 전기공이며 기계공이자 대장장이로서 손에 잡히는 연장을 가지고 아무데서나, 무엇이든 수리한다. 고장이 심각하면 그는 지휘에 나서서 동업자들의 트럭을 멈춰 세우고는 가까운 철공소에 전갈을 전하도록 부탁하고, 얼마에 부품을 바꿔줄 것인지 와서 긴급조처를 취해줄 것인지 협상한다. 매일 밤 그는 트럭의 점화불꽃 분배장치와 점화 플러그를 분해하고, 기름투성이 상자를 겨드랑이에 끼고 여관으로 간다. 그가 이러는 것은, 절반은 신중함에서 비롯된 것이고(점화 장치가 없는 트럭을 훔쳐 달아날 수는 없으므로), 또 절반은 손을 바쁘게 하기기 위해서다. 차를 다 마시고 나면 그는 잠자리에 들 때까지 전극과 금속판 등 빛을 내거나 반짝이는, 트럭의 영혼이랄 수 있는 그 작은 표면들을 반들반들하게 닦으며 시간을 보낸다. 그는 이처럼 매일 같이 자기 磁氣와 관계를 맺으면서 진한 쾌감을 얻고 일종의 광채를 발한다. 길 위에서 몇 년을 보내고 나서 낡

618

은 차체를 살 수 있는 돈과 그것을 완전하게 만들 수 있을 만큼의 부품들을 여기저기서 모으면 메스테리는 그 자신이 모타르 사히브가 된다. 또한 그는 주인의 딸에게 장가를 들어서 이 단계를 앞당길 수도 있으며, 너무나 많은 것들이 그에게 달린, 그 긴 밤 사이에 유리한 위치에서 값을 흥정할 수도 있다.

세 번째(라고 해서 절대 가장 하찮은 사람이라는 뜻은 아니다) 공모자는 온갖 구박을 다 받는 꾀죄죄한 옷차림의 소년으로, 킬리나르(영어 'cleaner'가 잘못 굳어진 말)라고 불린다. 그는 휘발유와 오일을 충분히 채워넣고, 트럭이 멈추어 서면 차를 준비하고, 날마다 차체의 장식을 조심스레 스펀지로 닦는 일을 한다. 고개에서는 차 뒤쪽에 매달려 가는데, 얼굴은 추위 때문에 뒤틀리고 손은 비탈길과 구불구불한 길에서 뒷바퀴를 받치는 데 쓰이는 무거운 나무토막을 꽉 움켜쥐고 있다. 그가 이렇게 밤새도록 뼈가 덜거그럭거릴 때까지 뒤흔들리고 얼음처럼 차가운 바람이 피워 문 담배꽁초를 조각조각내서 날려 보내며 그를 채찍질하는 동안, 운전석에서 내린 지시가 안쪽에 털을 댄 훈훈한 외투의 냄새와 뒤섞여 간헐적으로 그의 귀에 도달한다. 열다섯 살인 킬리나르들은 근육과 뼈, 성깔로 똘똘 뭉쳐있다. 그들은 이 나라의 거친 영혼들이다. 그 늑대 같은 얼굴에 미소가 떠오르기를 기대하는 건 무리다. 그들은 사회의 주변에서 살아간다.

잠을 잘 때가 되면 이 소년들은 어두운 구석에 매트리스를 까는데, 독자 여러분은 그들이 빨리 식사를 내오지 않는다며 여관 주인에게 퍼붓는 욕을 들어봐야 한다. 킬리나르들도 위력을 발휘할 때가 있다. 낭떠러지 길이나 U자형의 급커브 길에서 그들은 큰소리로 운전사에게 이것저것 지시한다.

"조금 더……, 스톱! 스톱하라니까요! 이런, 개 같은……"

그리고 이 때를 이용해 운전석에 앉아 편하게 가는 자들을 호되게 몰아붙인다. 하지만 그들로선 선택의 여지가 없다. 킬리나르와 그가 경고하는 쐐기가 없으면 짐을 너무나 많이 실은 트럭이 낭떠러지로 굴러 떨어져 박살날지도 모르기 때문이다.

힌두쿠시에서 킬리나르들이 큰돈을 모으는 경우는 드물다. 대부분은 너무 일찍 성숙해버린 4~5년의 삶을 끈질기게 비포장도로 위에서 살다가 어느 날 밤 어느 찻집의 판자 침대에서 갑작스런 죽음을 맞는다. 그들은 후임자에게 넘겨지는 나뭇조각보다도 더 짧은 삶을 살고 난 뒤 난생 처음 경의와 온정에 둘러싸여 이 덧없는 세상을 떠난다.

자정, 아니면 새벽 한시쯤 된 것 같다. 고개를 내려갔다. 옥수수 강의 얼음처럼 차가운 물과 합류했다가 결국은 중앙아시아 한가운데의 아랄 해로 흘러 들어가게 될 급류가 아래쪽에서

모타르 사히브 힌두어로 '어르신네' '님'이라는 뜻. 여기서는 '모터 님'쯤의 뜻.
메스테리 영어의 '마스터'라는 뜻.

졸졸거리고 있었다. 세계가 이제 막 바뀌었다. 길은 어둠보다 더 검고 현기증이 날 만큼 아찔한 협로로 접어들었다. 도로는 곳곳이 강 쪽으로 허물어져, 좁고 경사진 샛길을 지나가야만 했다. 모타르 사히브는 트럭을 세우더니 투덜거리며 내려서 발로 흙을 눌러보았다. 트럭은 위험을 무릅쓰고 기어를 1단에 놓고 강 쪽으로 살짝 기울어진 채 진창 속을 나아갔다. 차바퀴에서 튕겨져 나온 흙덩어리가 희미한 소리와 함께 강물로 떨어졌다. 트럭은 조금씩 앞으로 나가더니 결국은 단단한 땅에 도착하여 평형을 되찾았고, 그러자 운전석에서는 안도의 한숨과 함께 이런저런 말들이 흘러나왔다.

……차가 고장났다. 메스테리가 차체 밑에서 여기저기를 두드리며 불경스런 욕설을 퍼붓기 시작한 지 벌써 두 시간도 더 지났다. 우리가 앉아있는 그 높은 곳에서는 바람이 인정사정없이 얼굴을 후려쳤다. 노인이 짐보따리를 뛰어넘어 오더니 내 담요를 함께 덮었다. 그는 다 죽어가지만 아직은 따뜻한 온기를 간직한 닭들(발을 묶어놓았다)을 짐 사이에서 찾아내 발을 녹이는 데 썼다. 나는 모피로 안을 댄 챙 없는 모자를 끌어내려 귀를 덮고, 두 손을 넓적다리 사이에 집어넣은 다음, 두 눈을 감고 내가 지금까지 줄 수 있거나 받을 수 있었던 온갖 온기를 다 기억해내려고 애썼다. 아무 효과도 없었다. 그동안 온기를 충분히 나누어주지 않았던 것이 틀림없다. 구두 안쪽의 발은 이미 오래전에 얼

어붙었다. 입술은 아무런 감각이 없지만, 입 안은 담배를 피워서 그런지 아직 미적지근하다. 나는 축축한 양탄자에 등을 댄 채 끓인 포도주와 한 통 가득한 숯, 화로 위에서 툭툭 소리를 내며 익어가는 밤을 토막토막 꿈꾸었다. 깜빡 잠이 들었던 나는 닭들이 풍기는 시큼한 냄새에(아니면 담배가 끝까지 타서 내 입술을 데는 바람에 그랬는지도 모르겠다) 소스라치게 놀라 깨어났다.

만월滿月. 검은색과 붉은색이 뒤섞인 암벽이 300미터 간격을 두고 불쑥불쑥 우리 주변으로 올라오곤 했다. 머리를 뒤로 젖히면 별들이 숨을 내쉬는 것 같은 하늘의 테두리를 코이바바의 산들이 침범하는 풍경은, 마치 우물 바닥에서 바라보는 것처럼 그렇게 보였다. 결국 나는 자연이 제공하는 겨울의 마비 효과에 굴복하고 말았다. 트럭이 다시 출발하는 것을 느낄 수가 없었다.

해뜰 무렵 잠에서 깨어났다. 자고새와 오디새들이 쉰 목소리로 나를 불렀다. 트럭은 멈추어 서있었다. 내가 잠든 동안 많은 사람이 내렸다. 급류는 가늘고 완만하며 구불구불한 강으로 변했다. 도로 여기저기에 침식되어 빙하가 운반해온 돌무더기가 평원을 향해 완만한 경사를 이루고 쌓여있었다. 운전석 사람들이 내리더니 유향나무를 한 아름씩 주워서 불을 피웠다. 나도 트럭에서 뛰어내려, 둥글게 쭈그리고 앉아 살갗이 튼 두 손을 불길 쪽으로 내밀고 있는 형체들과 합류했다. 킬리나르가 차 끓이는 그릇에 물을 채웠다. 그 이슬람 율법학자는…… 나는 야윈 다리와 안경만 보고 그가 노인이라고 짐작했다. 그런데 둥근 머리를 박박 민 스무 살의 청년이 나를 호기심 어린 눈으로 살펴보고 있었다. 트럭 꼭대기에 올라타고 여행하는 외국인을 본다는 건 자주 있는 일이 아니었기 때문이다. 게다가 기독교인 아닌가. 그는 칼을 꺼내더니 내게 멜론을 한 조각 잘라준 다음 내가 권하는 담배를 한 개비 받아서 쭈그리고 앉아 피우며 계속 내 얼굴을 뚫어지게 바라보았다. 당황하고 있었지만, 그래도 눈동자 속에 무수한 신을 가진 카불시장의 힌두교도들보다는 나와 함께 있는 게 더 편한 것이 틀림없었다. 결국 우리는 유일신을 믿는 '경전의 사람들'과 종교상의 사촌들쯤에 있었다. 우리가 천년 동안 서로를 학살했다는 사실도, 종종 가족 간에도 서로를 죽이고 '타부르'라는 단어가 사촌과 적을 동시에 의미하는 이곳 아프가니스탄에 비하면 그다지 대수롭지 않았다.

우리의 신들은 싫든 좋든 간에 오랜 공동의 역사를 가지고 있다. 우르두아프가니스탄인들의 민속문헌에서 《성경》에 등장하는 인용문을 여럿 발견할 수 있으며, 《구약성경》은 그들의 일상생활로 가득 차있다. 그들에 따르면 카인이 카불을 세웠으며 솔로몬이 카이바르 고개 남쪽의 산 위에서 왕좌에 앉았다. 잇사(그리스도)로 말하자면, 그들은 우리가 모세나 예레미야를 아는 것보다 더 그를 잘 알고 있다. 죽는 날이 되면 그들은 자신들의 중재자 가운데서도 예수를 믿으며, 파탄족이 사는 지역에서는 임종을 맞아 만가輓歌를 부를 때 노아와 모세, 예수, 이브라힘(무함마드의 친구)에게 말한다.

"지혜를 가지신 당신이 아닌 누가 우리를 도와줄 수 있겠습니까?"

시장에서는 이 잇사의 컬러로 된 그림(물론 십자가에 못 박히지는 않았지만 중무장한 대천사들 사이를 떠다니거나, 아니면 어린 나귀의 불규칙한 종종걸음에 맞추어 자신의 심각하고 관대한 운명을 원숙하게 만드는)을 10아프가니에 살 수 있는데, 우리들의 집보다는 그들의 집에서 더 친밀감을 느낀다. 이곳 사람들은 그의 가엾은 이야기를 다들 잘 알지만 그렇다고 해서 그것 때문에 슬퍼지는 않는다. 잇사, 그는 성격이 너무 유순해서 이 거친 세상에서 어찌할 바를 모르고 방황했던 인물이었다. 경찰은 그에게 적대적이었으며, 동행들은 산토끼처럼 게으름이나 피우다가 그를 배신하는가 하면 병사들의 횃불이 나타나자마자 도망쳐버렸다. 어쩌면 그는 너무 온순했는지도 모른다. "나쁜 사람들에게 좋은 일을 하는 것이 올바른 사람들에게 나쁜 일을 하는 것이나 마찬가지"인 이곳에서 잇사의 행동은 그들이 이해할 수 없는 너그러움이다. 예를 들면 잇사가 올리브산에서 베드로를 진정시킨 방법은 그들의 이해력을 넘어선다. 어쩌면 신의 아들인 그는 그 정도로까지 관용을 밀고갈 수 있을지도 모르지만, 인간에 불과한 베드로는 분명히 못 들은 척해야만 했을 것이다. 만일 겟세마네 동산에 파탄족 몇 명만 있었어도 경찰은 목적을 달성하지 못했을 것이고, 유다도 30드니에를 받지 못했을 것이다.

그리하여 사람들은 잇사를 동정하고 존경했지만, 그를 본보기로 삼겠다는 생각 따위는 아예 하지 않았다. 차라리 무함마드를 보라! 역시 의인이지만 그는 그 이상이다. 명장名將이며, 사람들을 이끄는 리더이며, 족장인 것이다. 신의 말씀을 전하고, 정복하고, 가문을 이루는 것. 이것이야말로 당신의 용기를 북돋아주는 우두머리 아닌가? 하지만 잇사는? 도대체 누가 이 세상을 혼자 살아가려고 하며, 결국에는 복수해 주겠다는 형제조차 없이 두 개의 들보에 못 박힌 채 도둑들과 함께 생을 마감하려 한단 말인가? 그런데 만일 잇사가 가족 음모의, 즉 큰형이 포도밭 한 뙈기나 가축 몇 마리를 받고 가장 어린 동생을 팔아넘기는 그런 사건의 희생자라면? 그러면 그들도 관심을 보일 것이다. 그런데 그는 반대로 지상의 가족에게는 무심했다. 그리하여 그의 가족은 어둠 속에 묻혀버렸으며, 우연으로라도 가족에 대해 언급할라 치면 그 어조는 가혹하다. 그를 끝까지 따라다녔던 어머니 마리아에 관해서는 단 한 마디도 없으며, 특히 그를 끈기 있게 보호했고 너무나 이상한 일들도 아무 말 없이 받아들였던 요셉에 관해서도 일언반구조차 없다. 남성들에 관해서는 아무 말도 안 한다는 것이 나름 흥미롭다.

그렇다고 해서 이 먼 고지에서 이슬람교가 세속적인 것과 성공에 그렇게까지 몰두했다고 믿어서는 안 될 것이다. 이곳에는 인간이 보잘것없는 우연처럼 보이는 자연의 장관에 의해, 그리고 검약한 것이 쩨쩨한 것을 절멸시키는 삶의 미묘함과 완만함에 의해 끊임없이 유지되는 근본을 향한 갈망이 존재한다. 힌두쿠시의 신은 베들레헴의 신과 마찬가지로 인간을 사랑하지 않는다. 그는 인간의 창조자로서 자비롭고 위대하다. 교의는 단순하지만 강한 충격을 준다. 이곳 사람들은 우리가 우리의 신을 체험하는 것보다 더 강하고 더 절박하게 그들의 신을 느낀다. 알라냐, 아니면 악바르냐, 모든 건 여기에 달려있다. 이 신의 이름이 마술을 부리면 우리의 텅 빈 마음이 공간으로 바뀌며, 석회로 무덤에 새기거나 이슬람 사원의 첨탑 끝에서 크게 소리 지르다 보면 이 신의 위대함은 모든 이의 진정한 속성이 된다. 그들의 얼굴은 순간적이지만 이론의 여지 없이 명백한 풍요의 흔적을 간직하고 있다. 물론 그렇다고 해서 교활한 행동이나 발작에 가까운 폭력을 억제할 수 있는 것도 아니고, 수염 속에서 음탕한 미소가 경쾌하게 번지는 걸 멈출 수 있는 것도 아니다.

겟세마네 동산　예루살렘 동쪽 올리브 산에 있는 동산으로 예수가 잡히기 전날 밤 여기서 엎드려 기도했다고 전한다. 겟세마네는 '기름 짜는 기계'란 뜻.

기병부대원을 가득 실은 트럭이 가축들이 방금 눈 똥이 여기저기 널린 평탄한 비포장도로를 올라왔다. 우리는 투르크멘 지역에 들어왔고, 우리들 뒤편으로 멀리 산이 보였다. 모타르 사히브는 운전을 하며 노래를 불렀다. 협곡과 깊은 구렁은 이제 다 지나온 것이다. 이제 트럭이 굴러가는 대로 내버려두면 날이 어두워지기 전에 쿤두즈에 도착하리라. 이슬람 율법학자는 더 이상 신이나 악마는 생각하지 않고 손으로 호두를 깨는 일에 열중하고 있었다. 옷이 닭똥으로 온통 더럽혀진 노인은 입을 헤 벌리고 짐보따리들 위에 비스듬하게 누워 자고 있었으며, 대초원지대의 태양이 그의 어깨를 어루만져주고 있었다. 나는 정오경에 풀이쿰리[62]의 두 갈래 길에서 트럭에서 내렸고 트럭은 계속 북쪽으로 올라갔다. 이 작은 마을은 짚빛깔의 예쁜 말들이 가득했으며, 마구馬具들은 반짝반짝 빛났다. 들려오는 것은 오직 말들이 앞발로 땅을 구르는 소리와 그들의 울음소리뿐이었다. 귀리 냄새가 나는 찻집에서 점심식사를 한 다음, 걸어서 다시 출발했다. 프랑스인들의 발굴지는 그다지 멀지 않은 곳에 자리잡고 있었다. 마자르로 이어지는 오래된 도로를 두세 시간만 걸으면 닿을 수 있는 거리였다. 길은 흰 포플러나무가 바람에 살랑거리는 잎사귀를 들어올리고 있는 넓은 이탄지泥炭地를 지나갔다. 버드나무의 갈라진 가지 사이에 둥지를 튼 작은 올빼미들과 굴 가장자리에서 햇볕을 쬐는 수많은 들쥐들이 눈에 띄었다. 나는 매자나무를 잘라 몽둥이를 만들고 개들을 쫓아버리기 위해 돌도 몇 개 주워들었다. 푸근한 날씨였다. 어찌나 피곤한지 머리가 어질어질했다. 가을이 목소리를 발견한 이 완만한 경사의 드넓은 지역을 통과하면서 나는, 과연 에우티데모스와 데메트리오스, 메난데르 등 박트리아의 그리스 왕들이 올리브나무와 짜디짠 해안가, 돌고래를 오랫동안 그리워했을지 궁금했다.

황량해져버린 내 머리, 소리 없이 부식하는 내 기억, 그 무엇에 대한 관심도 아닌 이 영원한 산만함, 거짓에 다름 아닌 이 강요된 고독, 동료들, 더 이상 일이 아닌 이 일, 그리고 마치 어떤 악의적인 힘이 그 뿌리를 잘라버리고 내가 사랑했던 수많은 것들로부터 나를 단절시키기라도 한 것처럼 말라 죽어버린 그 추억들.

나는 왜 이 여행에 관해 말하려고
고집을 부리는가

열두 번째 이야기 **이교도들의 성**

빠른 걸음으로 한두 시간가량 걷다가 낮잠을 자면 좋을 것 같은 아름다운 포플러 숲을 지나갔다. 풀이쿰리의 방적공장에 물을 공급하는 운하에서부터 벌써 8킬로미터를 걸어왔다. 그리고 나서 다시 출발하여, 말을 타고 가는 사람에게 길을 물었더니 북서쪽 언덕을 가리켰다. 카피르 칼레, 이교도들의 성이었다(아프가니스탄 농부들은 그리스인, 파르티아인, 쿠치인, 사산인 등 이슬람 교도에 앞서 살았던 모든 민족을 이교도라고 부른다 – 글쓴이 주). 한 시간가량 더 걸어서 언덕 아래 도착했는데, 길을 잘못 든 게 틀림없었다. 도로의 그 지점에서는 발굴 중인 비탈이 안 보이는 데다가 발굴 팀이 그곳에서 생활한 흔적도 전혀 찾을 수 없었으며 사람 목소리도 들려오지 않았던 것이다. 그러다 노란 흙이 쌓인 급경사지에 구불구불하게 누벼진 타이어 자국이 눈에 띄자 나는 저기가 틀림없어, 라고 생각했다. 큰 소리로 사람을 부르고 나서 기다렸다. 잠시 후에 회색 하늘을 배경으로 산꼭대기에 조그만 실루엣들이 나타나더니 손을 나팔 모양으로 만들어 소리쳤다.

"편지 온 거 있어요?"

"아니요."

"아아아아……"

그러자 그들은 순식간에 사라졌다.

산을 기어올랐다. 그제야 나는 산꼭대기라고 생각했던 것이 사실은 바람을 잘 막을 수 있도록 평평하게 고른 지형의 능선에 불과했다는 사실을 깨달았다. 이곳에는 커다란 군용 텐트를 다섯 개 쳐놓았는데 셰익스피어의 작품에 등장하는 어느 왕의 숙영지가 연상되었다. 간식(차, 검은 빵, 프랑스산 꿀)을 먹는 식탁이 아직 야외에 놓여있었고, 샤워를 할 때 쓰는 것 같은 간이 건물도 눈에 띄었다. 이 평탄한 지형의 오른쪽에 오두막 한 채가 보였고, 그곳에서는 이슬람교도 요리사가 김이 모락모락 나는 냄비와 들통 사이에서 분주하게 움직이고 있었다.

우리는 악수를 나누었다.

"드디어 오셨군요…… 근데 트럭은 어디 있나요? 그리고 그 트럭에 실어오기로 되어있던 물건들은요?"

"제가 카불을 출발하려는데 고장이 났습니다. 하지만 운전사는 그날 밤중에라도 출발해서 저보다 먼저 여기에 와있겠다고 굳게 약속했는데요? 저는 처음에는 트럭을 얻어탔고, 그 다음에는 걸어왔습니다. 그래서 아무것도 못 가져온 겁니다."

"오, 이런!"

가을이 되자 외부세계에서 카불로 오는 우편이 불규칙해졌다. 카불에서 풀이쿰리까지는 더 심해서(산, 고개의 상태, 사고, 고장) 사나흘에 한 번씩 직접 찾으러 가야만 했다.

"대신 당신네 사무실에 들러서 얼마 전에 도착한 신문을 가져 왔습니다."

다니엘 슐룸베르제르 교수(아프가니스탄의 프랑스 고고학 대표단 단장)와 조수들의 얼굴이 환해졌다. 《피가로 문학판》과 《르몽드》 다섯 부, 타지키스탄에서 진행 중인 발굴작업에 관한 러시아어 출판물(이 출판물은 타슈켄트-모스크바-파리-카라치-카불을 거쳐 석 달 만에 도착했다. '철의 장막'이 없었다면 아마 소련 동업자들의 발굴 현장은 트럭으로 겨우 이틀이면 도착했을 것이다)이었다.

태양은 가려 있었지만 언덕에서의 전망은 근사했다. 골풀과 늪, 가시덤불로 뒤덮인 경작지, 버드나무 사이를 구불구불 흐르는 강으로 이루어진 광활한 공간이 한눈에 내려다보였다. 남동쪽으로는 내가 따라온 길이 몇 킬로미터에 걸쳐 이어졌다. 나는 발굴 현장에서 일하는 사람들이 내가 다가오는 것을 한참 동안 지켜보면서 편지를 가져왔을 거라고 기대했다가 아닌 걸 알고 얼마나 실망했을지 미루어 짐작할 수 있었다. 동쪽으로는 밀 색깔을 띤 오두막촌 두 곳이 진흙과 물웅덩이, 그리고 가을 색조를 띤 작은 숲에 파묻혀 있었다. 이제는 말을 탄 사람이 이따금씩 먼지의 흔적을 남기고 지나가는 이 적갈색 공간 속에 희석되어 더 이상 무겁게 느껴지지 않았다. 과거에 대해서라면, 파헤쳐져 편편해진 언덕 꼭대기는 조심스럽게 발굴된 요새의 기단을 드러내 보여주었는데, 이 기단은 아직 일부가 파묻힌 거대한 계단과 함께 긴 장방형을 형성하면서 다른 비탈면을 뒤덮으며 평원과 연결되었다. 그것은 대★쿠샨 왕조 때 건설된 불의 사원이었다. 내가 무식한 멍청이처럼 느껴졌다. 당장 내일이라도 이 모든 것에 관한 설명을 들어야겠다.

"쉬바 고개에서 안 춥던가요?"

"아직 귀가 붙어있는 게 다행일 정돕니다."

다섯시가 되자 평원의 안개가 언덕에 도달했다. 여섯시에 식사시간을 알리는 종이 울리자 낯익은 얼굴들이 나타났다. 페르시아에서 만난 적이 있는 벨기에의 동양학자. 기술이 아주 좋은 친절한 정비사로 내 차를 여러 번 고쳐주었던 교수의 레바논 출신 조수. 여행자이면서 이곳에서 일을 하는 도도와 상드라. 그들은 야외에서 하루 종일 일을 하고 나서 피곤하지만 그래도 만족스러운 듯한 걸음걸이로 손톱에 새까맣게 흙을 묻힌 채 걸어왔다. 카불에서 만났던 알제리 출신의 세계여행자 아슈르도 다

시 만났는데, 그는 2년 동안 고생하면서 잃었던 혈색을 이곳에서 되찾았다고 한다. 그는 커다란 텐트를 혼자 쓰고 있어서 나는 그리로 들어가기로 했다. 석유등, 그가 일기를 쓰는 방수포 입힌 수첩과 함께 침대 위에 내던져진 붉은색 머플러, 그가 지난달에 월급을 받아서 산 카멜 담배 한 보루, 오피넬 나이프, 그리고 한 곡만 불어보라는 우리의 부탁을 그가 쉽게 들어주지 않고 우리도 그렇게까지 끈질기게 요구 하지 않아서 아직 한 번도 못 들어본 오카리나(흙이나 금속으로 만든 달걀 모양의 피리 – 옮긴이 주). 그렇지만 그는 기꺼이, 그리고 즐겁게 노래를 불렀다. 〈꾀꼬리, 그리고 이어서 자아–아–앙미〉라든가 〈전쟁하러 가지 마, 지로플레, 지로플라〉 같은 노래를 부르더니 포르샤브롤Fort-Chabrol(파리의 샤브롤 거리에 있는 유태인 배척 단체 사무실에 붙여진 이름. 이 단체의 우두머리인 쥘 게렝은 1899년에 있었던 드레퓌스 사건의 재심에 반대하여 38일 동안 이곳에서 농성을 벌이다가 체포되었다 – 옮긴이 주)로 거슬러올라갈 만큼 오래된 〈무정부주의자들의 노래〉(이런 노래들을 도대체 어디서 배운 것일까?)를 몇 곡 부르고 난 뒤 다시 〈꾀꼬리〉를 불렀다. 좀 단조로웠다. 그렇기는 하지만 저녁식사 때 사람들이 말했던 것처럼 '예술적 재능이 풍부하게' 느껴졌다.

6년 뒤에 쓰여진 글.

맥락을 되찾기 위하여.

그런데 이 발굴의 의미는 무엇일까? 동방박사와 이미 1800년 전에 멸망해버린 왕국을 부활시키기 위해 초원지대의 이 고적하고 외진 장소에서 개척자처럼 몇 년씩 지내는 외국인들. 그리고 북동쪽에서 와서 사원을 건설했지만 그들이 옥수스 강가에 도착한 뒤의 역사는 중국어로 쓰인 연대기에서 사라져버린 쿠샨족(쿠샨족은 오직 그들이 발행한 주화와 인도어로 쓰인 비문, 그리고 여기저기 흩어져 있는 데다 이차적이어서 서로 잘 부합하지 않는 증거물, 예를 들면 모서리가 닳아 없어진 깨진 그릇 조각이라든지 바닥이 없는 항아리의 사금파리 파편 등을 통해서만 외부세계에 알려져 있다. 이러한 항아리의 바닥은 틀림없이 쿠샨족이 건설한 것이라고 알려진 건물이 처음 발굴되고 있는 박트리아에 있을 것이다 – 글쓴이 주). 그렇다면 우리는 이러한 상황을 생각해 보지 않을 수 없다. 곧, 이런 장소에 관해 알고 있는 것을 말하는 정연하고 체계적인 방법이 존재하는가? 물론이다. 나는 그 방법을 찾아내려고 애썼으나 쉬운 일이 아니었다. 그렇지만 확신이 안 가는 글을 쓸 때 사용하는 노란색의 반투명한 얇은 종이에 고고학자라는 직업과 연대 결정에 관한 글

쿠샨 왕조 105~250년경 이란의 쿠샨족이 세운 왕조로 서쪽의 타지키스탄, 카스피 해로부터 아프가니스탄, 인도의 갠지스 강 상류에 이르는 대제국이었다. 그리스식 서양문화와 인도의 동양문화가 결합하면서 그리스식 불교문화가 생겨났다.

을 20쪽가량 쓸 수는 있었다. 그런데 세월이 흐르면 흐를수록 내 확신은 조금씩 사라져간다. 도대체 왜 진부하기 짝이 없는 단어들을 이 참신한 것들(단어들을 갖다 붙이지 않아도 전혀 아무 문제가 없는)에 덧붙인단 말인가? 그리고 모든 걸 다 이용해 먹으려는, 어느 것 하나 그냥 내버려두지 않으려는 이같은 욕망이야말로 얼마나 쩨쩨한가……. 그 점을 알면서도 우리는 삶이 서서히 냉각되다가 결국은 견딜 수 없을 만큼 차가워지는 것에 맞서서 애쓰고 설득하고 싸운다.

그리고 또 나는 왜 이 여행에 관해 말하려고 그렇게 고집을 부린단 말인가? 그것이 내 현재의 삶과 무슨 관계가 있단 말인가? 아무 관계도 없다. 어쨌든 내게는 더 이상 현재가 없다. 페이지들은 쌓이고, 나는 번 돈을 축낸다. 아직은 내 곁을 떠나지 않은 착한 아내에게 나는 죽은 사람이나 다름없을지도 모른다. 나는 빈약한 공상에서 돌연한 공포로 옮겨간다. 나는 더 이상 견딜 수가 없지만 포기하지는 않는다. 나는 나를 살찌게 하지 않고 먹어치우는, 어떤 사람들은 안달하다 못해 비웃는 듯한 표정으로 그것에 관한 소식을 이따금씩 물어보는 이 유령 같은 이야기를 망칠까 봐 두려운 나머지 다른 일을 하려 하지 않는다. 그 유령에게 내 살을 몽땅 줘버리고 끝내버릴 수 있으면 얼마나 좋으랴? 하지만 그런 종류의 거래는 불가능하며, 감내하고 견뎌내는 능력은 내가 아는 한 결코 창의력을 대신하지 않는다(나는 필요

이상의 인내력을 가졌다. 나는 이 하찮은 선물을 요정들에게서 받았다). 아니다, 그것은 원인과 결과를 끈질기게 연결시키면서 점진적인 융합에 의해 진행되어야 한다. 그러므로 '이교도들의 성'으로, 내 기억 속에 난 그 구멍 속으로, 이제는 회색의 풍경에 불과한 그 노란 찰흙의 비탈로, 내가 움켜쥐려고 하면 슬그머니 빠져나가 버리는 그 연약한 생각의 메아리와 넝마로 돌아가야 한다. 내 삶의 윤곽이 훨씬 잘 그려지는 것처럼 보였던 고달프면서도 행복했던 가을로 돌아가야 한다. 쉴 새 없이 너무나 원기왕성하게 움직이면서 나를 따뜻하게 맞아주고, 내가 한 세계를 발견하도록 해주고, 낚시와 사냥으로 잡은 것들을 내게 먹여준 그 언덕 꼭대기의 프랑스인들에게 돌아가야 한다. 돌아가야 한다. 하지만 그보다 먼저 해야 될 일이 있다. 나를 그 모든 것으로부터 떼어놓는 엄청난 깊이의 땅을 파야 하는 것이다(이것 역시 고고학이다! 사금파리 파편과 유적은 서로 다른 것이지만, 개인의 과거에서 일부가 사라질 때 그것들은 똑같이 재난이 된다). 나는 그 당시의 활기를 지우고 왜곡하고 소멸시키고 회복시키는 이 무관심을 극복해야 하며, 그 당시의 생기와 정신의 순응성, 유연성, 뉘앙스, 삶의 파문, 자주 되풀이되는 우연, 귀에 들려오는 음악, 물질세계와의 소중한 관계, 그리고 거기에서 얻는 즐거움을 회복시켜야만 한다.

그러기는커녕 황량해져버린 내 머리, 소리 없이 부식하는 내 기억, 그 무엇에 대한 관심도 아닌(심지어는 마음속의 목소리들 중에서 가장 가느다란 목소리에 대한 관심도 아닌) 이 영원한 산만함, 거짓에 다름 아닌 이 강요된 고독, 동료들(그러나 나는 그들의 일원이 아니다), 더 이상 일이 아닌 이 일, 그리고 마치 어떤 악의적인 힘이 그 뿌리를 잘라버리고 내가 사랑했던 수많은 것들로부터 나를 단절시키기라도 한 것처럼 말라 죽어버린 그 추억들.

다시 한번, 발굴 현장으로 돌아가야 한다. 세세한 것들이 수없이 머릿속에 다시 떠올랐지만, 어느 것도 더 이상 활기를 띠지 않았다. 그래서 나는 우리가 밤에 저녁식사를 하던 큰 천막의 식탁 주변에서 꼼짝도 않고 있던 관계자들을 묘사해야 한다.

교수는 종교 개혁가들이 썼던 것처럼 양쪽 귀와 이마 위를 뾰족하게 잘라낸 노란색 털모자를 쓰고 위쪽 끝에 앉아있고 그의 아내는 왼쪽에 앉아있다. 아홉 살짜리 딸은 가장 좋아하는 장난감인 '의심스러운' 인간의 두개골 하나(그것은 쿠샨족의 것이 아니었다)를 들고 벌써 잠을 자러 갔다. 매우 중요한 인물인 브르타뉴 지방 출신 건축가는 교수 오른쪽에 앉아있다. 벨기에 출신 문헌학자는 식탁 반대편의 출구 근처에서 석유등이 비스듬하게 밝혀주는 투탕카멘 가면을 쓰고 앉아있다. 그리고 나머지 사람들이 가운데 자리를 잡았다. 요리사는 콩과 고기를 넣은 요리를 냄비에 담아서 방금 들고 왔고, 이 냄비는 식탁을 한 바퀴 돌고 난 다음 여전히 펄펄 끓는 채로 천막 받침대에 매달렸다. 수저들이 쇠 접시를 긁는 동안 나는 어떤 비잔틴 성상에서처럼 거기 있는 사람들 머리 위에 있는 동그라미 속에 쓰인 생각들을 읽는 다. 교수는 이틀 후에 곡괭이가 두 번째 계단의 기부 벽에 도달 할 것이고, 이 거대한 수직 표면에서(인샬라, 인샬라, 인샬라) 세 차 례 발굴작업을 거치며 찾고 있는 상재문上梓文을 발견할 수 있을 것이라고 기대하고 있다. 쿠샨족들이 사용했으며 이상하게 톱 으로 잘라낸 것처럼 들쭉날쭉한 이 그리스 알파벳 몇 줄이면 아 직 잘 알려지지 않은 이란 방언을 해독할 수 있을 것이다(이 상재 문은 2년 6개월 뒤 30미터 아래쪽에서 발견되었다. 스물다섯 줄가량 되었 는데, 바로 어제 새겨넣은 것처럼 전혀 손상되지 않았다. 기대 이상의 성과 였다 – 글쓴이 주). 상드라는 그 전날 밤에 생전 처음으로 거의 우 연히 총을 쏘아 잡은 멧돼지를 생각하고 있다. 그는 고생고생해 가며 그 멧돼지를 이곳까지 겨우 끌고 올라왔지만, 결국은 다시 끌고 내려가 늪 속에서 썩어가도록 내버려두어야만 했다. 이슬 람교도인 요리사가 이 부정한 짐승의 가죽을 벗기려고 하지 않 았기 때문이었다. 나처럼 이곳을 방문 중인 프랑스인 여행자 앙 트완은 앙드레 말로를 교수에게 팔기로 작정이라도 한 듯 끈질 기게 찬양했다. 그는 골수 계몽가로 자신의 주장에 대한 반론에 는 전혀 귀를 기울이지 않았으며, 우둔한 열의로 대화의 내용을

앙드레 말로(1901~1976) 《인간의 조건》을 쓴 프랑스의 작가. 정치가로도 활동했고 인도차이나 반도의 고고학 발굴에도 참여했다.

부분적으로 빈약하게 만들어버렸다. 나는 그가 마주 앉은 사람이 이야기 하도록 내버려두기를 진정으로 바랐다. 나는 고리키가 그랬던 것처럼 길 위에서 배움을 얻으려는 사람이지만, 요행히 진짜 학자다운 학자를 만났을 때 그 기회를 이용하지 않는 건 큰 잘못이라고 생각한다. 특히 언제나 힘든 걸 마다하지 않고 질문에 답하고, 정보를 알려주고, 활기에 가득 차서 금방이라도 상대를 잡아먹을 것처럼 적극적으로 다가오는 사람을 만났을 때는 더욱 그렇다. 이런 사람은 현재 시점에서 재구성하는 자신의 과거에 애착을 갖고 있는데, 그러한 애착이 없다면 역사가들은 단순한 재판소 서기에 불과할 것이며 진정한 인식은 불가능해질 것이다.

나는 우리를 여기 오게 만든 그 쿠샨족을 생각했다. 가죽과 모피를 생각나게 하며 여러 가지 뜻으로 해석될 수 있는 모호하면서도 멋진 이름. 실론에서 파인애플나무와 종려나무를 배경으로 우물에서 끌어올린 큼지막한 두레박의 물을 몸에 쏟아 붓고 있을 티에리와 플로도 생각했다. 계속해서 내게 질문을 퍼부어대면서 내 생각이 잘못되었으며 내가 그릇된 방법으로 여행하고 있다는 걸 증명하려고 애쓰는 앙트완과 함께했던 산책에 관해서도 생각했다. 그는 이미 오랫동안 차를 몰았고 많은 걸 알고 있었지만 그의 마음속에는 만족이라는 걸 모르는 감독관이 들어앉아 있는 듯 했다. 나는 그의 독백에 활기를 불어넣기 위해 여자 얘기로 화제를 돌리려고 애썼다. 그가 내게 말했다.

"이란 여자랑 해봤나요? 난 한번 해봤는데……. 별거 없더라고요."

'해봤다'라는 단어가 나를 낙담시켰다. 그래서 그쯤에서 대화를 그만두었다. 그는 유럽 전역과 러시아, 페르시아를 보았다. 그렇지만 그는 여행을 하면서도 자기 본래의 모습을 조금도 내던지려 하지 않았다. 정말 얼마나 터무니없는 계획인가! 자기 본래의 모습을 그대로 간직하겠다니! 원래의 어리석은 자로 그냥 남아있겠다니! 그래서 그는 별다른 걸 보지 못한 것이다. 내가 아는 한 마치 샤일록처럼, 여행자에게 '살덩어리를 떼어달라고 요구하지 않는' 나라는 단 한 곳도 없기 때문이다.

도도

그가 도도라는 별명을 이 발굴 현장에서 얻었는지, 그건 잘 모르겠다. 그의 진짜 이름은 생각나지 않는다. 그르노블 출신으로서 마흔이 다 되어 가는 그는 인생의 절반을 길 위에서 보냈다. 침착하고, 웃음기 없는 얼굴로 농담을 하고, 이슬람 금욕파 수도사보다 더 초연하고, 사물과 일체가 되어서 그것을 더 잘 관찰하는

그르노블 프랑스 알프스 산맥 기슭의 도시. 스탕달의 고향이기도 하다.

아주 좋은 친구다. 무엇보다도 그는 흥분한 자들과 성마른 자들이 결국은 자신이 스스로 만들어놓은 자신의 이미지에 부딪쳐 좌절하고 마는 장기 여행 생활에 꼭 필요한 냉정함(더 큰 저항의 한 형태에 불과한)을 갖추었다. 도도는 수많은 장소에서 조금씩 살았고, 시작한 일이 이익을 볼 때쯤에 그만둔 적이 한두 번이 아니었으며, 많은 걸 배우고 많은 걸 읽었다. 하지만 그는 거기 대해서 별다른 얘기를 하지 않았다. 그는 '위^{oui}(영어의 yes에 해당하는 불어─옮긴이 주)라고 말하는 대신 '부위^{voui}'라고 말했으며(일부러 그러는 것 같았다), 사람들이 일을 너무 많이 맡길까 봐 걱정된 나머지 자신의 학식과 재능을 다소 느리고 촌스럽게 생긴 외모 뒤편에 감추었다. 자기만의 시간을 갖고 싶었던 것이다. 그가 몸과 마음을 다 바쳐 전념하는 일은 팀 동료인 상드라를 교육시키는 것 한 가지뿐인데, 상드라는 호감 가는 전기공이자 수채화가이고 도도보다는 열다섯 살이 어리다. 숙영지 맨끝에 자리잡은 텐트 주변에 어둠이 깔리고 학식이 넓다는 죄목으로 현장에서 체포되지 않을 것이라는 확신이 서면 도도는 가진 능력을 총동원하여 이 제자의 정신을 풍요롭게 만드는 데 몰두했다. 어느 날 밤 나는 방풍등을 빌리러 갔다가 텐트 너머로 이런 소리를 들었다.

"자, 여기 한가운데 배후에서 조종하는 명문가가 있는데…… 바로 메디치 가문이라네."

연초에 우리는 이미 페르시아에서 그들을 만났다. 그때 그들은 이집트에서 오랫동안 머물다가 페르시아로 왔다. 이번에 인도에서는 별다른 성공을 거두지 못했다. 그들은 타슈켄트와 러시아를 통해 유럽으로 다시 돌아갈 생각을 하고 있었으며, 그때를 대비하기 위해 어디를 가나 걸레처럼 너덜너덜해진 포타포바Potapova 문법책을 들고 다녔다. 인접한 작업장의 책임자인 그들은 동사 변화를 큰 소리로 외우며 다녔고, 인부들은 그들이 기도를 한다고 생각하는 것 같았다. 자신의 동료를 분사와 과거완료의 함정 속으로 끌고 간 것 역시 도도였다. 그들이 계획을 실현했는지는 모르겠다. 하지만 여행이 그들이 기대한 만큼 오랫동안 계속되었다면 상드라는 예수회 수사(위선자라는 비유적 의미를 가지고 있음 - 옮긴이 주) 100명을 합쳐놓은 것보다 더 교활해졌으리라. 도도는 일본에서 죽겠다는 또 다른 계획도 있었는데, 나는 그 계획이 아주 오랜 후에 실현되기를 바랐다.

토요일과 일요일에 말을 타고 늪지대를 가로지를 때마다 항상 도도는 가장 느린 말을 골랐다. 그는 안장 대신 밀짚 단을 얹었으며 한평생 학대받은 이 귀여운 늙다리 말을 버드나무 가지로 간질여서 앞으로 나가게 했다. 그가 이 말을 고른 것은 한편으로는 신중을 기하기 위한 것이기도 했지만 또 한편으로는 이 가을 절경을 차분하게 즐기며 깊은 생각에 잠기거나 아니면 거의 다 외우는 〈아름다운 엘렌〉과 〈라크메〉를 부르기 위해서였다. 번쩍번쩍 빛을 반사하는 안경을 쓰고 골풀 사이를 천천히 걷던 그의 모습이 눈에 선하다. 그는 머리 감는 시간도 아까워서 머리를 빡빡 밀어버리고 형태가 일정하지 않은 회색 펠트모자를 쓰고 다녔고, 농민들에게 인사해야 할 때는 정중하게 벗었다. 나는 그의 빡빡머리를 볼 때마다 웃음이 터져나왔다. 작은 말 위에 올라탄 반짝거리는 머리통과 빈정거리는 듯한 가냘픈 미소가 그를 마치 뇌물이나 받아먹는 부패한 늙은 판사처럼 보이게 했던 것이다.

대체로 40대가 되면 지구를 떠돌아다니는 삶에도 왠지 환멸이 느껴지면서 진력이 나는 법이다. 이제 그만두어야 할 때가 된 것이다. 길을 가고, 살아가고, 적응한다. 세월이 덧붙여진다. 추구는 목표를 잊어버린 채 도주로 바뀐다. 그러면 내용이 비워진 모험은 일련의 임기응변으로 연장되기는 하지만, 대신 일체의 활력을 잃고 만다. 여행은 젊음을 형성하기도 하지만 젊음을 그냥 지나쳐가게 만들기도 한다. 요컨대 사람이 까다로워지는 것이다.

그러나 도도는 그렇지 않았다. 그는 너무나 편안하게 소박한 유목민 생활을 했다. 그의 영혼은 고난을 통해 씻겨졌으며, 그의 정신은 여전히 활기차고 뭐든지 할 준비가 되어있다. 이따금씩 백포도주와 호두, 카망베르 치즈에 살짝 향수를 느끼지만, 그래도 돌아가거나 눌러앉고 싶다는 생각은 전혀 하지 않는다……. 그는 말을 매어놓은 포플러나무 아래 길게 드러누우며 말했다.

"게을러서라기보다는, 그냥 호기심 때문에……. 그래요voui, 호기심 때문에 이러는 겁니다."

그리고 그는 담배연기를 고리 모양으로 만들어 하늘로 날려 보냈고, 연기는 그 빛을 조금씩 잃어버렸다.

우리는 이렇게 여기저기 돌아다니다가 꽤 늦어져, 한밤중이 되어서야 기진맥진해진 말들을 끌고 돌아갔다. 발굴 현장 주변에서는 농민들이 밭에서 구식 소총을 들고 밤을 새고 있었다. 밭을 쑥대밭으로 만드는 멧돼지를 쫓기 위해서였다. 담배도 피우고 차도 마시지만 너무 지루한 모양이었다. 짤막한 혼잣말이나 긴 한숨소리가 오이밭에서 들려왔다. 공기는 감미로울 만큼 청량했다.

나는 이 아폴론적인 풍경에 도취되어 꼼짝도 하지 않은 채 한 시간을 보냈다. 자질구레한 것들로 이루어진 세계는 모루처럼 단단해 보이는 이 거대한 흙과 바위 앞에서 흔적도 없이 사라져버린 듯했다.

세계는 잔물결을 일으키며 당신을 통과하고
당신은 잠시 물색깔을 띤다

열세 번째 이야기 **카이**바르 고개

발굴지에서 돌아오다. 인도를 향해 출발.

12월 3일. 혼자서.

이 계절, 이 나라의 이 구석진 곳에서는 매일 아침, 찻집 처마를 때리며 사모바르 주전자 위에서 또닥또닥 소리를 내는 산만한 빗소리에 잠이 깬다. 그러고 나면 비스듬하게 기울어진 붉은 태양이 안개를 흐트러뜨리고, 도로와 골풀, 언덕, 그리고 그 뒤편의 희고 높은 누리스탄 산괴가 반짝거린다. 연기가 화로에서 올라오고, 그동안 잠을 자는 사람들은 재빨리 세수를 하고(손가락과 입, 수염을 후다닥 씻는다) 서둘러 기도를 한 다음 추위 속에서 김을 모락모락 내는 낙타에 안장을 얹는다. 사람들은 녹차 잔을 들고 쉰 목소리로 대화를 시작한다.

잘 잤다. 컨디션이 좋아졌고, 어젯밤 앞쪽 스프링을 고치다가 생긴 찰과상도 다 아물었다. 옷을 입은 다음 주변에서 차를 '밀어줄 사람'을 몇 명 모집했다. 배터리가 나갔던 것이다. 몸을 덥히기 위해서 서로의 따귀를 사정없이 때려대는 노인 열 명가량과 말이 없는 구릿빛 피부의 파탄족 두 명이 있었다. 그들은 다 안다는 듯 킥킥대고 웃으며 나를 위해 자리를 비켜주었다. 나는 차를 대접했다. 그러고 나자 물론 그들은 차를 밀어주었다. 자동차는 흰 옷과 콧수염, 슬리퍼, 진흙투성이 다리들이 급히 방향을 바꾸는 가운데 잘랄라바드를 향해 출발했다.[63]

아프가니스탄 국경, 카이바르 고개[64]

12월 5일

카불[58]에서 내가 카이바르 고개에 관해 질문을 던질 때마다 사람들은 그것을 묘사할 만한 단어를 결코 찾아내지 못했다.

"잊을 수가 없어요…… 특히나 그 빛의 풍경, 혹은 그 규모…… 그것도 아니라면, 뭐랄까…… 어쩌면 울림일지도 모르겠어요……."

사람들은 이렇게 말하고 자기모순에 빠져 어쩔 줄 모르다가 결국은 설명하기를 포기했고, 나는 그들의 마음이 잠시 동안 그 고개로 되돌아가 산의 수많은 면들과 튀어나온 부분을 다시 한번 바라보면서 처음에 그랬듯 그곳에 현혹되고 열광하고 도취하고 있음을 느꼈다.

　12월 5일 정오, 일년 반 동안 여행을 한 뒤 마침내 나는 고개 아랫부분에 도착하였다. 햇빛이 술레이만 산맥 기슭과, 태양에 마치 비늘처럼 반짝거리는 작은 버드나무 숲에 둘러싸인 아프가니스탄 세관 건물을 어루만지고 있었다. 작은 나무문이 도로를 가로막았지만, 제복 입은 사람은 없었다. 사무실로 올라갔다. 문간에 드러누운 염소들을 건너뛰어 안으로 들어갔다. 세관에서는 백리향과 아르니카 향기가 풍겼고, 말벌이 윙윙거리며 날아다녔다. 벽에 걸린 연발권총의 반짝이는 푸른색이 무척이나 밝아 보였다. 세관원 한 사람이 자주색 잉크병 뒤편의 책상 앞에 똑바로 앉아서 나를 마주보고 있었다. 그의 째진 두 눈은 감겨 있었다. 그가 숨을 내쉴 때마다 새 가죽혁대가 삐걱 소리를 냈다. 잠을 자는 중이었다. 박트리아 출신의 우즈베키스탄 사람이 틀림없었다. 그렇다면 그도 이곳에서는 나와 다를 바 없는 이방인인 것이다.

　여권을 책상 위에 놓아둔 다음 점심을 먹으러 갔다. 나는 서두르지 않았다. 이런 나라를 떠날 때는 급할 게 없는 법이다. 염소들에게 소금을 먹이면서 나는 티에리와 플로가 최근에 보낸

술레이만 산맥　아프가니스탄과 파키스탄의 국경을 이루는 산맥.

편지를 다시 읽어보았다. 그들은 실론 남부에 있는 오래된 네덜란드 성에 자리잡았다.

갈레

"……다음은 성채에 있는 보루들의 이름이야. 비록 너를 유혹하고자 이 이름들을 열거하는 것이지만 말이야. 에트왈(별), 륀(달), 솔레이유(태양), 즈바르트, 오로르(새벽빛), 위트레흐트 곶, 트리톤(바다의 신), 넵튠, 클리펜베르그, 아이올로스(바람의 신). 눈부신 사프란색 승복을 걸친 승려와 자주색 천을 허리에 감은 노인, 비취색 바다와 지는 해를 배경으로 주황색 사리를 두른 젊은 여성을 연달아 만나게 되는 이곳에서는 화가가 될 수밖에 없어. 글을 쓸 만한 책상이 너를 기다리고 있어. 밤이 되면 개똥벌레들이 춤추는 걸 보면서 서로의 몸에 물을 끼얹어줄 수도 있지. 우리가 우정의 코코넛 열매를 서로 부딪칠 때까지 잘 있길……"

그것은 또 다른 세계였다. 그가 아무 이유 없이 떠났을 리는 없다.

편지를 읽고 난 나는 산을 바라보며 물담배를 피웠다. 산 옆에 있는 세관과 검정 빨강 초록으로 된 국기, 어깨에 긴 총을 비

656

스듬히 멘 파탄족 아이들을 실은 트럭 등 모든 인간적인 것들은 마치 비율이 맞지 않는 어린아이들의 그림에서처럼 투박하고, 축소되고, 지나치게 넓은 공간에 의해 분리된 것처럼 보였다. 산은 쓸모없는 동작을 취하지 않았다. 산은 강건한 토대와 드넓은 경사면, 마치 보석처럼 비스듬히 잘린 암벽과 함께 솟아올랐다가 휴식을 취하고는 다시 솟아오를 뿐이었다. 파탄족 요새의 탑이 낮은 산봉우리 위에서 마치 기름으로 문질러놓은 듯 반짝거렸다. 그 뒤쪽으로 높이 솟은 담황색 산비탈이 부서져 어둑한 원곡을 이루었고, 길 잃은 독수리들이 침묵 속에서 이곳으로 모습을 감추었다. 그리고 구름이 마치 양털처럼 걸려있는 검은 암벽이 눈에 들어왔다. 내가 앉아있는 긴 의자에서 20킬로미터가량 떨어진 곳에 있는 산꼭대기의 좁고 완만한 경사로 된 고원은 햇빛이 흰 거품을 내는 것처럼 보였다. 대기는 놀랄 만큼 투명했다. 목소리가 들려왔다. 유목민들이 이용하는 저 높은 곳의 옛 도로에서 들려오는 어린아이들의 고함소리와 보이지 않는 염소들의 발소리가 맑고 깨끗하게 메아리치며 온 고개에 울리는 것이었다.

　나는 이 아폴론적인 풍경에 도취되어 꼼짝도 하지 않은 채

실론 스리랑카.
갈레 스리랑카 남서해안에 있는 도시. 16세기 포르투갈에게, 1640년대에 네덜란드에게 점령되었다.

한 시간을 보냈다. 자질구레한 것들로 이루어진 세계는 모루처럼 단단해 보이는 이 거대한 흙과 바위 앞에서 흔적도 없이 사라져버린 듯했다. 끝없이 펼쳐진 산, 12월의 맑은 하늘, 정오의 푸근함, 물담배가 보글거리는 소리, 그리고 호주머니 속에서 짤랑거리는 동전까지…… 모든 것들이 많은 장애를 헤치고 제때 도착하여 내 역할을 맡은 희곡의 요소들이 됐다.

'지속성…… 세계의 투명한 명증성…… 평온한 귀속……' 아니다, 나는 역시 그럴 수 없었다. 어떻게 표현해야 할지 알 수가 없었다. 플로티노스가 이렇게 말했듯이.

탄젠트tangent는 구상할 수도 없고 공식으로 나타낼 수도 없는 접촉contact이다.

그러나 10년 동안 여행을 한다 한들 그것에 대한 대가를 치를 수는 없을 것이다.

그날 나는 내가 뭔가를 움켜쥐었으며, 그리하여 삶이 변화할 것이라고 굳게 믿었다. 하지만 이런 종류의 것은 결코 완벽하게 획득되지 않는다. 세계는 마치 물처럼 잔물결을 일으키며 당신을 통과하고, 당신은 잠시 물 색깔을 띠게 된다. 그리고 나서 그것은 당신이 당신 가슴 속에 담아가지고 다니는 그 텅 빈 공간 앞에, 영혼의 불충분함 앞에 다시 당신을 세워둔 채 물러난다.

당신은 역설적이게도 우리를 움직이는 가장 확실한 동인일지도 모르는 이 공백, 이 불충분함과 어깨를 부딪치며 싸우는 법을 반드시 배워야만 한다.

　나는 스탬프가 찍힌 여권을 찾아 아프가니스탄을 떠났다. 그러느라 시간이 걸렸다. 고개를 오르고 내려가는 도로는 상태가 좋았다. 동쪽에서 바람이 불어오는 날 이 고개를 넘는 여행자는, 꼭대기에 도착하기 한참 전에 무르익어 몹시 뜨거운 인도 대륙의 냄새를 맡게 된다……

플로티노스(204~270)　고대 후기 그리스 철학자, 플라톤 사상에 심취했다.

……그리고 이같은 이익은 실제적이다. 왜냐하면 우리는 그같은 확장의 권리를 갖고 있으며, 일단 경계를 넘어서면 다시는 옛날처럼 그렇게 현학자인 척하지 않을 것이기 때문이다.

에머슨

삶을 바꿔놓는 경이의 책

니콜라 부비에가 쓴 《세상의 용도》는 삶을 바꿔놓는 힘을 가진 마술의 책들 중 하나다. 1963년 스위스의 드로주 출판사에서 나온 이 책은 그 다음 해 프랑스 쥘리아르 출판사에 의해 출간되었지만, 이 프랑스어판은 출판사 내부 사정으로 절판되었다. 작가가 판권을 되찾아간 뒤로 시간이 지나면서 이 책을 구하기가 점점 더 어려워져갔다. 1985년 데쿠베르트 출판사에서 펴낸 세 번째 판이 드디어 이 책을 행복한 소수의 손에서 더 많은 독자들에게 넘겨주었다. 처음 출간된 지 25년여 만에 《세상의 용도》가 하나의 기념비적 저서로, 하나의 컬트북으로 인정받은 것이다. 이 책을 쓴 니콜라 부비에는 그로부터 13년 뒤에, 그리고 이 책에 흑백 삽화를 그린 그의 친구 티에리 베르네는 그로부터 5년 뒤에 각각 세상을 떠났다.

《세상의 용도》는 어떤 책인가? 1953년에서 1954년 사이에 두 스위스 청년을 제네바에서 유고슬라비아, 터키, 이란, 파키스탄을 거쳐, 아프가니스탄의 카불까지 데려간 여행이야기라고 간단히 대답할 수도 있을 것이다. 한 사람은 작가, 또 한 사람은 화가였다. 그들은 피아트 토폴리노를 타고 여행했다. 이렇게 말하는 게 정확할지는 모르지만 불완전하다. 왜냐하면 《세상의 용도》는 무엇보다도 '지혜의 책'이기 때문이다. 세상을 어떻게 이용할 것인지를 설명해 주는 삶의 교과서이기 때문이다. 또한 그것은 20세기판 '경이의 책'이기도 하다.

모든 것은 1929년 제네바에서 시작되었다. 니콜라 부비에는 높은 교양을 갖춘 부유한 부르주아지 집안에서 태어났다. 그의 부모들은 토마스 만이라든가 마르그리트 유르스나르(부비에는 그녀를 존경했다), 로베르트 무질, 헤르만 헤세를 손님으로 맞았다. 니콜라 부비에가 쓴 〈테사우루스 파우페룸〉이라는 글을 보면, 가족의 근원에 대한 깊은 애착과 거기서 벗어나고 싶은 잠재된 욕망이 동시에 표현되어 있다. 그는 대입자격시험을 보고 난 뒤로 산스크리트어와 중세사를 공부했고, 처음으로 여행을 했으며(이탈리아, 핀란드, 사하라, 터키), 최초로 글을 썼다. 그러고 나서 드디어 1953년에 오랜 시간 준비해온 긴 여행을 분신이나 마찬가지인 티에리 베르네와 함께 떠나게 된다. 그리고 길은 계시를 주기도 하지만 또한 고통도 안겨준다. 여행은 값비싼 대가를 치러야만 하는 것이다. 우리가 여행을 하는 것은 무슨 일인가 일어나서 자신을 변화시키도록 하기 위해서다. 그렇지 않다면 그냥 집에 있는 게 차라리 낫다. 니콜라 부비에는 나중에 이렇게 썼다.

당신을 파괴할 권리를 여행에 주지 않는다면 여행은 당신에게 아무것도 가르쳐주지 않을 것이다. 그것은 이 세상만큼이나 오래된 꿈이다. 여행은 마치 난파와도 같으며, 타고 가던 배가 단 한 번도 침몰하지 않은 사람은 바다에서 다시는 돌아오지 못할 것이다.

《세상의 용도》는 둘이서 카불까지 갔던 이 여행의 첫 부분을 이야기한다. 그러고 나서 부비에는 1955년에 혼자 인도에 이어 실론(스리랑카)까지 갔다. 그는 여기서 1년 가까이 머무르면서 광기와 우울증, 알코올을 경험했다. 여행의 위험은 경계를 살짝 건드리는 것이다. 그는 25년 뒤 그의 작품 중에서 가장 매혹적이면서 가장 비통한 《물고기-전갈》이라는 작품을 통해 거기에 관해 이야기한다. 죽음의 유혹에서 벗어난 그는 실론을 떠나 일본에 정착, 1년 동안 사진작업으로 먹고 살며 글을 썼다. 3년 동안의 여행을 마친 그는 1956년 말 스위스로 돌아가서 결혼을 하고, 제네바 근처의 콜리니라는 곳에 자리를 잡는다. 그는 도상 학자로 일하면서 3만여 점 이상의 개인 수집품을 모으는 한편, 《세상의 용도》를 고치고 또 고쳤다.

　여행자는 무엇보다도 여유를 가져야 하고, 자기가 있는 나라에 깊이 빠져들어야 하며, 완전한 가용^{可用} 상태에 놓여야 한다. 니콜라 부비에는 눈이 내리는 이란에서 6개월 동안 겨울을 보내야만 했고, 소형 피아트 자동차 엔진을 며칠에 걸쳐 다시 조립해야 했으며, 터키로 가는 길이 워낙 더워서 오래 고생해야 했다. 그러면, 그리고 오직 그때에만 여행은 여행자에게 그에 관한 무엇인가를 가르쳐줄 수 있다.

　《세상의 용도》가 출판되고 나서 니콜라 부비에와 그의 아내, 그리고 그의 큰아들은 일본으로 가서 1년 동안 머물렀다. 그는 이때의 체험을 《일본》이라는 책 속에서 이야기하고 있으며, 다시 짧은 한 장을 덧붙여 《일본 연대기》를 펴냈다. 그리고 오랫동안 출판되지 않고 있던 이 책의 일부분은 《공허와 충만》이라는 제목으로 출간되었다.

　니콜라 부비에는 1970년에 혼자 다시 일본으로 갔고, 죽기 직전에 다시 이 나라를 찾아갔다. 그는 또한 중국과 한국, 아란 제도(아일랜드의 서쪽 골웨이 만에 위치한 세 개의 섬)를 여행하기도 했다. 그는 계속해서 사진을 찍었고, 그의 사진 작품은 최근 들어 체계적으로 정리되기 시작했다.

1990년대 들어 니콜라 부비에는 '감탄할 만한 여행자들'이라는 주제로 생말로에서 열린 북페어에서 한 세대의 작가 전체가 '대가大家'로 간주하는 영광을 안았다. 오마주 기간이 마련되어 영화 〈부엉이와 고래〉(파트리샤 플래티너가 니콜라 부비에의 동명 작품을 원작으로 만든 다큐영화)가 상영되었고, 대화집 《길과 궤주》가 출간되었다. 부비에는 그 뒤로도 미국과 일본을 여행하다가 1998년 2월 암으로 세상을 떠났다. 그가 마지막으로 쓴 유고작은 《밖과 안》이라는 시집으로서 가장 간결하면서도 가장 비통한 현대시가 묶여있는데, 그것은 인간과 죽음의 대면이었다. 작가이자 사진가이자 고문서학자였던 니콜라 부비에는 또한 시인이기도 했다.

지난 2004년 7월 갈리마르 출판사는 무려 1560쪽에 달하는 그의 전집을 발간하였다.

옮긴이 이재형

니콜라 부비에 Nicolas Bouvier

1929~1998. 작가이자 사진가이자 고문서학자, 시인. 제네바 인근에서 3남매의 막내로 태어났다. 아버지는 도서관 사서였고, 어머니는 '가장 실력 없는'요리사였다. 열일곱 살, 대학입학자격시험 후 첫 여행을 했고, 제네바대학에서 문학과 법을 전공하면서 산스크리트어와 중세사에 관심을 가졌다. 학위논문 결과를 기다리지도 않은 채 1953년 6월 친구 티에리 베르네와 함께 피아트 토폴리노 자동차를 타고 인도로 출발했다. 둘의 여행은 아프가니스탄 카불에서 중단되지만, 혼자서 여행을 계속하여 인도와 실론으로 간다. 이후 니콜라 부비에는 여행작가로서의 삶을 살아간다. 1982년 파리 비평가상, 1995년 작품 전체에 대해 그랑프리 라무즈 상을 수상했다. 전세계를 여행하며 저술작업을 하다가 1998년 2월 17일 암으로 사망했다. 《세상의 용도》《일본》《물고기-전갈》 등 십여 권의 책을 냈으며, 2004년 갈리마르 출판사에서 전집을 발간했다.

티에리 베르네 Thierry Vernet

1927~1993. 스위스 출신의 화가이자 삽화가로 파리에서 활동했고, 니콜라 부비에와 함께 여행하며 《세상의 용도》에 삽화를 그렸다. 작품집으로는 《길을 가며 그리고 쓰다》(1953년에서 1954년까지 니콜라 부비에와 함께 유고에서 아프가니스탄까지 여행하며 가족들에게 보낸 편지를 책으로 엮었다), 《실론에서의 혼례》(《길을 가며 그리고 쓰다》의 속편)《산방꽃차례》《티에리 베르네의 복제화 열두 점》이 있다.

이재형

한국외국어대학교 프랑스어과를 졸업하고 한국외국어대학교, 강원대학교, 상명여자대학교 강사를 지냈다. 옮긴 책으로《부엔 까미노》《어느 하녀의 일기》《걷기, 두 발로 사유하는 철학》《패자의 기억》《꾸뻬 씨의 사랑 여행》《사회계약론》《시티 오브 조이》《군중심리》《마법의 백과사전》《지구는 우리의 조국》《밤의 노예》《최후의 성 말빌》《세월의 거품》《신혼여행》《레이스 뜨는 여자》《눈 이야기》 등이 있다. 현재 파리에서 번역, 저술 작업을 하는 틈틈이 도보여행가로서의 삶을 살고 있다.

Note

Note

Note